Basketball Coaching Series

USA COACHES CLINICS

USAバスケットボール
コーチング クリニック
Vol.2

by Agnus Berenato and many others

社会評論社

編集部注

本書は、アメリカの大学リーグ（NCAA・NIT・NAIAなど）で好成績を収めたコーチがトーナメント終了後、チームの創り方・戦術・フィロソフィーなどを公開するクリニックを取材し、書き起こしたものです。したがって性質上「話し言葉」や抽象的な表現が多くなっております。部分的には理解しにくい個所もありますが、章ごとに通読し、各コーチが主張する全体的なニュアンスを把握しながらご活用下さい。

また、アメリカのバスケットボール事情や生活習慣に即して制作されています。日本語版制作に当たっては、できる限り原文に忠実に翻訳いたしました。

したがって、日本の実情とは必ずしも合致しない点もありますが、あらかじめご了承ください。

2000-1 CHAMPIONS

NCAA

MEN'S	WOMEN'S

ディビジョンⅠ

デューク大学	ノートルダム大学
マイク・シュセフスキー（35勝4敗）	マフェット・マクグロウ（34勝2敗）

ディビジョンⅡ

ケンタッキー・ウェスリアン大学	カル・ポリポモナ大学
レイ・ハーパー（31勝3敗）	ポール・トーマス（27勝3敗）

ディビジョンⅢ

カソリック大学	ワシントン大学
マイク・ロナーガン	ナンシー・フェーヘイ（28勝2敗）

NIT（ポストシーズン）

タルサ大学	オハイオ州立大学
ノーラン・リチャードソン（26勝11敗）	ベス・バーンズ（22勝11敗）

NAIA

ディビジョンⅠ

フォークナー大学	オクラホマシティ大学
ジム・サンダーソン（34勝5敗）	ジャネル・ジョーンズ（35勝2敗）

ディビジョンⅡ

ノースウェスタン・カレッジ	ノースウェスタン・カレッジ
クリス・コーバー（29勝6敗）	アール・ウッドストラ（32勝4敗）

NJCAA

ディビジョンⅠ

ワバッシュバレー・カレッジ	クラウドカウンティ・コミュニティ・カレッジ
ジェイ・スプーンアワー（36勝1敗）	ブレッド・アーケンブラック（31勝7敗）

ディビジョンⅡ

ジョンソンカウンティ	C.C.モンロー・コミュニティ・カレッジ
マイク・ジェファーズ（30勝6敗）	ティム・パリネロ（31勝3敗）

ディビジョンⅢ

シダーバレー・カレッジ	ファーガスフォールズ・コミュニティ・カレッジ
リック・マコーミック（28勝6敗）	アン・ウィリアムズ（25勝7敗）

CONTENTS
目次

CONTENTS
目次

コーチの皆様へ

私たちは、コーチングクリニックが始まった1964年から、春のクリニックで実施されたプレゼンテーションのほぼ全ての原稿を、毎年一冊の本にまとめてきました。

最初にクリニックを始めた時は、2000年になってもまだこの仕事を続けているとは思ってもいませんでした。

一番最初のクリニックは、すばらしいスタッフ陣に恵まれました。NCAA初優勝を果たしたばかりだったUCLAのジョン・ウッデン、NBAセントルイス・ホークスのハリー・ギャラティン、ミズーリ大学のチャック・スミス、イリノイ州でいくつもの優勝経験を持つコリンズビル高校のバージル・フレッチャー、そしてミズーリ州チャンピオンのデュボーグ高校のロジャー・ロークスらで、7月中旬に行われたクリニックには総勢98人のコーチたちが参加しました。

クリニックの名前は、ミッドアメリカ・クリニック（1964～1967年）、7アップ（1967～1974年）、メダリスト（1974～1984年）、マクレガー（1984～1989年）、そしてUSAコーチングクリニック（1989～現在）へと変わってきましたが、内容のクオリティの高さは変わっていません。この間に、毎年1回行っていたクリニックが1年に60回も行われるようになり、参考にしていただくための書籍、ビデオテープなどはその数4000にものぼります。

今回も、皆さんが選手の指導にあたる時に参考になる考え方を紹介しています。コミュニケーションについて、ドリル、プレスに必要な基礎、オフェンス、特別なシチュエーションなど、充実の内容でお届けします。

皆様のご愛顧に感謝いたします。

編集者
ボブ・マレー

QUICK CLIP BIOS
著者プロフィール

AGNUS BERENATO（アグナス・ベレナト）　ジョージア工科大学女子チーム

ベレナトが率いるチームは、競争の激しいアトランティックコースト・カンファレンスで常に強豪と言われている。当クリニックでは、コミュニケーションについてすばらしいプレゼンテーションを行っている。

JIM CREWS（ジム・クルーズ）　エバンスビル大学

ここ15年間で、エバンスビル大においてすばらしいプログラムを作り上げてきた。インディアナ大で選手としてプレーし、コーチ経験も持つ。選手、コーチとしてNCAA優勝を経験している。

JIM DAVIS（ジム・デービス）　クレムソン大学女子チーム

ポストプレーヤーの育成に関して長期にわたり成功を修めている。NCAAトーナメントの常連出場校。

TOM DAVIS（トム・デービス）　アイオワ大学（元コーチ）

プレッシャーディフェンス、マッチアップとゾーンのオフェンスのコーチングに定評がある。スタンフォード大、ボストンカレッジ、ラファイエット大でのコーチ経験も持つ。

HOMER DREW（ホーマー・ドルー）　バルパライソ大学

ドルーの率いるチームはリーグ・チャンピオンシップの常連出場校。2人の息子を自らコーチした。デイル・ブラウンと共にコーチングを行っていた。

FRAN FRASCHILLA（フラン・フラシーラ）　ニューメキシコ大学

2年前にニューメキシコ大に移った。ニューメキシコ大はNCAAのセカンドラウンド以前で終わることは許されない、という強豪校。セントジョーンズ大でもコーチ歴あり。

GARY GARNER（ゲイリー・ガーナー）　サウスイーストミズーリ州立大学

ガーナーが導入したトライアングルオフェンスのおかげで、チームはしばらくぶりにNCAAトーナメント出場を果たした。ドレイクとフットヘイズ・ステート（カンザス州）でもヘッドコーチ経験あり。

JERRY GREEN（ジェリー・グリーン）　テネシー大学

テネシー大ボランティアーズは3年連続NCAAトーナメント出場。オレゴン大で5年、カンザス大とUNCアッシュビルでもコーチ歴あり。

JOHN HAMMOND（ジョン・ハモンド）　ミズーリ大学

ミズーリ大ではアソシエートヘッドコーチとして最初の年。NBAのデトロイトとLAクリッパーズのアシスタントコーチとして10シーズン過ごしており、サウスウェストミズーリ大でも6年の経験がある。

JIM HARRICK（ジム・ハリック）　ジョージア大学

プロビデンス、UCLA（1995年のNCAAチャンピオン）、ペッパーダインでの経験を経て、ジョージア大で素晴らしいプログラムを作り上げている。

BILL HERRION（ビル・ヘリオン）　ドレクセル大学

若く、情熱のあるコーチ。ここ5年間で4回、チームをリーグ決勝まで導いている。ボストンカレッジでマイク・ジャービスと共に5年間の経験を積んでいる。

QUICK CLIP BIOS
著者プロフィール

JOHN KRESSE（ジョン・クレス）　チャールストン大学
ゾーンについての第一人者。クレスが率いるチームはほぼ毎年NCAAトーナメントに出場している。リーグ優勝8回。

ED MURPHY（エド・マーフィー）　ウェストジョージア大学
ウェストジョージアの歴代コーチの中で最も高い勝率（68%）を誇る。これまでミシシッピー州立大、デルタステート、ウェストアラバマでもヘッドコーチ経験あり。

DAVE ODOM（デイブ・オドム）　ウェイク・フォレスト大学
ACCのトップ4に何度もランクインしている。NCAAにもほぼ毎年出場。ティム・ダンカンは、これまでのオドムコーチの教え子の中でも最も成功した選手の1人。

TOM PENDERS（トム・ペンダース）　ジョージ・ワシントン大学
ガードの育成に関する考え方には定評がある。フォーダム、タフツ、コロンビア、ロードアイランド、テキサスで合計30年のヘッドコーチ歴を持つ。

CHARLIE SPOONHOUR（チャーリー・スプーンアワー）　セントルイス大学
モバリー＆バーリントンJUCO高校、サウスウェストミズーリ大、セントルイス大でコーチとして成功を収めている。イバ氏からバスケットボールを学んだ。

PETE STRICKLAND（ピート・ストリックランド）　コースタルキャロライナ大学
ノース・キャロライナ大でプレーし、弱小チームを毎年優勝争いにからむ強豪に変えた。ストリックランドの選手たちはディフェンスを変化させるのが得意。

ANDY LANDERS（アンディ・ランダーズ）　ジョージア大学女子チーム
ジョージア大で1979年よりコーチを務め、通算400勝以上を記録している。チームは常にリーグトップの位置を保持し、NCAAトーナメントにも10回以上出場。86年と87年には年間最優秀コーチに選出されている。

JIM BOEHEIM（ジム・ボーハイム）　シラキューズ大学
シラキューズ大で25年以上にわたり指導し、この間、数々の名選手を輩出した名コーチである。通算勝率は7割5分を超え、NCAAトーナメントでも20勝以上を記録している。

※著者の中にはプロフィールが掲載されていないコーチも数名おりますが、アメリカ版原書の通りですのでご了承ください。
（日本語版編集部）

DIAGRAM LEGEND
図凡例

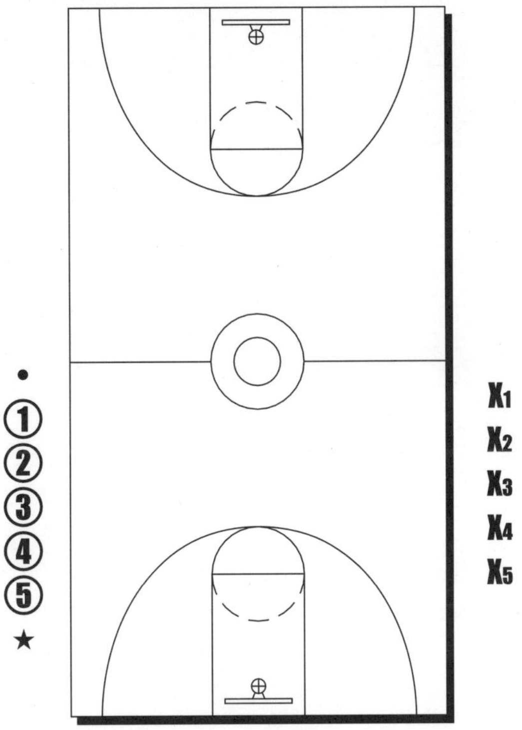

○ =オフェンス

X =ディフェンス

⊙ =ボールを持っているプレーヤー

 =パス

 =スクリーン

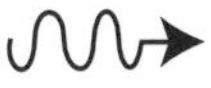 =ドリブル

 =ボールを持っていないプレーヤーのカット

 =シュート

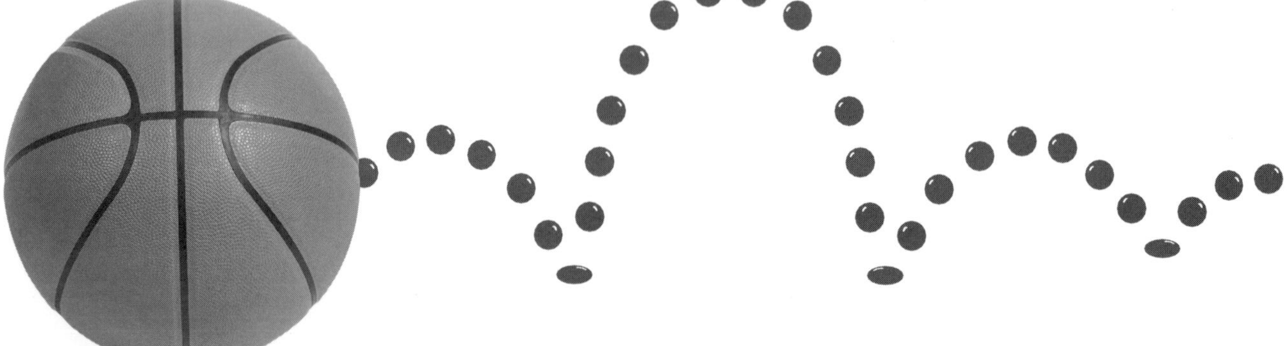

AGNUS BERENATO

アグナス・ベレナト

Communication/Team Building
コミュニケーション／チーム作り

私たちは皆、勝ちたいと思っている。そして勝利は、いいコーチングの結果生まれるものだ。それは男子も女子も関係ない。成功するためにはいい戦略が必要だが、それと同時に、チームにケミストリー（チーム内のいい化学反応・チームの調和）がなくてはならないと、私は強く信じている。

私のいるジョージア工科大学には、とてもいいケミストリーがある。ほとんどの人は、勝つために必要な要素として第1に選手、第2に戦略、そして第3にケミストリーだと言うだろう。しかし私はケミストリーが1番大切だと考えている。ケミストリー、チーム作り、そして動機付けだ。なぜだろう？

それは、ジョージア工科大は普通の大学と比べると、学業についての事情が多少異なっているからである。私の大学は工学を勉強する学校であり、SAT（大学進学適性テスト）は平均1360点と、全米でトップ。アイビーリーグよりも高い点数なのだ。去年は例外があって、1人の選手が1040点だったが、彼女はスウェーデン出身のポイントガードで、英語でSATを受けなければならなかった。上手に話すことはできても、英語でのテストは難しかったようだ。私は、このようなチームを率いてACCで戦わなければならない。そこで、ケミストリーはとても重要になるのだ。

私たちのチームには、オールアメリカンに選ばれるような選手はいない。皆、学生としては平均以上だが、選手としては平均的だ。チームケミストリーを作ろうとする時にはいつも、選手たちのことをよく知っていなければならない。家族のことについても知ることだ。大切なことは3つ、背景、肯定、目標設定だ。

History
背景

背景、とはどういうことだろう？　コーチは選手が育ってきた背景についてもよく知っているべきということだ。男子でも女子でも同様だが、正直に言えば、これは女子についての方がよくあてはまる。選手の家族についてもなるべく知っておこう。

最初にチームが集まったら、1週目か2週目の週末（高校だったら1日だけかもしれない）に、みんなでどこかに行くようにする。我々はこれを「オペレーション・バスケットボール」と呼んでいて、要するにキャンパスを離れるのだ。これを「リトリート」（注：カトリックの静修会）と呼ぶ人もいるが、宗教的な意味はないので私たちはそう呼んでいない。しかし、これによってチームの結束を固くし、簡単なゲームなどをやりながら、多くのことを知ることができる。お互いに、どんなことを考えていて、何を求めているか、ということが分かるようになる。選手たちについて考えていたことが、2時間もたてば全く違ってくるだろう。

我々は毎年テーマを作る。ある年のテーマは「ヤングガンズ」だった。その年に配布した資料のあるパートには「真剣勝負だ」とタイトルがつけられていて、仲間について知ろうと書かれてあった。我々は皆、様々なバックグラウンドを持っていて、地域や人種、家族、クラブなど、何らかのグループとのつながりを持っている。もしチームに所属すれば、新しいグループの一員となるわけだ。チーム全員が、もしかしたら孤独を好んでいるかのように振る舞うかもしれないが、そんな彼らもまた、何らかのグループが必要なのだ。だから、このページを彼女たちに読んでもらい、それぞれがどんなグループに属しているかを理解させる。ページにはそれほど難しいことが書いてあるわけではない。彼女たちには、それを本棚に置いておき、難題にぶつかった時は取り出して読み直すように言っている。

その資料の2ページ目には「小麦と雑草」という話が載っている。これは聖書にある寓話だが、宗教的な部分は省いてある。どのチームも、いい部分と悪い部分をそれぞれ持っていて、人間も1人1人、いい部分と悪い部分を持っている。この話は二つのパートに分かれている。

パート1は「チームの『小麦（いい部分）』は何か？　私はこの『小麦』にどんな貢献をしているか、どんな貢献ができるのか」。

パート2は「チームの『雑草（悪い部分）』は何か？　私はこの『雑草』にどんな貢献をしてしまっているのか」。

ある著名な作家は、「自分が雑草ではなく小麦だと、自信を持って言える人はいない」といっている。背景については、このようなことを考えていくといいと思う。

またある時には、りんごをいくつか袋に入れて持っていく。それを選手たちにあげてしまう前に、ゲームをやってみよう。選手に一つずつりんごを選んでもらう。そして自分のりんごの、悪くなっている部分を探すように言う。それから、そのりんごをしっかり磨くように言う。そして選手たちに、自分のことをこのりんごのように考えるべきじゃないかと話してみるのだ。弱い部分、悪い部分は何か、そしていい部分は何か。

コーチの役割は選手を磨き上げることだ。私たちは皆、悪い部分を持っている。選手たちが家に帰ると、両親はその部分について小言を言う。子供に対してとても否定的な親もいる。しかしコーチは、選手たちのいい部分を引き出してあげるべきだ。そして、悪い部分も含めて全部のりんごを一緒にしたら、おいしいアップルパイが作れる。このゲームを個人個人でやってもうまくいくとは限らないが、皆でやることで、あなたは今まで知らなかった選手の弱さなどを発見することができるだろう。選手たちは、驚くほど素直にいろいろなことを話してくれるようになる。これも背景を知る上でできることの一つだ。

Affirmation
肯定

肯定することはとても重要だ。コーチは、選手たちと対立することもできるが、肯定して支持することもできる。例の資料には、「チーム認識テスト」も入っている。そのページには、選手全員の名前が書いてあり、名前の横には14の欄が並んでいる。それに、すべてポジティブなことで、ランキングを記入していくのだが、これはとても面白い。カテゴリーは14あって、もしチームに12人いるとしたら、それぞれの選手が、選手1人1人を1番から12番までランク付けする。

14のカテゴリーは、ベスト・アティテュード（プレーする姿勢）、タフさ（最も一生懸命にプレーする）、ベスト・プラクティス、突進していける選手、頭が切れる選手、ベスト・ディフェンダー、ベスト・リバウンダー、ベスト・パッサー、ベスト・ポストフィーダー、最後のショットを打つ、ベスト・スリーポイントシューター、ベスト・スコアラー、ベスト・シューター、ベスト・アスリート。

9から12番目に位置するような選手たちは、往々にして自分が1番だと思っているものだ。選手たちには、正直にチームメイトをランク付けするように言う。とても面白い結果が出てくる。

チームで下位の選手たちは、おそらく他の選手たちよりも、自分自身をとても高くランク付けするだろう。これはコーチではなく選手たちがランク付けをしているので、コーチを責めることはできない。もし誰かがある選手を3番にランクし、他のみんなが12番目にランクしていたとしたら、この選手たちの関係についても気がつくことがあるだろう。または、本当は逆なのかもしれないし、それについても知っておきたい。

このテストをやることによって、チームが、誰が1番のシューターで、ボールを回すべきだと考えているかが分かる。そうすれば、コーチは自分の考え方を確認できるし、その結果は比較的似ているはずだ。これはとても効果があり、私は選手1人1人とこのランキングシートについて話をする。その時は、絶対にネガティブな話はしない。例えば、最悪なシューターは誰か、と聞いたりはしない。実際には、誰かが最下位にならなければならないのだが、そういう見方をしないことが大切だ。

もう一つ、ちょっとばかばかしいと思われるかもしれないが、「アニマルゲーム」というものがある。まず選手たちにどんな動物になりたいかを聞くのだが、これもとても面白い結果が出る。大体、チームで1番競争心の激しい選手は猫のような動物を選ぶ。怖がりの選手は、自分で吠えたりできないのでライオンを選んだりする。その2人を組にして、お互いの動物を決めさせると面白い。そして2人はチーム全員の前でそれを発表する。これはいいチーム作りになる。考えが食い違ってうまくいかないこともあるが、そういった緊張感があるのも悪くない。

「バッグゲーム」というのもある。まず、一つの紙袋に1人の選手の名前を書く。そして全員に紙片を渡しておく。全員が紙にその選手について何かいいことを書いて、紙袋に入れていく。各選手が、チーム全員に対してそれをやるのだ。何かポジティブなこと、その選手に関して自分が尊敬していることを書く。そしてゲームの前にその紙袋を開け、選手たちにはその紙片を読む時間を与える。誰でも、感謝されるのは嬉しいものだし、自分のいいところを誉められるのは嬉しいものだ。

今日の社会に生きる若者たちの最も悪い部分は、セルフイメージ、自分自身に対するイメージだ。私たちは、彼らの言動をみて、彼らと接するのは大変だと思いがちだが、それは単に見せかけだけのもの。私たちは彼らに、アウトゴーイング（前向きであること）になることを教えてあげなければならない。スタッフの分の紙袋も作ろう。スタッフが紙を書いていくと、最後にはネタ切れで書くのが難しくなってくる。「決してあきらめない」というような曖昧なものはあまりよくない。あまり目立たないような選手からまず書き始めよう。

Goal Setting
目標設定

私たちの現在の「コーポレイト・ミッション・ステートメント」（注：チームのスローガンを明記したもの）には、チームの目標が4つ、個人の目標が4つ、チームの成功のために貢献する方法4つが明記されている。

スローガン「エメラルドシティ“オムニ”に到達する目標」には、チームの目標が4つ、個人の目標が6つあって、この目標を達成するにはどうしたらいいだろう？　という問いかけが含まれていた。

例えば、「忘れないでほしいのは、これは、あなたが夢をかなえるチャンスだということ」（ページの下の方には、NWIT優勝、ACC準優勝7回は、夢の実現!!　と書いた）。

スローガン「ヤングガンズの目標」には、チーム目標が4つ、個人の目標が5つ、チームで目標を達成するためのヒントが4つ含まれていた（ページの下の方には、NWIT優勝、ACC決勝進出、NCAA出場。これは夢を見たからこそかなえられた、と書いた）。

スローガン「今シーズンの目標」には、チーム目標が5つ、個人目標が5つ、プレシーズンの週間目標が6つ挙げられていた。この週間目標のおかげで、毎週、ゲームのいろいろな側面に集中することができた。選手たちには自分たちがどれぐらい進歩したかを記録するように言っていた（ページの下の方には、これはあなたの責任であることを忘れないで!!　と書いた）。

スローガン「目標設定」。これは、ファイナル4がアトランタで行われる年に使った。オムニを目標地点と定め、我々は西を目指した。

このように、その年の目標を設定し、ミッション・ステートメント（スローガン）を作る必要がある。あなたが選手に、人として、学生として、選手として、何を期待しているかを明記しよう。そして、コーポレイトの目標、どのようにその目標を達成するか、ということも含める。コーポレイトとは、チームの意味だ。最終的な目標は何か？　それは、シュートの成功率5割かもしれない。チームにそれを書かせる。それから、それぞれの個人目標を書かせる。オールカンファレンス、オールステートを目指す選手がいるだろうか？　それぞれの選手が目標を達成するために、どう指導したらいいか考え始めよう。

次に、目標からターゲット（実際の標的、対象チーム）に移る。私たちにとっては、ターゲットはデューク大である。また、目標設定にはプランが必要だ。私たちはこの目標設定に勉学の部分も入れているが、ここではバスケットボールに限ってみよう。「一番気がかりなことは…」、「このようにできたらいいんだけど…」。それぞれまったく違った思いがあることに驚かされることだろう。一番気がかりなことは、父親がゲームを見に来ることだ、と書いた選手もいた。このように、何を心配しているかを知ることは大切。それから、「このようにできたらいいんだけど…」ということも書かせてみる。その結果は、バスケットボールに関連したことだろうか？家庭に関連することだろうか？　これで、選手たちが本当は何を考えているかを知ることができる。誰かと休暇をとって遊びたい、という選手がいたとしたら、もうその選手にやる気はないことが分かる。お父さんの前でいいプレーをみせたい、という選手がいたとしたら、その選手は父親からプレッシャーを受けていることが分かる。

このように、選手のことをより深く知ることができるのだが､あまりシリアスにやりすぎてしまうと、彼らは本当のことを書かなくなってしまうので注意しよう。こういったことは、特に高校のレベルでは、おしゃべりしているだけではなかなか引き出せない情報だ。時間は限られているだろうが、すこし時間をかけてでも、これをやるべきだと思う。チームのメンバーについてとても大切な情報を知ることができる。

また、先の資料の別のパートには、映画「フージャーズ」（注：邦題「勝利への旅立ち」。ジーン・ハックマン、デニス・ホッパーらが出演した1986年のバスケットボール映画）からの引用がある。ページの下の方には、「レディ・ジャケッツに何かコメントしてほしい」と書いてある。

フージャーズからの引用で、「自分たちを信じているか？」というものがある。私たちは、練習時間外にポップコーンを用意してこの映画を見た。私が好きな引用がいくつかあるが、やはり私はコーチなので、コーチの言葉を挙げよう。一つは、「あなたは私の軍隊に入っている。3時から5時までは」。もう一つは、「ゲームの勝敗にばかり気をとられてはいけない。もし自分のベストを尽くすことに集中できれば、スコアボードがどうなっていようと、勝ったことになる」。本当にその通りだと思う。

コーチはチームを勝者のように思わせなければならない。私たちは、毎日毎日練習をしていて、練習を休むことなんてできないと思いがちだ。しかし、たまには練習を休んで、コミュニケーションをしっかりと取るようなことをしてもいいと思う。例えば、選手たちが試験の後に疲れきって体育館にやってくることがある。そんな時私は、「誰か1人を皆で選んで。もしその人がフリースローを決めたら、練習はお休み。もしミスしたら、ハードな練習にしよう」と言ったりする。

もう一つの資料では、野球のメジャーリーグでアトランタ・ブレーブスがペナントレースに勝った時の、地元新聞の見出しはなんと書いてあったか、という質問をしている。そして、もし私たちがファイナル4に進出したらどんな見出しになるか、選手たちにそれを書かせてみる。

それから、オリンピックに出たアメリカのアイスホッケーチームを描いた映画「ミラクル・オン・アイス」（注：1980年、レークプラシッド冬季オリンピックのアイスホッケーで、ソビエト連邦にアメリカが大逆転した）の引用についても選手たちに聞いている。ビッグゲームの前に、チームに奇跡を信じさせるためだ。私が好きなのは「いいチームは、勝てるゲームに勝ち、勝てないと言われたゲームにも勝つ」というもの。ページの下の方には、「レディ・イエロージャケットについて何かコメントしてほしい」と書いてある。選手たちはコメントを書くようにする。

資料の「ロープを持って」というパートでは、実際にロープを持たせてみる。これはメンタル面の強さに関するものだ。

最初のページには、「死の谷にいるあなたにはロープがつけられており、あなたが選んだ人がそのロープの端を持っています。あなたを安全に引き戻すためにロープを引っ張れる人は誰でしょう。ロープを持っている人は誰でしょう？」と書いてあり、その後に、「今度チームが集合したら、チームを見回して、誰に自分のロープを任せることができるか、考えてみよう」となっている。さらに、「状況が厳しい時にロープを持っていられるチームは勝者だ」、「毎年、どのスポーツにも勝者と敗者ができる。毎年、勝者がロープを持っている。試合に勝つには、ベストチームである必要はない。冷静に、コーチが言ったようにプレーすれば、そしてしっかりロープを持っていれば、必ず成功する」とある。

次に選手たちに以下の事を考えさせよう
❶チームの中で、ロープを持たせるなら誰を選ぶ？

2 なぜ、その選手なのか？

3 チームの中で、ロープをしっかり持つのをあなたが助けてあげられるのは誰？　どうやって助ける？

4 残り10分で15点差で負けているとしたら、「ロープを持つ」というのはあなたにとってどんな意味か？

5 それはチームメイトにとってはどんな意味か？

6 練習中や試合中に、チームメイトやスタッフがロープを放してしまうことがあるか？　ロープをしっかり持つためにあなたができることは？

7 皆でロープをしっかり持ってバージニア大に勝てたとしたら、どんな気持ちになるか？

選手によっては、文章がとても短い子も、とても長い子もいるだろうが、この結果により、チームが、試合最後の場面の大切なシュートを誰が打つべきだと考えているかを知ることができる。コーチの考えではなく、チームのメンバーが選んだ一番いい選手であることが大事なのだ。選手たちがどう考えているかを大切にしよう。コーチがどう考えようと、もしその選手がチームメイトに信頼されていなかったらボールは回ってこない。コーチは大切な判断をしなければならないものだが、それは選手たちのことを考えた上で判断すべきだ。そのためにも、選手たちが何を考えているかを知ることは不可欠なのだ。

もう一つ。医者がのどを調べる時に舌を押さえるのに使う薄い板を用意して、選手に1枚ずつ配る。片面に、弱みを一つ書き、反対側に強みを書く。1枚の板なら割ることができるが、全部を一緒にしたら割ることはできない。それこそがチームというものだ。みんなの弱みをお互いにカバーすることができる。

ロールプレイング（役割演技）。これはロードに出た時に行う。4人1組のグループを作り、20分でいいことと悪いことを表現する寸劇を作るように言う。その結果にはいつも驚かされる。今年は、態度の悪い選手が1人いたので、誰かが寸劇の中でその選手のことをやるだろうと思っていたら、誰もやらなかった。この寸劇で驚くようなことを知ることもある。例えば、ダッシュしてラインをタッチするドリルがあるのだが、何人かの選手はしっかりラインまで走っておらず、それを不快に思っている選手がいたということが分かったこともあった。それらがすべて寸劇に表れてくる。私はいつもコートの真ん中にいるので、そんなことまでチェックしていなかった。

他には、ロッカールームの音楽のジャンルについて、というのもあった。ラップが好きな選手もいれば、ロックやゴスペル、カントリー、クラシックと、好みは様々だった。解決方法として順番に好きな音楽をかけることにした。シーズンが終わる頃までには、いろいろな形での解決方法が実施されたが、私はそれまでそれが問題だとは全く思っていなかった。しかしチームにとっては問題だったことも分かった。

ノートブック。私のチームではノートをよく使う。各選手は、ノートをいつも持ち歩くことになっている。ある練習の時、選手全員に紙を配って、一生懸命やっている順に選手をリストアップするように言った。そして紙の裏側に、自分はチームメイトに何番と言われると思うか書くように言った。最も一生懸命やっている選手から1番、2番と順番をつけていくということだ。ある選手は、チームは自分を1番に選ぶだろうと書き、実際その通りだった。全員の意見が一致したのはその選手だけだった。ある選手は、自分は8番と予想したが、チームの評価は11番か12番だった。ということは、その選手は実際にやっているよりも自分はしっかりやっていると考えている、ということだ。もし選手が希望すれば、個別にこの結果について話し合うが、もちろん選手たちは自分自身の結果しか分からないようにしている。

ノートは、毎日の日記のように使ってもらいたいと思っている。何人かの選手は、このノートはとても大きな意義があったと言ってくれている。

選手たちが卒業する時には、私のことを大好きになるか大嫌いになるかしてほしいと思っている。そうしたら、彼女たちに何らかの影響を与えられたと思うからだ。もし「まあよかったんじゃない」と言われるようなら、私はしっかり仕事をしていなかったということだ。

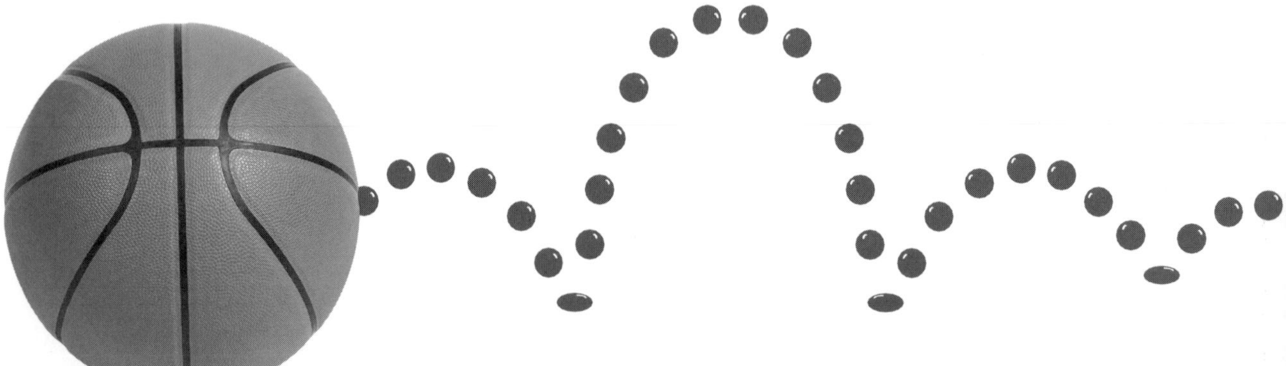

JIM CREWS

ジム・クルーズ

Evansville Motion Offense
エバンスビル・モーションオフェンス

私がモーションオフェンスを好んで使うのは、バスケットボールをしている実感を持てるからだ。コンピューターを使ってプレーコールするのとは違う。また、モーションオフェンスをセットプレーで補うことはできるが、逆にセットプレーをモーションオフェンスで補うことはできない。このモーションオフェンスを導入するためには、独自のルールを作っていくことになる。モーションオフェンスの良いところは、各ポジションの選手たちがうまく力を出すために、そのルールを変えていけるところだ。毎年、チームのシステムにはまらない選手が出てくるものだが、その時には、何をチームの中心とするかを考え、プレーの形やルールを変えて選手の才能を最大限に引き出すことができるし、コーチの考え方を大きく変えずに、選手の負担をなるべく小さくしてあげることもできる。

モーションオフェンスについては、間違ったイメージがある。すばらしく頭脳明晰でないとできないのではないか、というものだが、これは違う。これまでも、勉強はよくできるがバスケットボール選手としては全く頭が働かない生徒もいた。モーションオフェンスをやるのに、いわゆる“頭がいいこと”は必要ない。

モーションオフェンスでは、全ての選手に同じプレーチャンスがあるわけではない。このオフェンスでは、ボールハンドリングのうまい選手がハンドリングをし、シュートがうまい選手がシュートをする。

モーションオフェンスは、ジャンプシューティングオフェンスとは異なる。ハーフコートオフェンスであれば、以下の3つのことができなければならない。

❶シュートができること。
❷ドライブしていけること。
❸ポストアップしてインサイドからもスコアできること。

私のチームでは、オフェンスをブレイクダウンしながら最初の2、3週間で教えていく。そして年間を通じてブレイクダウンを続け、毎日毎日教えていく。とてもクリエイティブで柔軟性のあるオフェンスであり、いつでも変えたい時に変えることができる。それでも、実際に教えているのはそれほど変わったことではなく、プレーを読む力、カット、パス、シュート、といった基本なのだ。

このオフェンスはとても基本的でありながら、ワンパターンではない。前半と後半で違うオフェンスのようにも見えるし、1ゲーム1ゲーム、今年と来年でも違うオフェンスに見える。モーションではいろいろな考え方をすることもできる。コーチ1人1人によっても、違うやりかたがある。そしていつも新しいことを学ぶことができる。いつでも何か新しいことを導入することができ、常に変化している。

とても複雑なもののように思われるかもしれないが、そんなことはない。ただ、2つのことは守らなければならない。

❶悪いシュートは打たないこと。
❷ターンオーバーしないこと。

これが基本だ。この2つを守ることができれば、成功する可能性が大きい。

このオフェンスがどのように組み立てられるかを

説明しよう。

❶5マンモーション。コート上で誰がどの位置にいてもいい。ただし全員で3ポイントを打つ、ということではない。

❷4マンモーションとポスト。ポストにスクリーンに行っても行かなくてもいい。また、ポストが他の選手にスクリーンに行っても行かなくてもいい。

❸3インサイド、2アウトサイド。ベースラインを走る選手を1人おいてもいい。

❹2インサイド、3アウトサイド。ポストエクスチェンジにもなる。

❺ハイ。5がファウルラインより上に上がっており、ゴールにカットインしていく。バックカットを多用する。

❻小型の選手が大型の選手にスクリーンをかける。

❼大型の選手が小型の選手にスクリーンをかける。

1年間で、これらをすべてやっていくのだろうか？　そうではない。この中から4つか5つの異なる形ができればいいと思う。好きなように組み立てて、何を中心とするかを考えればよい。例えば、3アウトサイド2インサイド、というのは短時間しか通用しないので、そのフォーメーションは5分間のみ使う、というように考える。

RULES
ルール

❶シュートする時以外はボールをベースラインに持っていかない。

❷カットは2.5～3mまでとし、長いカットはしない。パワーゲームの場合は、1人の選手が長いカットをすることもある。

❸ボールはできるだけトップにキープする。どこにいても、選手が動いたらそのポジションをうめるようにする。教えるのが最も難しいのがスペーシングだ。

❹5パスメンタリティを持つこと。ただし、パス1本の後でも、良いシューターがいて、タイミング、ポジションともに良ければシュートしていい。いいシュートの機会があればそれを生かす。相手にとって脅威となる選手がいたほうがいい。ボールをもらわなかった選手はしっかり最後までカットすること。もしスクリーンをかけたら、反応することが大切。そうすれば脅威となる。もしきちんと反応することができれば、スクリナーも一緒にオープンになれるはずだ。ただボールをもらうだけではなく、キャッチしたら状況を見て、ボールを持ち続けないこと。腰を落としたスタンスで、小さくプレーする。つまり、カットも小さく、スクリーンも小さくする。相手チームが大きければ大きいほど、こちらは腰を落として小さくプレーするのだ。ボールをもらってシュートしない時は、かならずボールをスウィープしてディフェンスを振り切るように。5パス・メンタリティが必要だが、可能ならワンパスの後でもシュートする。

❺ボールにプレッシャーをかけられたらバックスクリーンを使う。フルコートでもハーフコートでも同じ。

❻4～5.5mのスペースを作る。目的意識を持って動く。どこにいったらいいかわからなかったら、元に戻る。スクリーンをかける時もスペーシングを考えること。動かないでいる時も、スペーシングのことを考えること。

選手が自分の力を発揮できるポジションにおくこと。選手をよく知り、どんな力があるか見極め、じっくりと成長させよう。モーションオフェンスならそれができる。

SKILLS
スキル

❶ドリブル…動きの効率を考える。目的意識を持ってドリブルすること。チーム全員でドリブル・ドリルを行う。私のチームではボール2つと大きいボールを1つ使って毎日行う。

❷スクリーンなしでのカット。

❸スクリーンを使ってのカット。肩を低く落とし、フットワークを使う。スクリーンから出たら、いつでもボールをキャッチできるように。また、コンタクトプレーもあるかもしれないので、バランスを崩さないように。

❹パス…フォロースルーして、チームメイトにいいプレーをさせることを考える。私のチームが不振な時は、チームメイトから離れたところからシュートするケースが多いようだ。ボールを銀のトレイで丁寧に運んでいくようなつもりでチームメイトに渡すこと。チームメイトが走ってもパスを受けられなかったとしたら、それはいいパスを出さなかったパッサーの責任だ。チームメイトのスキルを知っておくこと。

❺シューティング…この練習はいくらやっても十分ではない。スクリーンシューティング、カットシ

ューティング、スポットシューティング、スライドシューティング、ペネトレーションシューティングの練習をする。

❻スクリーン…シュートを打たせるためにスクリーンをかける。35%の割合でいいスクリーンをかけることができれば、いいスクリーンゲームができていると言えるだろう。多くの場合、スクリーンをかけにはいくが、しっかりかかっていないことが多い。シュートのためのスクリーンをかける。チームメイトをオープンにする。

❼ペネトレーション…ショットフェイクからの動き。もしディフェンスが走ってきていたらフットフェイクをいれる。角度がある位置だったらボールをスウィープする。ペネトレートできなければならない。

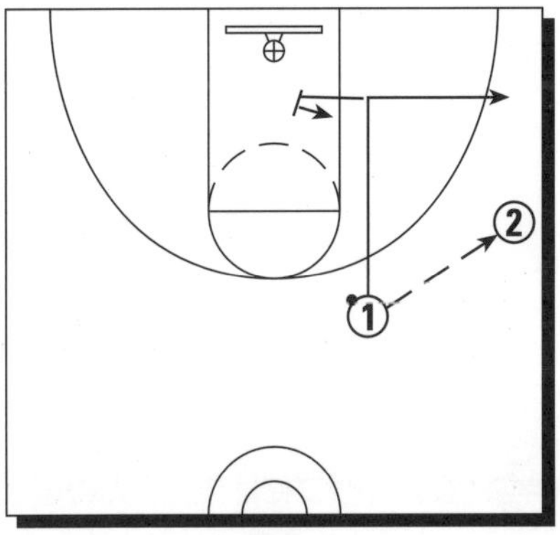

図1

図1　スクリーンなしでのカット。#1が#2にパスし、インサイドカットする。#1はできればインサイドでポストしてレイアップにいってもいいし、それができなければどちらかのコーナーへ出ていってもいい。パスしてスクリーンはしない。

図2　シャローカット。プレッシャーリリースとして使うことが多い。#1が#2へドリブルしていき、#2はトップの#1がいたところをリプレイスする。

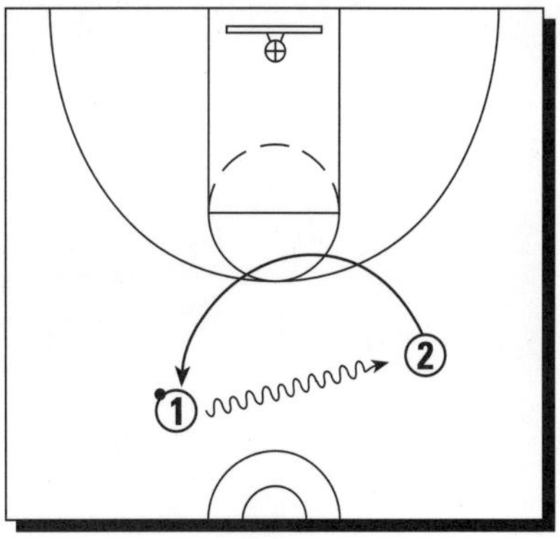

図2

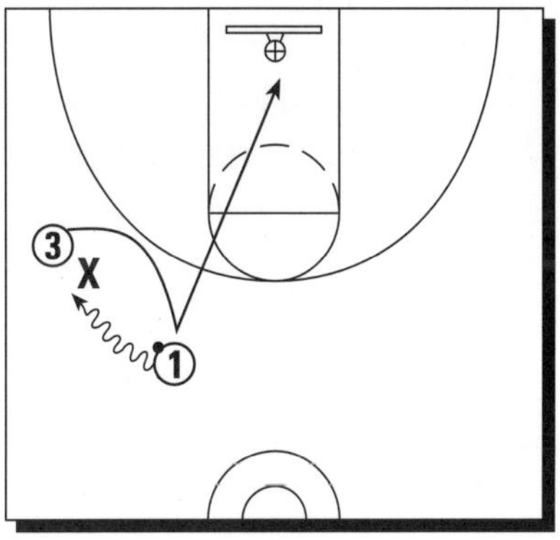

図3

図3　ガードとウイングのシャローカット。#1が#3へドリブルしていき、#3はトップの#1がいたところをリプレイス。もしディフェンスがカットする#3をオーバープレーしたら、#3はゴールに向かってバックカットする。それはもうシャローカットではないが、一連の動きの一部になる。

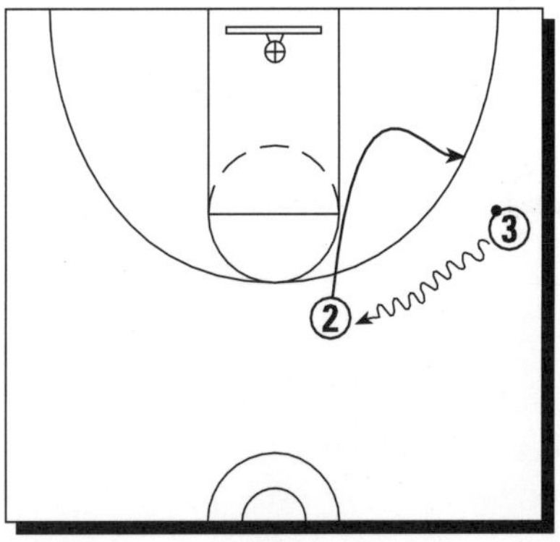

図4

図4　#3がウイングでボールを持っているとしたら、ドリブルして動き、#2がシャローカットしてリプレイスする。

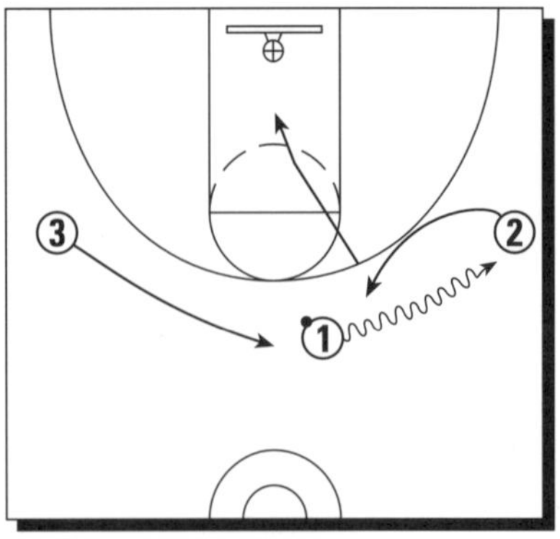

図5

図5　もし誰かがポジションから飛び出して、ボールがもらえなかったら、その時は自動的にバックカットする。#1が#2へドリブルし、#2がトップにいこうとするがオーバープレーされたとする。そうしたら#2はバックカットをし、#3が、#2が行こうとしていたトップの位置を埋める。

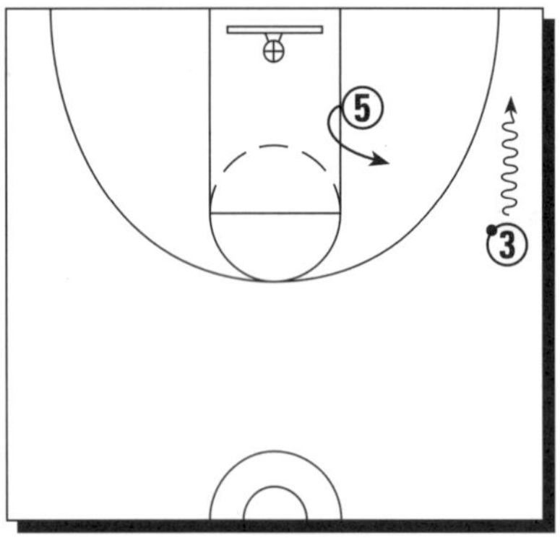

図6

図6　ポストでのシャローカット。#3がコーナーに向かってドリブルし、#5がローポストを出る。

図7　自分自身をリプレイス。どこに行ったらいいか分からない時は、自分自身をリプレイス、元の位置に戻る。ここからバックカットにつなげることもある。

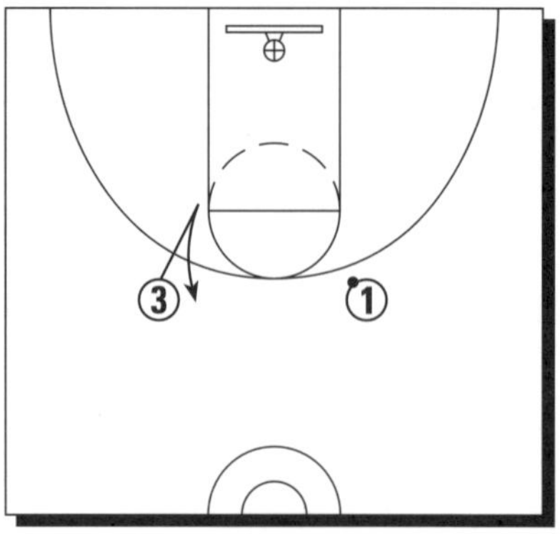

図7

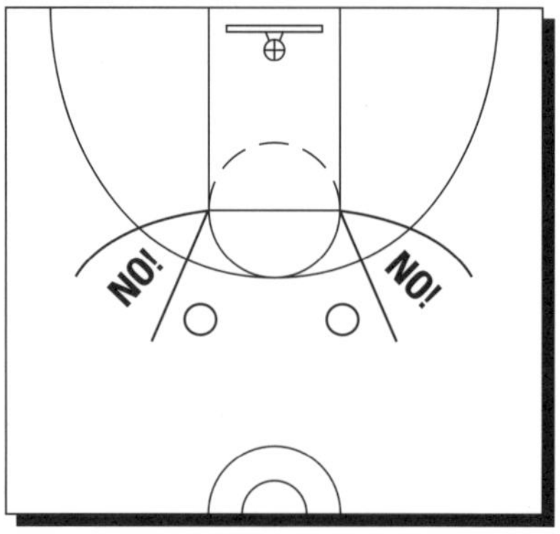

図8

図8　トップには常に2人の選手を置く。我々はこれを「スイート・スポット」と呼び、その間のエリアを「デッドマンエリア」と呼んでいる。

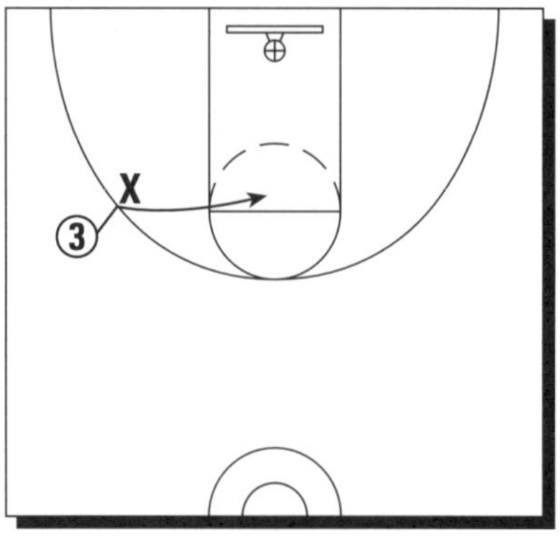

図9

図9　ミドルカット。もしディフェンスが下側についているとしたら、ディフェンスの上をカットしていく。

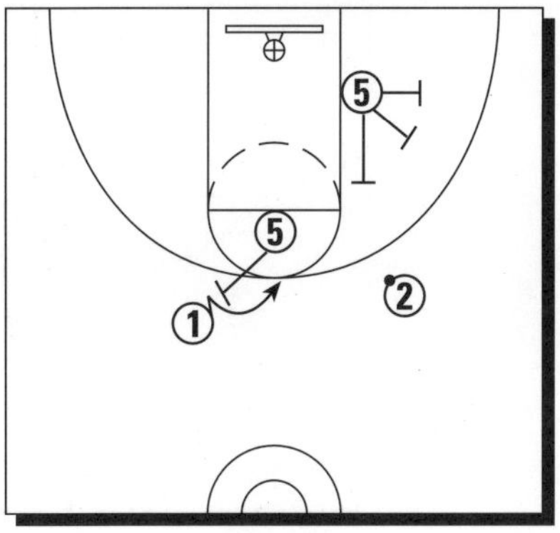

図10

図10　スクリーンのタイプ。まずバックスクリーン。スクリナーはカットする選手のところへいく。プレッシャーがかかっている時に有効。

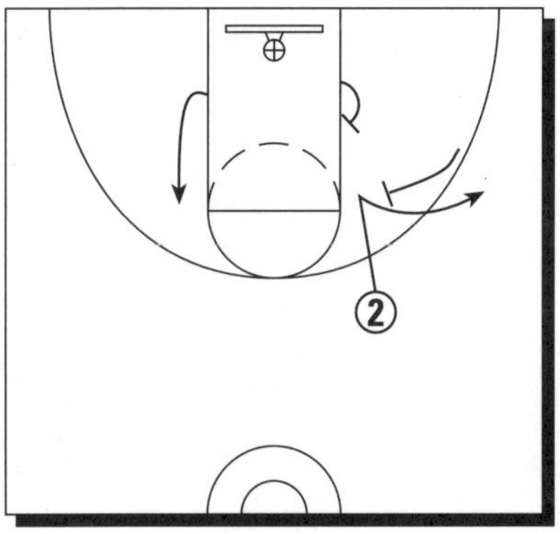

図11

図11　フレアスクリーン。バックスクリーンと同様。

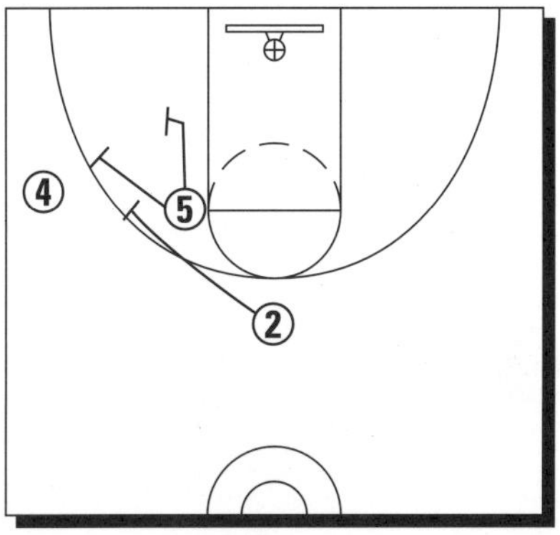

図12

図12　ダブルスクリーン。2人目のスクリナーは、カットする選手の反対のタイプ、つまり、もしカットする選手が小型であれば大型のスクリナーを持ってくる。その逆もあり得る。他にも、クロススクリーン、ボールスクリーン、ダウンスクリーンなどがある。

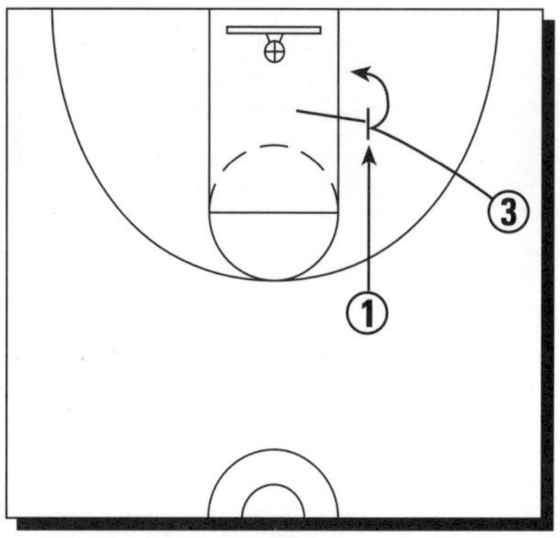

図13

図13　バックスクリーンしてからダウンスクリーンができる。最初のスクリーンではオープンになれないことも多い。そんな時は2つ目、3つ目、4つ目のアクションが必要になってくる。

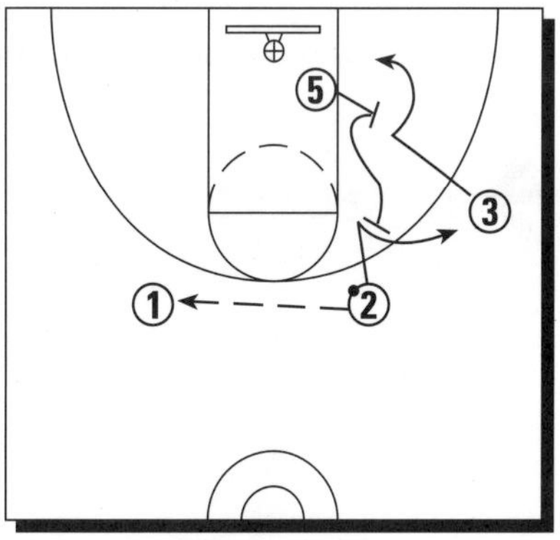

図14

図14　または､#5が#3にバックスクリーンをかけ、さらに#2にフレアスクリーンをかけることもできる。

図15　#4がいいシューターであれば､#4が#2にフレアスクリーンをかけ、#3が#4にフレアスクリーンをかける。

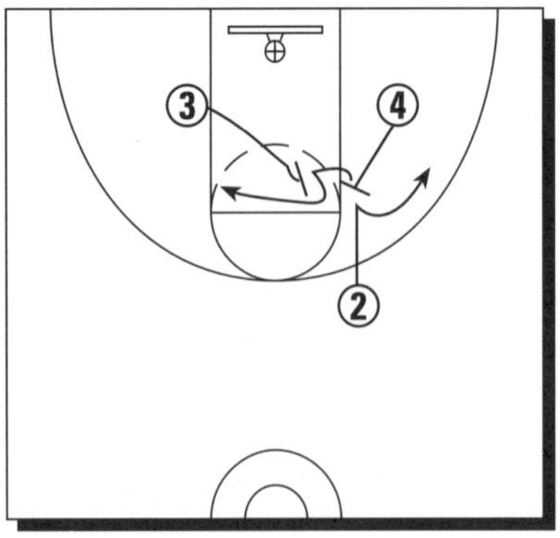

図15

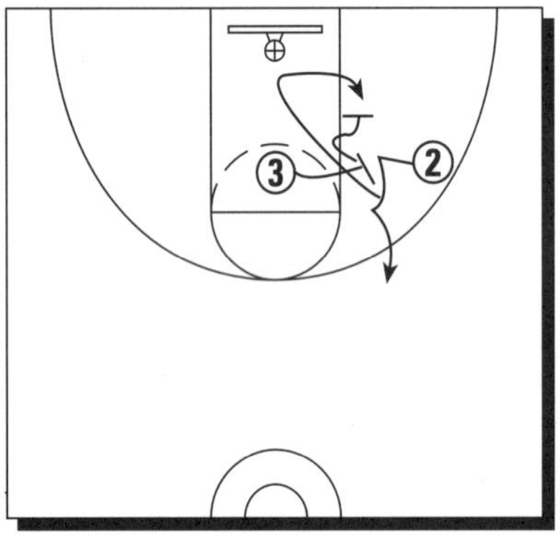

図16

図16　そして＃３がターンして＃２にダウンスクリーン。

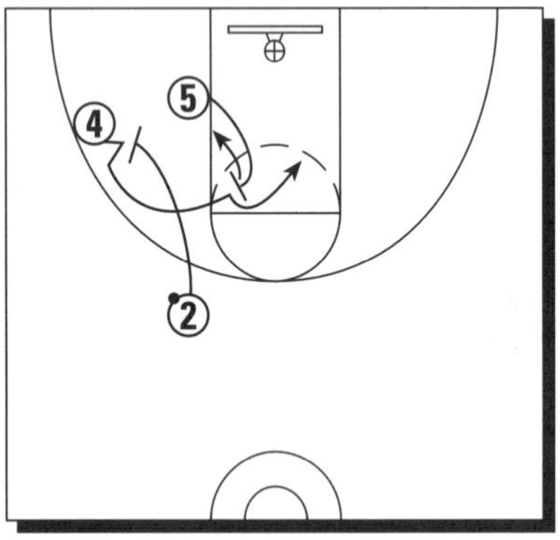

図17

図17　#2がダウンスクリーンして#4がカットイン。#5が#4にフレアスクリーンをかける。

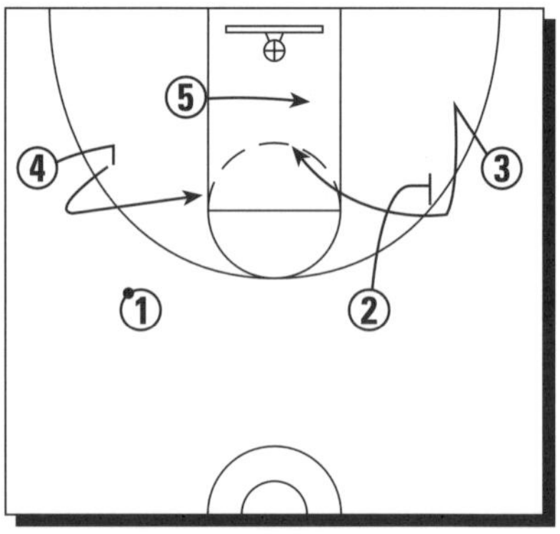

図18

図18　スクリーンにいく時は､2対1になると考える。スクリーンをしっかりかけることはなかなか難しいが、いいスクリーンをかけることを大切に考えよう。スクリーンした後も、ただ突っ立っているのではなく、状況に対応していかなければならない。例えば、ダウンスクリーンの時。ダウンスクリーンからカットする時は、肩と肩が触れるぐらいにタイトなカットができる。肩は低くする。または、スラッシュカットもできる。ゴールにカットしていってからさらにカットしてトップに上がる。

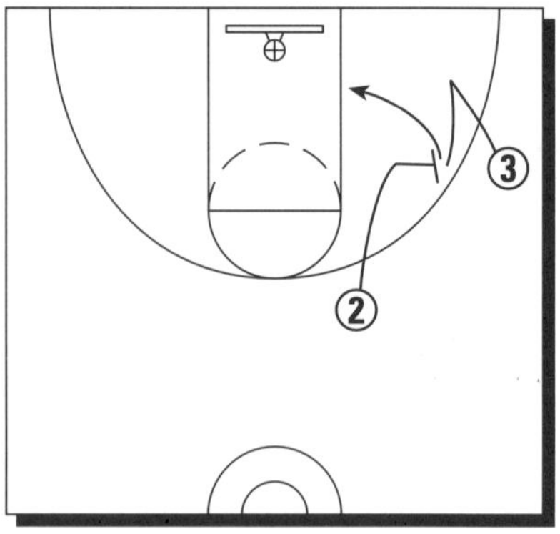

図19

図19　バックカットC。まずカットする選手がVカットして、さらにスクリーンを使ってバックカットする。

図20　バックカットS。スクリナーがスクリーンをやめてゴールに向かうバックカット。＃3は自分自身をリプレイスする。

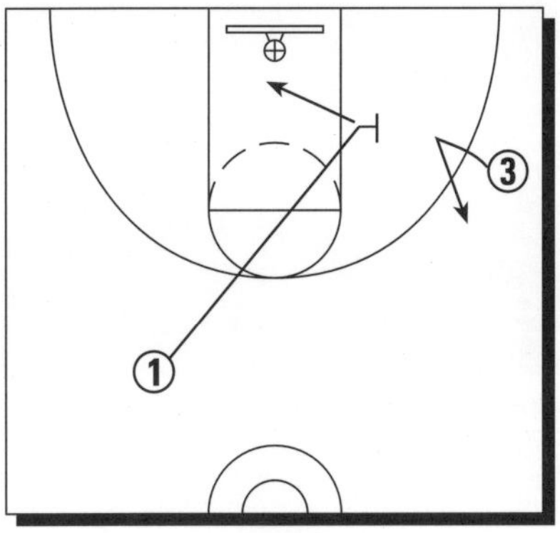

図20

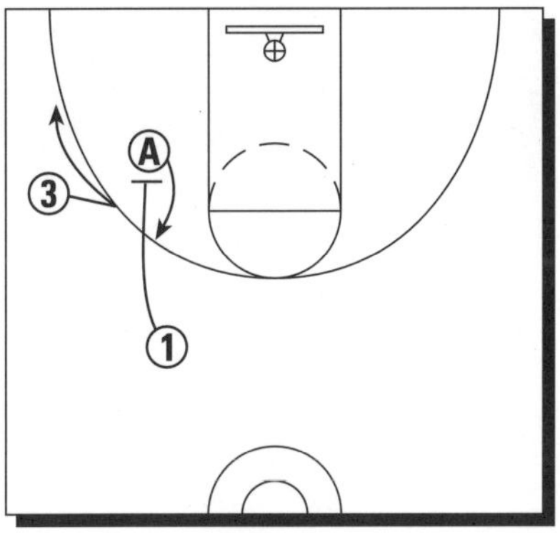

図21

図21　フレア。Aがスクリーンをよけて上に上がったら、#3はコーナーへフレアする。カットする選手はボールよりもディフェンスの動きを読まなければならない。ボールがどこにあるかは分かっているはず。

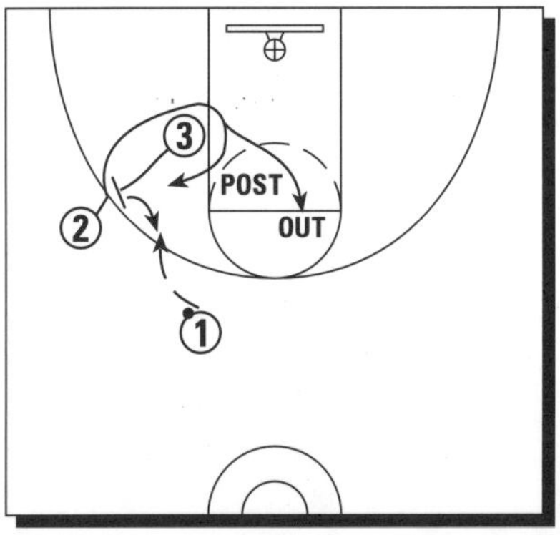

図22

図22　#2がローポストまでカットしていったら、点線まであがるか、ポストにカットインする。#1が#3にパス。

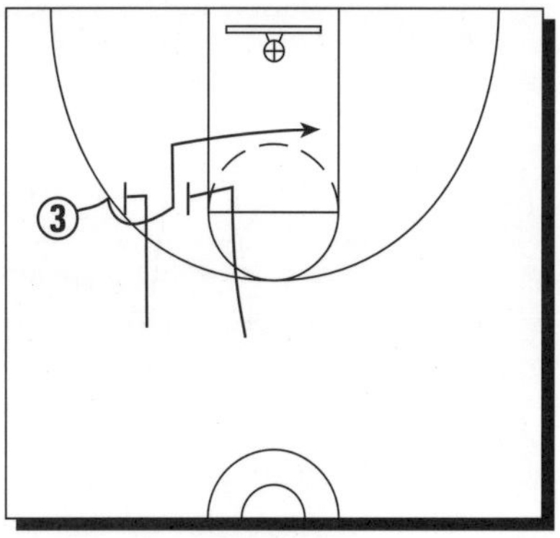

図23

図23　ダブルスクリーン。#3がゴールに向かってVカット。

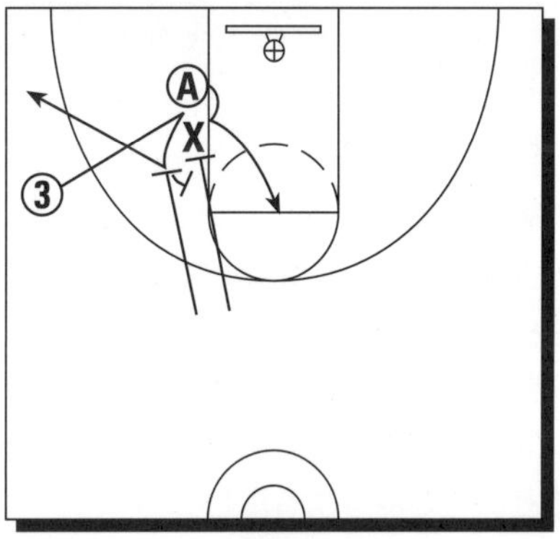

図24

図24　もしディフェンスがインサイドに入ったら、スクリナーは2人ともアングルを変え、#3はコーナーへフレアする。

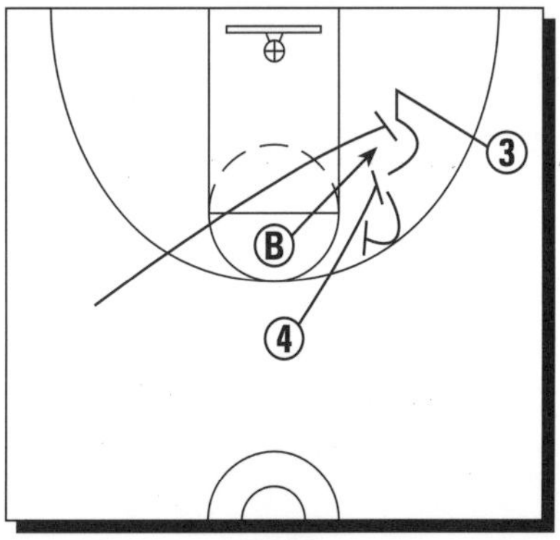

図25

図25　Bが#4をガードしていたら、#3はダブルスクリーンを受けた後、Bにスクリーンをかける。

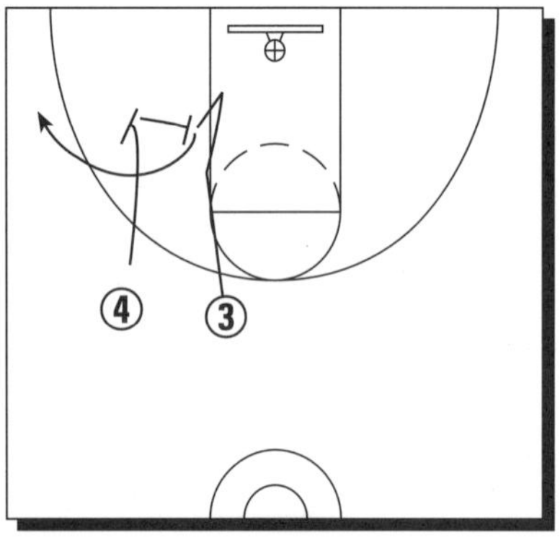

図26

図26　＃3、＃4がダブルスクリーンをかけ、＃3は＃4のディフェンスマンにスクリーンをかけることができる。＃4はスクリーンのあとポスト。

私のチームでは、これらのスクリーンを3、4人で練習する。スクリーンをする時は、3つめか4つめの動きが効果を発揮してくる。いろいろなタイプのゾーンに対してスクリーンを使う。もしコンビネーション・ディフェンスであった場合は、スクリーンはゾーンのところよりもマンツーマンでついているところで使うようにしている。

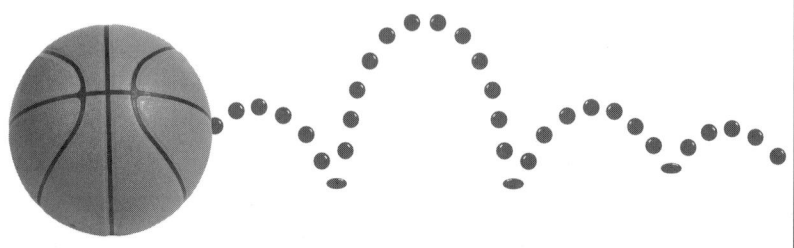

JIM DAVIS

ジム・デービス

Developing Post Players
ポストプレーヤーの育成

選手に教えられることはたくさんあるが、身長の伸ばし方を教えることはできない。しかし、どのようにプレーすべきかは教えられるわけで、テクニックを指導することで、選手たちはプレーの仕方を学んでいくことができる。チームで一番のポストアッププレーヤーがいつもセンターであるとは限らない。ポストアップには、一番ポストアップが上手な選手を使う方がいいのだ。

もしチームに大型選手がいなければ、相手チームの大型選手をゴール下から誘い出すやり方もある。ポストディフェンスの練習を毎日ガードにやらせても意味がないので、選手の力にあったポジションにつかせなければならない。そしてコーチには、自分自身が信じるコーチング哲学をしっかり持ってほしい。ゲームの勝敗を左右するのは、ブロック内とフリースローラインでの勝負だ。もしボールをブロックに入れられなければ、フリースローをすることもできない。大切なのは、ポジショニングだ。そして選手全員がシュートできる力を持つこと。全員に優れた得点力がなくても構わないが、シュートを打てることは大切だ。どこからなら安定して得点をあげられるのか、見つけることも大切。テネシー大学のレディ・ボランティアーズは、何年間にも渡って、すばらしいオフェンシブ・リバウンドチームとしてプレーしている。ディフェンスを押え込んで、オフェンシブリバウンドをほしいままにする。あなたのチームでも、選手がそのようにプレーできる場所を見つけられるはずだ。

Areas of Development
育成のポイント

1 ポジション。大きくプレーすることと、バスケットボールポジション（構え）をしっかり教える。全ての動きはバスケットボールポジションで行われる。腕を肩より上にあげ、上腕は床と平行にする。スペースをとるようにし、大きくプレーすることを教える。また、ウエイトトレーニングをしよう。新入生たちはみんな上半身が弱いので、特に上半身を中心に強化する。

2 どこでポストするか？　ブロックより下にはいかないようにすることを徹底する。私のチームではいつもポストプレーヤーに、バックボードを使うように教えている。そのまま入れようとするより、バックボードを使った方がシュートの確率は高くなる。それからいつもブロックより上にいること。そこをローポストと呼んでいる。最初のハッシュマークより上がミッドポスト、エルボー（ファウルラインの端）より上がハイポストだ。

バスケットボールではスペーシングがとても重要だ。我々は、まずミッドポストでポストする。そうすると、ディフェンダーはどう動くべきか判断を強いられる。ディフェンダーにはオプションが3つある。

3 後ろ側について、ボールはパスさせる。

4 ボールサイドの横か前につく。ボールがリバースされたら、ディフェンダーはトップを横切るツーステップの動きをする。まず後ろの足でポストのトップを横にステップ。そして前の足を動かして反対側の後ろ足にする。私のチームではこれをやらないようになったが、なぜかというと、ポストが前に出てシールし、ディフェンダーがスクリーンされてしまっているところでパスが真ん中を通ってしまうからだ。後ろ側からディフェンスしているようなことになり、パスの良いチームにはやられてしまっていた。

5片手を胸の前に、もう片方の手は上にあげ、完全に前に出る。私のチームがやる方法はこれで、ノーズ・トゥ・ノーズ、正面にぴったりつく。もしボールがリバースされたら、ディフェンスはオフェンスより先にポストに入ることができる。そうするとオフェンスは、だいたいロブパスを入れてくる。こちらはそれを読んでいて、ウィークサイドのディフェンダーがインターセプトを狙う。考え方として、もしボールをブロックに入れさせなければ、負けない、という話を先ほどした。もう一つの問題は、ディフェンスがリバウンドを取りに行きづらいポジションであるということ。シュートが放たれたら、我々はギャップに飛び込んでいく。ポストの横から低くすばやく動いてインサイドのポジション取りをする。こうすれば、オフェンシブリバウンドを許すことはあまりない。我々はほぼ毎シーズン、リバウンドでリーグ首位なのだ。ミッドポストでもローポストでも強い。ではハイポストではどうか？　その場合はボールサイドの横か前に行き、トップには行かずビハインドでプレーする。それが我々のディフェンスのポストプレーだ。シンプルだが、とても効果的である。

一つ言い忘れたが、我々は常にボールにプレッシャーをかけている。もしその選手がシューターでなくてもだ。ロブパスを出されないようにするためにボールにプレッシャーをかける。だから、スコアされるのを防ぐためにプレッシャーをかけるというよりは、いいパスでディフェンスを崩されるのを避けるためにプレッシャーをかけていくのだ。もちろんシュートに対してのディフェンスもするが、パスに対してのディフェンスがより重要だ。

➔図1　ドリル。5対1で、オフェンスのポストプレーヤー以外はスコアできない。ロブパスは禁止。ディフェンスは、5回パスが回る間、真ん中にパスを入れられないようにする。

➔図2　フロアのワンサイドだけを使い3対3。ロブパスは禁止。

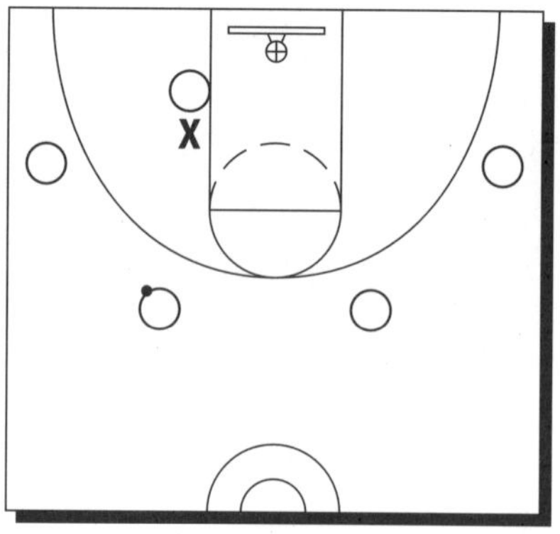

図1

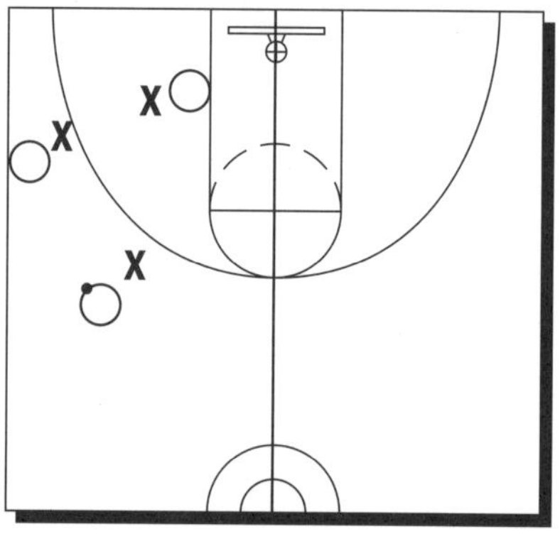

図2

オフェンスでは、ディフェンダーが判断に迷うようにミッドポストを使う。ポストプレーヤーには、ディフェンスの動きを読むように指導する。スカウティングレポートで、ポストプレーヤーがどこでどんなプレーをする傾向にあるかチェックする。もしトップサイドでプレーするならこちらはミッドポストへ。もしローサイドなら、ローポストへ入る。もしビハインドでプレーしてくるならなるべくゴールに近づくようにする。ボールと自分の心臓とゴールが直線で結ばれるようなポジションを取るようにする。自分を大きく見せよう。

もしフロントにこられたら、一歩外に出て、レーンからも1、2歩下がってスペースを作る。ボールが真ん中に入ってきたら、「パワーステップ＆シェイプアップ」を使う。つまり、ボールが入ってきた時にポストプレーヤーの前にディフェンスがいたとしたら、パスが出た瞬間にそのオフェンスの選手は後ろの足でステップしてディフェンスをシールする。「ディフェンスを隠すように」スペースを作る。ロブパスでボールがディフェンダーの頭上を越えたら、両手でキャッチする。選手はお互いに声をかけあうこと。ポストプレーヤーがパスを出すポジションになったら、まずターゲットを見つけること。パッサーにターゲットを作ってあげることはとても重要だ。ボールをどこに投げたら良いか教える。我々は、ポストへのパスの90%はバウンズパスを使う。なぜかというと、うまくディフェンスできるのは、強いのは腰から上のボールに対してだから。下の方のボールに対しては、キックはできるかもしれないが、そうしたらまたマイボールにできる。

ポストへのパスはバウンズパスを使う。しかしポストプレーヤーに向かって投げるのではなく、ディフェンダーから遠いところに投げ、ポストプレーヤーはそれを取りにいくようにする。ハイ・ローの動きなら高いパスを使う。ボールは両手でキャッチすること。両手でのキャッチの仕方をしっかり教えよう。腰より下のボールだったら指先は下を向いている。腰より上のボールだったら指先は上を向き指を揃える。サイドへのパスだったら、片手でボールの行く先をブロックし、反対の手で押さえる。そういったパスキャッチの基本はしっかり教えておこう。まず目でボールをキャッチすること。両足がフロアを離れた状態でキャッチすること。なぜかというと、それならどちらの足もピボットフットになり得るからだ。それに、ボールを迎える形になる。肘を少しゆるめて腕を伸ばし、やわらかくキャッチする。キャッチしたら少し腕を曲げ、肘を張ってボールをあごの位置にもってくる。キャッチすることも大事だが、キャッチの後にボールを守ることも大事だ。

ゴールに背を向けた状態でのオフェンスの動きは3つある。私のチームではそれに加えて、シクマ・ムーブというものを試みてみたが、私はあまりいいとは思わなかった。最初は、ジャンプシュートが上手な選手が何人かいたのでやってみようと思ったのだが。これはボールをキャッチし、リバース・ピボットをしてからシュートを打つというものだ。ボールをスウィープし、一歩下がってシュートする。シューターとディフェンダーの間にスペースを作ることはできる。しかし、ゴールに背を向けた状態でのオフェンスの基本は次の3つだ。

1 ドロップステップからのパワーレイアップ。パスの投げ方でポストにメッセージを送る。ディフェンスがどこにいて、どちらにターンしてシュートするべきかポストに伝える。パスはディフェンスから遠い位置に投げ、パスを取りにいって両手でキャッチ。足元でパワードリブルをしてドロップステップでディフェンスをどかしてしまう。大きいステップをすること。これはいいバスケットボールポジションでないとできない。外側の手でシュート。そこのショットフェイクをいれる。ショットフェイクでは、ボール以外は動かさない。頭も動いていないので、バランスを保てる。

2 インサイドにドロップステップしてベイビーフック。このショットではドリブルしない。

3 ターンアラウンドジャンプショット。ここではフロントピボットを使う。どちらにターンしてもよい。バックボードを使う。シュートはすばやく、ディフェンダーが大型の場合は特にすばやくシュートする。フロントピボットを使うとディフェンダーから1人分離れることができる。

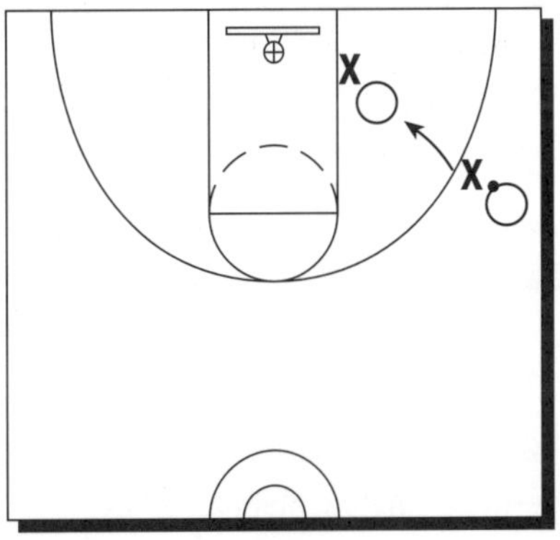

図3

➔ 図3　2対2フィード・ザ・ポスト・ドリル。パッサーはディフェンダーの方へステップしてカールパスを出す。ポストプレーヤーはディフェンスを読んで動くこと。もしディフェンスがどこにいるか分からず、パスをみてもディフェンスの位置が分からなかったらインサイドの肩越しに振り返ってディフェンスを見つける。するとフロアのウィークサイドも見える。それからカウンターとなる動きもある。ターンして向き合い、クロスオーバーステップでフロアの真ん中に出てシュートする。「ディフェンスを読んでボールを運ぶ」。

スクリーンと、スクリーンを読むこと。選手には、反則を取られないスクリーンのかけ方、そしてそのスクリーンの読み方を教えなければならない。我々は、スクリーンをかける時には腕を胸の前でクロスさせる（右手は左肩へ、など）ように指導している。カットする選手はディフェンダーを読む。スクリナーはカットする選手を読む。パッサーはカットする選手とスクリナーを読む。スクリナーが最もオープンになっている選手だ。ディフェンダーがスクリーンの下側にいたら、カットする選手はトップにカットする。もしディフェンダーがスクリーンの上側にいたら、下側にカットする。カットする選手はディフェンダーを読み、肩と肩がぶつかるくらいの動きをする。カットする選手がスクリーンをセットアップする。ジャブでステップをしてからその反対方向へ動く。これは必ずやるべき動きだ。カットする選手がスクリーンを読んだら、ポップアウトか、フェイドか、カールする。スクリナーはカットする選手を読んで反対方向へ。つまり、カットする選手がゴールへ向かったらペリメーターへ下がり、ペリメーターに向かったら、スクリナーがゴールへ向かう。

ダイアゴナルスクリーン。最もディフェンスしにくいスクリーンはバックスクリーンだが、その次にディフェンスしにくいのはダイアゴナルスクリーンだ。スクリナーはハイポストから反対サイドのローに下がってくる。もしカットする選手がハイに上がればスクリナーはローへ、ローカットすればスクリナーはシールしてハイに上がる。

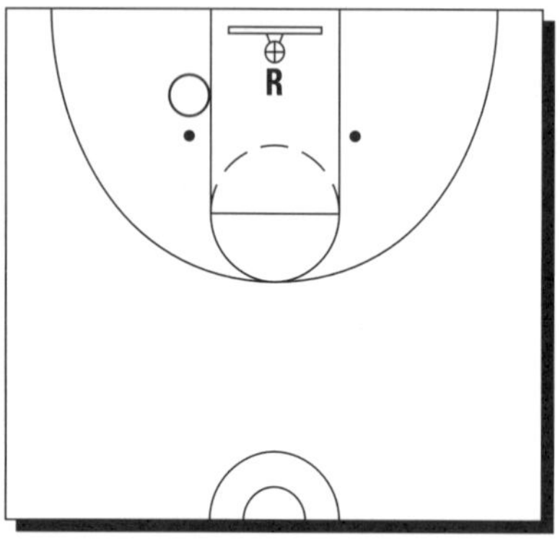

図4

図4　ブロック・トゥ・ブロックドリル。両ブロックにボールをおき、ゴール下にリバウンダーを立たせる。一つ一つの練習は短時間にする。フィジカル、メンタル両方で選手をコンディショニングしていく。オフェンスの選手はブロックからボールを拾い、ドロップステップしパワーレイアップ。リバウンドせずに反対のブロックでボールを拾う。リバウンダーがボールを元に戻す。30秒で何ゴールできるか？　それからベイビーフック、ジャンプショットに移っていく。

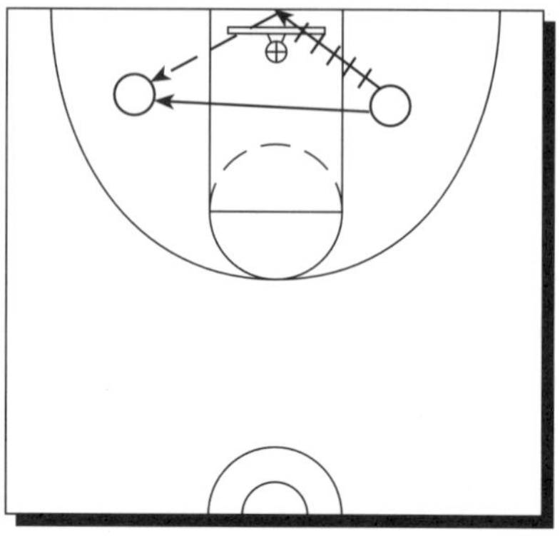
図5

図5　スーパーマンドリル。1人の選手がボールをバックボードに投げ、同じ選手が、レーンの反対側でジャンプしてキャッチ、ゴールに背を向ける。それからオフェンスの動き、ドロップステップ・パワーレイアップやベイビーフックなどをやる。どの動きにするかは選手が決める。

フットワークドリル。なわとびなどをやる。古いやり方かもしれないが、足のクイックネスを高めるのになわとび以上のドリルはない。手の動きを高めるには「トスバック」が一番いい。もし「トスバック」がなかったら、何とかして購入したほうがいい。我々の練習は2時間だけだ。選手たちもそれを知っているが、その2時間は真剣に練習する。もし所定の時間内にできないものがあったら、翌日やるようにする。練習は、2分間の「ハイ・トーク・パウワウ（声をだす儀式）」で始める。

8分間ストレッチをする。そして15～20分間、ポジションごとの練習をする。アシスタントコーチがいればやりやすいが、いなくてもできる。私のチームの場合、アシスタントコーチがこれを担当し、独自のドリルを考えて行う。そしてオフェンスの基礎練習を20分、オフェンスのチームプレーを20分、ディフェンスの基礎を20分、ディフェンスのチームプレーを20分、それぞれ行う。

練習の最後に5～10分使ってスペシャルシチュ

エーションを想定した練習をする。そして、どれくらい体を使ったかによって、適切なコンディショニングを行う。

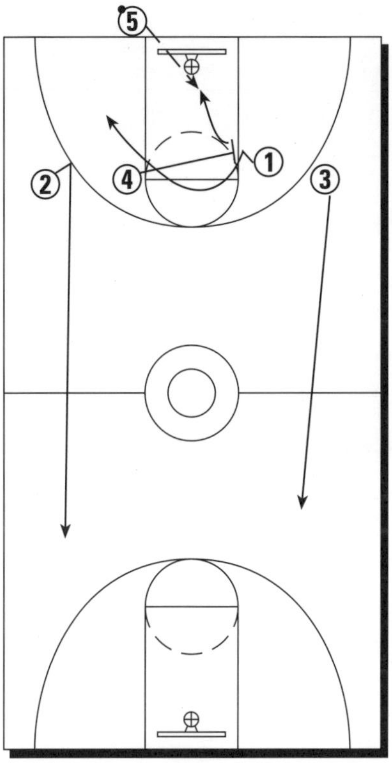

図6

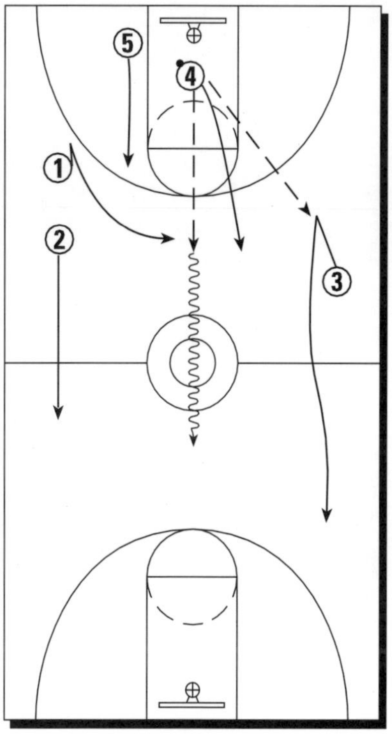

図7

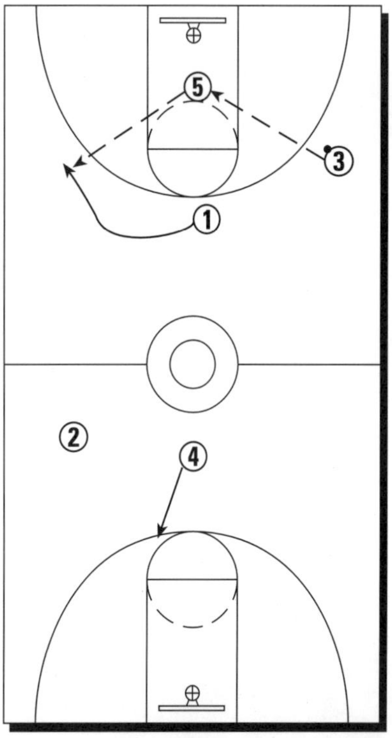

図8

➔図6　1-2-1-1に対するプレスオフェンス。#5がインバウンドする。我々は1-4のフォーメーションを使い、#4が#1にスクリーンしてからボールの方にロールバックする。#2がVカットしてリリース。#3は深く下がっていく。

➔図7　#4にインバウンドしたら、#5はコートに入りボールのビハインドへ。#1はコートの真ん中へカットしていきボールをもらう。

➔図8　#4が#1にパスできなかったら、#4は#3か#5にパスを戻して走る。#5は常にボールのビハインドに。ボールは#5に戻し、反対サイドに行った#1にパスする。

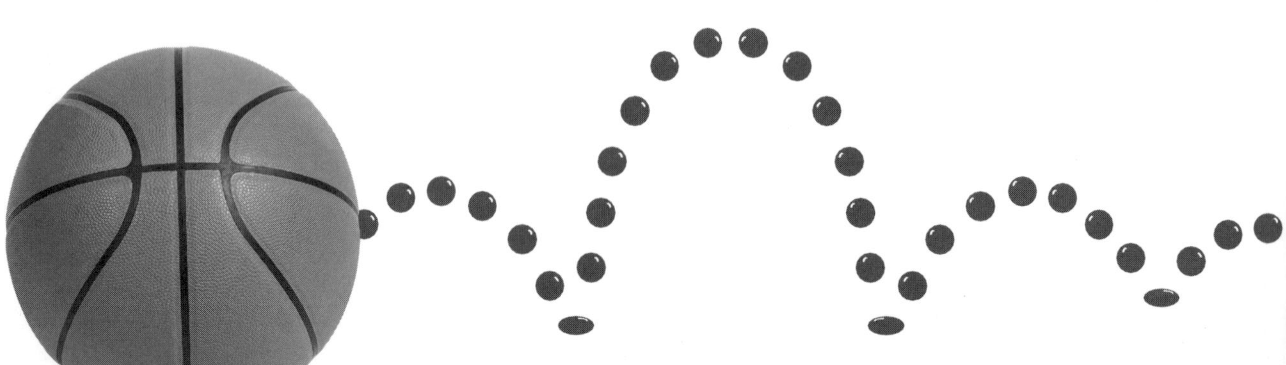

TOM DAVIS

トム・デービス

The Zone Offense
ゾーンオフェンス

以下のゾーンオフェンスはとても効果的だ。あらゆるレベルのゲームで使われている。ゾーンオフェンスは、インサイドでのボールの受け取り方、バウンズパスの投げ方、ポストアップの仕方など、細かいスキルの積み重ねであり、その細かいスキル一つ一つが大切である。

ゾーンオフェンスを組み立てる時は、シンプルであること、選手の役割に専門性があること、リバウンドに強いことがポイントとなる。常にウィークサイドでリバウンドできるポジションに選手を置くこと。

私のチームでは以下のように選手のポジションを決めている。あなたのチームではどうなるかを考えてみてほしい。まず、#1はポイントガード。もちろんボールハンドラーであり、プレイメーカーであり、コート内のコーチと言える。2人目は#5、ポストプレーヤーだ。スペースがない場所でボールをキャッチでき、そこからプレーを作り出せる選手が必要だ。チームで一番大きな選手、というわけではない。これは、高校のコーチの多くが犯している間違いだ。大型の選手は、ボールをもらってもどうしたらいいのか分からないことも多い。#5は、動けて、ボールをもらったらゴールに入れるか、ドロップステップするか、フェイクするか、何かができなければならない。次にリバウンドが上手な選手を#4に。#2はアウトサイドシュートが最も上手な選手。その選手が#1ということもあるかもしれないが、その時は、#2は#1の次にアウトサイドシュートが上手な選手になる。私はあまり力のない選手を#3にするが、やり方は人それぞれだ。私のカレッジでの経験では、いい#3がいる時はいいチームが出来上がった。

プレーの継続性も大切だ。サイドからサイドへ流れるような継続性がほしい。フリースローライン延長上からインサイドへペネトレートしていなければならない。

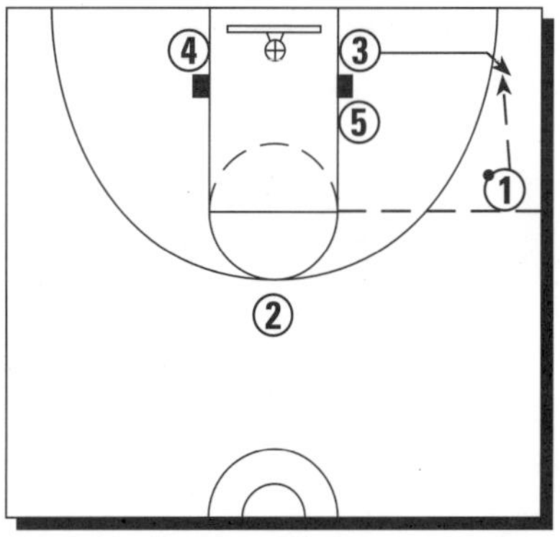

図1

➔図1　#1番はフリースローライン延長上の下へ。#5はブロックに。#5の下に#3。#4は逆サイドのブロック下側。#2はサークルの上に。私のチームでは、全体→各パート→全体という流れで指導する。まず全体をすばやく教え、それから各パートに分けて教える。そしてまた全体に戻る。

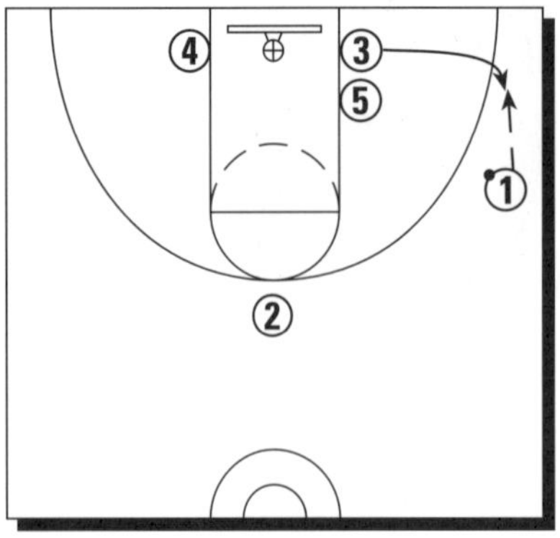

図2

図2　＃3がコーナーへ走り、＃1からパスをもらう。＃5がブロックの下側へ行くことで、ゾーンが広がっていき、ボールがコーナーに入ると、ゾーンは最大のシフトになる。常に＃5にボールを入れるようにする。やるべきことは2つあり、両方ともペネトレートすることだ。ドリブルでペネトレートするか、パスでペネトレートするか。これを頭に入れておきたい。

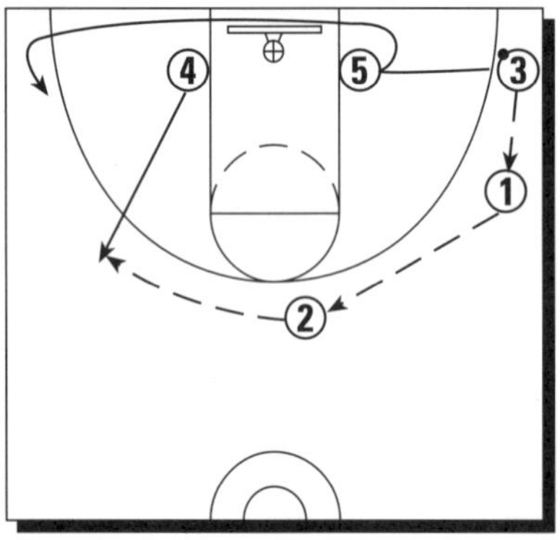

図3

図3　＃5がオープンではなく＃3からパスが出せなかったら、ボールは＃3から＃1へ戻し、さらに＃2へパス。常に、ドリブルかパスでペネトレートすることを考えているように。＃2へのパスの時、＃4がフリースローライン延長上よりも少し上に上がり＃2からパスをもらう。＃3はベースラインを走って逆コーナーへ。

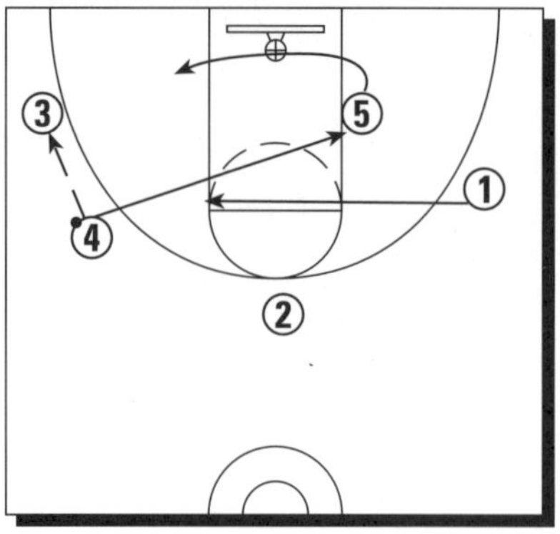

図4

図4　＃4から＃3へパス。＃4は投げたら走る。＃5はローポストに。＃1もコート反対側へ。最初はコートの右半分からプレーを始めたが、これで左半分に選手が集まったことになる。

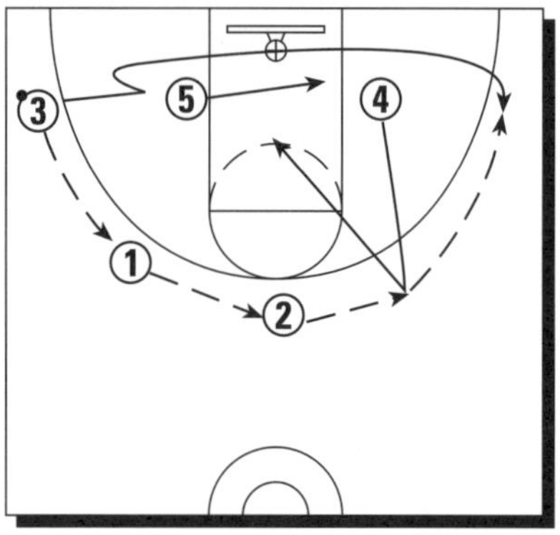

図5

図5　図4と同じことを繰り返す。もし＃5が空いていなかったら＃1へ戻し、＃2へパス。＃2へのパスで＃4が外に出る。＃4がコーナーに来た＃3にパス。＃4がパスして走り、＃5がゴール下へ、＃1がコート反対側へ。

図6　これで元の位置に戻った。これには約7秒かかる。ボールは右のコーナーからトップへ、トップから左のコーナーへ、そして元に戻る。

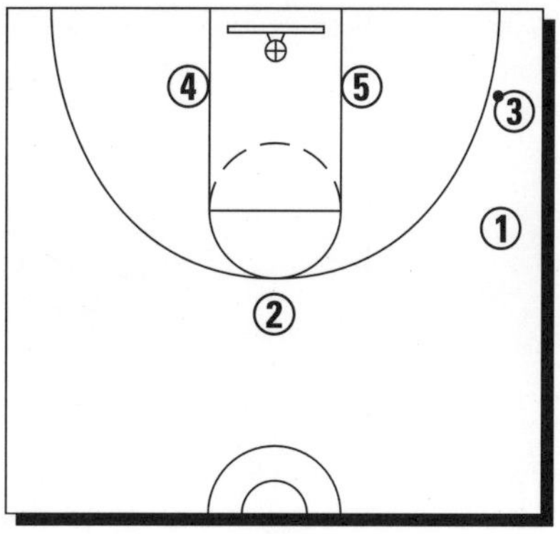

図6

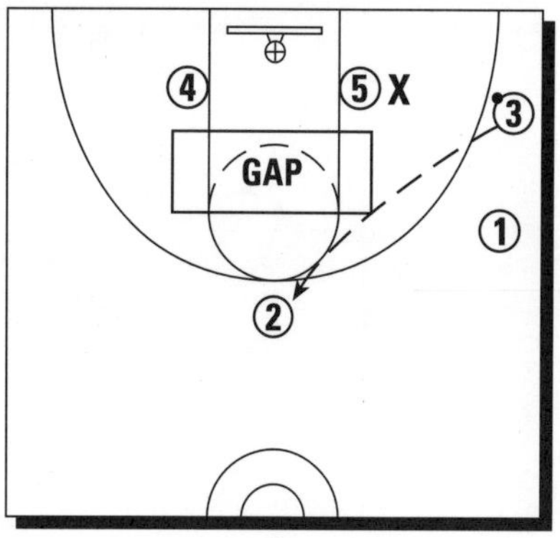

図7

これはパッシブゾーンに対して行う。もしゾーンが堅かったら、真ん中はオープンにはならない。そこで、このゾーンオフェンスの継続性がものをいう。このオフェンスをしながら、選手の得意なプレーにつなげることもできるが、基本的にはゾーンの中にオープンとなる部分を見つけるために、プレーの継続性が必要なのだ。

コーチは、相手がこのパスをどうガードするか、オープンになるのは誰か、どこでオープンになるか、見ていく。私は、少なくとも1回はボールをコーナーから逆コーナーへ、そして元に戻してほしいと思っている。選手たちはどこでペネトレートできるか見ていく。

ここでコーチングポイントがある。コーナーで#3がボールを持った時、なぜ#5はブロックの下側へ動くのか？　#5はディフェンスの後ろになっており、真ん中にスペースを作っているのだ。飛び込んでいける穴を作っている。ゾーンのボトムにいる選手は、ベースラインサイドでプレーするか、前に出なければならない。それにより真ん中にスペースを空ける。これはとても重要だ。

➔図7　#5がローポストにいる時、#3は#2にスキップパスをする。#5が自分のディフェンスマンをシールし、真ん中にフラッシュして#2からパスを受ける。これまで、#1、#2、#3にはバウンズパスを投げること、#5にはキャッチしたらスコアすることを教えてきたが、それをスペシャリゼーション、専門化と呼んでいる。

誰でもいいバウンズパスが出せるわけではない。スキップパスは、いつでも、どんな状況でも使えるパスだ。最初のコーチングポイントは#5をブロック下に行かせること。そして#4は可能な限りブロック下にいること。#4は自分のディフェンスマンをスクリーンアウトしてインサイドアウトからオフェンシブリバウンドを狙う。#4には、チームで1番目か2番目のリバウンダーを持ってくること。

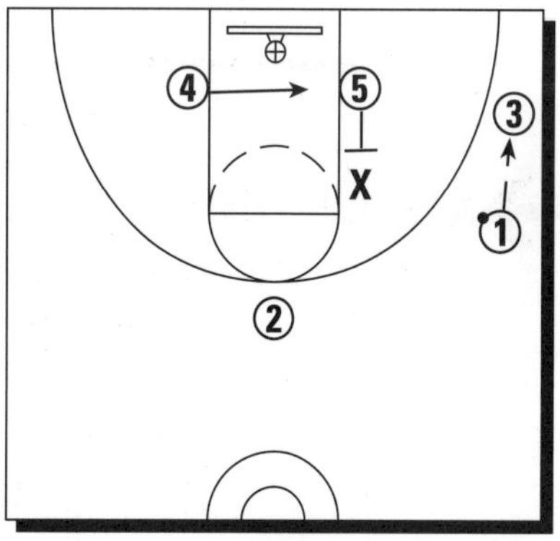

図8

➔図8　#4をポストアップさせることはあるか？　答えはイエスだ。特に1-3-1ゾーンに対して効果的だ。#5はステップアップしてゾーンのミドルマンをスクリーンする。下がっているディフェンスマンは#3をガードしている。#5はスクリーンの時にベースラインを向く。#3は#4か#5にパスを出せる。これは、何度かこのパターンを繰り返した後に使える。

➔図9　#4へのバウンズパスの後のもう一つのオプションは、#2へのスキップパスだ。

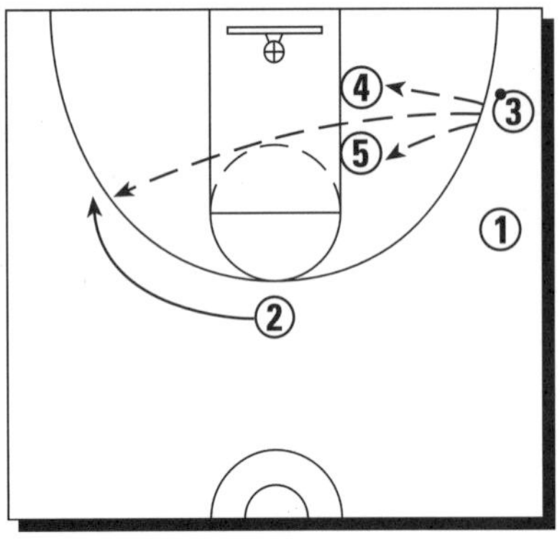

図9

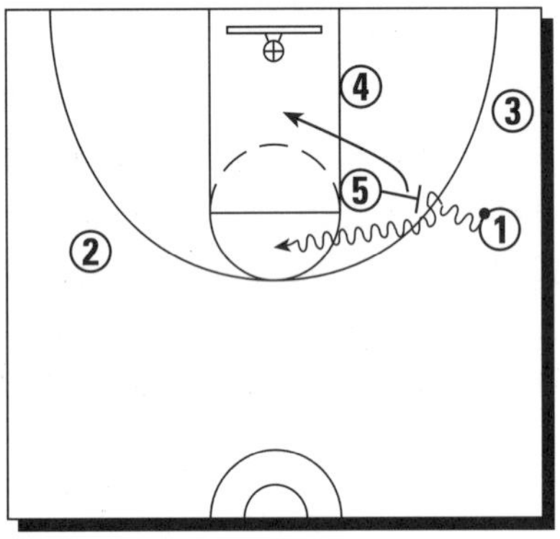

図10

図10　もう一つのオプションは、＃5がスクリーンをしに上がっていき、＃1がスクリーンからロールアウトしていく。

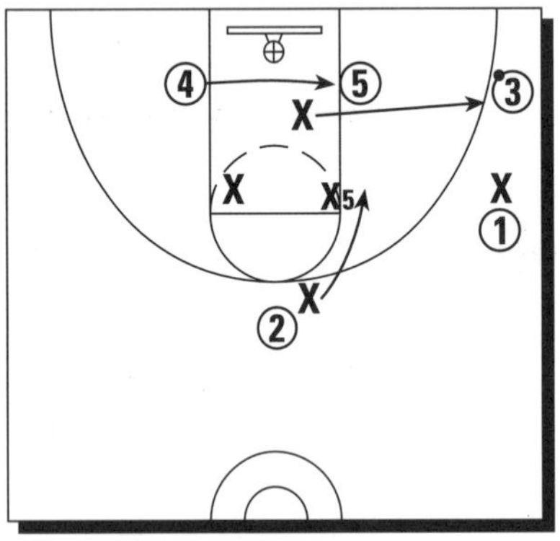

図11

図11　忘れてはいけないのは、1-3-1ゾーンに対して、＃4は＃5のディフェンスマンのポジションを奪わなければならないということ。

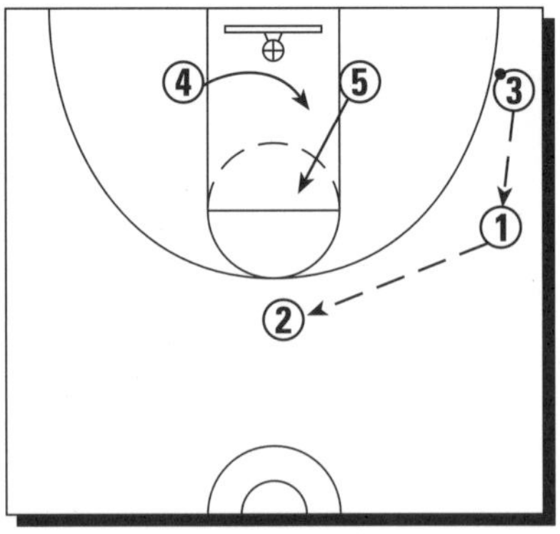

図12

図12　＃3から＃2へ、そして＃1へのボールリバースでは、＃2がボールをトップに持っていきジャンプショットをする。そうしたら＃2はベースラインを走る代わりに＃5の前へ出る。＃4はバックボードの下へ。＃5は＃3の後ろからペイントの真ん中へ。＃2はボールを＃3、＃5、＃4のいずれかに回す。＃4にパスがきた時は、＃4はリムから1mほどの場所にいるはずで、キャッチしたらすぐにシュートする。これはあらかじめコールされているプレーだ。マッチアップディフェンスに対して効果的。このプレーは3ポイントシュートがあると成功しやすい。

いつも、ゾーンをペネトレートしていくことを考えていなければいけない。コーチの仕事は、ボールをインサイドに入れて、シュートの確率を高くしていくことだ。それにフリースローのチャンスも増えることになる。

図13　バウンズパス。我々がバウンズパスを使うようになったのは、＃2にボールを回し、＃5が真ん中に入り、ワイドオープンになった時だ。しかし、＃5にボールを回すことはできなかった。そこで、いいゾーンディフェンスはどういうものか分析してみた。

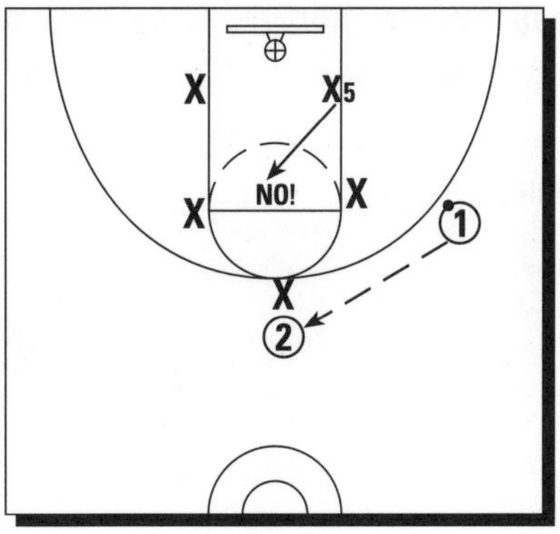

図13

まず、いいゾーンディフェンスマンはボールマンにあまり近づいてこない。ボールマンに近づきすぎると､かわされてボールをパスされてしまうからだ。なるべく離れてカバーしていれば、ボールの動きに反応する時間が増えるし、インサイドにボールを入れられるのを防ぐことができる。さらに、ゾーンが両手を上に上げていれば、両手でのオーバーヘッドパスはできなくなる。ボールを下に下げると、ディフェンダーは、手を上げる時よりもずっと早く手を下げることができることが分かった。だから、ディフェンダーの耳の高さでパスを投げることができれば、ディフェンダーはそれをカットするほどすばやく手を上げることができない。しかし、もしボールが高い位置からオフェンスを始めたら、ディフェンダーはすばやく手を下げて低い位置でのパスをカットすることができる。そのため、両手でのチェストパスもできない。

そこでバウンズパスを利用する。ボールマンはディフェンダーに一歩近づいてスペースを小さくする。そして、手の位置と逆にボールを投げる。つまり、もし両手が上がっていたらバウンズパスを投げる。ただし、ボールは膝の高さでキャッチできるように膝の高さでリリースすること。もし腰の高さで投げれば腰の高さまでバウンドするし、肩の高さで投げれば肩までバウンドする。

つまり、ボールが手を離れた位置が、ボールがバウンドしていく位置だということだ。もし#5が低い位置のパスが取れないようだったら違う選手を入れたほうがいい。#5のポジションはよく動ける必要がある。少し膝を曲げて両手を前に出せば、ほぼ正しいポジションだと言える。私のチームでは、まず2対0のパスドリルを各パス10本行ってから、ディフェンダーを1人いれ、さらに2人いれて4マンパスドリルを行う。右にステップしたら右手で投げ、左にステップしたら左手で投げる。このように正しくバウンズパスを投げられるようになることはゾーンに対して重要なことだ。

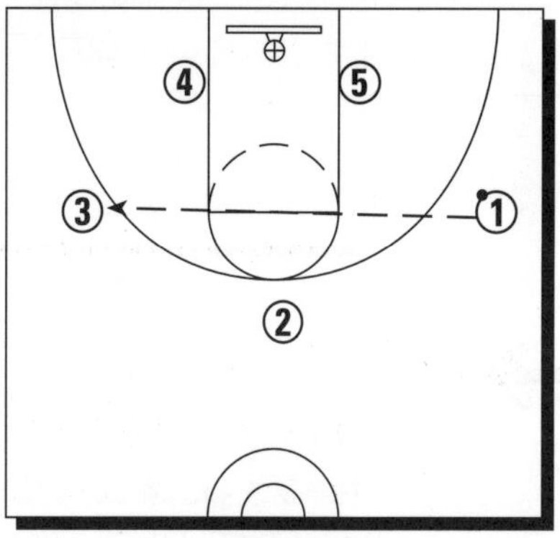

図14

図14　2-3ゾーンに対する「スイッチ」。これはベンチからコールするか、＃3がコールする。＃3は＃5の前に並ぶ。＃1がドリブルして＃3にスキップパス。＃3はベースラインを走っていたのでオープンショットが打てる。

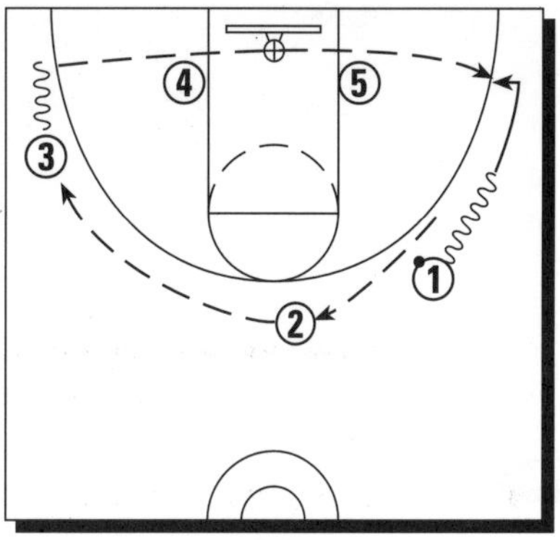

図15

図15　「ワイド」。＃3が反対のコーナーにいて、ボールは＃1から＃2へ、そして＃3へ回り、高いパスで＃1に戻る。これでディフェンスの自信を崩す。ゾーンもより高度になってきているので、ゾーンに対しては基本的なトライアングルだけでは通用しなくなっている。そこで、コンティニュイティ（継続性のあるプレー）や、その他のスペシャルプレーを使う。

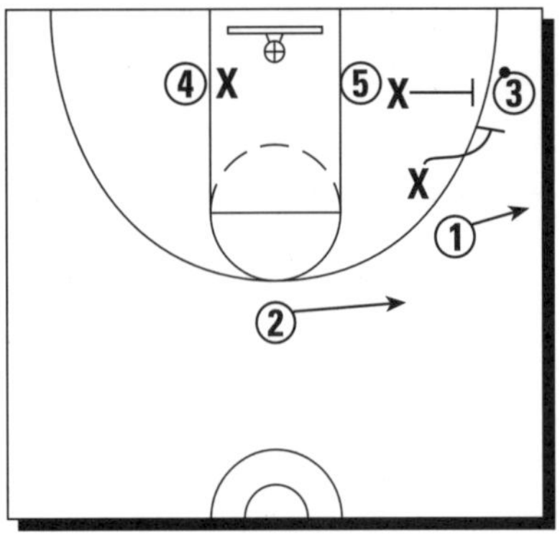

図16

図16　コーナーをトラップしてきたらどうするか？　#3はボールを低いところでキープする。#5がいいポジションにいれば有利となる。#1はサイドライン際に動き、#2は#4と一緒にウィークサイドで動く。#4がカバーされていることで、#1、#2、または#5がワイドオープンになるはず。

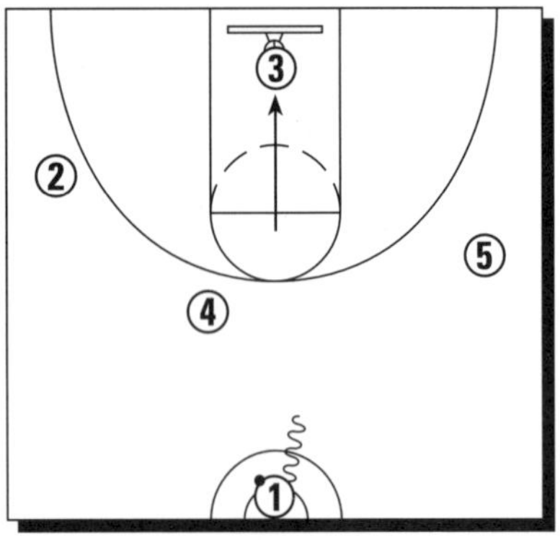

図17

図17　ゾーンを破る方法の一つにファストブレイクがある。なぜだろう？　戻ってゾーンを組むのと、マンツーマンディフェンスをするのとどちらが早いかというと、ゾーンをセットするほうが簡単にできる。ゾーンには動きがないからだ。では、なぜゾーンに対してファストブレイクが有効かというと、コーチングの仕方に関わっている。

ゾーンをコーチングする時は、マンツーマンに比べてトランジションをあまり教えない。だから、毎回ディフェンスを走らせるといい。たとえすぐに戻れても、きちんとゾーンがセットされているとは限らないのだ。プレーはポイントガードが判断してコールする。#2がウイングを走り、#3がレーンの奥まで走る。#4、#5はトレイルする。ファストブレイクを終えてコンティニュイティに入る時の判断は私が行う。

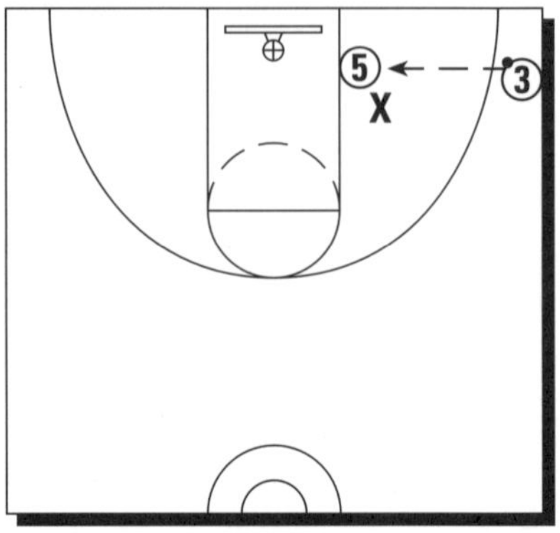

図18

図18　#5がブロックの下側にいて、#3からバウンズパスを受ける場合。ディフェンスマンはハイサイドにいて、シューティングのアングルはあまりよくない。言葉にしてもよく分からないかもしれないが、やってみると分かる。その場合、真ん中にドロップステップしてディフェンスをシールする。そのスペースは十分にあるはずだ。

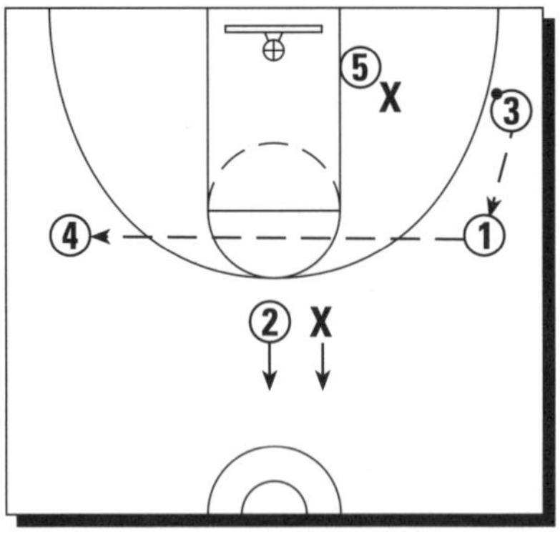

図19

図19　もしゾーンがパスレーンにいて、#2へのパスがディナイされたら、#2は外に出てディフェンダーも外に出してしまうようにする。#1は#4にスキップパス。これで、#5がプレーするスペースが大きくなった。ゾーンがぴったりとついてパスレーンをふさぎボールを狙ってくるようであれば、ドラ

イブしていくチャンス。これはアウトサイドシュートをするオフェンスではない。

Pressure Defense
プレッシャーディフェンス

これは、選手の力をより引き出せるやり方だ。プレスは、誰もがやるべきだというものではなく、プレスが合わないコーチもいるだろう。私の言うプレッシャーディフェンスとは、40分間使うものだ。リーグのトップチームに勝つためにこれを提案したい。基本的なルールは以下の通り。

1 ファウルをしないこと。

2 ドリブラーをカバーしている時は、抜かれないようにすればよい。コントロールしようと思わず、抜かれなければよしとする。ドリブルをしている選手は、通常チームで一番ドリブルが上手な選手であることを忘れないように。

3 レシーバーをカバーしている時は、インターセプトポジションにいること。これは、ディナイするポジションとは異なる。ディナイする場合は手と頭がパスレーンにあるわけだが、インターセプトする場合は、パスレーンから1歩下がった位置にいる（図20）。

4 トラップする時はよく動くべきだが、リーチインしないように。

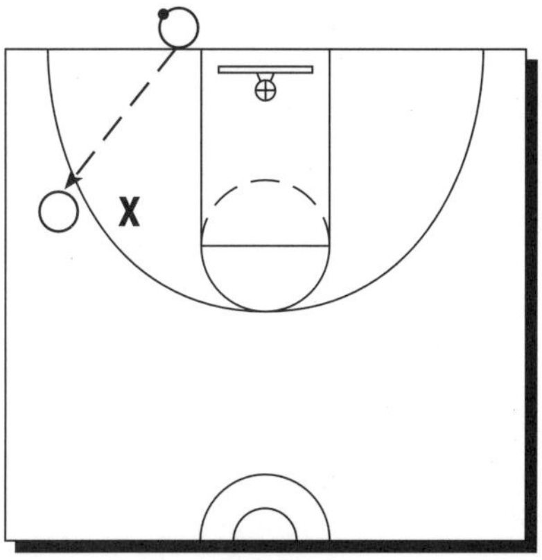

図20

➔図21　ジョン・ウッデンの2-2-1で始める。#2、#3はフロントラインに。#1はファストブレイクを防ぐために戻っている。#5にはシュートブロックが最も上手な選手を。

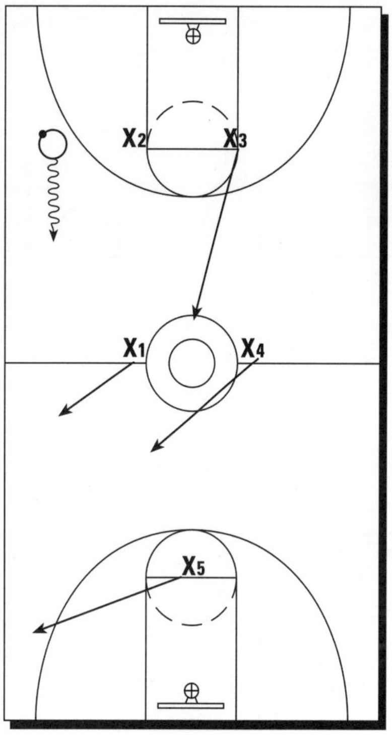

図21

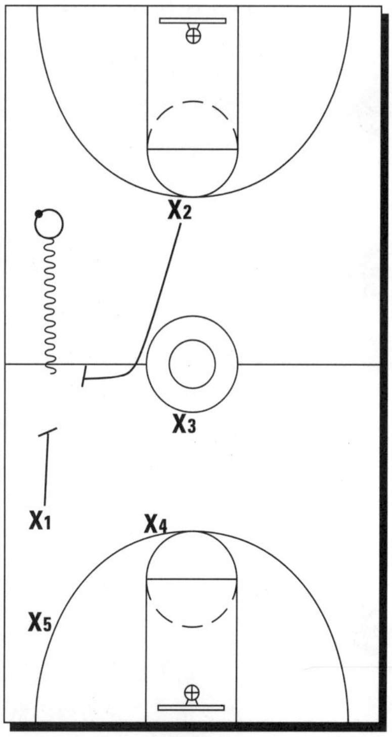

図22

➔図22　ドリブラーがサイドライン沿いを進んでいったら、#2がつく。#1はパスレーンに。#3、#4は45度の角度に。#5はボールサイドへ。ボールがミッドコートラインを超えたら、＃1と＃2がトラップにいく。これだけだ。反対コートでも同じ。

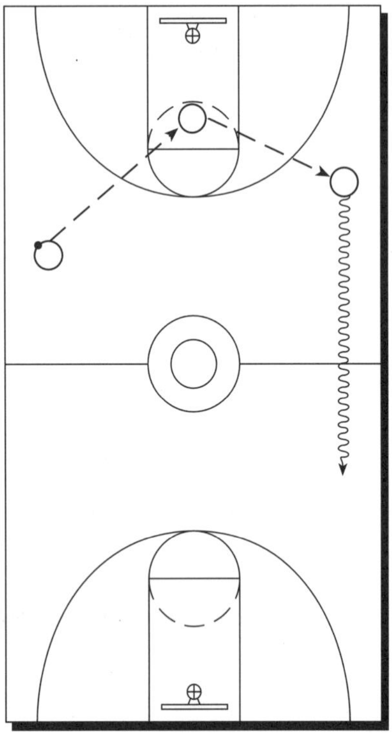

図23

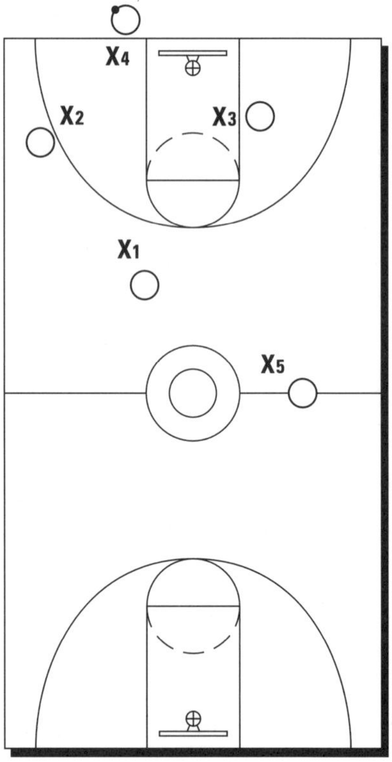

図24

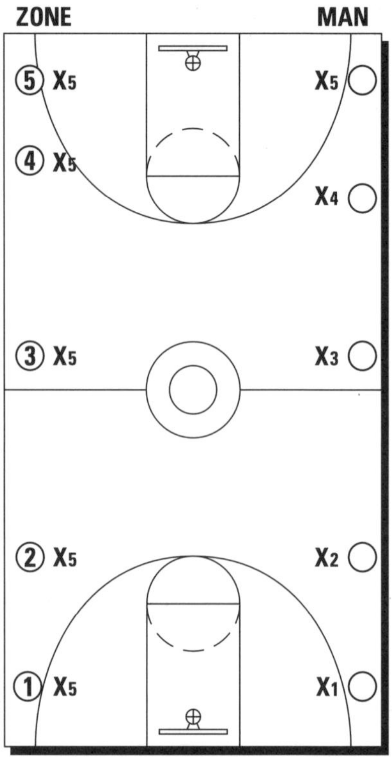

図25

図23 問題が一つあった。ボールのリバースだ。これでゲームのテンポがスローダウンしてしまった。

図24 2-2-1ゾーンの形だが、＃4をボールマンにつかせ、＃2を＃4の左側にいるレシーバー、＃3を＃4の右側にいるレシーバーにつかせた。＃1と＃5は残りの選手をカバーした。こうすると、相手チームはインバウンズできないことが多い。みんな、インターセプトポジションにいるからだ。

図25 プレスのコールはこのようにしていた。最初の数字はカバーするフロアの広さを示す。2番目の数字は5ならゾーン、0ならマンツーマンだ。つまり、フルコートのマンツーマンなら50、3/4コートのマンツーマンなら40、フルコートのゾーンなら55だ。

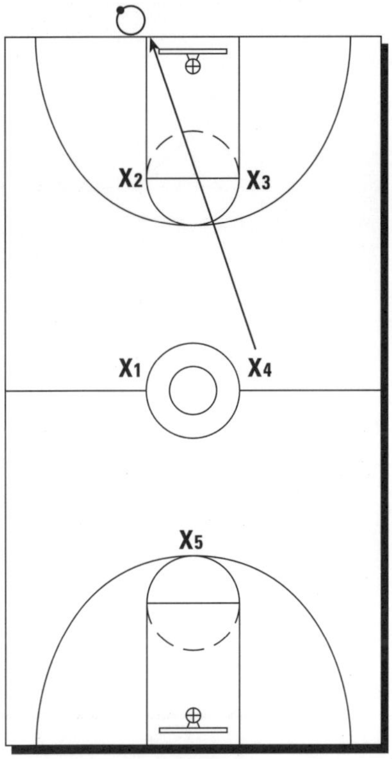

図26

図26　45、つまり3/4コートのゾーンの場合、#4は、いつでもインバウンドの選手につくオプションを使うことができる。そうすると55になる。インターセプトポジションにいることを忘れないこと。レイアップを許さず、ファウルをせず、何もせずにうまくディフェンスする方法だ。ボールを取りにいかず、オフェンスがボールをくれるのを待つのだ。こうすると、アップテンポなゲームになる。

ゲームのテンポをコントロールするには2つの方法があるが、一つはボールを抑えてしまうこと、こうするとスローダウンする。反対にアップテンポにする場合には、プレッシャーディフェンスが有効だ。

もしスピードを上げたいのなら55を、スローダウンしたいのなら45がいい。ボールがシュートされたらリバウンドにいくのは誰か？　私は4人にリバウンドに行かせる。#1はリバウンドしない。もし自分でレイアップをしたとしても#1はリバウンドせず戻っていく。不確定な要素を排除するのだ。普通言われる「インテリジェンス」と「バスケットボールインテリジェンス」とは異なるものだ。考えず、アタックすること。

もしシュートが入ったら、プレスでアタックしていく。#4は両手を上げてボールにつく。オフィシャルのようにカウントをするが、3から始めて4、5とカウントする。

これはいいオフェンシブリバウンドドリルでもあり、いいプレスドリルでもある。ボールをシュートしたらすぐに始める。ボールがインバウンドされる時は、#4はインバウンダーの右側、ボールサイドで両手を上げ、ラインから60cm離れたところに立つ。インバウンドがされたら、#4はインバウンダーについていく。

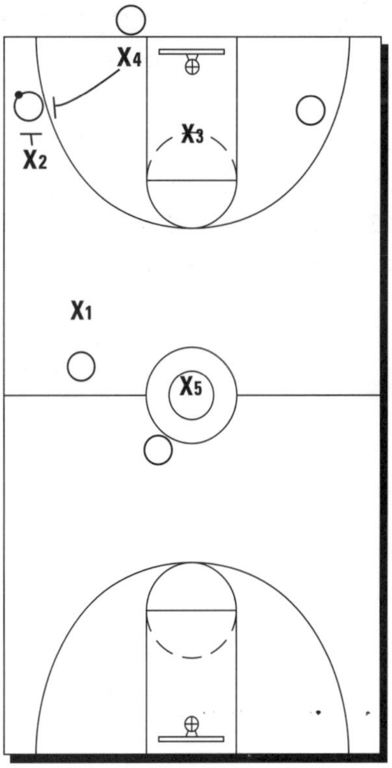

図27

図27　ボールがインバウンドされたら、すぐに#4と#2がトラップする。#3はついていた選手を離れてインバウンダーと、もともとついていた選手の間にいく。

プレスを取り入れる場合は、ディフェンシブ・チャートをつけることをお勧めする。とても簡単なものでよく、どのディフェンスを使ったらどうなったか、ターンオーバーをいくつ引き出せたか、何点スコアされたかを記録していく。我々はもう少し細かくつけているが、基本的にはそれぐらいでよい。つけていると、タイムアウト中に役立つ。プレスが効果を発揮しているかどうか忘れてしまうこともあるが、チャートをつけておくことで、いい判断をする材料になる。その結果によっては、プレスをまったくやめることになるかもしれない。練習でもこのチャートを使うといい。どんな結果になったのか知っておくべきだ。どのようにスコアされてしまっただろうか？

Question：トラッピングディフェンスはどのぐらいの時間やるべきか？
Answer：私の考え方では「1回やって終わり」。例外もあるが、ほとんどの場合、我々は「1回やって終わり」とする。残り2分で10点差、という場合は状況が違うが、通常はそのように考えている。

Question：1-4にはどう対応する？
Answer：まずレシーバーをスプリットする。#5はロングシュートを狙う選手につく。もし1人か2人スピードの遅い選手がいたら、マッチアップしてマンツーマンにする（図28）。

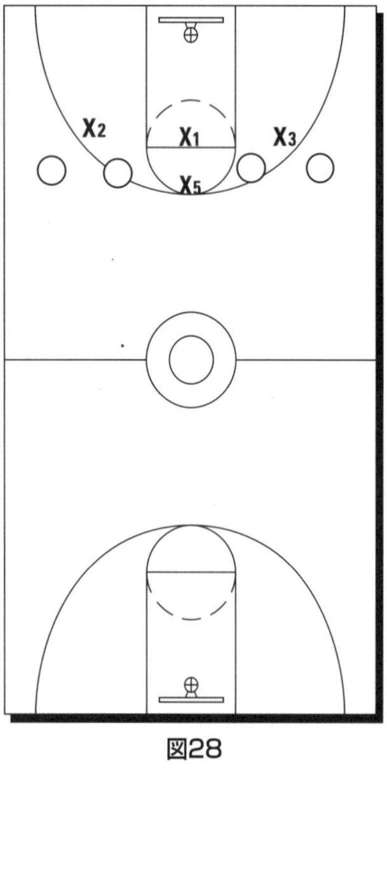

図28

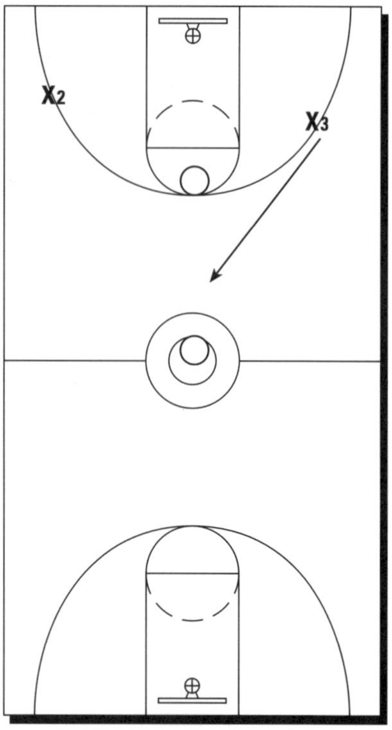

図29

図29　もしガードが1人高い位置に残っていたら、X2にマンツーマンでつかせることが多い。

図30　X3は次にボールが回ると思われる選手につく。この2人の選手の傾向を読むようにする。もし自分の前でパスが回ったとしても、気にしなくていい。毎回ボールをスチールできるわけではないのだ。ただ、頭の上をパスされないように。

また、ミスショットではプレスしない。

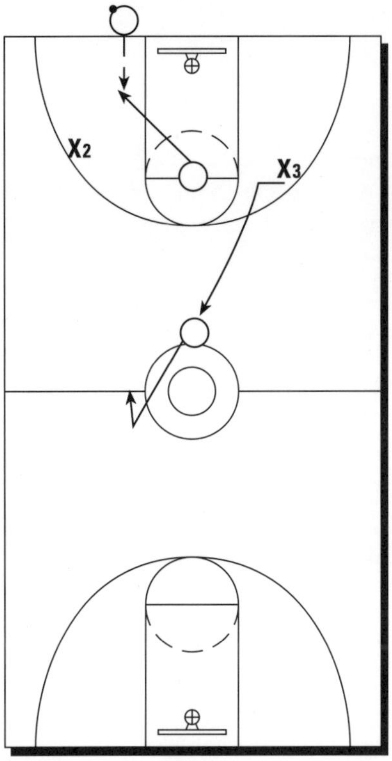

図30

図31　ボールがディフェンダーを超えていったら、このエリアに走っていく。もしX3がパスカットに真ん中に入らなかったら、真ん中への2本目のパスはトラップしない。走って戻る。

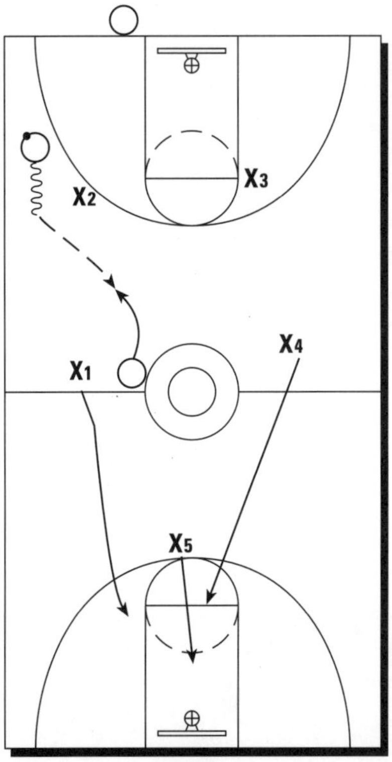

図31

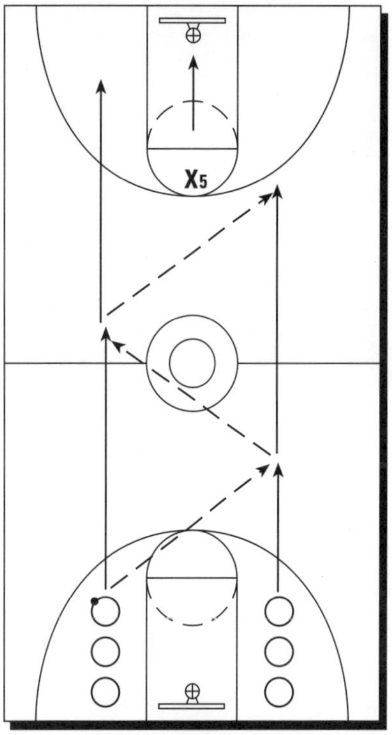

図32

図32　2対0でのフルコートパスドリルを行う。ただし、レーンに#5を置いているので、実際には2対1だ。ボールがシュートされたら、次の2人がスタートする。

#5がオフェンスを止められる確率はどれぐらいか？　実際には止められる選手はほとんどいない。これはとても難しいことで、もし止められるとしたらすごいことだ。腰を落としてゴールを守り、リバウンドをすること。これはとてもいいプレッシャーディフェンスドリルになる。

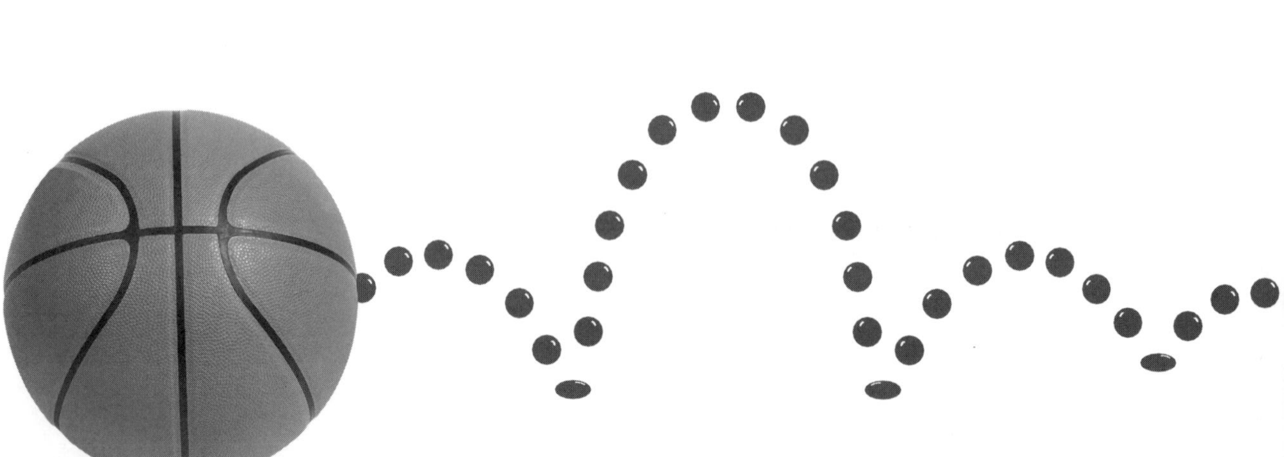

HOMER DREW

ホーマー・ドルー

Handling Victories and Defeats
勝利と敗退への対応

もし皆さんが自分の現在の状況に満足しているとしたら、それはすばらしいことだ。例えば高校のコーチとして満足しており、何も問題がなければそれが一番だ。

これから私がお話しすることは「フィロソフィー（哲学、考え方）」であり、我々がやっていること、私がこれまでの経験から学び、やるようにしたことや、やらないようにしたことなどだ。私は、「もし1つか2つアイデアを持ち帰ることができれば、クリニックは成功と言える」ことも経験から学んだ。いろいろなコーチの話を聞くたびに、コーチとしての自分を変える必要はまったくない。私が初めてジョン・ウッデンに会った時、私はバルパライソ大学で長い時間を彼と一緒に過ごし、彼のようになりたいと思っていた。しかし1年間コーチをしてみて、私はジョン・ウッデンではないことが分かった。だから彼のアイデアをいくつか自分の考え方に取り入れるようにした。皆さんもそうすればいい。自分のやり方に合うもの、好きなやり方を取り入れればいいのだ。成功への決まった方程式はない。成功するための特別な仕掛けもない。クリニックでは、講師が話す内容を、すでに自分で実践している場合もあると思う。

How to Keep Your Job
コーチを続けていくために

コーチというのは、あらゆる方向から攻撃を受けるものである。勝ち星が少なければクビになってしまう。選手とコミュニケーションがうまくいかなければ問題になる。保護者やファン、メディアともうまくやっていかなければならない。大学であれば、選手たちは卒業しなければならない。選手が夜中の2時に留置場に入れられてしまったとしたら、コーチの責任と言われる。コーチというのはとても厳しい職業なのだ。ベストコーチといわれる人々は本当に特別の、まったく非の打ち所のない人たちだ。

いろいろ疑ってかかられるのは、少なくとも興味を持たれているということなので、悪いことではない。コーチというのは、いつも疑ってかかられ、いつも批判されるものなのだ。

まず最初にすべきことは、直属の上司には活動のすべてを報告することだ。高校だったら、アスレティックディレクターか校長になるだろう。私は何をやる時にもアスレティックディレクターと学長に書類のコピーを送り、何が起こっているか知らせるようにしている。保護者との間に問題があれば、上司を巻き込むようにしている。上司が私にどうしてほしいのかを聞き、私の立場を理解してもらい、もし保護者が電話をしてきても、彼らがすでにそのことを知っているようにする。上司が何も知らなければ、どこかでそれを知った時に責められることになる。先手をうっておくのだ。ある選手を練習から追い出したとしたら、それも知らせておく。問題ばかりではなく、いいことも含めてすべて知らせておく。上司を味方につけておくことだ。何が起こっているか分からなかったら、味方にはなってくれないだろう。そして、彼らの意見も聞くこと。いいアイデアを持っているかもしれないし、自分で考えを決めていた場合でも、意見を聞くのは悪くない。

保護者が問題になることが一番多い。私が学生だった時は、学校で問題を起こしたら家に帰りたくなかったものだが、今は子供が正しかろうが悪かろうが、両親は子供の味方である。誰かを練習から追い出すとしたら、親に連絡しよう。授業をさぼったなど、その理由を知らせておくためだ。「保護者見学日」を設けるのもいい。いつも通りの練習を行い、その意義などを説明する。親は子供が何をやっているか見られるし、コーチは自分の考え方を説明することができる。また、チームの規則も親に送っておけば、理解を得ることができる。

メディア対策。チームを取材している記者たちとはいい関係を築くようにしている。時々は、話したことを記事にしないように頼むこともある。たとえ敗戦の後であったとしても、常にポジティブでいるようにする。選手やチームについて批判されないようにするためだ。

選手に対して。私は自分が選手に好かれるコーチでありたいと思っている。キャプテンにはかなりの権限を与えている。選手とはいいコミュニケーションを図っていると思っている。

Dealing with Defeats
敗戦への対処

私も多くの負け越しシーズンを経験してきた。負けるというのは、本当にがっかりするものだ。それを乗り越えていければ、いいコーチになることができる。私は、勝ち越しのシーズンよりも負け越したシーズンのほうがいろいろなことを学ぶことができると考えている。負けた時に受ける批判を受け止めるのは簡単ではないが、もしそれを乗り越えられればいいコーチになれるのだ。その経験を通してコミュニケーションをもっとよくする方法、もっとがんばれる方法を学び、成功への基礎を築くことができる。負け越しのシーズンを、成功への第一歩と考えることだ。

Self-Esteem
自尊心

❶自分で自分を苦しめてしまうこともあるものだ。試合に負けた後は、いつも自分自身を評価することにしている。そんな時はあまり眠れない。選手起用が悪かったのか？　練習は十分だったのか？　スカウティングレポートは正確だったのか？　と考えてしまう。
毎試合後、私はオフェンス、ディフェンス、プレスなど、ゲーム内容を評価する書類を作っている。それにより、声をかけて元気づけたほうがよい選手を見つけ出す。十分にプレーできなかったのは誰か？　翌日学校でふさぎこんでいるようなことは避けなければならない。心理学者によると、成功するために一番必要なことは、自分自身に自信を持つことだそうだ。

❷自分自身でいること。勝っても負けても自分自身のパーソナリティを変えないこと。機嫌よく見えるように努力する。笑顔でいいムードを作るよう心がける。

❸大敗してしまった時、周りはあまり気にしないが、自分自身はとても気になるものだ。もし連敗が続くようだったら、少し気分を変えて、誰か周りの人を喜ばせるようなことをしてみる。たとえば、療養中の友人などはどうだろう。誰か別の人を喜ばせることができれば、それが自分の喜びにもなる、という考え方だ。

After a Game
ゲームの後

❶コメントは短くする。まずビデオを見ること。ビデオは真実を語る。ゲームの後、長い間チームを引き止めておかないこと。最後には、ポジティブなコメントで終わるか、何かチャレンジングなコメントで終えるようにする。それからまたビデオを見て、必要な修正をしていく。

❷ゲームの後すぐ、スタッフと一緒にビデオの分析、編集をする。向上すべきポイントを集めた短いテープを作るが、それと同時にうまくできたことも集めて編集する。

❸また、選手と一緒にビデオを見直すのもいい。チーム全体でも15分ほどビデオを見るが、選手に向上すべき点を話したりする場合は、1人ずつ個別にやったほうがいいと考えている。

Crisis Management
危機管理

❶試合に負けた後は、6番目から10番目のロールプレーヤー（控え選手）たちについても話をしよう。彼らはどうだったか？　プレータイムは十分だったか？　負けた試合でもいいプレーをした選手についても話をしよう。

❷先発選手はどうだったか？　もし試合の最後のシュートをミスしたために負けてしまったとした

ら、私はその選手が帰る前に元気づけてあげることにしている。

3 選手間のいざこざについて。ゲームに負けると、お互いを責め合う傾向がある。コーチを責めるのはまだいいが、本当に問題なのは選手同士で批判し合ってしまうことだ。これが起きてしまった時、私は練習をすることにしている。そうすれば選手は私に対して怒りをぶつけるようになるからだ。チームは常に一丸になるようにもっていく。

4 保護者について。私も何度かやったことがあるが、ある選手がゲームでまったくいいプレーができなかった時、親に電話をして、彼の実力を今も信じているし、次のゲームで先発させる、ということを話す。

5 批判について。どんな時でも批判はされるものだ。批判について考える時、私が好きな話を紹介しよう。

あるところに、老人と少年とロバがいました。町に行く時に少年がロバに乗っていると、通りかかった人々が、老人をロバに乗せてあげないなんてひどいと言いました。そこで2人はその批判どおり、少年が歩き、老人がロバに乗ることにしました。しばらくすると通りかかった人々が、小さな子供をロバに乗せてあげないなんてひどいと言いました。その批判を聞いて2人は、今度は2人とも歩くことにしました。しばらくするとまた通りかかった人々が、ロバに乗れるのに歩くなんてもったいないと言いました。それを聞いて2人は、今度は2人でロバに乗ることにしました。しばらくすると通りかかった人々が、2人でロバに乗るなんて重くてロバがかわいそうと言いました。それを聞いた2人は、今度はロバを運んであげることにしました。そして橋を渡っている時、手が滑ってロバは川に落ちてしまい、溺れてしまいました…。

この話のポイントは、すべての人の言うことを聞いているといいことはない、ということだ。

Keeping a Motivation
選手のやる気を出させるために

プレーがよくなかった時。チームのプレーがまったくよくなかった時、どうしたらいいだろう？　高校の場合、私は試合の後に練習をすることも何度かあった。または、朝の6時から練習をした。

プレーがよくなかったというのは、試合に負けることではない。やる気がないこと、一生懸命プレーしていないこと、チームワークが見られないことを言う。それらは絶対に必要なことなのだ。こんな時の練習はとてもきつい。よく走らせるが、その時もボールを持たせるようにする。今後の勝利につなげるためだ。よくないプレーを見逃すことはできない。私はいろいろなことをポジティブに考えるタイプだが、時々は厳しいこともしなければならない。

やる気を出させるには、変化をつけることがカギとなる。いつもポジティブでいても、いつもネガティブでいてもだめだ。いつも同じことをしていたのでは、やる気を出させることはできない。私のチームでは、ときどき1分間のビデオを見せたり、ゲストスピーカーを招いたりしているが、いろいろやってみることだ。もし2連敗、3連敗してしまったら、私はアンケートを配り、「チームでの君の役割は何？」、「どうしたら勝てるようになる？」と聞くようにしている。それには氏名も書いてもらう。

チームにどんな選手がいるかによって、毎年違うことをしなければならない。私がよくする質問は、「もしコーチだったら誰を先発させる？」というものだ。いつかこの質問をした時、私がチームで8番目ぐらいに思っていた選手が、チームメイト12人中11人から先発として選ばれたことがあった。コーチよりも選手のほうがよく知っていることもあるのだ。選手からインプットをもらうのは有効だ。選手が全体を動かすことはできないが、助けにはなってくれる。

キャプテンを巻き込むこと。コーチ1年目だった時は、私が唯一の指導者だった。今は、キャプテンに任せる部分も作るようにしている。たとえば、試合に行く出発時間を決めたりするのはキャプテンの仕事だ。これにより、彼らも責任感を持ち、リーダーシップを発揮するようになる。試合に負けた時は、キャプテンを呼んで、勝てるようになるためにはどうしたらいいと思っているかを聞くようにしている。いつもコーチが「今日はああだった、こうだった」と言うのではなく、キャプテンにそれをやらせてみる。私のチームのキャプテンはシニア（4年生）なので、コーチがいなくてもチームに対して話をしたりする。キャプテンからのインプットもとても大切だ。

ゲストスピーカーについて。選手たちは、いつも同じ人の話を聞くのには飽きてしまうことが分かった。誰か別の人であれば、まったく同じことを話しても、とても意義深く聞こえたりする。私は、シーズンの最初の練習の時は必ず、学長かアスレティック・ディレクターを呼んで話をしてもらうようにしている。これにより、チームへのサポートが深まる効果もあるだろう。また、市長など地域のリーダー的人物に来てもらうこともある。もしチーム運営に資金が必要な時などに、協力をお願いできるようになるかもしれない。

私が好んできてもらうゲストスピーカーは、引退した元選手だ。選手たちは熱心に話を聴く。我々が1勝5敗だった時、私は数人のゲストスピーカーを呼んだ。その最後はトム・ラソーダだった。彼はとてもエネルギッシュですばらしい人物だ。彼のお話のメインポイントは、「後ろにあるものではなく、前にあるものをプレーしろ」、つまり、後ろにあるものというのは選手の名前で、前にあるものというのはチームの名前ということだ。また、「常に何かをしかけていけ」ということも話してくれた。ゲストスピーカーというのはとても有効だ。

映画。特にロードに出ている時など、練習のあとに映画を楽しむことがある。例えば、「アポロ13」を見た時の名セリフの一つに「あなたと一緒にいられて光栄です」というのがあった。私たちはこれをもじって「あなたをコーチすることができて光栄です」というセリフにした。ほかにも「ロッキー」や「アイ・オブ・ザ・タイガー」などを見た。

希望。負けている時も、いつも希望を忘れないことが大事だ。すばらしいのは、どんなゲームであっても、最後にどうなるかは誰にも分からないことだ。食べ物なしで私たちが生きられるのは40日間、水がなかったら3日間、空気がなかったら8分間だが、希望がなかったら1秒も生きていられないという言葉がある。辛い時期を迎えていても、決してあきらめてはいけない。希望を忘れないことだ。私の好きな言葉の一つに「何が起ころうと関係ない、大切なのはそれにどう対応するかということだ」というのがある。困難から立ち上がってどう成長するかが大切ということだ。

いつかこう言った選手もいた。「辛い時期はすばらしい時期につながっている」。

特に、新しい環境になった場合に使えるものを紹介しよう。それはアンケートだ。ページの一番上に選手の名前をリストアップし、選手たちに、いろいろなカテゴリーでそれぞれを1番から15番（選手が15人なら）までランク付けさせる。例えば、先発は誰か？　6番目、7番目の選手は誰か？　などだ。その結果を総合すると、選手たちが考える先発メンバーが誰かが分かる。もし自分の考えているのと違う選手の名前が出てきたら、練習でその選手を先発させてみてから判断することができる。もしかしたらその選手を入れたほうがいいラインナップになるかもしれない。

また、その他のことも知ることができる。ある選手のことをほとんど全員が3番手にランクさせていたのに1人だけ10番にランクさせた選手がいたとする。そうすると、もしかしたら個人的に仲が悪いのかもしれない。そんな場合は相手の選手のアンケートを見てみて、同じように低いランクをつけているかどうか確かめてみる。特に新しいチームの場合は、選手のことをできるだけよく知ることは大切だ。

私がコーチを始めた時、ベテランコーチにアドバイスを求めると、彼はこう言った。「コーチングの秘訣は選手を知ることだ」。アンケートでは選手について多くを知ることができる。お互いにどう思っているかが分かる。チームが一番頼りにしている選手は誰か、なぜかということも知っておくこと。練習中には、その選手について、一生懸命やっているかどうかチームメイトに問いかけてみる。最初の試合までに、各選手が大切な時にどうしたらやる気を出すかを知っておきたい。例えばどなったらとか、背中を叩いたらとか…。アンケートを使うと、選手のことをよく知ることができる。

選手にもっと一生懸命プレーさせるにはどうしたらいいか？　その選手の練習の様子を最初から最後までビデオにとり、後で一緒に見るようにする。大学の練習に連れて行き、どんなものか見させる。親と一緒に話をして、親がどんなサポートをできるか話し合ってみる。

何をやってもうまくいかなければ、先発から外さなければならないこともあるだろう。もしその選手がチームのベストプレーヤーであれば、これは簡単なことではないし、批判も受けるだろう。試合で控えに回す前に練習で控えにしてみる。ここで考えたいのは、チームメイトがその選手についてどう考えているかということだ。もしかしたら、その選手がいないほうがいいプレーをするかもしれない。逆にチームで一番いい選手が一番努力をする選手であれば、それはすばらしいことだ。

残り時間がない時のセットプレーは、フルコート、ハーフコート、アウトオブバウンズ、フリースローラインから、と状況に合わせて練習しておくべきだ。そしてそれぞれに名前をつけておく。昨年我々はNBAチームの名前をつけた。

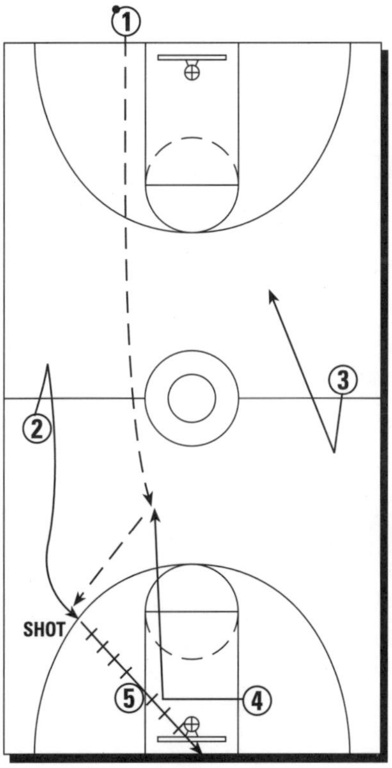

図1

図1　「ペイサー」。これは昨年、試合終了間際に成功させてNCAAトーナメントで勝ったプレーだ。＃1は最もいい肩をしている。＃2がベストシューター。＃4が最もジャンプ力がある。＃3はセーフティだ。＃1がフリースローライン際にボールを投げる。＃4は＃5に対してスクリーンをフェイクしてからボールを取りに行く。＃2はボールを取りに行きかけ、＃1も＃2に投げるフェイクをする。ビデオを見ると、＃2がボールのほうに走り、ディフェンダーがフェイクに引っかかっている。しかしそこでロングパスが出され、ディフェンダーの目はボールを追って後ろを振り返る。振り返ったと同時に＃2は、リバースしてサイドライン際を下りていく。＃4は2人の選手の間でボールをキャッチし、ジャンプしたまま＃2にパスしてシュートを狙わせる。練習中にこれを何度もやっても意味はない。成功することはあまりないのだ。ロングパス、タッチパス、そしてシュート、というプレーになる。その試合のテレビ放映では、このプレーが最もうまくいった例だ、とコメントされていた。

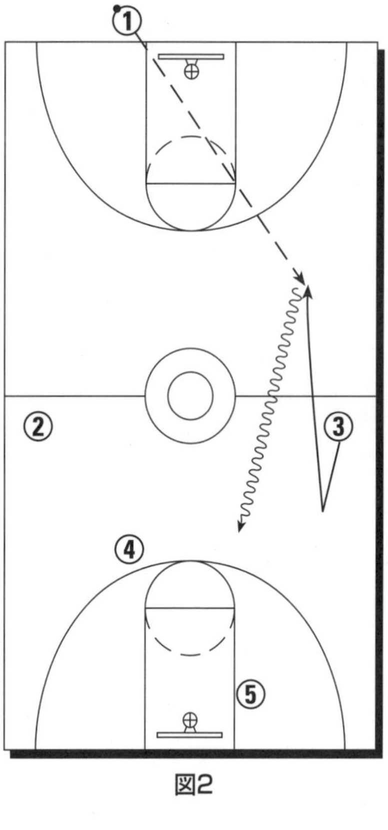

図2

図2　もうひとつのプレー。＃1が＃3にインバウンズし、＃3はドリブルして上がりシュートする。私がいつも選手に言っているのは、シュートする勇気があるかどうか、勝っても負けてもそれが一番大切なことだ、ということ。

これをやった時は、残り2.5秒だった。もう教えることは何もなかったし、タイムアウトも残っていなかった。そこでチームが「ペイサー！」とコールした時はとても嬉しかった。勝っても負けてもどうプレーすべきかをしっかり教えることができたと思った。それはとても嬉しいことだ。

ところで、残り時間わずかの時のプレーを組み立てる時に一番大切なのは、選手起用だ。一番いいパッサーは誰か、誰にボールをキャッチさせ、シュートさせるか？　私がコーチを始めて間もなかったころ、チームで一番のシューターにボールをまわすまで4秒、という状況があった。ボールをインバウンドしたがそのベストシューターはベストボールハンドラーではなかったために、シュートできる場所までボールを運ぶことができなかった。この経験で私は多くを学んだ。選手をよく知らなければいけない。それが、どんなプレーを展開するかを決めるカギなのだ。

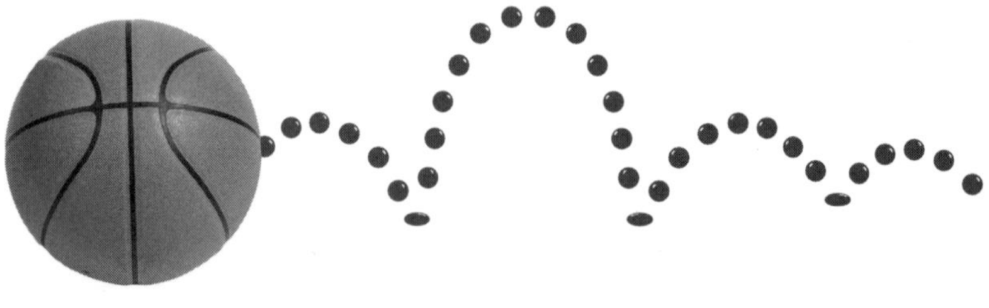

FRAN FRASCHILLA

フラン・フラシーラ

Practice Organization
練習の組み立て

ここで私がしようとしているのは、皆さんに自分自身がやっていること、プログラムについて考え直し、自己評価してもらうというものだ。プレーについての皆さんの哲学についてとやかく言うつもりはまったくない。話を始める前に、皆さんのプレー哲学についていくつか質問したいことがある。

プログラムのビジョンは何か？　目標を持って始めることだ。プログラムがどんなふうになるべきか考えているだろうか？　思い出してほしい。選手たちは、皆さんが思い描いたようにプレーしてきただろうか？

プレシーズンの練習を始める時にも、最終的な目標を持って始めなければならない。ビンス・ロンバルディはこう言った。「すばらしいコーチというのは、何をしたいのか分かっているものだ」。

プログラムで大切にしていることは何か？　私のチームの練習を見に来ていただければ、チームが何を大切にしているかをすぐにお分かりいただけると思う。それは、集中、努力、そして賢いプレーだ。

選手たちは、皆さんが何を大切に思っているかを知っているだろうか？　選手たちもプログラムの哲学を理解することが必要だ。

練習はしっかり組み立てられているか？　ヒュービー・ブラウンによると、コーチとして一番大切なことは、練習についても試合終了間際のセットプレーについても、コーチがしっかりとしたプランを持っているということを選手たちに分からせることだという。もしコーチが準備不足でプランもなく、ビジョンも目標もなかったとしたら、選手の信頼を勝ち取ることは難しいだろう。

今、私が最も尊敬しているのは、エディ・サットンとビル・パーセルズだ。私は小さなカードを持っており、そこには「エディ・サットンとビル・パーセルズが見に来ると思って、今日の練習内容をしっかり準備せよ」と書いてある。練習にもきちんとしたプランが必要だ。

チームでは練習を次のように分解している。まず年間プラン、プレシーズンプラン、週間プラン、そして毎日のプラン。プレシーズンにはボードをいくつか用意する。例えば、練習が25日間だとしたら、5日間に1枚で5つのボードを用意する。最初のボードには、「ベーシック・オフェンスとマンツーマン・ディフェンス」と書く。

2つ目のボードには「マンツーマンオフェンスとフルコートプレス」。

3つ目のボードには「ゾーンオフェンスとゾーンディフェンス」。

4つ目のボードには「スペシャル・シチュエーションのオフェンスとディフェンス」。

そして5つ目のボードには、「最初のゲームに向けての準備」と書く。もちろん、ボードに書いたこと以外の練習もすることになる。例えば、私がセントジョーンズにいた時のあるシーズン、外からのシュートがあまり上手なチームではないことが分かっていた。だから私は、そこにもっと時間をかけて練習するために、練習の最初の数日間にゾーンオフェンスを持ってきたこともあった。

もう一つ我々が使っているのは、「進行チャート」と呼んでいるものだ。これにはオフェンスとディフェンスのチャートがある。例えばディフェンスでは1対0から3対3までのすべてのドリルが示されており、プレシーズンでも自分たちが毎日何をやっているのか分かるようになっている。例えば年間を通して行うリバウンドのドリルが5つ6つあるが、毎日、それらをいくつか組み合わせて練習する。それを、ディフェンスの進行チャートに書き込んでいけば、それぞれのドリルにどれくらい時間をかけており、後は何をやらなければいけないかがすぐに分かることになる。

練習をしっかり準備するために大切なことは3つある。

やっているドリルは論理的か？　自分のスタイルに合っているか？　それともUSAクリニックでヒュービー・ブラウンが紹介していたからやっているだけか？　ドリルには段階があり、少しずつレベルアップしていくものか？

習慣を形成できるものか？　自然に反応できるようになれるものか？　コーチングというのはそれに尽きる。コーチングの90%は練習中に行われるものだ。大切なことは、プレッシャーがかかった状況でも、自然に反応して動けるようになるまで練習することだ。

まずディフェンスのドリルから始めよう。我々は、ウォームアップとも言えるような、ボールなしでのディフェンスドリルをよく行う。途中であまり中断しないようにし、練習時間は長くしない。プレシーズンには2時間半練習するが、シーズン開始時には2時間、1月には1時間半、2月には1時間のみだ。練習には集中力が求められ、とても早いペースで行われる。もし途中でボールが逸れてしまったりしても、あまりドリルをストップすることはない。水を飲むための休憩もあまりとらないが、自分が走っていない時は、好きなだけ水を飲んでいいことになっている。いろいろな指示は、練習が始まる前に詳しく説明してしまう。

もし2時間練習するとしたら、ストレッチをする前に20分間を使って新しいプレーやドリルを説明する。時々はドリル中にコートサイドで指示を出すこともあるが、そのためにドリルを中断することを私はあまり好まない。

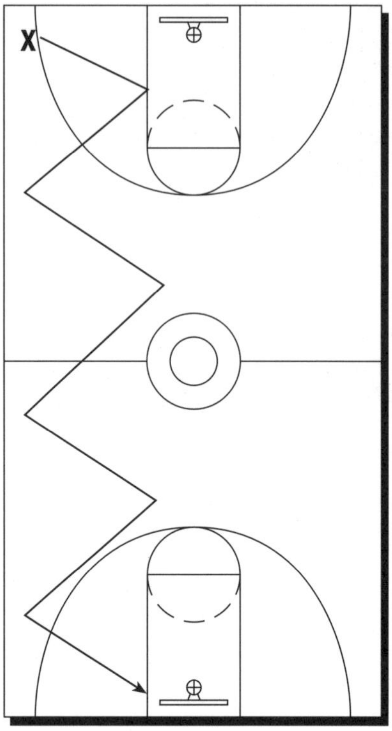

図1

図1　ジグザグ。ボールではなく、タオルを使って行う。

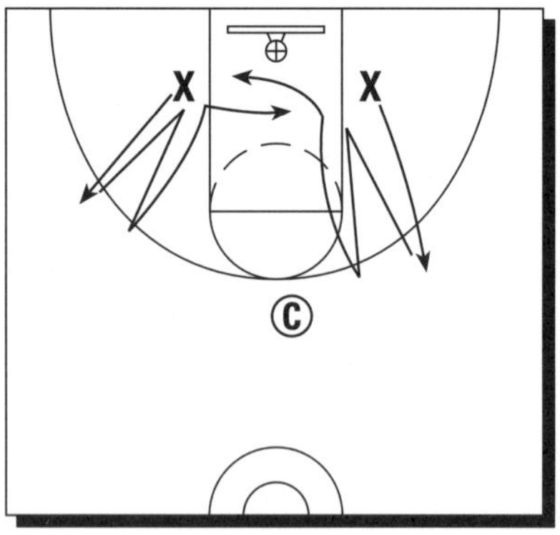

図2

図2　ディナイとエクスチェンジ。コーチがトップでボールを持つ。ブロックに2人の選手をおき、ウイングへのパスを3回ディナイにいく。3回目にコーチの合図があったところで両選手は同時にゴール下で交差するように走るが、この時声を出すようにする。私はボールなしで行うが、コーチが最後のプレーでボールを投げ、選手がパスカット

に行ってもいいだろう。ディフェンスの選手は、ボールがどこに行こうともディフェンスし続けること。

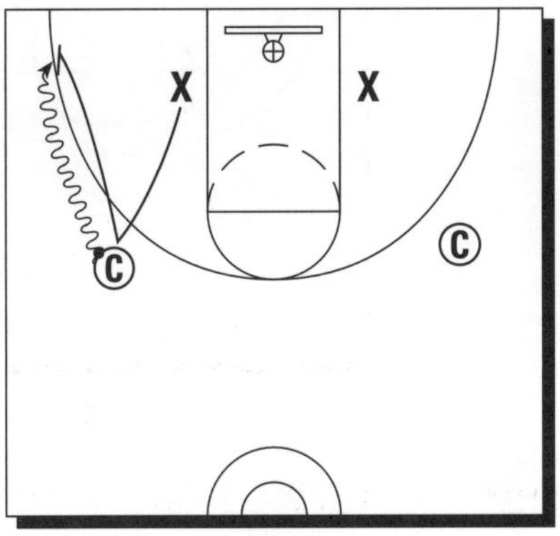

図3

図3　ノーボール・クローズアウト。コーチがボールを持つ。我々のディフェンス哲学はとてもシンプルで、ポイントは以下の4点だ。

❶できるだけボールにプレッシャーをかける。ボールにプレッシャーをかければ、オフェンスはドリブルを強いられることになる。
❷スプリットさせない。ドリブルでのペネトレーションをさせない。
❸クローズアウトしてシュートを打たせないようにする。
❹リバウンドに行く。このドリルでは、選手はまず走ってボールにつき、ボールをアウトサイドに持って行かせるようクローズアウトする。コーチはガードされた状態でボールをベースラインに持って行き、ベースライン際でドリブルを止める。ディフェンスマンはさらに近づいて「ボールデッド！」と声を出す。これはディフェンスのウォームアップのようなものだが、我々のディフェンスプランに沿ったものだ。

3マンドリル。今の時点で皆さんは、どんなチームと対戦することになるのか、どんなプレーをディフェンスしなければいけないかをご存知だと思う。我々の進行チャートには、およそ19の3マンプレーが含まれており、実際に対戦チームと試合をする時には準備ができているように練習していく。いくつか挙げてみると、UCLAカット、フレックスカット、ベースラインカット、スタガーダブル、ダブルダウンスクリーン、トライアングルインサイド、スクリナーへのスクリーン、スクリーン&ロール、ダブルウィーブ、ハイポストからのシザーカット、シャッフルカット、ペネトレートしてキックバックするプレー、フレアスクリーンなどだ。3マンプレーを練習する時は、ディフェンスの動きをしっかり教えて、実践のスピードではプレーしない。シーズンに入ったら、例えばリーグにはスタガーダブルを得意とするチームがいるかもしれない。だから、シーズン前にそのために練習しておくのだ。

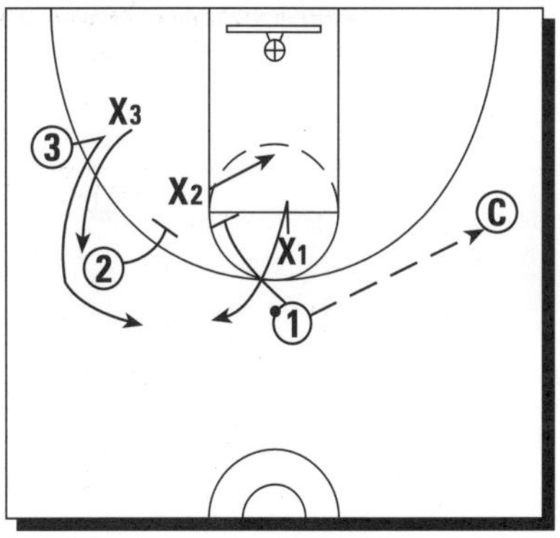

図4

図4　#1がコーチにパスする。#2と#1は#3にダブルに行く。ここでのルールは、スクリーンから出てきた選手をしっかりマークしてトレールすること。これを「カブーシング（列車の最後についている車両のこと）」、または「相手の背番号に張り付け」と言っている。だから、#3についているディフェンスはスクリーンから出た#3を追いかけていく。最初のスクリーンをセットするオフェンスをガードしているディフェンス#2が、少し離れて#2と#1の2人をカバーする。ディフェンス#1はスタガーをガードする。

図5　ボールは#3にパス。シュートはしない。ここではフットワークの練習をする。#3がボールを持ち、ディフェンスの#1、#2、#3はそれぞれのオフェンスの所に戻る。戻ったら#3はコーチにパスし、ドリルを繰り返す。#2はスタガースクリーンから出て、#2のディフェンスはその後をついて行く。

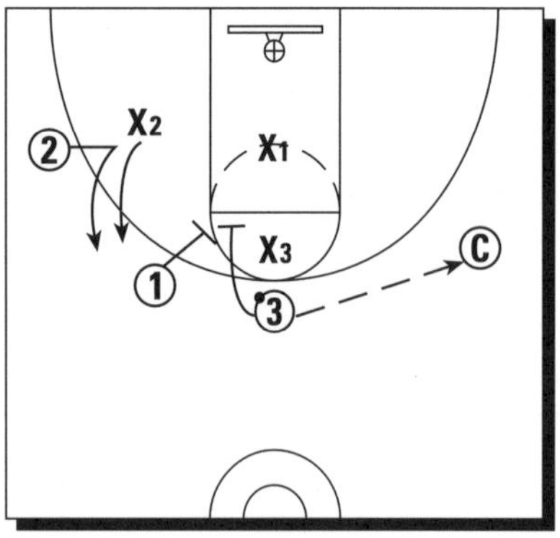

図5

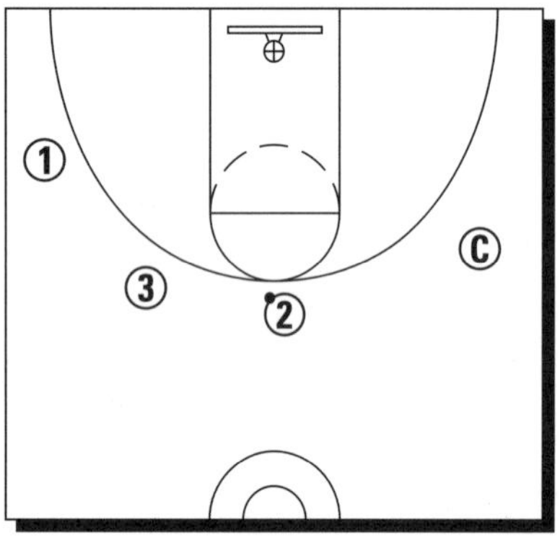

図6

図6　次は＃1がスクリーンから出るようにしてドリルを繰り返す。シュートを打つことが目的ではない。

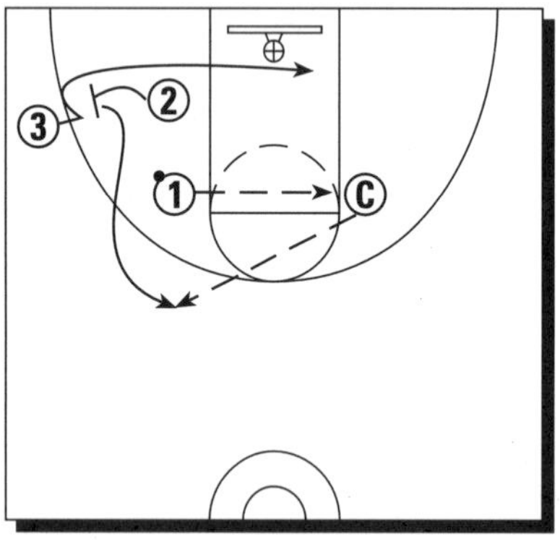

図7

図7　フレックスに対しても同じように行う。1番がコーチにパス。2番がバックスクリーンをかけて3番はベースラインへ。1番が2番へダウンスクリーンし、2番はハイへ上がってコーチからパスを受ける。

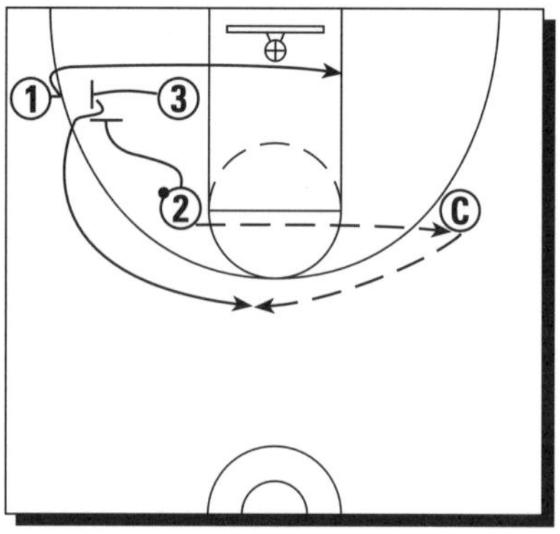

図8

図8　その後、＃3が＃1にバックスクリーンをかけ、＃1はベースラインへ。＃2がコーチにパスを戻し、＃3にダウンスクリーン。そこでディフェンスを加える。5対5になるまでフルスピードでは行わない。プレシーズンでは、実践する前に選手たちにプレーがどんなものか分かってもらうことを目的としている。

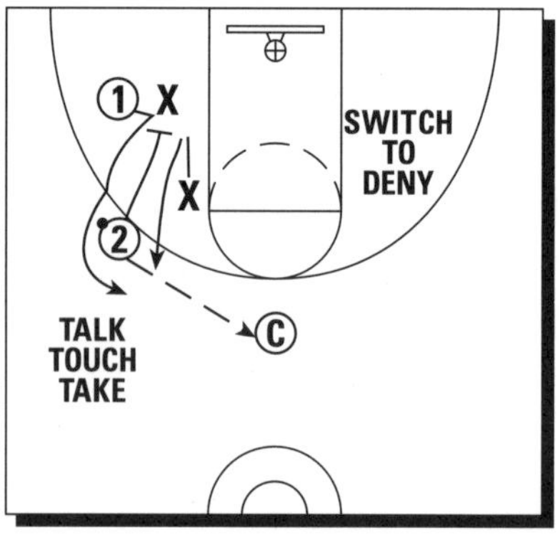

図9

図9　ディフェンスで選手をスイッチすることがある。スイッチする時に大切なことは、トーク（声を出す）、タッチ（触れる）、テイク（ポジションにつく）の3つだ。これをよく練習しなければならない。＃2はコーチにパスしたらスクリーンダウンする。まず、ディフェンスは声を出すこと。そして、2人のディフェンダーは体が触れ合うようにして、オフェンスがスクリーンでオープンにならないようにする。そしてダウンスクリーンの時にスイッチしてポジションにつく。スイッチしてディナイする。

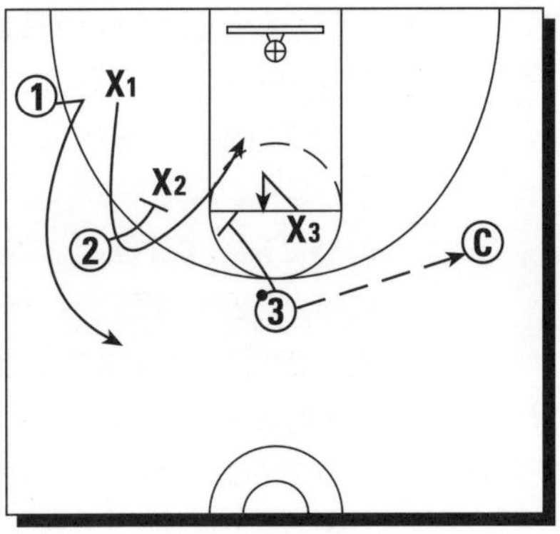

図10

図10　これが3マンプレーとどう関係するのか？　まず、スタガーダブルでスイッチする方法を学びたい。#3がコーチにパス。#2、#3がスタガーダブルをセットする。#1がスクリーンから出て、#1のディフェンスはこれについていく。しかし#1のディフェンスは#2と#3の間のインサイドに入り、#3のディフェンスがスイッチする。このドリルはその他のダブルダウンスクリーンに対しても使える。

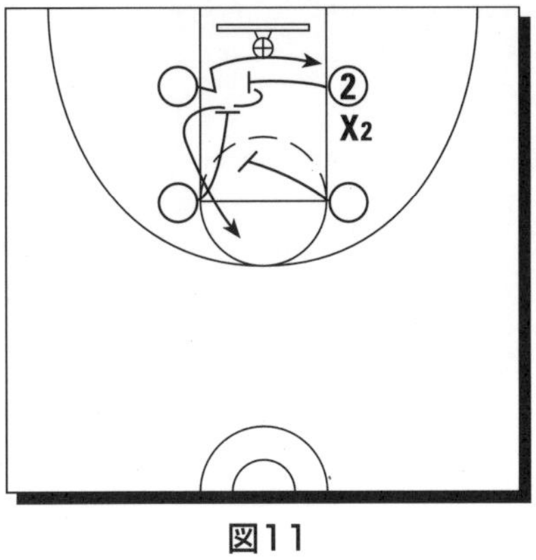

図11

図11　アメリカズプレーと呼ばれる、横方向へのスクリーンとダブルダウン。#2をどうガードするかというと、#2のディフェンスがずっと追いかけていく。

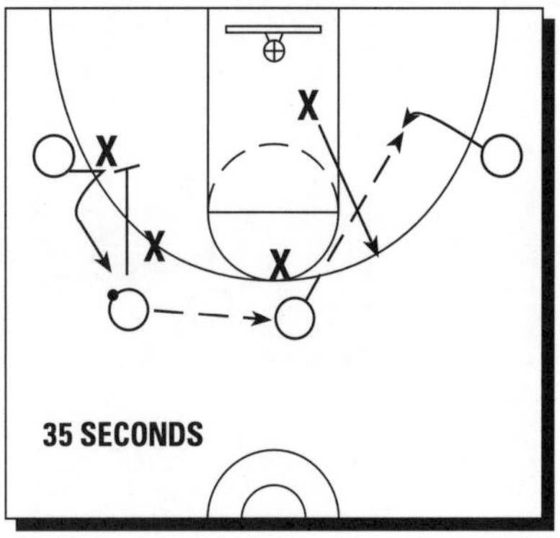

図12

図12　練習というものは、試合よりも精神的にも肉体的にもキツイものでなければならない。私はかなり厳しい練習をしている。厳しいドリルの一つが、4対4、ノーハンドだ。ドリブルなしでスクリーンを多用するモーションオフェンスで、ショットクロックは35秒。とにかくボールをまわすモーションオフェンスを行う。最初の35秒間、ディフェンスは手を使うことができない。スクリーンにかからないようにするために声を出さなければならない。オフェンスがスコアできるのはレイアップのみ。35秒がすぎたらブザーが鳴り、そのあとはフルスピードで行く。もし最初の35秒かその後のフルスピードでのプレーでオフェンスがレイアップを決めたら終了で、ディフェンスはコートに残り、次のオフェンスチームを入れる。ここで主に練習することは、コミュニケーション、フットワーク、お互いをカバーすること。しっかり動けば早く終わることができる。

図13　フィル＆シンク。ウイングにパスし、ボールはベースラインへ。4人のディフェンダーはボールの位置まで下に下がる。ここでもしっかり動けば早く終わる。

図14　パス＆ホールド。ボールがトップを横切ってリバースされたら、ウィークサイドのディフェンダーはボールサイドへ。

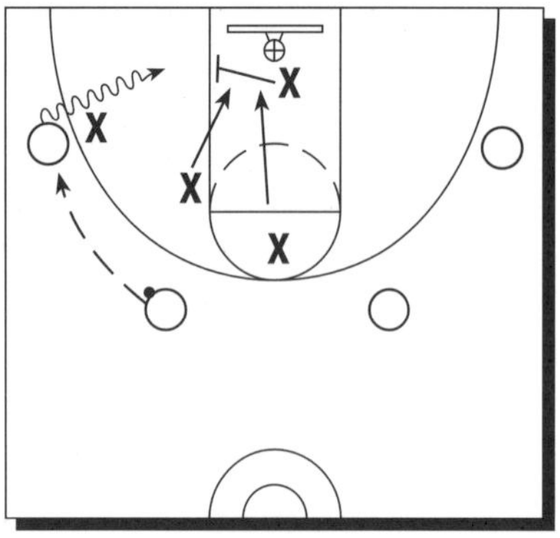

図13

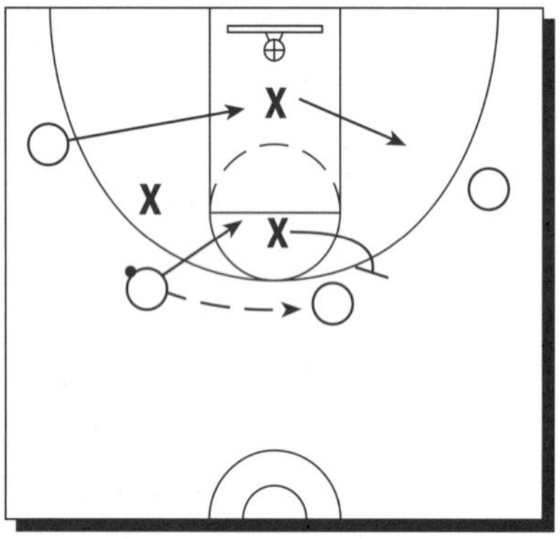

図14

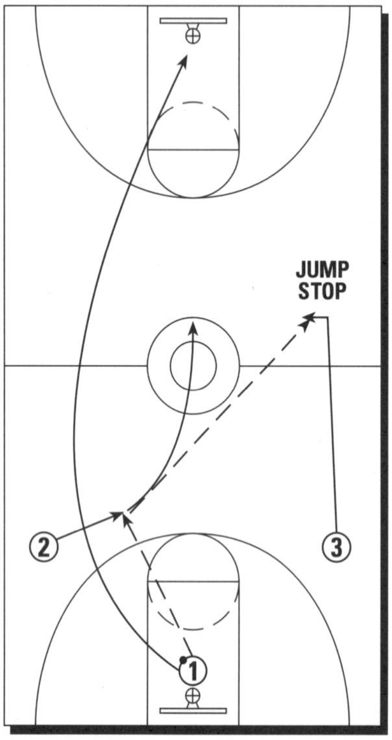

図15

図15　パーフェクション。私は「ウォームアップシリーズ」という言葉は使わない。練習の最初におこなうフルコートドリルが3つある。最初は、5回パスしながら3マンウィーブ。これを往復5回。行って帰って1回だ。次にパスを4回にし、3回にするが、そのためには真剣に走らなければならない。例えば、2本目のパスでは＃3はジャンプストップをしなければならない。ごまかして走っていかないようにするためだ。

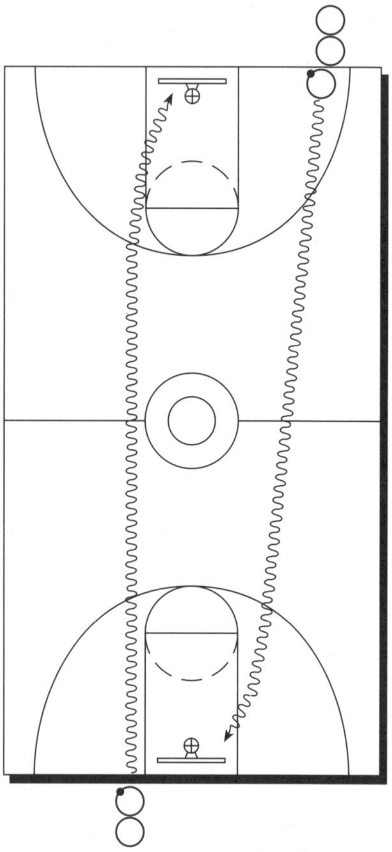

図16

図16　2つ目は、左手でのレイアップ42本。各列にボールは2つ、ドリブルは5回まで。

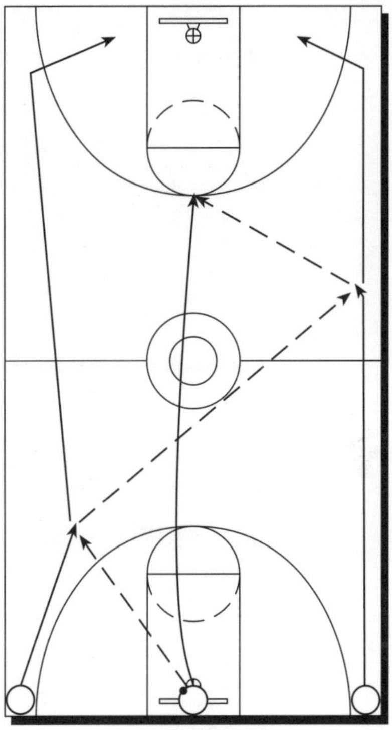

図17

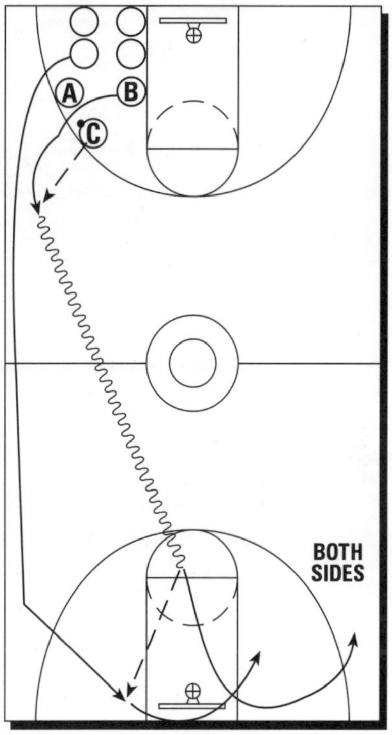

図18

図17　3つ目は、3列でのパスからショートジャンプショット。レーンの外であればどこでシュートしてもいい。30本入れる。3マンウィーブ、左手でのレイアップ42本、ジャンプショット30本、という3つのドリルをやっている間、ジャンプショットのミスはいいとしてもレイアップは3本以上ミスしたら、最初からやり直しとなる。我々は選手には内緒で何回か所要時間を計っておき、その平均の時間を掲示した。選手たちは、その時間内にレイアップミスを3本以上せずに3つのドリルを終えなければならない。これはウォームアップではあるが集中している。もし時間内にできなければまた最初から時間内にやり直し、となる。これはプレッシャーがかかるものだ。

図18　ハッスルドリル。パスやシュート、ドリブルと同じように、一生懸命プレーすることも才能の一つだ。練習中にやるすべてのことに集中して、一生懸命プレーする気持ちを育てなければならない。我々の練習はいつもハッスルドリルで終わる。AとBが並び、コーチがボールを持って立つ。コーチがボールをサイドラインに向けてバウンドさせるが、Aはアウトオブバウンズにならないように取りに走り、BはAの名前を呼ぶ。AはBにパス。Bはドリブルしていってジャンプストップし、AにバウンズパスをだしてAがシュートする。このドリルをコート両サイドで行い、反対サイドにもう1人コーチをおく。AとBは逆になる。

このドリルのもう一つのバージョンは、コーチがコートにボールを転がすもの。Aがボールにダイブしていき、トラベリングしないようにしてBにパスを出す。BはAの名前を呼び、パスを受けたらゴールまで持っていってレイアップ。

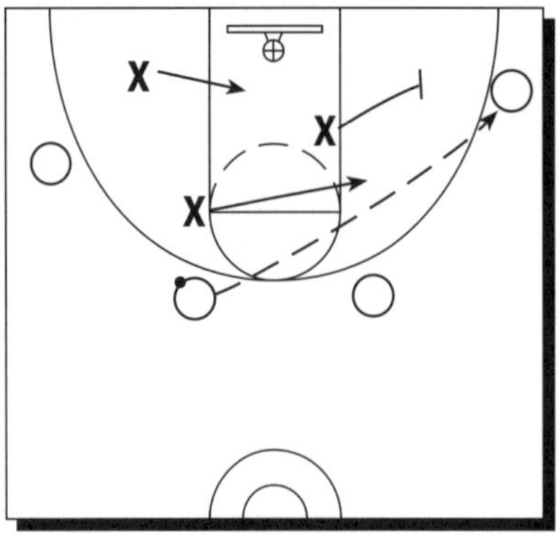

図19

→図19　4対3コンテスト。主にディフェンスのドリルだが、オフェンスの練習にもなる。4対3のパワープレーで、オフェンスはドリブルできない。シュートを狙うのでオフェンスドリルにもなるし、ディフェンスにとっても3人で4人をカバーするのでいい練習になる。ボールがコーナーに渡ったら、一番近くにいるディフェンダーがクローズアウトしていき、次のディフェンダーは次にパスが出そうなところをカバーする。3人目のディフェンダーはウィークサイドの2人をカバーする。ディフェンスは常に声を出し合わなければならない。

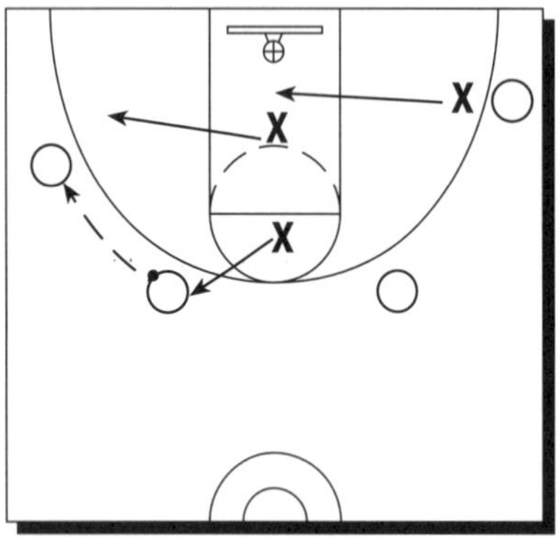

図20

→図20　そのうちにボールはリバースされる。ディフェンスはしっかり動かなければならない。シュートを止めるには両手を上げ、ファウルをしないこと。シューターに飛びかかっていくのではなく、しっかり両手を上げ、ブロックアウトする。

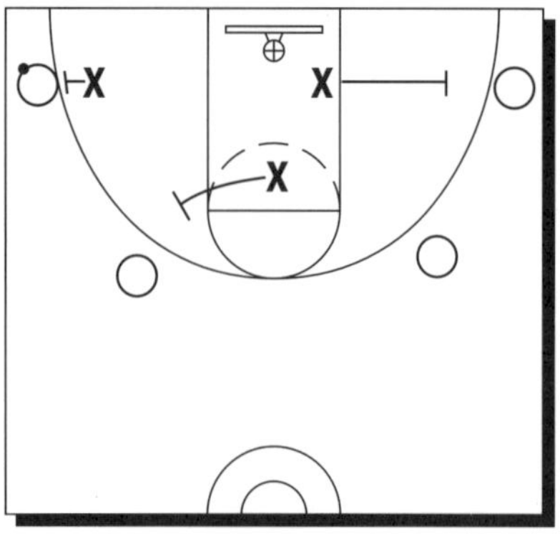

図21

→図21　そして、シュートが放たれたら、一番近いオフェンスをブロックアウトする。3対3の状況では、オープンになったオフェンスプレーヤーにリバウンドに行かせてはいけない。オフェンスはコーナーに行かせるようにする。ディフェンスは3回ストップしなければならない。

Question：クロススクリーンへの対抗策は？

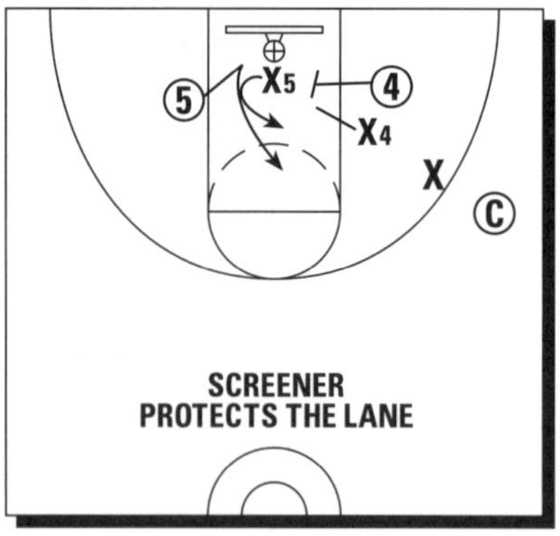

図22

→図22　チームのルールは、スクリナーについている選手がレーンを守る、ということ。スクリーンからオープンになった選手は外の高い位置に行かせるようにし、ブロックから離れさせる。もし低いところに入ってきたら、我々はそれよりも低いポジションをとり、ロ―サイドを固める。スクリナーについている選手は一連の動きの間、レーンを守ることになる。フェイクスイッチのようなものだ。オフェンスがスクリーンをかけたら、#4のディフェンスがフェイクスイッチをし、#5のディフェンスがスクリーンをよけたらヘルプサイドに戻る。もし#4と#5がスイッチ可能であれば、フェイクではなく、自動的にスイッチしてしまう。スクリーンからオープンになった選手はコートの外側に行かせること。スクリナーについている選手がレーンを守る。

Special Situations
スペシャル・シチュエーション

スペシャル・シチュエーションを練習するには、掲示板に残り時間とスコアを出して行うのがよい。残り3分で8点差。先発チームが8点リードされている。それから先発チームがスコアしたら、残り2分40秒で6点差だ。さらにボールを奪いスコアしたら残り2分で4点差に。練習では勝ち負けよりも、ポゼッションをどうプレーするかが問題だ。もし相手チームが3ポイントを決めたら7点差。こちらがまたシュートを決めたら、残り1分30秒で5点差。ファウルをしてしまい、フリースローを1本決められたら6点差。ここで3ポイントを決めたら残り1分5秒で3点差に。ではここでどうするか？

残り3分で8点差でのプレーというのは、あらゆる可能性が考えられるが、残り50秒で4点差だったら、プレーの選択肢は、せばめられる。残り40秒あったらシュートにいく。というのも35秒ルールがあるのでもう一度必ずチャンスがやってくるのが分かっているからだ。毎日のプレー一つ一つが異なるスペシャル・シチュエーションと言ってもいいかもしれない。ファウルアウトを想定してチームのベストプレーヤーにプレーさせないこともしておく。誰がファウルしたか選手たちは知っていなければならない。そういったことも練習中にやっておくべきだ。

試合前のウォームアップルーティーンを練習することはあるか？　タイムアウトの使い方を練習するか？　ベンチのシステムは整っているか？　選手交代の仕方は整理されているか？　フリースローの時にどう動くかを、オフェンスとディフェンスの両方で練習しているか？　ハーフタイムはどのように使っているか？　ハーフタイムを想定して、練習の途中で10分から12分の休憩を取ってもいいだろう。逆転勝利を想定した練習をしているか？　逆転を狙う時のコーチの考え方を選手たちは知っているだろうか？　もし試合終了間際のシュートを打つとしたら、いつ打たせたいか？　あなたのチームはプレスをしていくチームだろうか？　新しいルールを意識して練習しているだろうか？　シーズンの最初にオフィシャルを招いて、新ルールについて話し合うことはあるだろうか？

フリースローの時にどうするか。我々はコートの反対側まで走っていく。これはチャージされないタイムアウトなのだ。また、ゲームの終盤になっても疲れていないことを見せる意味もある。

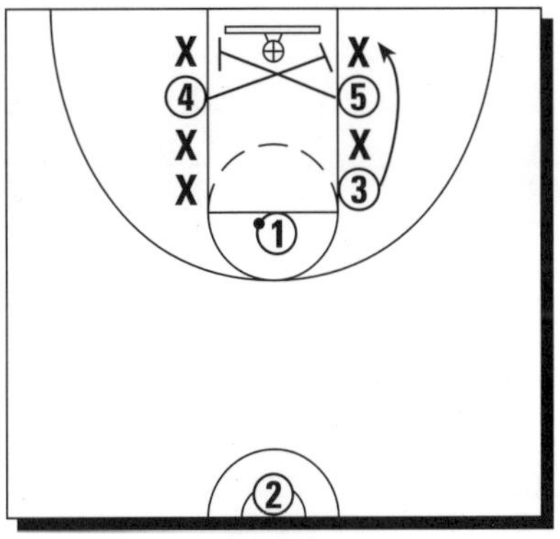

図23

図23　オフェンスでのフリースローの時のプレー「X」。我々がシュートする。ディフェンスは5人レーンについている。相手がピンチできないような状況（#3と#5）にあるサイドで、Xを実行する。#5は、インサイドについているディフェンスからなるべく離れた高い位置につく。ショットが放たれたら#5は反対のレーンにダッシュして最初のディフェンダーをスクリーンする。#4は#5の後に動く。#3は後ろに回るか、レーンの真ん中に出る。

図24　これは#5が#3のディフェンスをスクリーンし、#3が真ん中に入っていくオプション。練習では毎日チップアウトを強調するが、1ゲームに1回ぐらいのチップアウトがある。つまり、ボールを外にティップして、#2がボールを持てるようにすることだ。

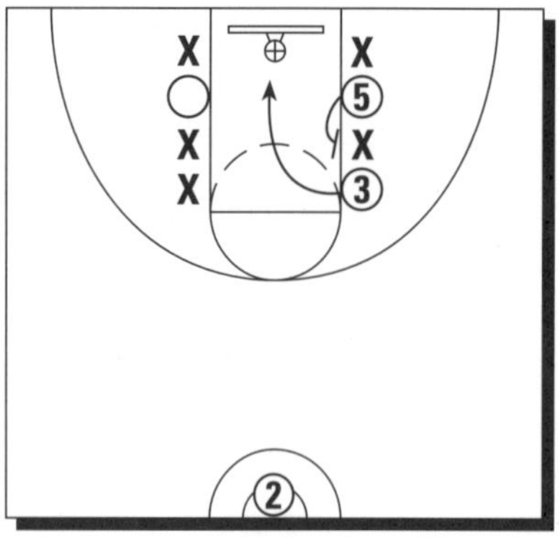

図24

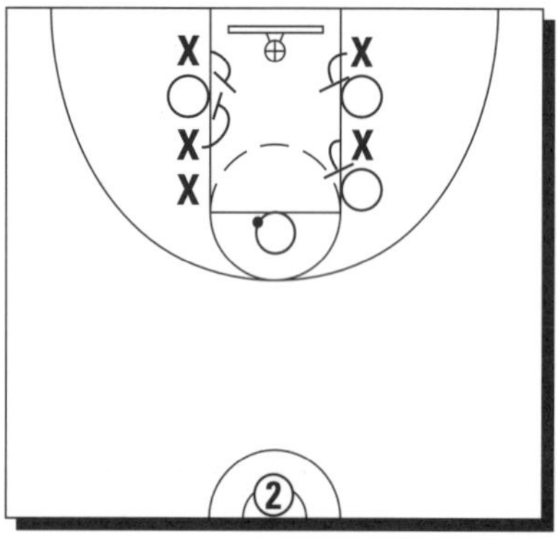

図25

→図25　フリースローでディフェンスの時のプレー。両サイドからオフェンスを抑えるスクリーンをかける。一番強いポストマンを左サイドにおき、その隣に中型で強い選手をおく。

タイムアウト時にはどうするか？　選手はベンチにダッシュで戻る。決められた場所に座り、コーチから目を離さない。コーチはオフェンス、ディフェンスで各2つずつのポイントについてのみ、話をする。想定されるシチュエーションはすべて練習したはずだ。スコアをし、さらに時計を止めてファウルラインに行けるか？　タイムアウトはファウルがあった時にベンチから指示を出す。誰をファウルすべきか分かっているか？　ファウルのコールはあるか？　すぐに3ポイントがほしい時のプレーがあるか？　いくつか例を挙げよう。

図26

→図26　これは速攻からのプレー。#1が#2にドリブルハンドオフして#2がすばやくショット。もし#2がオープンでなければ#4が#2にスクリーンダウン。#2がオープンになり反対サイドの#3にパス。または#2はドリブルでペネトレートしていき#5にパス。

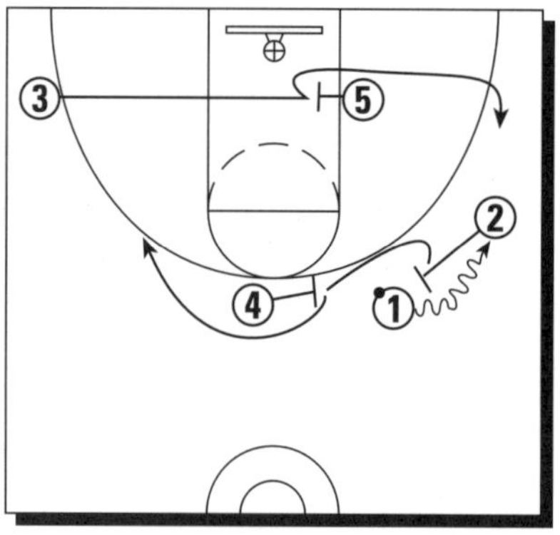

図27

→図27　#2が#1にスクリーン。#3がおとりとしてコーナーに走る。#4が#2にスクリーン。#1が#2にパス。

→図28　速攻からのプレー。#5と#4が#2にスタガースクリーンをかける。#1はウイングにドリブルして行き#2にパスを戻す。#2はシュートを打つか、#3にパス。#5はコーナーに、#4はブロックにいる。ボールをキャッチしたらいつでもシュートできるようなポジションでいること。「ボールの後ろに回れ」。もし終了間際のシュートであれば、いいシュートをし、しかもリバウンドできるようにしなければならない。オフェンスを組み立てる時は、リバウンドのことをいつも考えていること。シュートの半分以上は失敗するものなのだ。

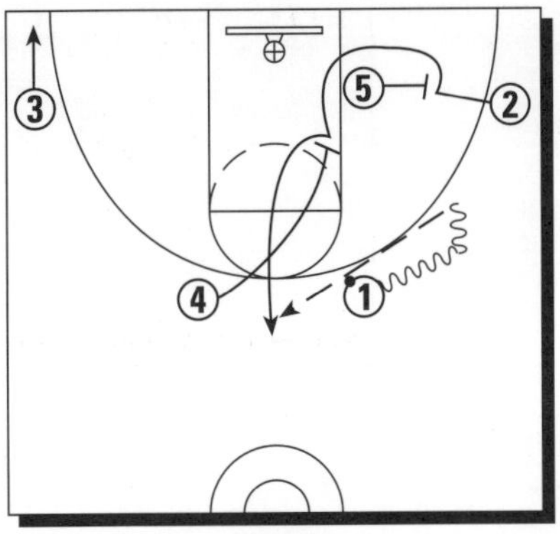

図28

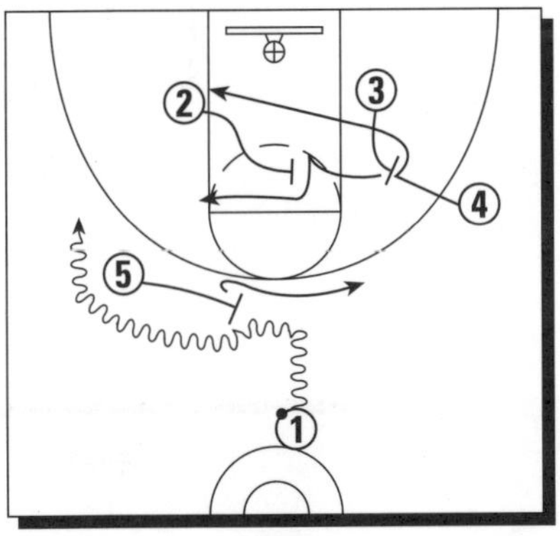

図29

図29　「ウィナー」。#5が#1にスクリーン。#1がスクリーンでオープンになった時に、#3と#2が#4にスタガースクリーン。#5はスクリーンに行ったらすぐにトップを走り抜ける。#1はファウルライン延長上よりも下へ。そこで#4がレーン内の低い位置を横切る。#1は、#4にパスするか、#4にスクリーンをかけた後レーンに入ってきた#3にパスをする。

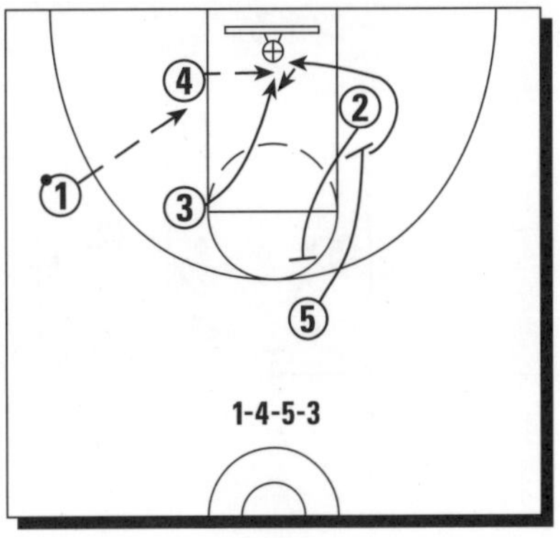

図30

図30　#2がエルボーに行き、#5にバックスクリーン。#1は#4がオープンならパスを出す。オープンでなければ、#3がエルボーあたりでオープンになっているはず。#1は#4がオープンでなければボールをキープする。#4はブロックにいて、#3はエルボーにいる。#2が#5にバックスクリーンすると同時に、#1は#4にパス。もし#4にパスが通っていいシュートが打てれば、すばらしい。#3も同じ。コートの左側で打たれたシュートの75%はコートの右側にバウンドしていく。#5はそこでオフェンスリバウンド、または#3に回してイージーショットを決めさせる。リバウンドのことも考えられたショットだ。

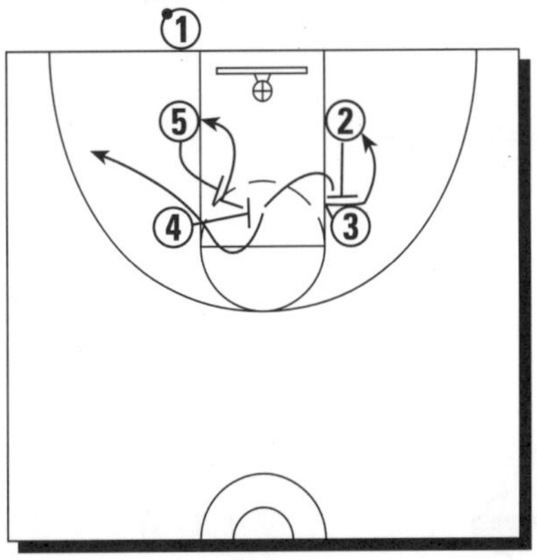

図31

図31　インバウンズの考え方。ここでは数字を使う。我々は、同じプレーでも、違うセットから行うことが多い。「ボックス23」と言えば、#2が#3にスク

リーンし、＃4、＃5が＃2にスクリーンする。

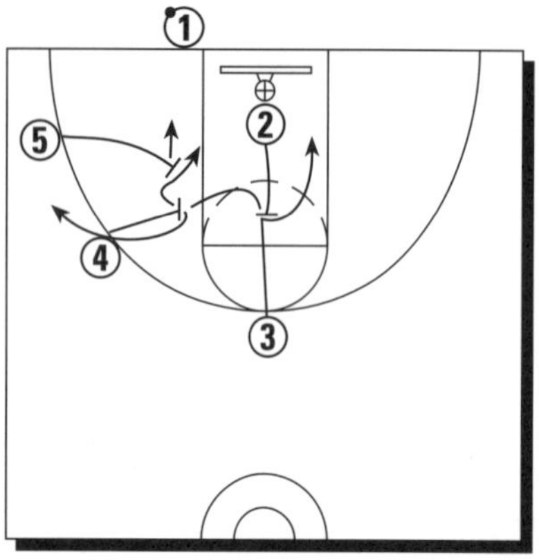

図32

図32　同じプレーの「カンザスセット23」。＃2が＃3にスクリーンにいき、＃4、＃5が＃2にスクリーンにいく。同じプレーだがセットが違う。

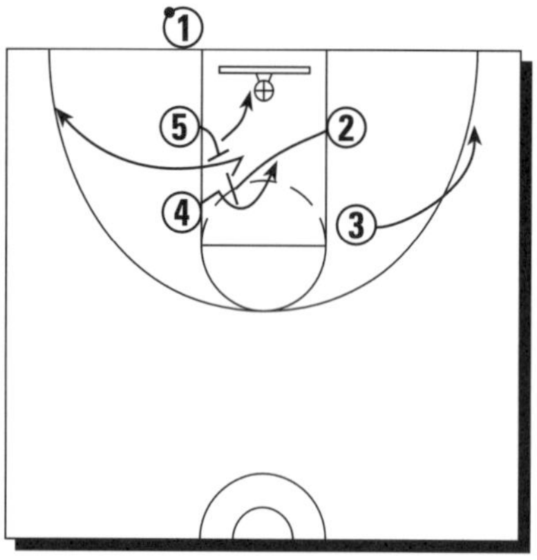

図33

図33　「24」。スクリナーにスクリーンにいくプレー。＃2が＃4にスクリーンし、＃5が＃2にスクリーンする。＃3がコーナーに走り、＃2もコーナーへ。＃5がゴールに向かってロールする。

図34　「カンザス24」。＃3がコーナーへ。＃2が＃4にスクリーン、＃5が＃2にスクリーン。

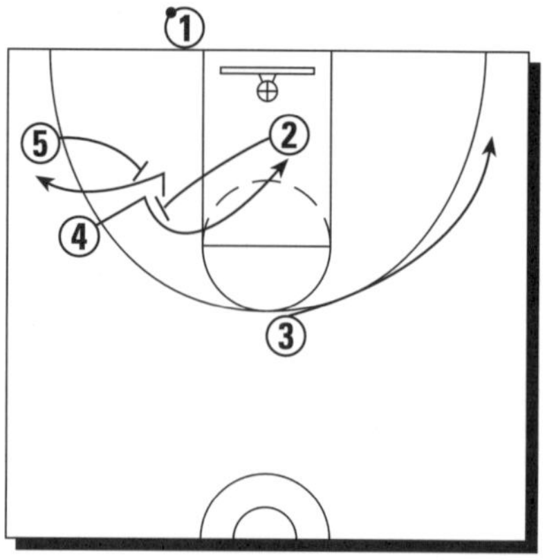

図34

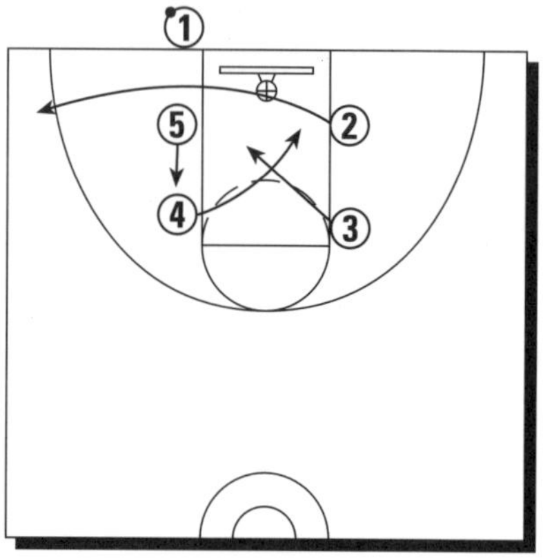

図35

図35　スニークプレー。＃5が両手を上げてハイポストに上がっていき、ボールを要求する。＃2がコーナーへ走る。＃3はレーンの真ん中にフラッシュしてボールを要求、ここにパスすると見せかけておいて、＃4がその後ろを通ってゴール下へ入る。

図36　「ユタ」。＃4が＃2にバックスクリーンして＃2はコーナーへ。＃5がブロックへ入っていく。＃3は上がる。そこで＃4がゴールのバックサイドへ切り込む。

図37　「スタック」。＃3と＃4が図のように走る。＃1が＃5のディフェンスにスクリーンをかけ、ベストスコアラーである＃5がボールを受ける。

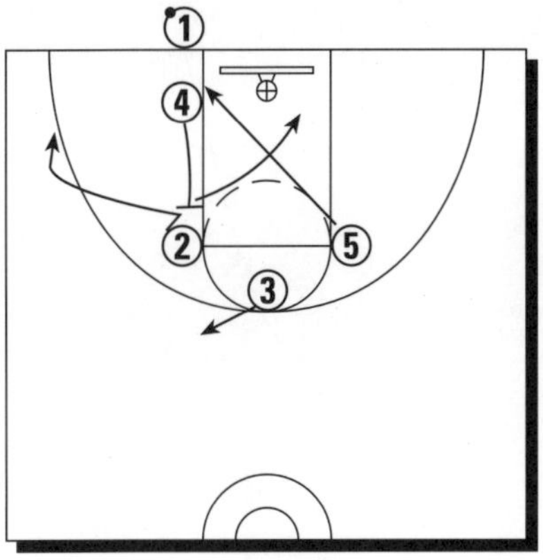

図36

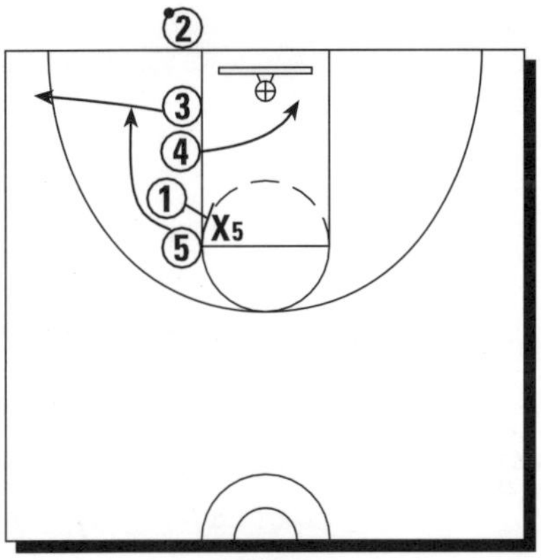

図37

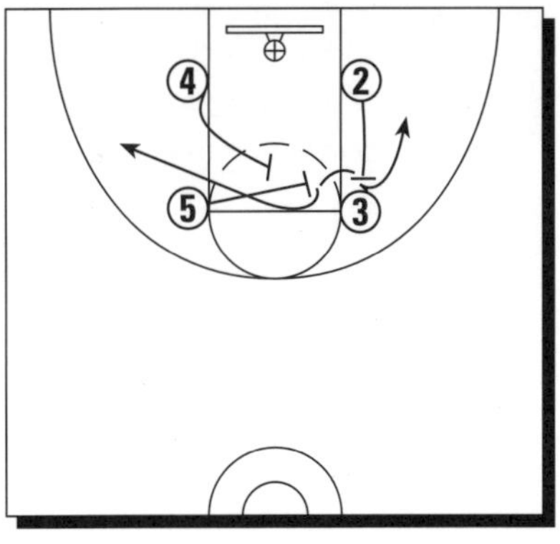

図38

図38　プレーによってはあらかじめスイッチしておくこともある。#2が#3をスクリーン、#5と#4が#2をスクリーン。#2と#3が逆でも同じ。

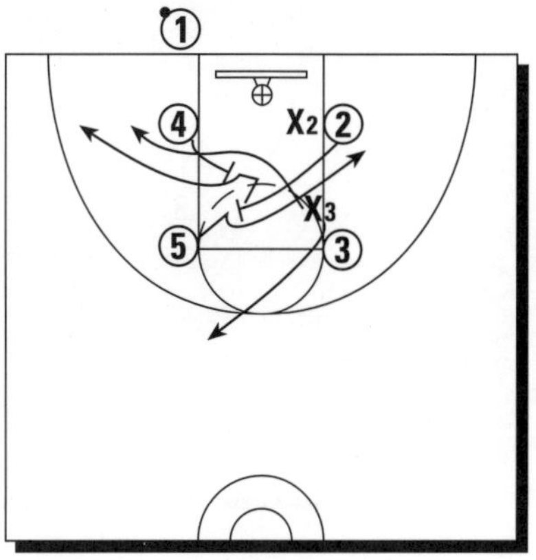

図39

図39　「ボックス25」。#2が#5にスクリーン、#4が#2にスクリーン。このプレーでは#3はあまり出番がない。もしこのプレーをディフェンスしているとしたら、#2のディフェンスは#2が動いて外にでてもレーンを守り、#3のディフェンスがスイッチしてついていく。

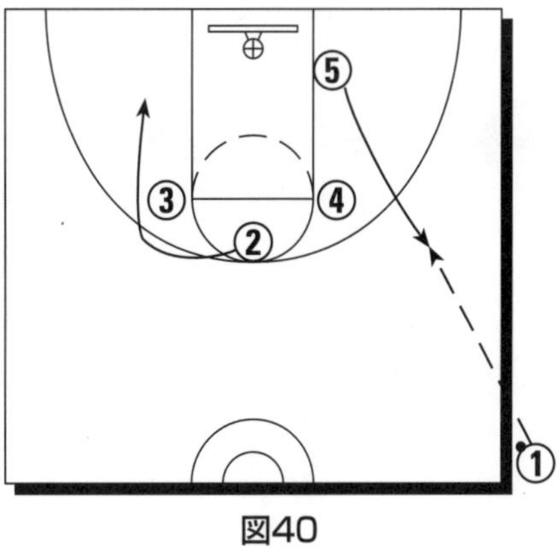

図40

図40　ハーフコートのサイドからのインバウンズ。#2がウィークサイドにカールして行く。同時に#5がフラッシュして#1からボールを受ける。相手を惑わせるいいプレーだ。

図41　#1がゴールに向かい走る。#5が#1へのパスをフェイクし、#3と#4が#2にスタガースクリーンをかける。#2はトップに上がっていき#5からパスを受け、3ポイントシュート。

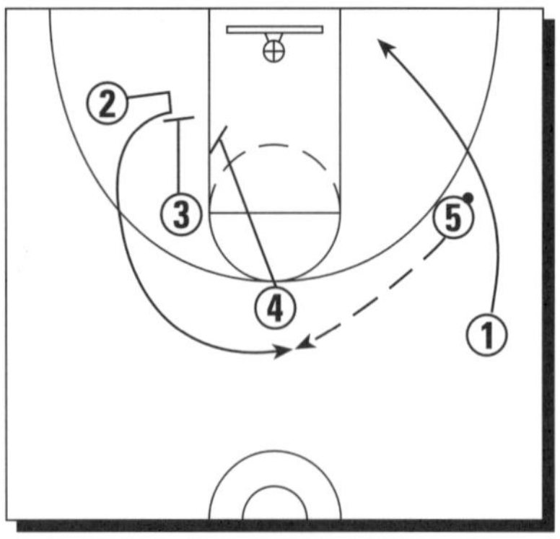

図41

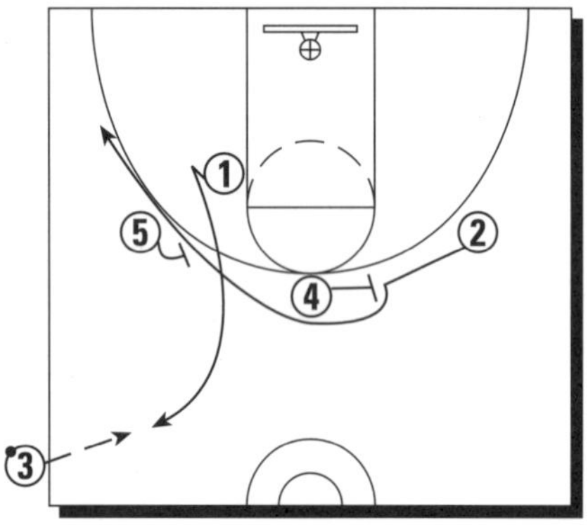

図42

図42　#2は、#4と#5のスタガースクリーンを受けてコーナーへ走る。#5が#1にスクリーン。#1が#3からのパスを受ける。

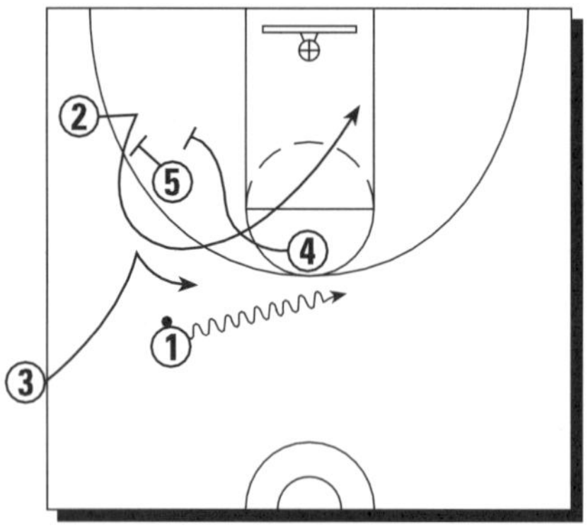

図43

図43　#1がドリブル。#3は#4の近くまで走り、#5と#4が#2にスクリーンダウン。

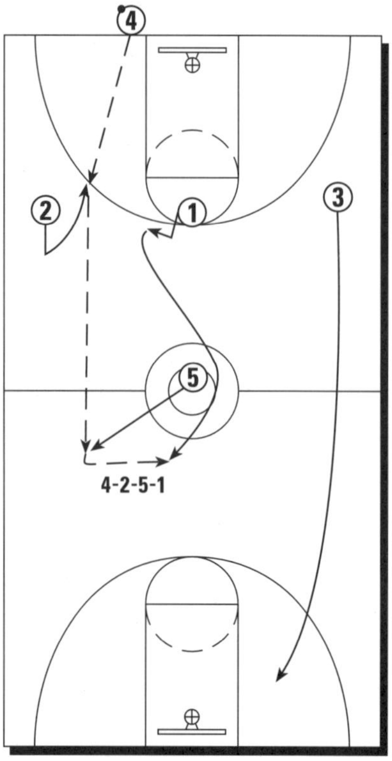

図44

図44　ゾーンに対するフルコートプレスオフェンス。#2が反対にフェイクを入れてから戻って#4からパスをもらう。キャッチと同時に#5がボールサイドへ走り、#1はコートの真ん中に。#3は反対サイドで走る。もしインバウンズパスを#3がキャッチしたら、#2が走ることになる。#4から#2へ、そして#1へ。または、#4から#2へ、そして#5へ、最後に#1へ。#3も走ってオープンになっているかもしれない。

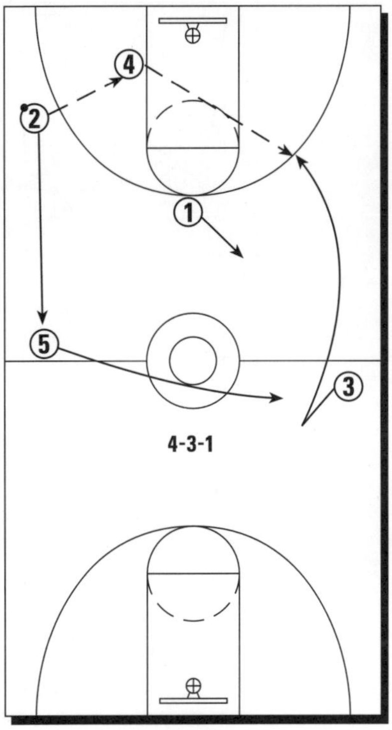

図45

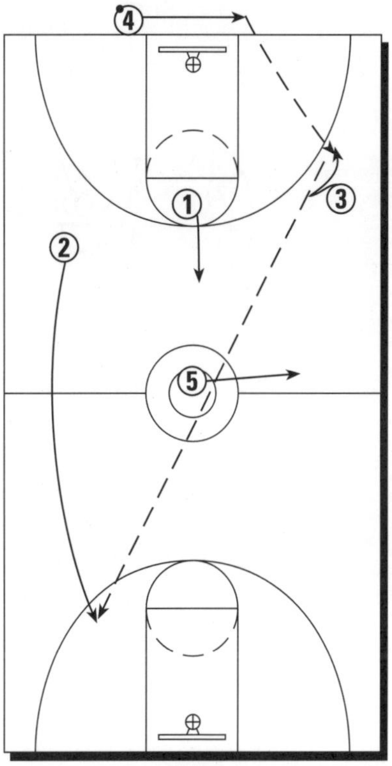

図47

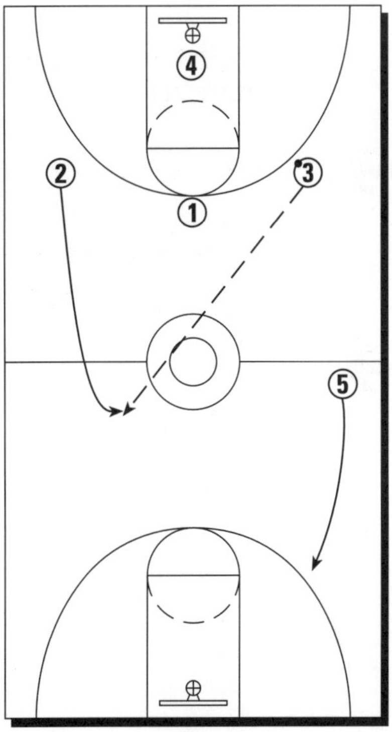

図46

図45 もしボールが＃4に戻されたら、＃3が戻ってパスを受ける。＃5はボールサイドに走り、＃2がゴールへ走る。＃1は真ん中に。

図46 ＃3から＃2への斜めのロングパスもできる。

図47 ＃4はベースラインを走るオプションもある。＃4から＃3へパスし、＃5はボールサイドへ、＃1は真ん中に、そして＃2は反対サイドを走る。

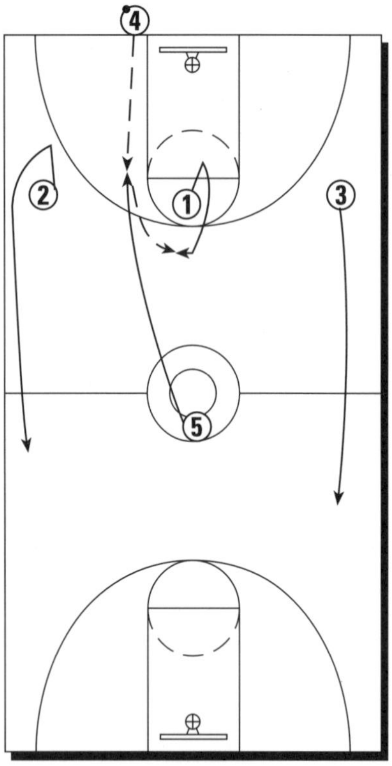

図48

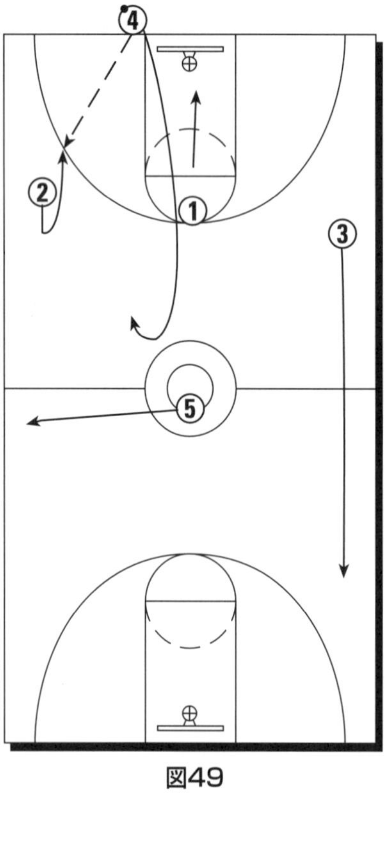

図49

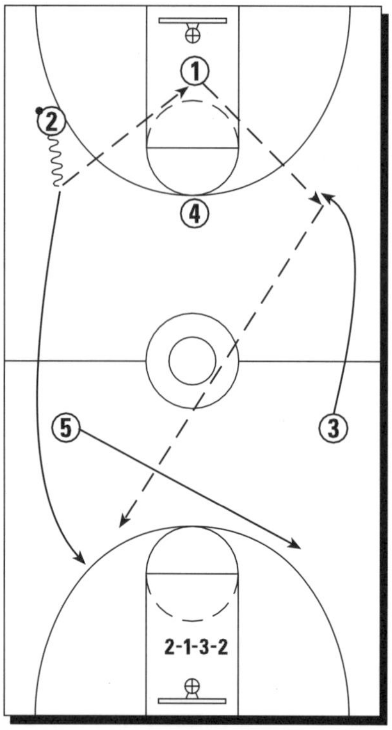

図50

図48　インバウンドがなかなかできなかったら、＃5にパスキャッチに来させて、その後＃1にパスする。「リンクル」というプレー。

図49　もう一つのやり方は、＃1がベースラインによるが＃2にパスする。＃5はボールサイドへ動き、＃4は真ん中へ。＃1は1番後ろに下がることに。

図50　＃2がドリブルをしてから＃1へ、そして＃3へボールをリバースする。＃5がボールサイドに走り、＃3は＃2に斜めのロングパス。これは1-2-2プレスに対して有効。成功のためにはスペースを作ること。

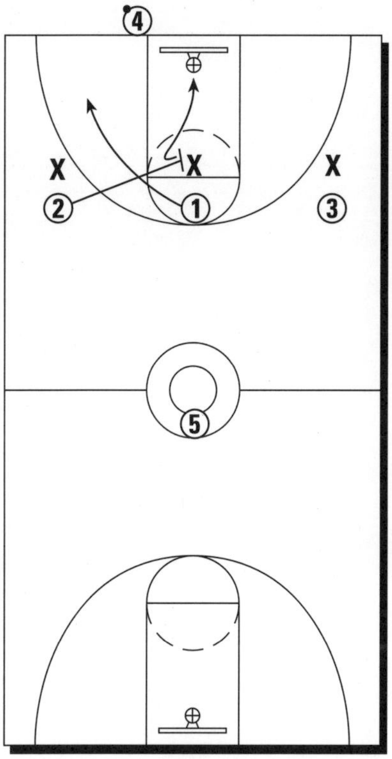

図51

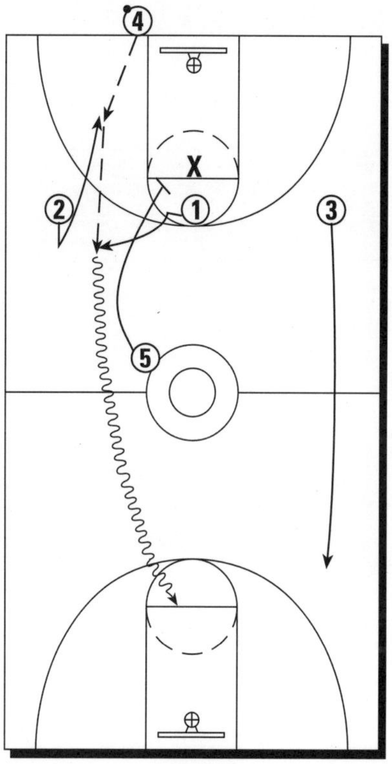

図52

図51　インバウンズパスをディナイされたら、＃2が＃1へスクリーンをかけ、さらにゴール下でボールをキャッチしにいく。

図52　＃1がディナイされたら＃2がパスキャッチにいく。＃5が＃1にバックスクリーンをかけ、＃1はボールサイドにカットしていき＃2からのパスを受ける。＃3はロングパスも受けられるように走っている。

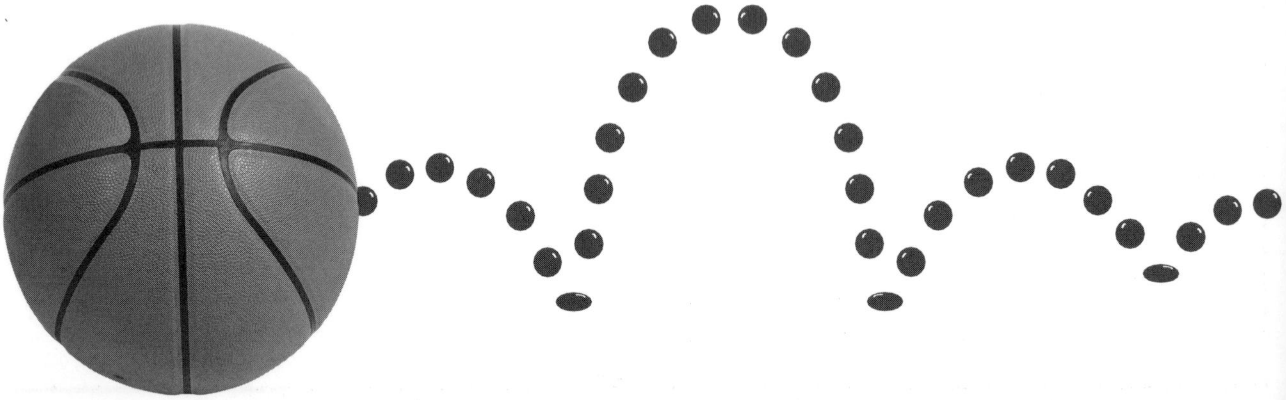

GARY GARNER

ゲイリー・ガーナー

The Triangle Offense
トライアングルオフェンス

まずバックグラウンドからお話ししよう。トライアングルオフェンスとは、テックス・ウィンター氏が考え出したオフェンスで、シカゴ・ブルズがこれで成功を収めたことによって、ここ10年ほどでよく知られるようになった。今ではロサンゼルス・レイカーズもこのオフェンスを使っている。基本のシステムは変わらないが、チームにどんな選手がいるかによって、毎年何か新しいやり方が必要になってくる。

ここで私がお話しするのは、このオフェンスの中で、様々なタイプの選手をどう使っていくべきか、ということだ。コーチは、オフェンスのシステムにこだわりすぎるあまり、各選手の特性を生かすことを忘れてしまうことがあるが、それは間違いだ。いろいろなポジションでいろいろな選手を起用してみることをお勧めする。私のチームではセットプレーはあまりやらない。選手たちは、とにかく走るオフェンスが好きだ。そして、このオフェンスの強みはスペーシングにある。このオフェンスに入っていくには、ワンガードフロント、ツーガードフロントなど、いろいろなやり方がある。私のやり方は、とにかく走ってトライアングルに入っていく、というもの。

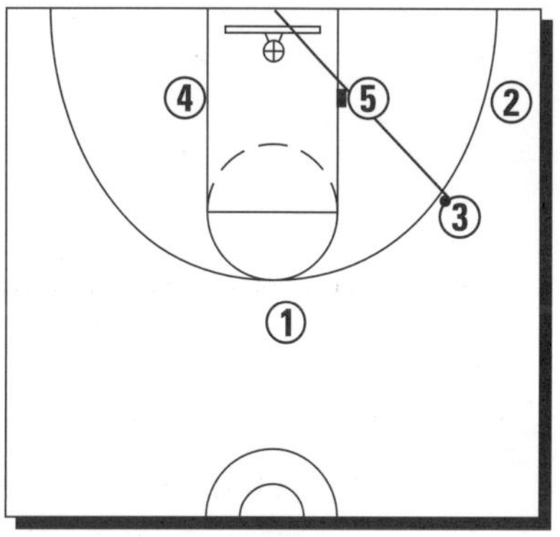

図1

→図1　まずはポジションだ。#3は「トリガーポジション」と呼ばれており、オフェンスはこのポジションから始まる。ここにボールが回ったら、その後は4種類のパスの可能性があり、それぞれのパスによりその後の展開が異なってくる。#2はコーナーにいる。#2はベースライン際ではなく、リムの前側とコーナーを結んだ線よりも上、そしてサイドラインからも少なくとも1歩以上離れたポジションにいること。ボールと#5（ポストマン）とゴールは一直線上の位置にあること。#5は一つめのハッシュマークのあたりにいる。ポストマンがその位置にいて、トリガーポジションにボールがあるとしたら、「どうやってガードするつもりだい？」とポストをディフェンスしている選手に聞いてみるといい。ポストがこのポジションにあったら、必ずポストにボールを入れることができる。

まず最初にやるべきことは、選手たちにこのオフェンスを理解させ、納得させることだ。それができれば、後はあまりやることはない。＃1はコート真ん中、トップから2、3歩上がったところの位置。＃4は＃5の反対サイドでレーンから1歩ほど離れる。ポジション取りは正確に行い、確実にこのポジションに入ることが大切だ。この5つのポジションに入ることができれば、うまくいく。

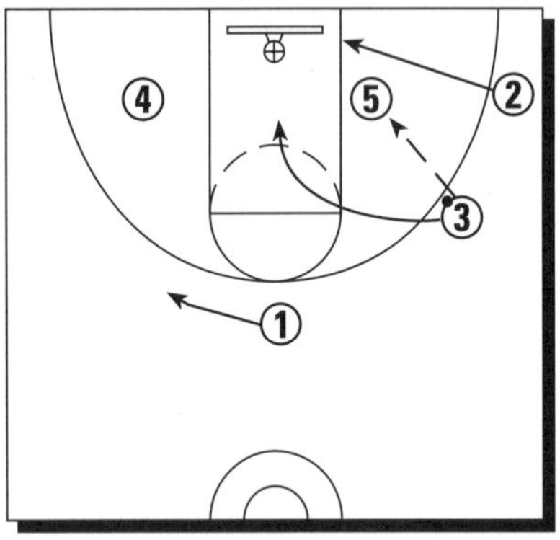

図2

図2　もしポストの前にディフェンスが出てきたら＃4を使うが、まずは＃5へのパスで始める。動きに決まり事はなく、ディフェンスの動きを見て判断すること。パスをしたら＃2がベースラインにカットしていき、＃5からのバウンズパスが受けられる。＃1は2、3歩フレアしてディフェンスの反応を見る。もしディフェンスが下がってダブルチームに行ったら、＃5からのパスが受けられる。＃3の動きはいくつか考えられるが、真ん中から切り込んで＃5からパスを受けることもできる。

図3　他にも、＃3はスクリーンに行って＃1をオープンにすることもできる。

図4　そして3つめの動きは＃4へのダウンスクリーン。＃2、＃3、＃4はそれぞれのポジションを交代することができる。また、＃4と＃5もポジションを交換することができる。＃5は自然に＃4と＃5のポジションのプレーを覚えるものだ。私は何年も、5つのポジションを5人全ての選手でローテーションしてプレーさせている。

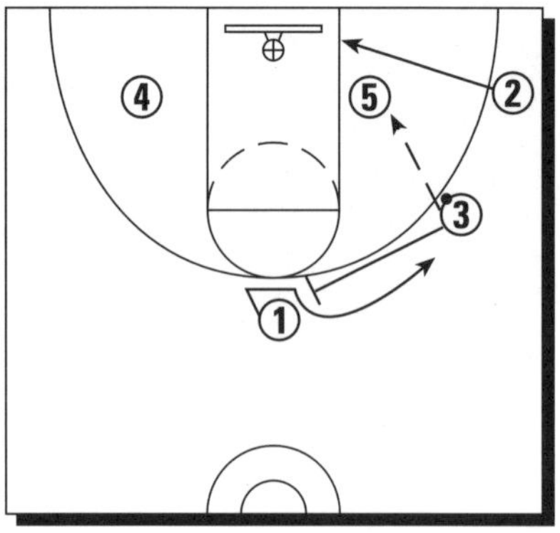

図3

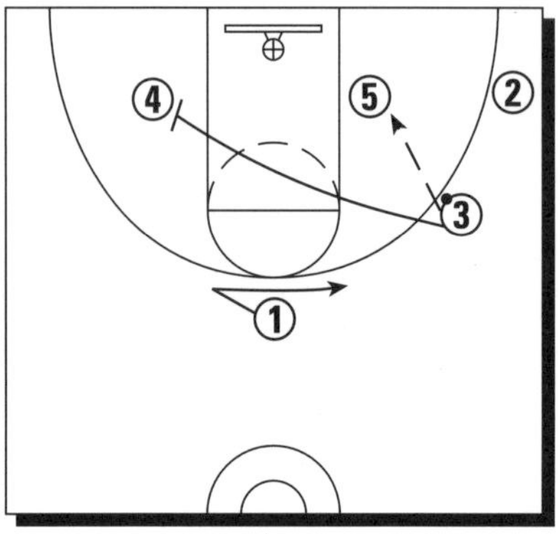

図4

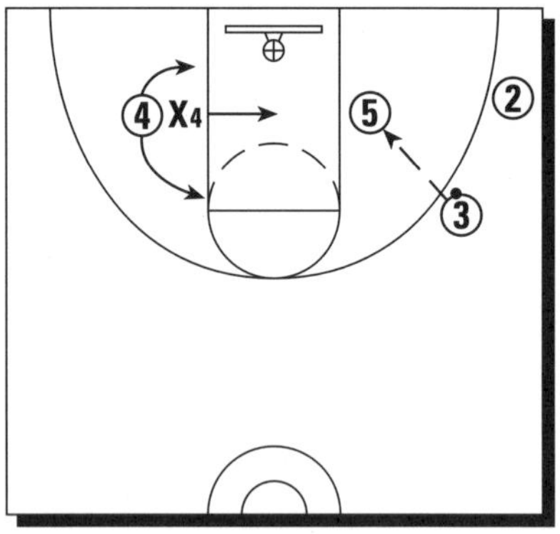

図5

図5　最初のパスに戻ろう。＃4はこのポストパスで状況を読み、ディフェンスがダブルチームにいったらどちらかに動いてリターンパスを受ける。我々は後ろからダブルチームされる状況が得意だ。もしダブルチームがコーナーからきたらベースラインパス、もしトップからきたら＃1がフレアする。我々のチームのポストマンはいつでもダブルチームされることを想定している。そ

してポストマンには2回シュートチャンスがある、と教えている。まず、カットやスクリーンが行われる前に1回。そしてもしディフェンスがすぐ後ろにいるとしたら、カットが終わった時点で1回だ。

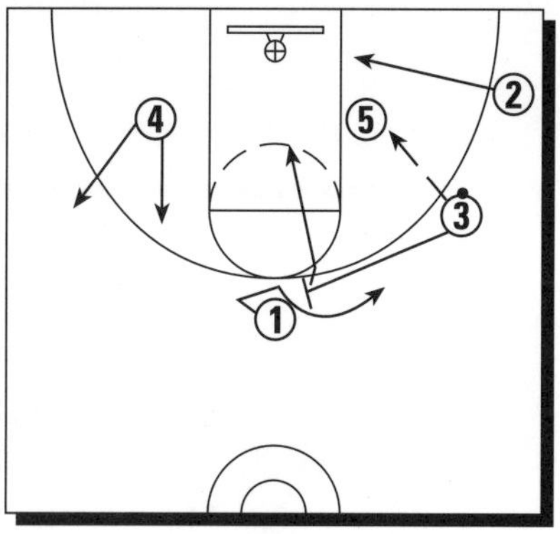

図6

図6　#4が3ポイントシュートを打てる選手だったら、これは有効だ。#4がフレアアウトし、#1がスクリーンを使ってスポットアップする動きで、我々はいいショットをたくさん打っている。#3はスクリーンの後ゴールへ向かう。

最初は、選手たちはなかなか理解できないかもしれない。選手が勝手に動いているように見えるかもしれないが、そうではない。どういうことかというと、パスするごとに、動きにはいくつかのオプションがあるのだ。だからディフェンスの動きを見て判断しなければならない。そのため、我々は毎日10分から15分かけて、このオフェンスのブレイクダウンドリルをたくさん練習している。

図7　ポイントパス。ポイントパスでは、#4は必ずステップアップ、上に上がる。最初のオプションは#3から#1へ、そして#5へのパス。もしオープンになれば、#4にパスを出す。ポストプレーヤーがディフェンスをシールして真ん中にパスを通せるように練習する。私は、パスでもドリブルでもいいので、まずボールをゴール下に入れることを考えている。ファウルの80%はゴール周辺で起こるということ、そして勝敗を分ける大切なデータとして、ファウルが少ないチームが勝つということを、数年前に聞いたことがあった。それ以来それを意識するようになったが、そのデータは正しいと思う。

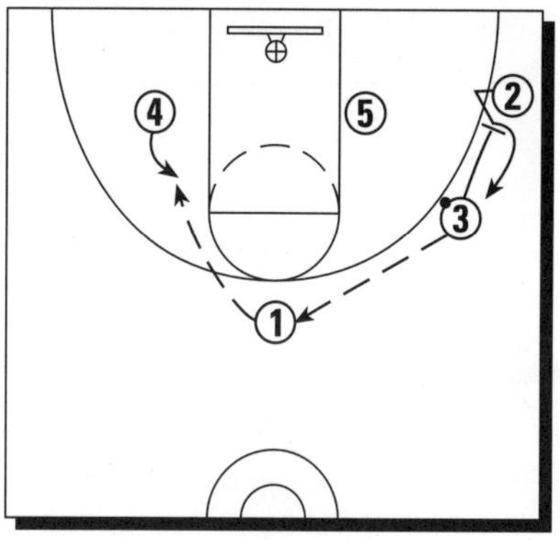

図7

ディフェンスで大切なことは3つ。

1. すばやく戻ること
2. リバウンド
3. ファウルしないこと

チームでは、毎日このことを選手にいい聞かせている。どういうことだろうか？　このディフェンスができれば、オフェンスは1回に1ショットしか打てず、速攻もできず、フリースローも打てないということだ。ゴールの周り以外でファウルしてしまうのは本当にばかばかしいことだ。スチールの数でトップクラスであったとしても関係ない。ファウルしない、ということを教え込もう。私のチームでは相手チームよりもずっとフリースローの数が多い。一昨年などは、相手のシュート数よりも我々のフリースロー数が上回っていたほどだ。ペリメーターでファウルしてしまった場合、その選手はベンチに下げる。もしチームのベストプレーヤーだった場合でも、長い時間ではないがいったんベンチに下げる。

トライアングルオフェンスに話を戻そう。リバースパスは、全て#4へ。#4は#5へのハイローのチャンスをうかがう。#3は#2にスクリーン。

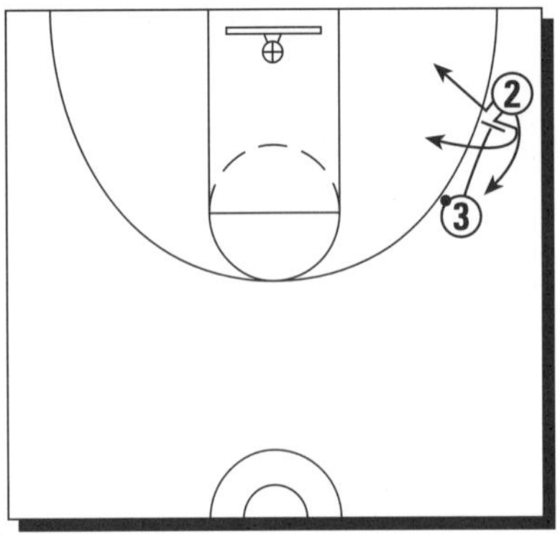

図8

➔図8　ダックバック。もし＃2がいいシューターであれば、スクリーンでオープンになったらゴールにダックバックしてもいいし、またはシュート、カール、自分自身をリプレース（元の位置に戻る）してもいい。

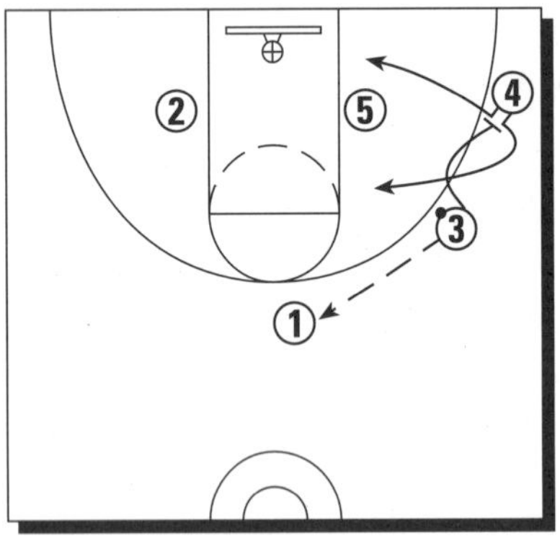

図9

➔図9　＃4がコーナーにいて、アウトサイドシュートが苦手な選手だった場合、フレアさせるのではなく、ダックバックするかカールさせる。

➔図10　パスが＃3から＃1、そして＃4に回ったら、ポストでもスクリーンをする。ボールがリバースされたら、＃5はシールしてから振り返る。スクリーンは高くても＃5の位置でセットし、周辺に4人の選手が集まってスペースがない状態を作る。

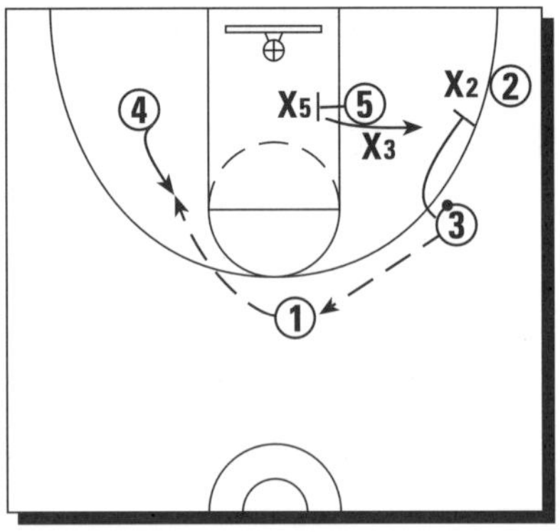

図10

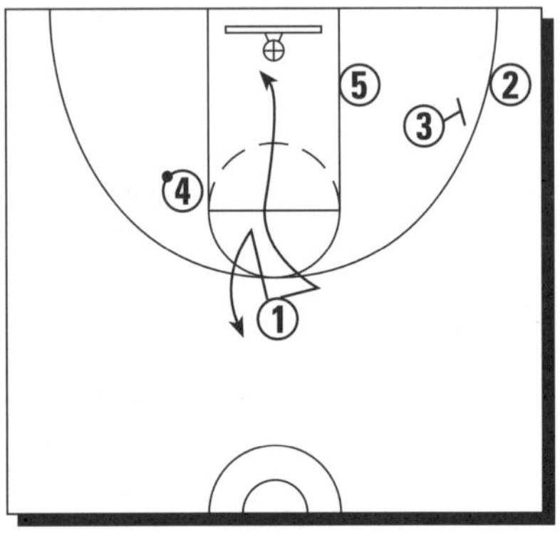

図11

➔図11　＃1が＃4にパスを出せば、その2人のツーマンゲームとなる。＃1はゴールに切り込んでいってもいいし、元の位置に戻ってもいい。

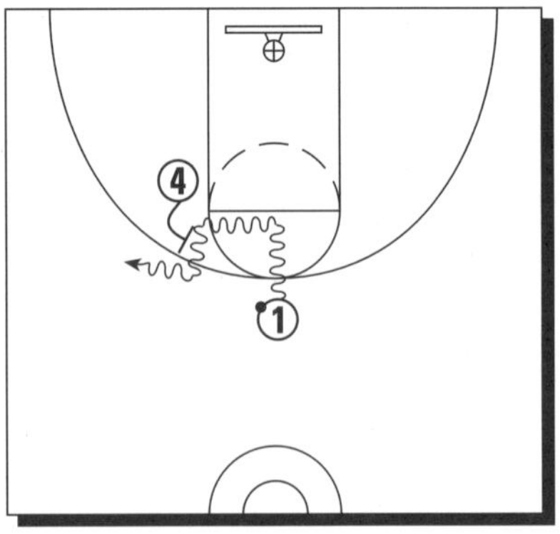

図12

➔図12　＃1は＃4の上をカットオフできる。＃1がトップを横ぎり、ボールを戻してもらったら、＃4は＃1に再びスクリーンする。これはとてもガードしにくい。パスをしてすぐにシュートをしたら、入る確率はとても低いが、ボールを逆サイドにリバースしてからシュートすれば、確率はかなり高くなるのだ。ゴールに攻めていく場合でも、ポストには、最初はパッサーの役割をしてもらう。

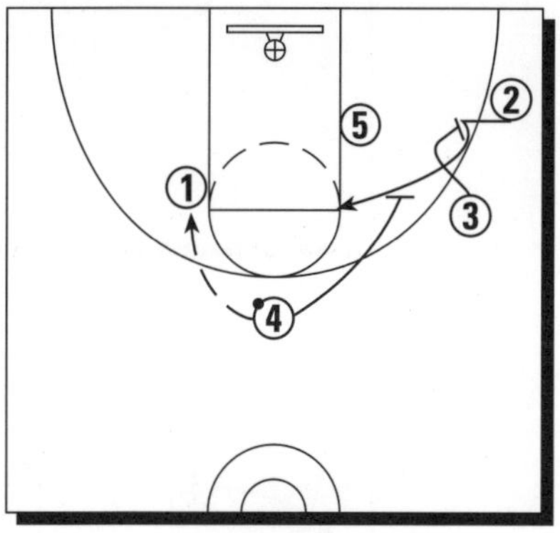

図13

図13　もし#4がトップにいたら、コーナーにいる選手は誰でもダブルダウンにいく。

図14

図14　もし#1についているディフェンスがきつくガードしていて#1にパスが戻せない場合、ディフェンスは広がっており、フロアの真ん中は空いているはず。こんな時は、#4がレーンの真ん中に入る。普通、必要な時以外はレーンに入るなと#4には言っている。#3は#4か#5にパス。ウィークサイドはオープンになっている。#5のディフェンスが前についているようならロブパスを投げる。もし#4にパスが入ったら、シュートか#1にパス。#4は#1にパスするか、#5へのハイローもできる。

図15

図15　#4から#5へ、#4から#1へ、または#4から#2へ、というのは近い距離なので有効だ。

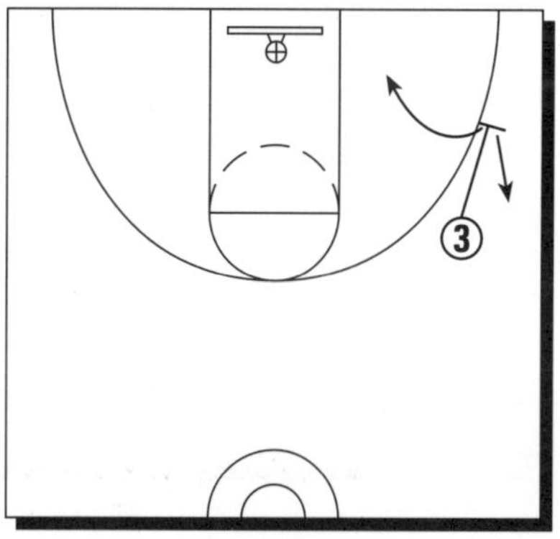

図16

図16　どんなスクリーンダウンでも、スクリナーはただそこに突っ立っているのではなく、フレアするかゴール下に入ること。

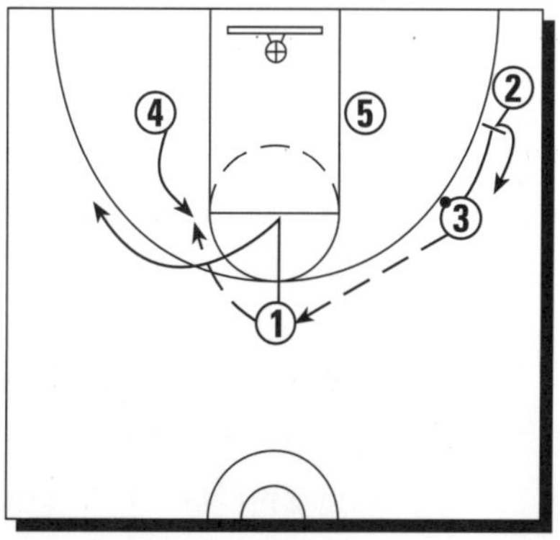

図17

図17　#3から#1へ、そして#4へパス。#1が#4のサイドを通りオープンになったら、#4からパスを戻す。

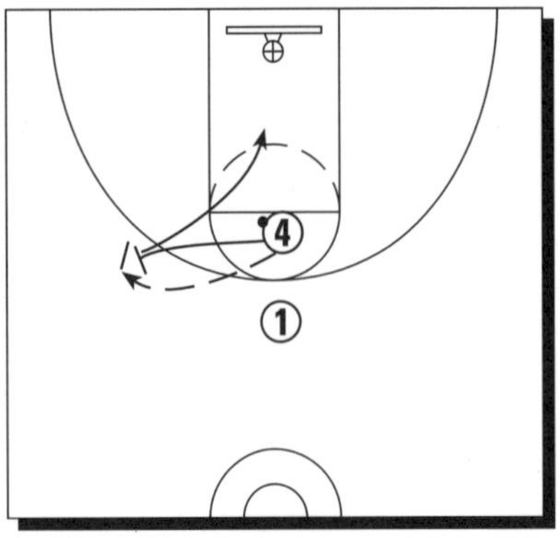

図18

図18　＃1がサイドに走り、＃4からスクリーンを受けてスクリーン＆ロール。

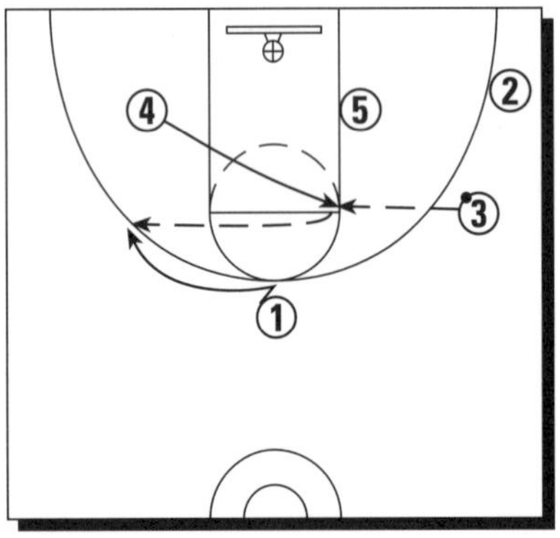

図19

図19　＃4が＃3からのパスをもらうのにレーンを横切ったら、＃1がフレアする。＃4は＃1にパスし、＃1はドリブルして＃4がセットしたスクリーンの横を通る。＃4はスクリーンしたらロール。このプレーはベンチからコールする。

図20　コーナーパス。＃3がコーナーの＃2にパス。＃3はゴール下を通り逆サイドへ。＃5は＃2にバックスクリーンをセット。＃2はドリブルでスクリーンの横を通り、＃5は反対側にロールする。コーナーにトラップされないように気を付けなければならない。もしディフェンダーがトラップしにくるのが見えたら、＃5はゴール下に入る。＃1はフレアし、＃4はレーンを上がる。

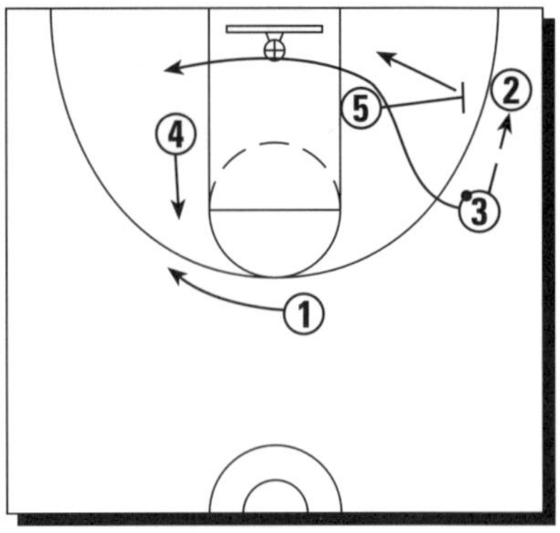

図20

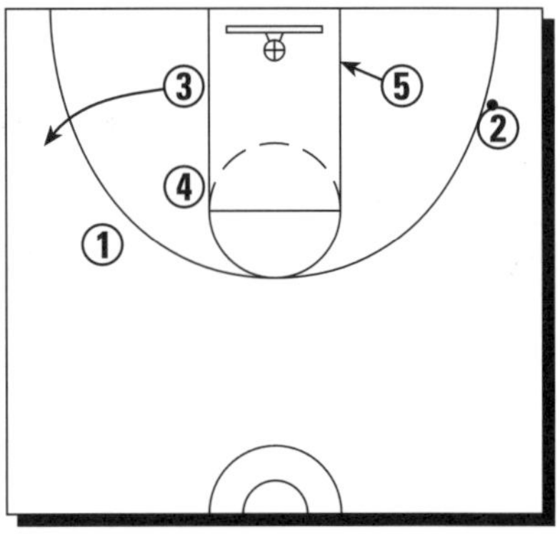

図21

図21　＃2は＃4か＃1、または＃3にパスできる。選手たちをいろいろなポジションにつかせることによって、オフェンスは様々な形を作ることができる。選手たちを見ていると、決まったオフェンスの形がない方がいいプレーをするような気がする。それは、彼らが純粋にコートでボールに反応し、動いているからだ。このオフェンスでは、コーチはボールへ反応することを教えているのだ。もちろん、練習を始めた最初の頃、選手たちがしっかり理解するようになるまでは難しい。私は、ここに行け、あそこに行け、という指示はしない。行くことができる場所を示してあげるだけだ。

Defensive Transition
ディフェンシブ・トランジション

数年前、ヘンリー・イバ氏と話す機会があった時、彼は、「私が指導したいいチームというのは、必ず両手でリバウンドにいっていた」、そして「中学校からNBAまでどのレベルであっても、一番ひどいプレーが見られるのはディフェンスのトランジションだ」と言っていた。それ以来そのことに注目するようになったが、ディフェンスの戻りが遅いために得点を許してしまうケースがいかに多いかということに気づき、ショックを受けた。今では、必ず2人をディフェンスにおくようにしている。つまり、シュートが放たれた時、ボールがシューターの手を離れた瞬間に＃1と＃2はダッシュで戻るようにしているのだ。

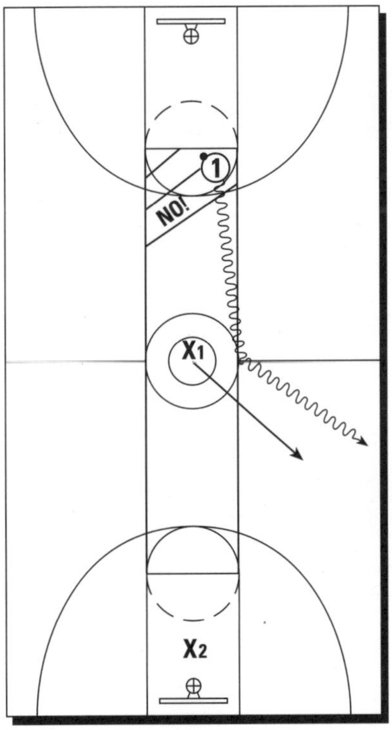

図22

図22　ディフェンスの＃2はゴール下へ、＃1はセンターサークルに入る。これはとても厳しく指導している。もしガードがオフェンシブリバウンドを取った場合、なぜそれが取れたのか、ということをまず考える。チームの4番目ぐらいの選手が、いったい1ゲームにいくつのオフェンシブリバウンドを取れるだろうか。おそらく平均1つ以下だろう。その1つのオフェンシブリバウンドは取れなくてもいいから、ファストブレイクからのスコアは許さないようにしたい。我々が1シーズンで許すファストブレイクからのシュートはおよそ5つだけだ。これはスチールからの速攻は含めず、フィールドゴール・アテンプトからの速攻についてだが。

ディフェンスで大切なことは、戻ること、リバウンド、ファウルしないことの3つであるとお話しした。ディフェンスのリバウンドでは、まずボールをしっかり確保することが大切だ。ディフェンスの＃1はミスショットがリバウンドされた時にはハーフコートまで走っていてもいい。他の3人の選手はセンターレーンの中は走らないこと。ディフェンスの＃1はドリブルを止めることはできないかもしれないが、どちらかのサイドライン際に追い込むことはできるだろう。もし追い込めたら、ドリブラーを真ん中に戻らせないようにすること。

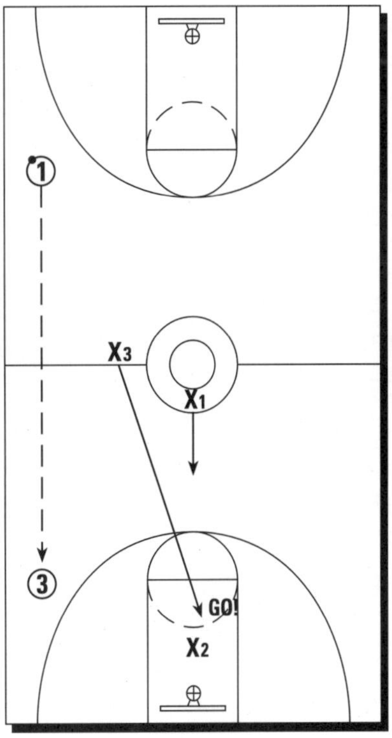

図23

図23　ボールがサイドライン際でパスされたら、ディフェンスの＃2は＃3が戻ってくるまでゴール下を離れない。チームメイトが「行け！」とコールしたら離れてガードに行く。我々がゲームに勝つ要因として何よりも大事なことだ。ボールがパスされたら5人全員がディフェンスにダッシュで戻る。我々のリーグには、得点の約60％をファストブレイクから入れているチームが

ある。彼らと対戦する時は、3人の選手をディフェンスに戻すことにして、3人目の選手は最初の2人の間に入る。#1がオフェンスでゴールにペネトレートしていったとしても、#1はディフェンスに戻らなくてはいけない。通常、3ポイントの後にファストブレイクにいくチームが多い。ペネトレートしてレイアップをミスした場合、インサイドでのボールの奪い合いがあるために思ったよりも時間がある。#1と#2は、自分のシュートをフォローすることは考えなくていい。

もし皆さんがプレスを好んで使い、2人のガードがプレスのフロントラインにいるようなら、これは難しい。我々はゲーム終盤でリードされている時にパニックプレスをする以外はあまりプレスはしない。簡単なブレイクダウンドリルとしては、ガードの2人をオフェンスのコーナーにおいてシュートをし、3人がリバウンドして3対2で戻るものがある。ガードの2人はしっかりディフェンスに戻らなければならない。もう一つのドリルは5対4だ。ディフェンスはオフェンスにパスを少なくとも3本は回させるようにしなければならない。ここ2シーズン、我々のチームはフィールドゴール・ディフェンスと3ポイント・フィールドゴール・ディフェンスでリーグトップだ。その理由は、このトランジションにある。速攻からのイージーショットは許さないのだ。

もし相手のトランジションを封じ、ファウルもしなければ、相手は全ての得点をハーフコート・オフェンスから挙げなければいけない。ガードするのに一番難しいのは何か？　ペネトレーションだ。そこで手の位置がとても重要になる。もし手を前に出していると、バランスが悪い。私の考え方は、自分のガードしている選手を常に前におくこと、そしてファウルしないことだ。

JERRY GREEN
ジェリー・グリーン

The Passing Game
ザ・パッシングゲーム

150の疑問を抱えてクリニックを訪れるコーチは、おそらくどうやったところでコーチ業はできないだろう。しかし何らかのプラスを求めてくるコーチなら、クリニックが助けになるだろうし、そういう人物こそコーチにふさわしいのだ。コーチを始めた当初に私がした最悪のことは、ディーン・スミスをコピーしようとしたことだった。ディーンのやったことは何でもやってみた。どんなメンバーを抱えているかにかかわらず、ディーン・スミスのチームそっくりにしたかったのだ。ここで皆さんは、何をすべきかを理解しなければならない。

これから、自分の手駒が何で、何をしなければならないか、について考えたい。これは偶然に起きるものではなく、きちんと計画されなくてはならない。あなたのチームには、ボールをキャッチでき、そこから何かをできるローポストプレーヤーがいるか？ガードがボールを持っていても、ローポストプレーヤーがボールキャッチできてそこから何かできると考えていなかったら、そのプレーヤーにボールをパスすることはないだろう。あるいはポストプレーヤーのいないチームもあるだろう。私たちはすべてのこうしたすべての状況をカバーしていくつもりだ。しかし、話を始めるにあたって、皆さんが3、4、5番のポジションにどんな選手を抱えているかについて、探っていきたい。

もし、ポストプレーヤーがいなくて、同じ体格の選手5人を抱えていたら。私ならコンティニュイティ・オフェンスを採用して、常に走らせていくだろう。私たちは9年間フレックスを採用してきた。つまりコンティニュイティ・オフェンスを行ってきたのだ。もしボールをキャッチできない選手が1人いたら、4人で行うコンティニュイティ・オフェンスをみつけなければならない。

現在、我々はセカンダリーブレイクをセットとして行うか、パッシングゲームを行うことができる。我々のチームでは約13セットから始め、それをうまく行うことができるようになったら、さらにセットを加えている。決して選手を居心地よくはさせない。簡単にスカウティングされないためだ。選手には常にチャレンジを与える。練習でスコアボードに得点を出さなければ、みんなフレンドリーで仲良しな内容になるだろう。しかし、得点を出せば、そこからは戦争だ。もしプライマリーブレイクを行えば、我々は数的有利に立つ。

ここで偽善的になってはいけない。もしもある選手がフリーでシュートを打ちそれが入らなくても、それを悪いシュートだと言ってはいけない。コーチは入るシュートを好むし、入らないシュートは嫌いだ。コーチは選手に、それぞれの限界がどこであるかを言ってやらなくてはならない。そしてシュートの許可が出ていてフリーなのに、それでもシュートを打たなかったら、ベンチに下げる時だ。シュート15本連続してミスするかもしれないが、それでもシュートし続けたほうがいい。それによって、選手に自信を与えることができるのだ。では、ある選手が練習でフリースローゾーンの頂点から200本シュートを打ち、そのうち15本しか成功しなかったら、その時は了解しなければならない。これはその選手が得意としないものであり、我々は彼に、得意とする何かを与えなければならない。そこで、プライマリーブレイクの話から、今度はセットやパッシングゲームの話に移ろう。

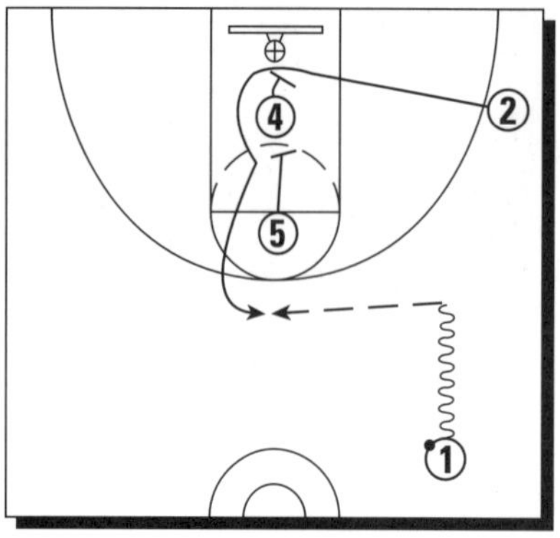

図1

図1　相手のゴール成功のあと、我々はセットまたはパッシングゲームを行うことができる。ここで行うプレーは次の通り。＃1がボールを持ち込む。＃2はコーナーに位置。＃4がまずインサイドに入る。＃5が続く。＃4と＃5はスクリーンをかけ、同時に＃2がフリースローラインの頂点に行って3ポイントシュートを狙う。我々はこれをセカンダリーブレイクからの「プッシュ」と呼んでいる。

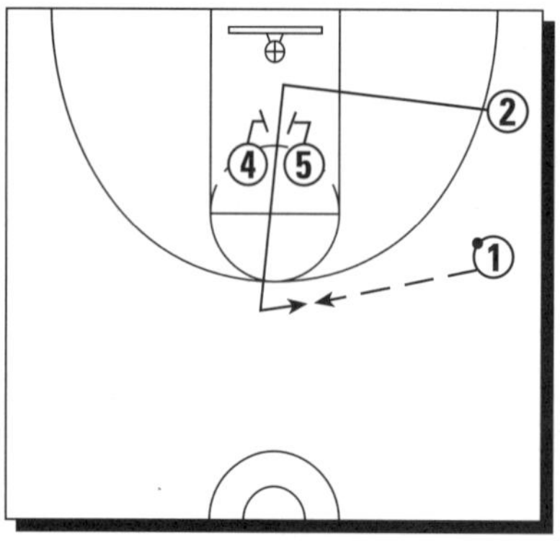

図2

図2　相手はシャドーイングを始めて、＃2の後を追う。我々はピンチスクリーンで対抗する。＃4と＃5は同時に上がってくる。＃2は＃4と＃5の間を通り、その後＃4と＃5がピンチイン。はさみこむようにして、後続者をつかまえる。

もしもチームに、プレーセレクションのよくないポイントガードがいたら、サイドラインからプレーを行うことだ。彼が読めるように、カードを掲げてもいい。彼がボールをインプレーする前に、彼はサイドラインを見る。そうすれば、自分よがりなプレーをしてしまうガードにも、何をすべきかが伝えられる。チームを動かせるガードが2人いて、1人が得点のことを考えているとしたら、彼を＃2にしよう。

ビデオをチェックした時､ブレイクの際ほぼ90%の割合で、うちのポイントガードは得点よりもアシストしようとしていた。彼はディフェンス側に多くの問題を生じさせていた。ファストブレイクでは「統制をとる」と「絶対に抜かせない」という2つの言葉が大切だ。自分に、相手がゴールした直後に走りたいかと、自問してほしい。昨年のビデオを見てほしい。相手がゴールした直後の速攻から、何回得点していただろうか。

もしあまり得点していないとしたら、皆さんの多くは昨年のチームのシュート数を把握しているだろうか？　それが今後の判断基準となるのだ。ファストブレイクでターンオーバーした回数も数えなくてはいけない。我々は2年前結論に達した。相手がゴールしたあとは、ボールをプッシュしてフロントコートに運ぶことはしない。あまり得点できるチームではないので､セットプレーにいくことにしたのだ。昨年、私はうちのポイントガードにオプションを与えた。ガードとよく話し合うことは大切だ。ボールがバスケットに入ったら、うちのポイントガードには逆エンドに向かって走ってほしくない。ボールを扱う選手は1人にした。それがポイントガードなのだ。＃5から＃4にパスさせてはいけない。完全にフリーな状態の身長206cm、体重102kgの＃4に何ができるというのか｡アウトレットは1だけだ。(話が少しそれてしまった。) パッシングゲームに話を戻そう。

ノーポスト、ワンポストによる得点、ツーポストによる得点、トライアングル・スリーポスト。そしてもう一つ、ワンポスト、ノースコア。私見だが、ローポストで得点できる選手がいない場合は、ローポストには誰もおくべきではない。ポストにポストプレーヤーをおくと、次の2つのことができなくなる。1つは、バスケットに向かうドライブ、そしてバックドアカットである。そこにはあなたのポストプレーヤーがいるだけでなく、相手ディフェンスがいるのだ。これを「センターオープン」と呼ぶ。

Guidelines
指針

❶最初のイージーパスを成功させる。ボールを危険な状況におかない。ボールをキャッチするたびに、ゴールに直角にむかうこと。通常の場合の可能性は、楽なパスが1本、中程度のリスクのあるパス2本、信じられないほど難しいパスが1本だ。ここでは楽なパスを成功させたい。

❷いかなるオーバープレーにもバックドアで。もしもボールを持った選手が私を見ても、私にパスできない場合、私はバックドアに行く。フェイクをしてはいけない。基本は「一歩が全てのステップを決める」である。一歩バスケットに踏み出したら、戻ってはいけない。パッサーはあなたがバスケットまで持っていくつもりだということを知っている。バックドアに行ったら、鋭いカットをして、逆サイドに出ることだ。

❸自分の体を横切るようにしてボールをとってはいけない。ボールをサイドに投げる場合は、ピボットしてから投げる。ただボールを捕球してすぐに次の行動に移ってはならない。見回せば、完全フリーになっている選手がいるかもしれない。

❹ボールをトップオブザキーでスイングさせる。ボールをA地点側で捕球したら、B地点側にスウィングさせる（図3)。

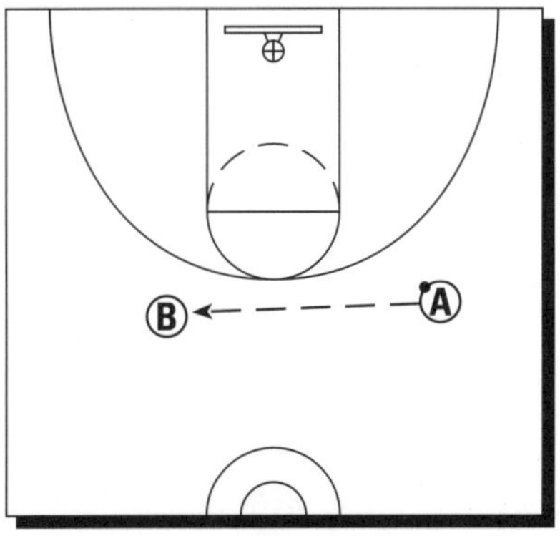

図3

❺パスを通すのではなく、ドライブで持ち込む。フリーのコースをみつけよう。バックドアからの得点を一度決めれば、ディフェンスは弱気になる傾向がある。

❻ボールは捕球するのでなく、向きを変えていくこと。ボールをスウィングさせることを学び、こんどはそれをつないでいこう。肘はあごの位置まで高くあげてほしい。もちろん、他の選手に肘を当てろと言ったことはない。

❼忍耐力を持つこと。もしバックコートでのマンディフェンスが徹底されていたら、アウトサイドでの動きはあまり意味がない。しかしディフェンスのプレッシャーがかかっていて、フリーのコースがないときは、パッシングゲームが有効である。

❽パスを通したら、そのあと起こり得ることは次のとおり。

a. スクリーンをかける。これを教えるのは難しい。
b. パスとカット。ゴールに向かってカットするか、または逃げる。

ボールへのスクリーンはなるべくしないよう指導している。多くの人が、ボールにダブルチームをかけるだろう。逃げるときは、逆サイドに向かって逃げる。

我々は「キープアウェイ」と呼ぶ5対5の練習を行っている。これをやることで、プレーヤーたちはボールの守り方を学べる。ボールを持った選手がミッドコートにさしかかると、ディフェンスは彼にプレスをかけてくる。彼はゴールに向かってドライブできないので、パスを通さなければならない。毎回自分のチームがパスを通すたびに、1ポイントを獲得する。我々は50ポイント制で行っている。スクリーンをかけることができ、ゴールへのカットもでき、カットで逃げることも、スクリーンをかけて逃げることもできる。オフェンスでポストアップしたいという選手がいたら、1本ゴールを狙うだけの時間があればいいと言っている。もしボールが来なければ、ポストから出て5人の選手のうちの1人になればいい。

ということで、センター・オープン・オフェンスでは、ポストプレーヤーなしで、カットをし、バックドアカットをし、ボールをまわし、ドライブし、そして大事なのはディフェンスがミスするチャンスを作るということである。パッシングゲームを行う場合は毎回、選手に2つのことをするよう指導している。1つは、右から左へとボールをおくサイドを変える。次に、何もできない状況では、パスを3、4本つなぎ、ディフェンスがミスするチャンスを作る。何回ボールをパスするか？　成功率は？　トップレベルでプレーするつもりなら、オフェンスの序盤では相手は決してミスをしてくれないのだ。

One-Post Offense
ワンポストオフェンス

ときに自分の選手にオプションを与えることがある。そしてときには選択肢を与えたくないこともある。中には、たとえば「赤の5」というように、プレーコールに色を使うコーチもいるだろう。ボールはペイント内に入らなければならない。つまり、バックコートの他の4人は、この時#5がボールを触ることがわかっているのだ。もう1つ皆さんにできるアドバイスは、試合中に#5が行うシュートの回数を設定することである。ボールを#5に通そう。そうでないと、相手のファウルトラブルを誘えないし、ファウルラインに立つこともできないのだ。

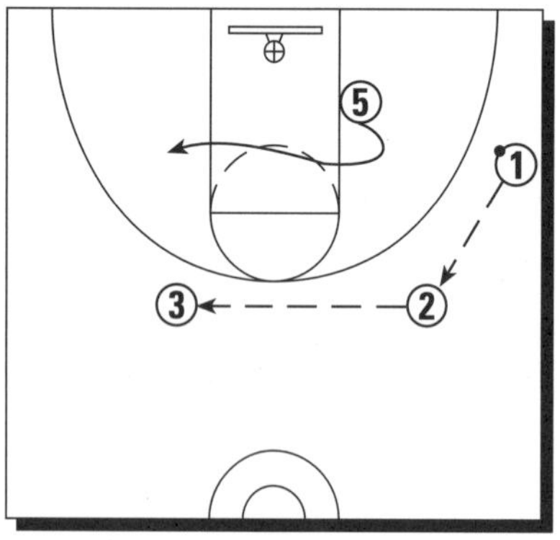

図4

図4　最初の疑問は、「彼にボールを追わせるか？」ということだ。そうすることもできるが、遅かれ早かれ、うまくボールを追うことのできる相手に立ち向かうことになる。

図5　私からのアドバイスは、#5が望むがサイドにポストアップさせること。そしてボールが逆サイドに行ったら、#5にはスクリーンをかけさせ、急いで戻らせる。

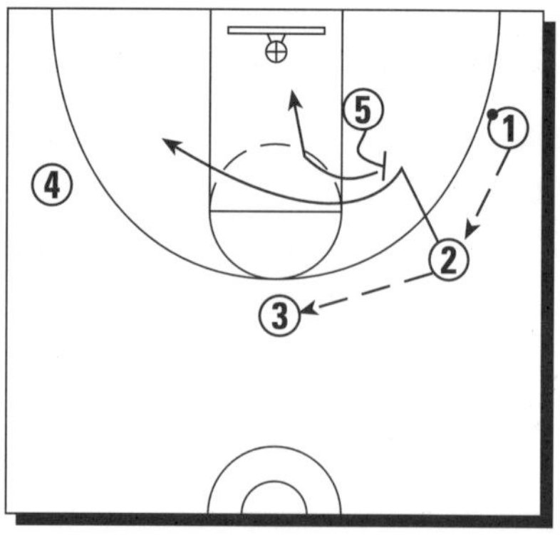

図5

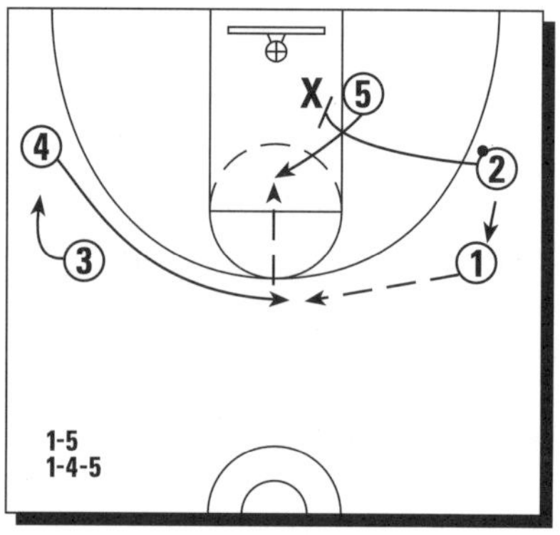

図6

図6　バンプ。#2から#1へパス。#2が#5のそばを通るとき、#2は両手を高くあげて、#5に対するディフェンスに衝突する。#5は#2の背後から中央に入り、ポストアップする。#1が直接#5にパスできない場合は、#1が、トップオブザキーに来た#4にパスする。#5がスティールして、#4がフリースローライン付近の#5にパス。#2についているディフェンダーが通常は#5を追いかけるだろう。彼は#2がボールを捕球するのを恐れている。このプレーを、「レッド（赤）」と呼ぶことができる。我々はボールを、いい選手である#5に渡すことを試みている。ではいいプレーとは何か？ビデオでカレッジの試合を録画してほしい。オフシーズンにそれを見れば、多くのいいプレーに出会うことができるはずだ。

図7

図7　スペシャルポスト。スペシャルつまり特別とは、ボールに対するスクリーンのことだ。＃5がウイングにいる。＃4は、＃1がドリブル突破するのに合わせて＃1にスクリーンをかける。＃5は＃3のためにスクリーンをかける。ではX4は何をするのだろう？　X4は、＃1がコーナーに行くことなくきちんとコースに入れるようにする役目だ。＃2が＃4をバックスクリーン。＃4はステップアウトし、それから戻って＃1からのパスを受ける。

我々はロブパスを使う。X2はディフェンダーとの対峙をキープ。そして本題に戻ろう。このワンポストオフェンスであなたがしなくてはいけない決断は、ポストプレーヤーにボールを追わせるかどうかである。彼はいつポストアップするかを選ぶことができる。ポストプレーヤーは、上腕と腰をポストディフェンスしている相手選手に当ててほしい。接触を維持して、スペースを作り出してほしい。これを我々は「スウィベル」と呼んでいる。もしディフェンスがあとずさりしたら、ポストプレーヤーはドロップダウンして再び接触を続けるのだ。

ここで我々の練習内容について言及しよう。最初の30分は個人的な向上に費やす。これは各選手によって異なる。ジャンプショットをする者もあれば、フリースロー練習をする者もあるだろう。チームを半分に分け、2日間に割りふって行う。それから18分間で、一方のエンドではロングシュート練習、片方ではポスト練習を行う。ポストプレーヤーは自らの「スウィベル」の動き、すぐ後ろにいるディフェンダーを越えての得点練習を行う。我々はこの18分間を6分づつの3つのセグメントに分け、たとえば、ポストの動き、ローポストでのディフェンダーを越えての得点、そして「スウィベル」といった順番をとる。翌日は、ポストの動き、ポストディフェンス、またはロングシュートにおけるポストプレーヤーのガードの仕方をやる、といった具合だ。

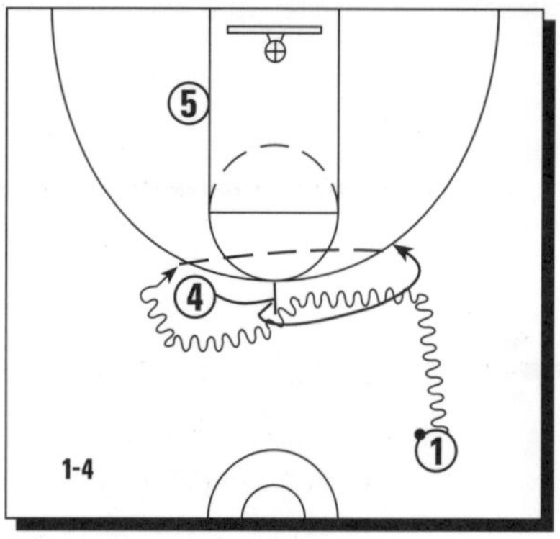

図8

図8　フロリダ大チームがこれを行った。＃4が高い位置でスクリーンをかけ、＃1がドリブル突破。＃5はブロック位置。＃4が外へ逃げて＃1からのパスをとり3ポイントを狙うこともできる。この間、＃5は何をしているだろう？　彼はボールとゴールの間に入るよう心がけるのだ。

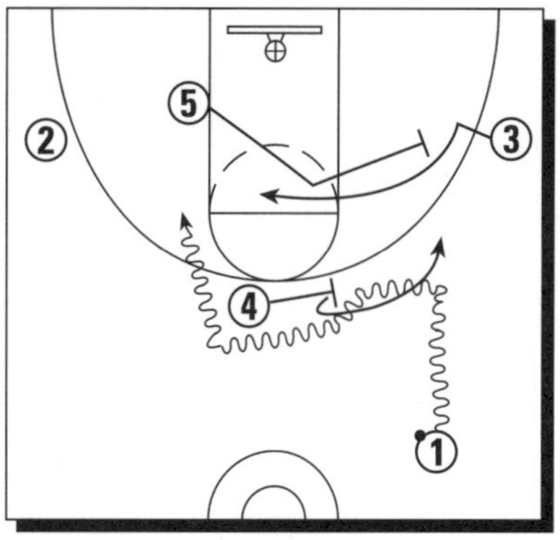

図9

図9　もし＃5に＃1からパスが来なかったら、＃5は＃3のためにスクリーンをかけにいく。

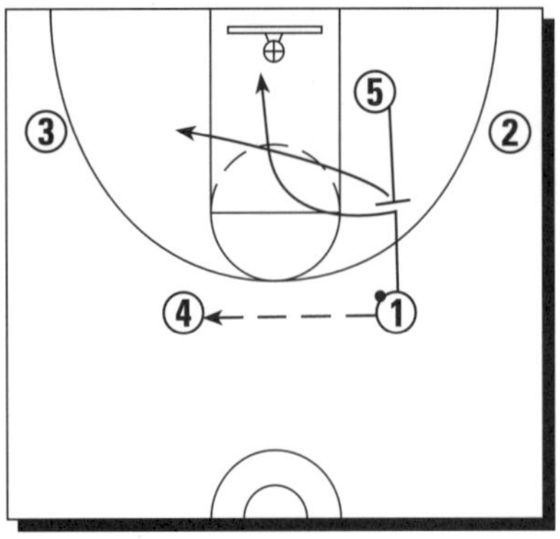

図10

図10　あるいは、＃1が＃4にパスをし、＃5が＃1のためにバックスクリーンをかけることもできる。＃1はバスケットに向かって積極的にドライブをかけ、＃5がロールして＃1を追う。

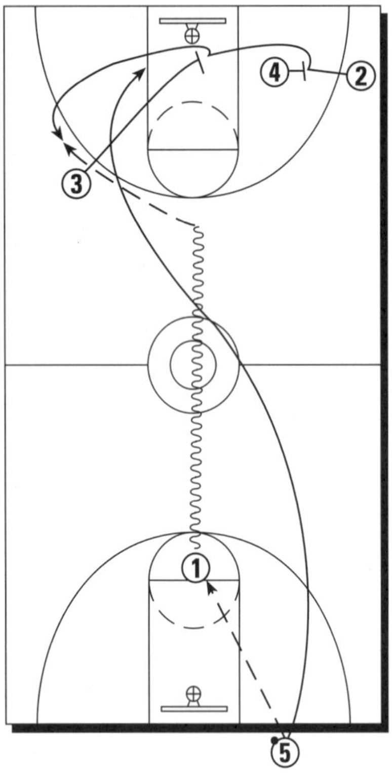

図11

図11　トリプルポストプレー。相手のゴール成功後、＃4と＃5がボールを取りに行く。1人がボールを取ったら、もう1人はすぐに戻る。今回は＃5がボールをインバウンドし、ブロックに急いで戻る。＃4はもう一方のブロック位置。＃1が、一番シュートのうまい＃2から離れた位置にドリブルで持ち込む。＃3、＃4、＃5は全員が＃2のためにスクリーンをかける。

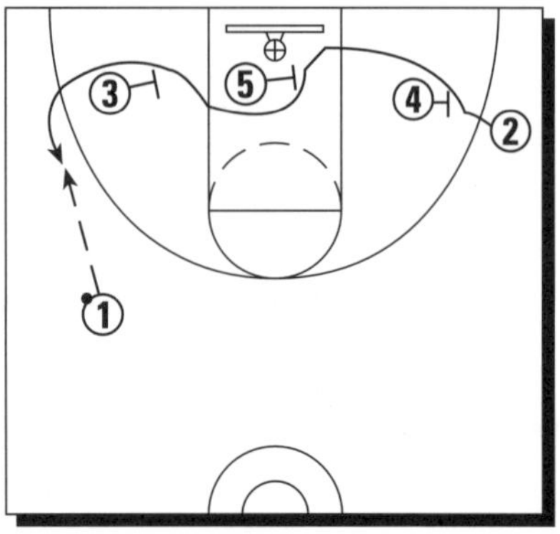

図12

図12　スタンフォード大チームがこの方法を使用。＃1が＃2にパスしようと試み、ジャンプショットがウイングから放たれる。我々がフリーにしようとしている地点に背中を向けてスクリーンをかけてほしい。トップオブザキーからシュートしたい時は、スクリーンをかける選手の背中はその地点を向いている。スクリーンをかける選手は、ポジションどりのために、細かいステップで移動する。別に皆さんに挑戦しているわけではないのだ。ただ、トライしてみてほしい。腕を交差し（右手を左の肩に近づける等）、でもなるべく伸ばした状態にして、その腕をオフェンス選手に合わせて動かしてほしい。すると、自分の幅が2倍になるのだ。ディフェンダーはこれにひっかかる。ただし、ホールディングあるいはキャッチングの反則をとられることがあるので、実戦で使ったことはない。

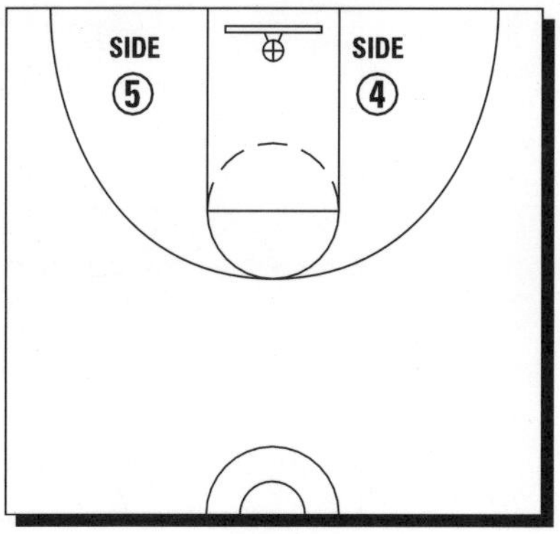

図13

図13　ダブルポスト。#4と#5がいるエリアは、それぞれサイドと呼ばれる。トップオブザキーはハイローと呼ばれる。2人目のポストプレーヤーは、パスできるか？　あるいは、彼がボールを持っていると危険か？　もしそうなら、彼をスクリーンをかける選手にしよう。もしキャッチ、パスができるなら、それで良し。自分が彼に何をさせたいか、それを知らなくてはならない。そして、自分のプレーシステムが彼のためになっているかを確認しよう。彼のできることをほめてやろう。得点できないなら、#1、#2、そして#3のためにスクリーンをかける。そして#3は自分についているディフェンダーを、#4か#5でくい止める方法を見出さなくてはならない。

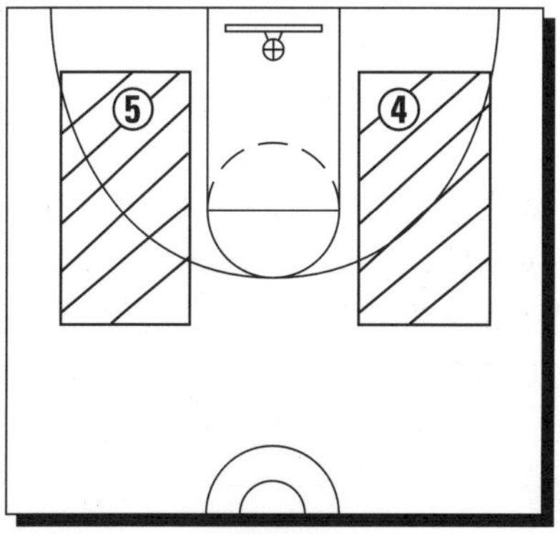

図14

図14　もし#4と#5のどちらも得点できない場合は、2人を斜線のエリアに残してスクリーンをかけさせよう。しかし、彼らはポストアップすることはできない。思い出してみよう。こうすると、ドライブやバックドアカットはできなくなるのだ。

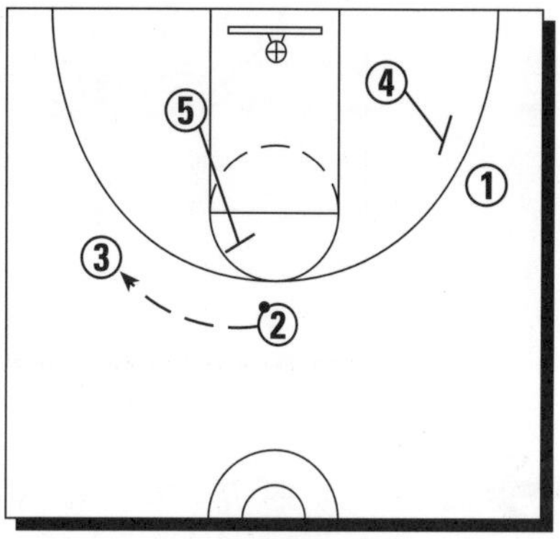

図15

図15　#2がトップオブザキーでボールを持ったときは、すぐにパスする代わりに、ボールを保持するべきである。#4に、#1に対するスクリーンをかけるチャンスを与えよう。#2が#3にパスしたら、#5は#2のためにバックスクリーンをかけることができる。ここで#4と#5がやっていることは、#1、#2、#3をフリーにすることである。これを教えるのは容易ではない。

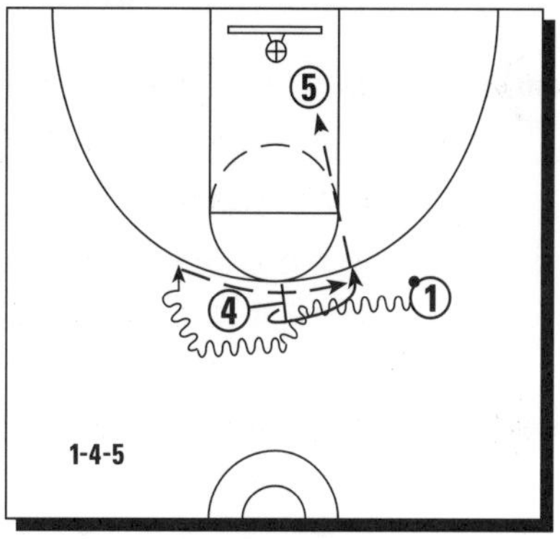

図16

図16　#2がポストアップしたら、#4がうまいパッサーならハイローから行ける。#1は#4のかけたスクリーンから出る。我々のルールでは、もしも、3ポイントラインで#4がボールを受けたら、#5はボールとゴールの間に行かなくてはいけない。5には選択肢はないのだ。ボールは、#1、#4、#5と渡る。

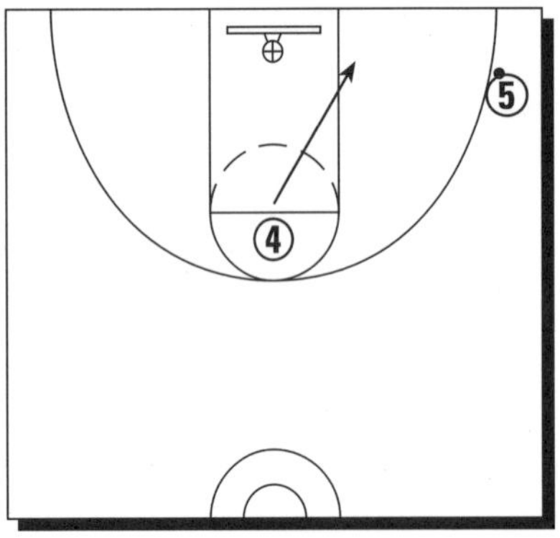

図17

図17　もし#5がこのエリアでボールを受けたら、#4は#5とゴールの間に入らなければならない。

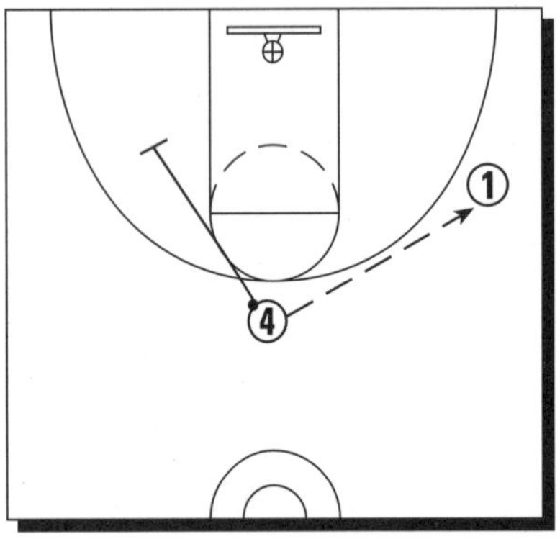

図18

図18　#4はパスを出し、スクリーンをかけて外に出る。もし#5がポストアップしている場合は、カットはシャローカットであるべきである。#1はいい決断さえすれば、やりたいようにできる。

図19　トリプルポスト。#3、#4、#5の三角形を作る。どこにボールがあるかは関係ない。もし#3が外に出たら、#2が#3にパスし、#5は#4のためにスクリーンをかけられる。#3は#1にパスする。

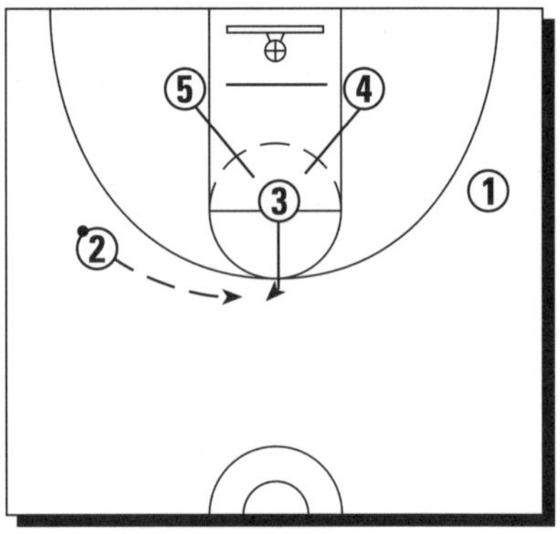

図19

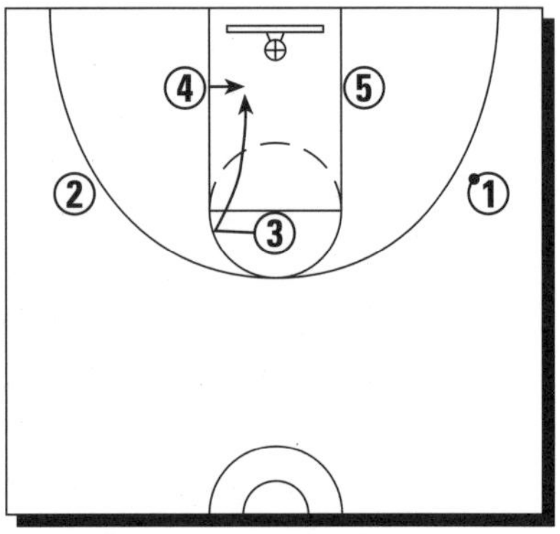

図20

図20　#5がポストアップしている。#1は#3にパスを戻せる。#3はインサイドの#4と#5を見る。もし#1がパスできない場合は、#3にパスを戻し、#5のためにスクリーンをかけるためにあがる。これは、誰がスクリーンをかけるかによって、コーディネートしよう。最初に手をあげたものが、スクリナーだ。

ときにはディフェンスがスイッチすることもあるので注意しよう。あなたのチームが相手より体格で勝る場合は、このオフェンスを行うことができる。もし体格が小さければ、このプレーを行うのは疑問だ。これが、インサイドでの真のパッシングゲームだ。

JOHN HAMMOND

ジョン・ハモンド

Practice Sessions
練習

General Comments
概論

この職業における私のサバイバルは2つの事柄につきると思う。キャンディとコーヒーである。私は、オフィスにキャンディを置いた皿が置いてある。このキャンディの皿は、皆さんの想像以上のことを私にしてきてくれた。プレーヤーたちはキャンディをとりに私のデスクに来ては、しばらく話し込んでいく。そしてコーヒー。職場に朝着いて一番にすることは、コーヒーを入れること。人々はコーヒーをとりに訪れ、座ってちょっと話をしていく。これが、人間関係を発展させるのに、大いに役立っている。

体育館に入って、練習を1分見れば、コーチの良し悪しを判断することができる。私見では、コーチをよくするものは3つある。

❶構成。練習は、うまく構成されていなくてはならない。
❷知識。自分のしていることを知らなければならない。
❸エネルギーと意気込み。これが選手たちにも伝わっていく。

昨年秋、私は大学で自己改善のプログラムを受けた。多くのコーチが参加していた。そこで出た一つの疑問は、「自分のプログラムで最も重要なことは何か？」。あるコーチは、ディフェンス面でのブロックをあげた。これはプレッシャーの暗示である。オフェンス面では、ボール保持（ポゼッション）であった。彼は適切なプレーコールに応じてのボール保持をリストアップし、そこからどうなったか、例えばターンオーバー、などと記録していた。これを試合中に行っていて、オフェンスでのポゼッションが3、4回連続で無得点に終わったら、潮時だ。タイムアウトをとって、起きたターンオーバーのタイプを討論するなどしたいかもしれない。

私はドリル（反復練習）が嫌いだ。若い頃、ハンク・イバ氏と時間を共にする機会を得た。私はこのドリル教本を作り、イバ氏に一部贈った。すると後日、「君はドリルコーチか？　それともバスケットコーチなのか？」と聞かれたのだ。この言葉で目が覚めた。私はプレーヤーたちにプレーの仕方を教えていたのではなかったのだ。彼らをより良い選手にしてはいなかった。当時私が行っていたドリルは、今の私ならびっくりしてしまうようなものだ。それでは一つだけ言っておこう。

Shooting
シュート

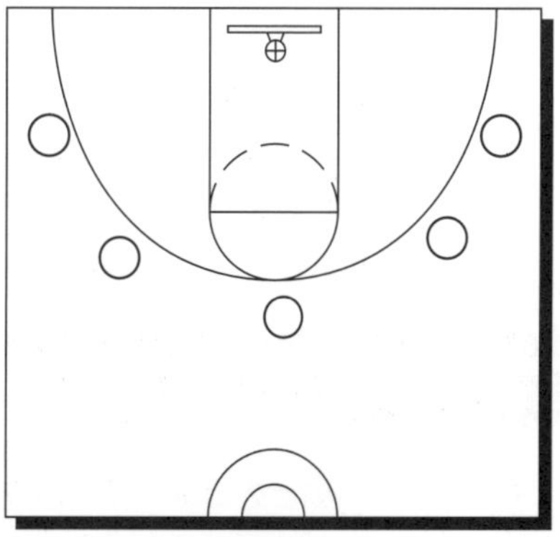

図1

➔図1　ティンバーウルブスのティム・マセルマンは、毎回練習をこのドリルで始める。各選手はシュート100本、これら5箇所から20本ずつ打つ。20本シュートが終わるごとに、シュート成功数を監督が記録していく。選手はペアを組み、1人がリバウンド、もう1人がシュートをする。ボールをシュートすることほど重要なものはないのだ。

説明責任を持とう。我々はこれを練習ごとにやっている。ドリルの目的はシュートを決めることであり、時間は重要ではない。シュートをするには、次の3つの方法しかない。

❶キャッチしシュート
❷ドリブルしてシュート
❸動きからのシュート。ドリルは毎日変えよう。重要なのはいいシュートを打つことだ。

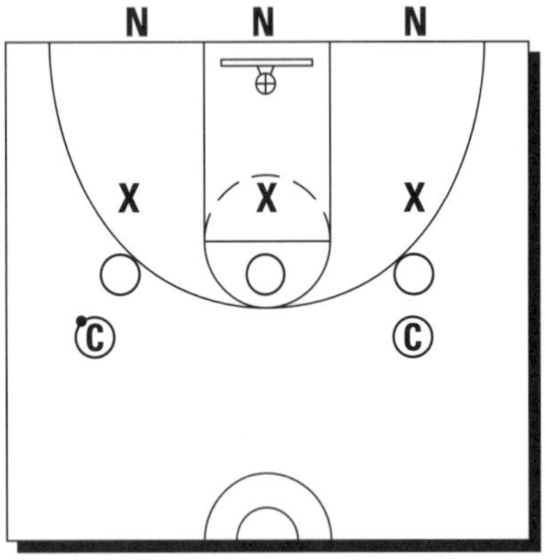

図2

図2　WNBAのナンシー・リバーマンは、このドリルで練習を始める。今年我々ミズーリ大チームは、これを練習の最後に行った。これは3オン3オン3でのカットスロートだ。○、X、Nの3チームに分ける。コーチがボールを持ち、両サイドに立つ。○対X、ボールなしでスタート。コーチが○の選手にパスし、○とXで3オン3をプレーする。

Setting up Game Situations
試合状況を作り出す

オフェンスの動きをコントロールするために、おそらくシュート前にパス3本、そしてドリブルはなしにすべきだろう。重要なのはここである。もしもオフェンスがリバウンドをとったら、それを再びシュートして入れることができる。もしディフェンスがリバウンドをとったら、ボールはコーチに戻される。ディフェンスがオフェンスになり、次に残っていた他の3人の選手がフロアに現れる。何かプレーをし、プッシュアップなど何かをしていく。これは練習を始めるにあたって素晴らしい方法であり、闘争心、高いエネルギーを生み出せる。

それでは我々のディフェンスドリルをいくつか紹介しよう。これらを我々は、ディフェンシブ・ステーションズと呼んでいる。

❶ウイングディナイアル
❷ポストディフェンス
❸1オン1、(ボールにプレッシャーをかけながら)ウイングとトップ
❹クロススクリーン
❺ダブルスクリーンに対するディフェンス
❻スクリーン＆ロールに対するディフェンス、トップからとウイングから
❼ヘルプとリカバリー
❽スイッチング

私は、ディフェンシブ・スライドドリルを信じていない。試合では、スライドするのはおよそワンステップのみで、その後は走っているだろうからだ。

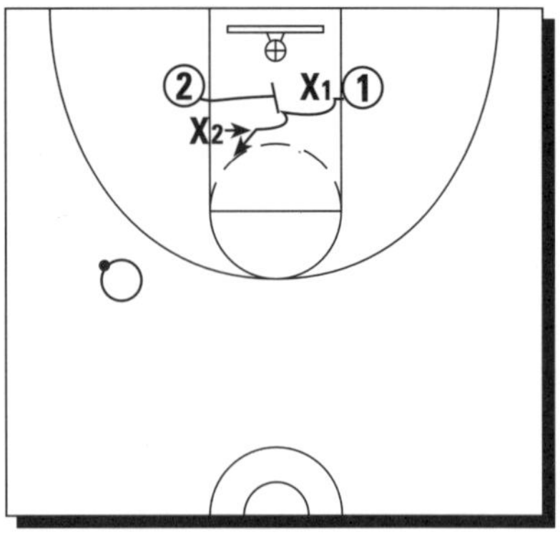

図3

図3　ボールオンザウイング。クロススクリーン。どのようにカバーするか？　何か堅実な方法でありさえすれば、やり方は構わないと思う。X1がスクリーンの下にいるよう確実にしなければならない。もしも＃1が攻勢に転じてきたら、X2が＃1をバンプしてチェックする。X1が内側に入り、X2がバンプしてスクリナーの前に立つ。

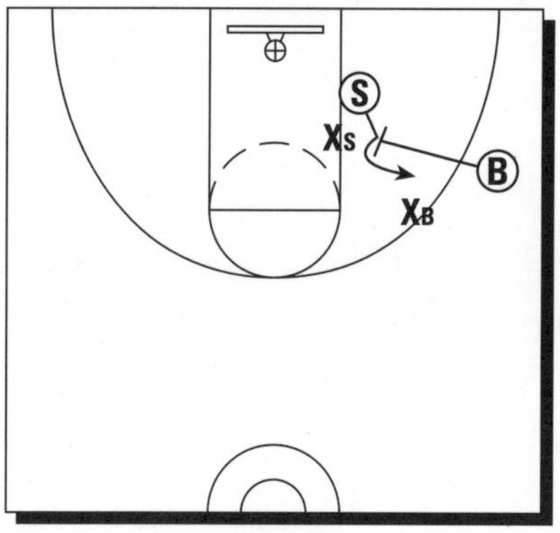

図4

図4　ピンダウン。Bは大きく、Sは小さい選手。BがSのためにスクリーンをかけにいく。XSはSの腰をとらえ、追いかける。XSが一度緩めて、スクリーンが来るのを見たらSの後ろにまわる。これでバックカットを封じる。スクリナーをディフェンスしている選手は、スクリーンから出てくるSを外に追い出す。もしSがカールしたら、スクリナーをディフェンスしている選手は、Sを止める。彼のコースに入り込もう。常に追いかけっこだ。

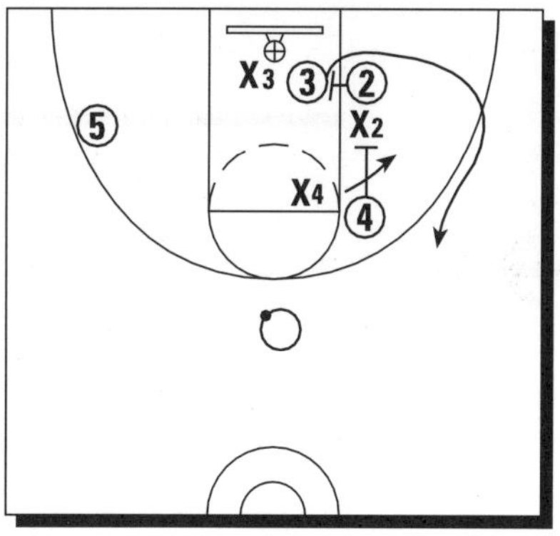

図5

図5　ダブルダウン。#2と#4が、#3のためにスタガースクリーンをかける。X3が#3をアウトサイドに押し出し、追いかける。#3が出てきたら、X4はステップアウトして、#3をスピードダウンさせる。X2はすぐに、#2と#4をとらえる。

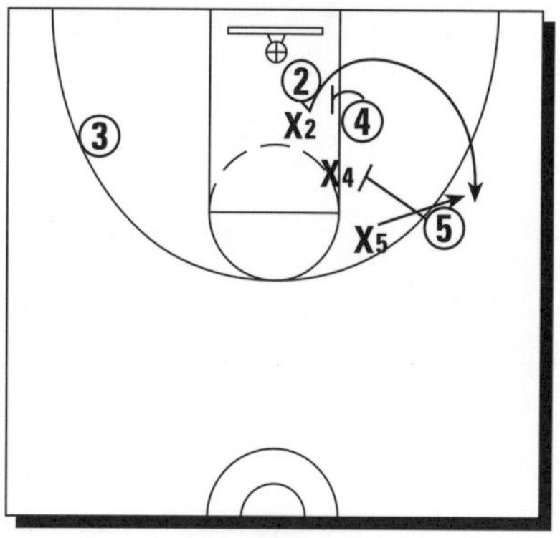

図6

図6　シングルのスクリーンオポジットと同様。#2はどちらの方向にも行ける状態。X2は#2をシングルスクリーンの側から追い出す。X2が続く、もしダブルスクリーンのサイドに#2が出た場合は、X2が追いかける。ここでX5がX2を助けに入る。X4はすぐに#4と#5の両方をガードする。X2が#2をガードするいい位置につけるのを見たら、X4とX5は、#4と#5のガードに戻る。

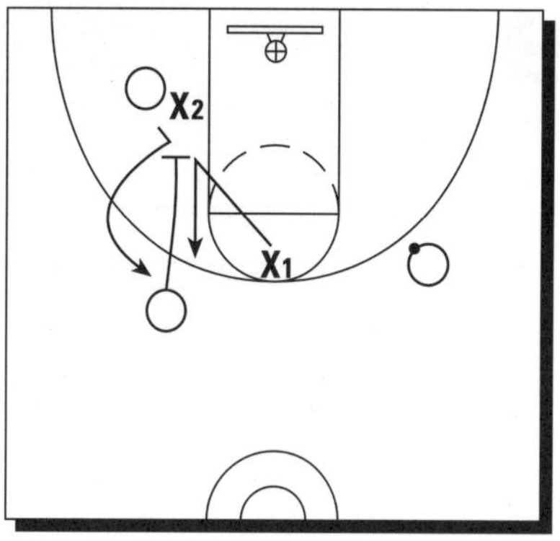

図7

図7　スイッチング。スイッチするときは、2人のディフェンスマンが一緒にこなければいけない。彼らは実際にタッチして、スクリナーがスクリーンにスリップしたり、バスケットに向かったりできないようにしなければならない。

図8　スイッチ&ディナイしたいのだが、バスケットへのカットを許すわけにはいかない。

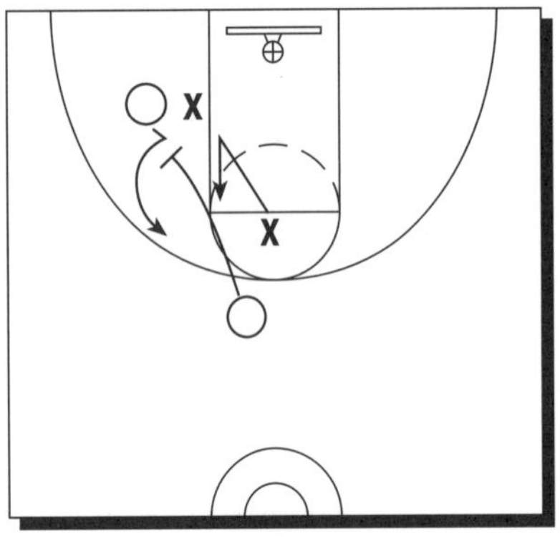

図8

図9

図9　タイム＆スコア。自分のチームにあなたが何かを知っているとわからせる最良の方法は、あなたを信じなければならない状況に彼らを追い込むこと。試合の大事な場面では、選手はコーチの顔を見る。練習でのタイム＆スコア状況、すなわち限られた時間で得点しなければならない状況をつくりだそう。

試合残り6分という状況を設定。ボールがサイドでアウトオブバウンズしたため、3ポイントシュートが必要だ。Wがウイング、Bが大きな選手、Sはシューターだ。「クイックダブル」と呼ばれるWはどちらのコーナーにもカットすることができる。

大事な時間帯のプレーで一番フリーになる選手は、ボールから一番離れたところにいる選手である。シューターはローポストに切れ込む。2人の大きな選手はシューターのためにダブルスクリーンをかける。インバウンドは、シューターか、ウイングに入れる。

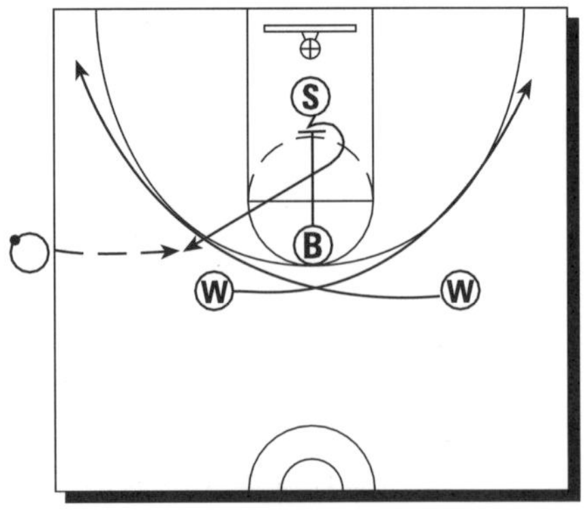

図10

図10　“X”。Sは一番うまい選手。両ウイングはコーナーに飛び出す。大きな選手は、シューターにスクリーンをかけ、シューターは高い位置でパスをもらう。

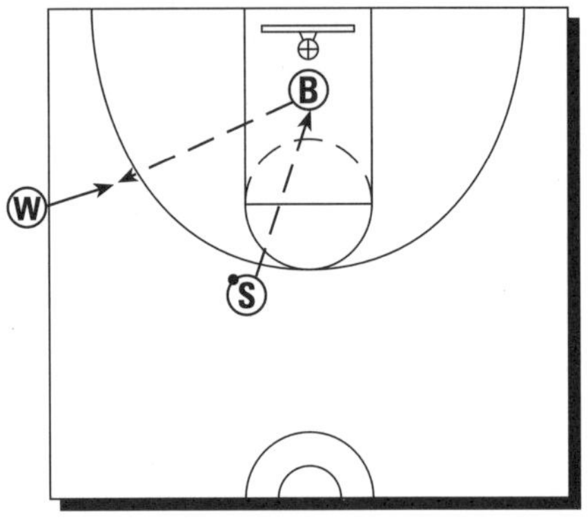

図11

図11　シューターは、ポストにいる大きな選手にパスすることもできるし、その選手からボールをインバウンドした選手に戻して、シュートを狙うこともできる。

図12　ピストル。これはトランジションプレーである。＃1が前方の＃2にパスし、＃1はパスを追う。＃2は＃5がかけたスクリーンからドリブルで抜け出す。タイミングとしては、＃1から＃2にパスしたと同時に、＃5がスクリーンをかける。＃4は＃3のところにいってスクリーンをかける。＃2は＃1を見て、＃4のスクリーンから出てきた＃3を見て、バスケットに向かってロールする＃4を見て、スクリーン

のあとロールした#5を見る。#1がすぐに#2からボールをもらわない場合は、#1がコーナーに出て#2からパスが戻ってくる可能性に備える。

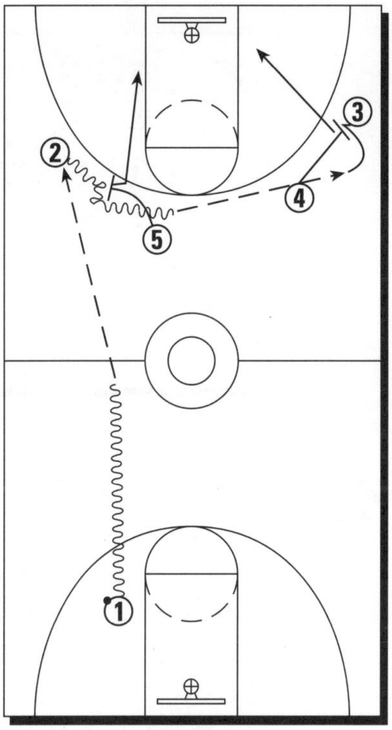

図12

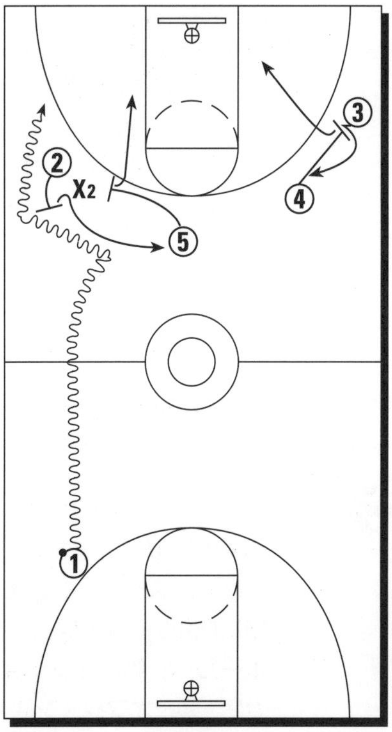

図13

図13　ピストルパンチ。もしX2のプレーのほうが上で、#1から#2へのパスを許さなかったら、#1は#2のそばをドリブルで突破。#1が#2にパスしたら、#5は#2にスクリーンをかけ、バスケットに向かってロールしていく。#1の最初のオプションは、自分で一気に持ち込むこと。二つ目のオプションは#5がロールしてコースに入る。三つ目のオプションは、#2がトップオブザキーに出る。

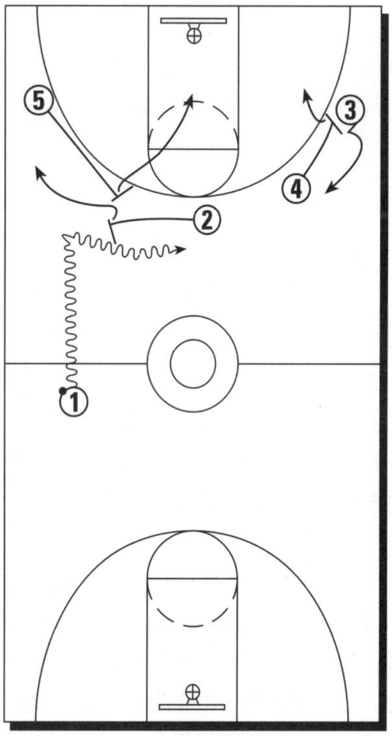

図14

図14　ピストルハイ。#2と#5が位置を入れ替わる。#2は#1のためにハイスクリーンをかけ、#1はスクリーンからドリブル突破。それから#5は#2にスクリーンをかけ、バスケットに向かってロールし、#2は外に逃げる。#1は、#2、#5、または#3にパスすることができる。

図15　ピストルは、ハーフコートプレーとしては良くない。ソフトな前方へのパスや、ハイスクリーンを使って、ボールを進めることが必要である。

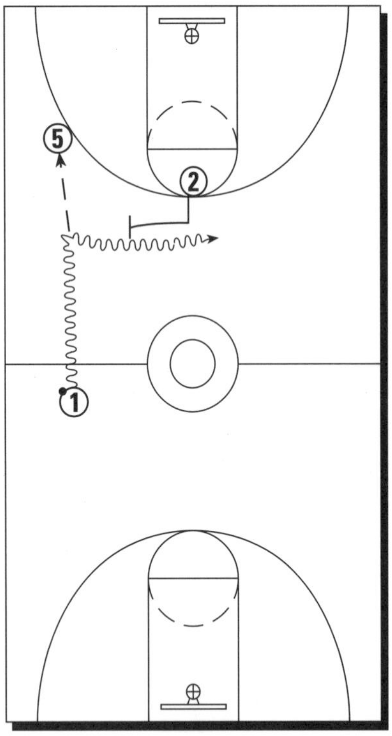

図15

選手たちはうまくなることが大好きだ。我々は、選手個人の練習に多くの時間を費やしてきた。シュート、ボールなしやボールを使ってのオフェンスの動きを、たくさんやっている。

1オン1もたくさんやっている。これによって、あなたのチームがどんなチームなのかがよくわかる。誰にもガードできない選手がいたら、試合の最後には、誰にボールを渡すべきか、選手たちの心にもはっきりわかるだろう。

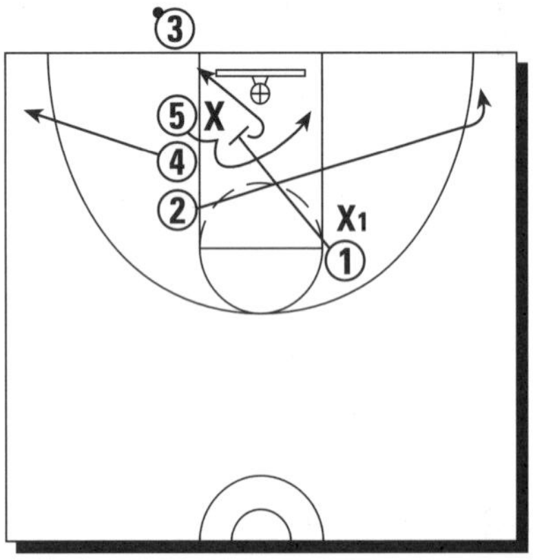

図16

➔図16　クイック。#2と#4がそれぞれコーナーに行く。#1は#5のためにスクリーンをかけに行く。#5はカールしてバスケットに向かう。そして#1がバスケットに向かってスリップ。すると#1がフリーになる。

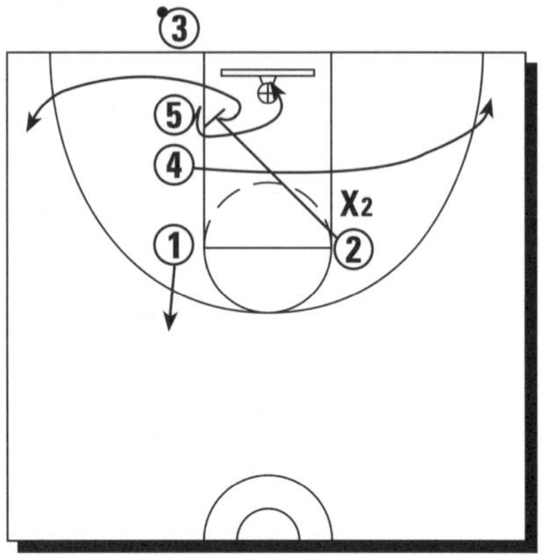

図17

➔図17　クイックニード3。#1が深い位置までドロップバック。#4は反対のコーナーへ。#2が#5のためにスクリーンをかけにいき、それからボールサイドのコーナーにスリップ。#5はカールしてスクリーンを抜け、バスケットに。第一オプションは、コーナーにいる#2へのパス。

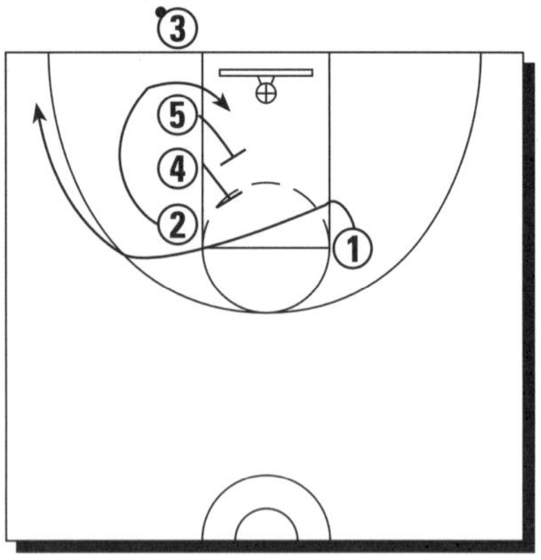

図18

➔図18　シリーズ11。#2がカール。#5と#4は#1のために交互にスクリーンをかける。スクリーンのあと、#4は逆側に向かい、#5はロールバックしてボールへ。第一オプションは#3から#2。第二オプションは#3から#1。

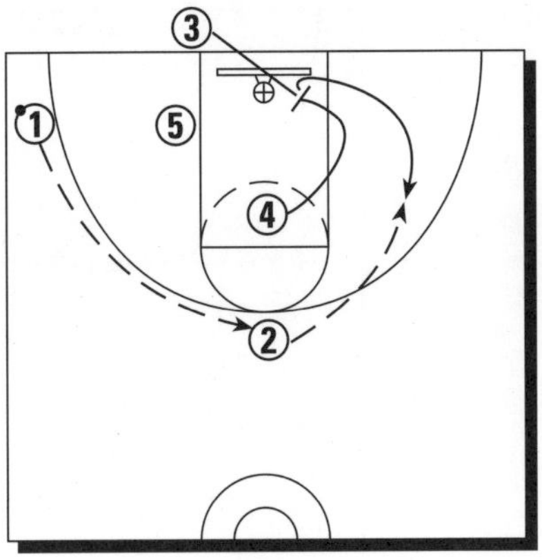

図19

図19　もしボールがコーナーの＃1に渡ったら、トップオブザキーの＃2に戻し、＃4のかけたスクリーンから出た＃3がシュートを狙う。

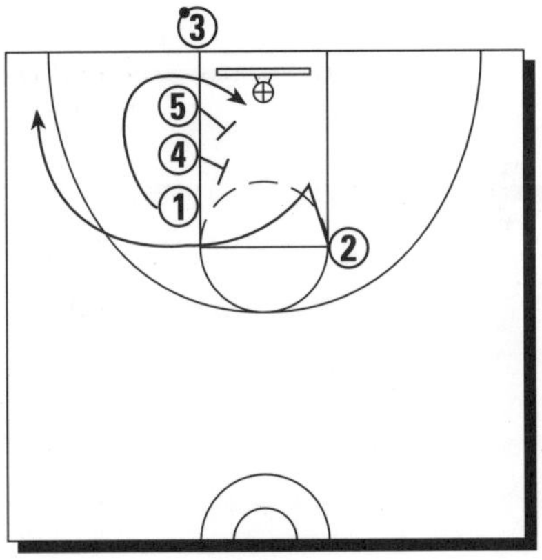

図20

図20　シリーズ12。図11と同じプレー。＃1がカール。＃2は、＃4と＃5が交互にかけるスクリーンから出る。

図21　カウンター。＃4と＃5がスクリーンをかける。＃2がカールし始め、それからベースラインに出て行く。＃1がスクリーンわきを通って、バスケットめがけて切れ込む。

図22　シリーズ14。＃5と＃2がはさみこむようにX4をスクリーン。＃4がステップアウトしてパスを受けシュート。＃1がバスケットに向かってカットイン。

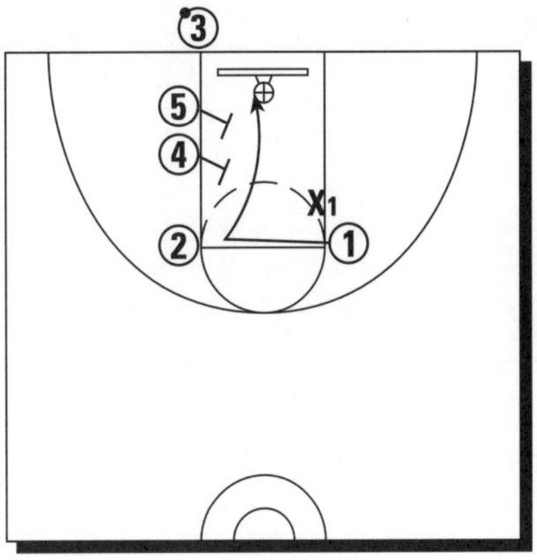

図21

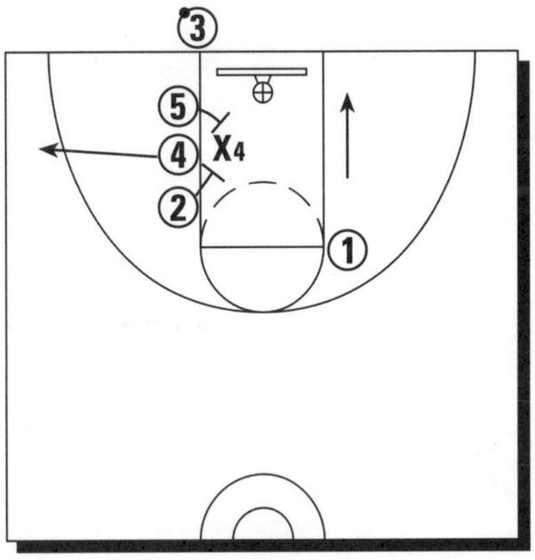

図22

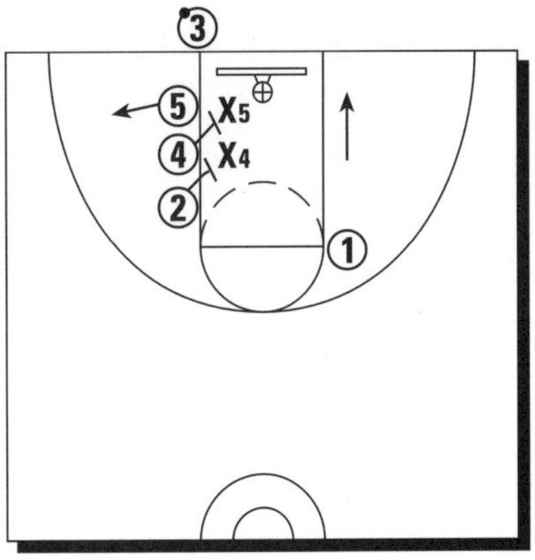

図23

図23　シリーズ15。ベースラインから少し遠めにラインを作る。＃4と＃2がX5とX4に対してスクリーンをかける。＃5はステップアウトしてすばやいパスを受け、シュート。＃5は徹底して動くべし。＃1がバスケットに向かってブレイク。

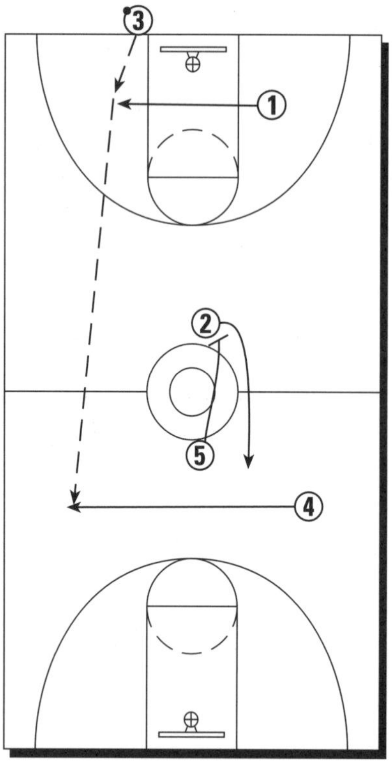

図24

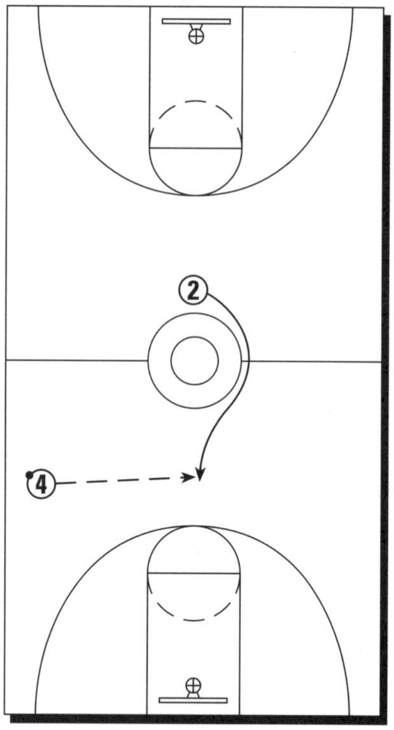

図25

図24　残り時間が少ない状況でのフルコートプレー。#2が一番シュートのうまい選手。#4が一番運動能力の高い選手。#5がセンター、#1がポイントガード。#1がコートを横切り、#3からのパスを受けて、サイドラインに沿って投げる。#4がボールをとりにコートを横切る。#5がバックスクリーンを#2のためにかけ、#2が深い位置にブレイクしていく。

図25　#4がボールをキャッチし、#2へパスして3ポイントシュート狙い。#4もまたシュートの可能性あり。

JIM HARRICK

ジム・ハリック

Man to Man Offense
マンツーマン・オフェンス

Points to Ponder
考えるべき点

1 バスケットボールはシンプルなゲームである。複雑にするのはコーチである。

2 我々はバスケットボールの教師である。

3 コートは、教室の延長である。

4 K.I.S.S（Keep It Simple Stupid. ばかげたくらいにシンプルに）、K.Y.P（Know Your Personnel. 選手を知ろう）、D.W.W（Don't Waste Words. 言葉を無駄にするな）。

5 決断と機会。あなたは決断するリーダーであり、それは練習であなたがどうやるかによって決まる。

6 練習での話し過ぎ。練習を始めたら、私の場合は2時間ぶっ続けで、決して止めない。

7 疲労は我々を弱虫にするが、最後まで気を抜かずにプレーする。

8 すばやく、急がず（冷静に）。

9 ファウルしない。（20フィート内と試合時間最後の1/4の時間帯）

10 オフェンス面でバランスをとる。1/3ずつに分散するとガードされにくい。私は得点の1/3はハーフコートオフェンスで、1/3はファストブレイクで、残りの1/3はディフェンスで生みだしたい。こうすれば、誰にも封じ込められることはない。我々は、ガードされにくくなるのだ。

11 前向きな コーチになれ。

12 批評家でなく、手本になれ。

13 基本、コンディショニング、チームプレー。これら3つのエリアに、我々のプログラムは基づいている。

The Big Five
ザ・ビッグ5

では基本について話そう。コートに入る前に、私は選手たちに5つのことについて知っていてもらいたい。

1 スタンス：肩幅に足を広げ、胸を張り、背筋を伸ばし、あごを上げる。脚をまっすぐに伸ばしていてはだめ。肘を体に引きつけ、手の平を上に向けよう。両手は挙げて、指も上を向ける。

2 集中：あやまちを犯すのが人間だが、もし同じあやまちを繰り返すなら、プレーはさせない。

3 すばやさ：すばやさとバランスは、バスケットボールで最も重要な 2 つの事柄だ。我々は毎日すばやさを磨く。ディフェンスのスタンス、スライドも、繰り返し行っていく。これはファウルを受け、フロアにダイブすることも含む。

4 バランス：頭は、どんなときでも常に両足の真中に位置する。バランスのとれた選手がプレーし、アンバランスな選手はベンチだ。もし私がドリブルをしていたら、頭は両足の真中に位置する。リバウンド、シュートの時も同様だ。コーチが「Don't Reach！（伸ばすな！）」と言ったら、それはどんな意味だろう？ 頭を両足の真中から動かすな、という意味なのだ。

5 ハード：ハードなプレーをしよう。

Seven Areas for Daily Improvement
日々向上のための7つのエリア

次にあげるのが、我々が毎日教えている基本である。これは、ジョン・ウッデン・コーチから教わったものだ。これがバスケットボールをする唯一の方法ではないが、最高の方法なのだ。

1 いいパスを認知する。私は指を指すのが好きだ。

あなたが私にパスをしてきたら、パスをし返す。あなたがパスをしてきたら、チームの和はひとつ高まる。

❷ボールは、あごの下、胸で受け、肘は開く。

❸Vカット。ディフェンスのプレーをする前には、まずジャブフェイクをする。Vカットをして、ボールをくれと言おう。

❹頭が両足の真ん中にくる状態で、両足でジャンプストップをしたい。プレーできるスタンスをとろう。それからツーハンドパスをする。パスをフェイクして、パスを行おう。

❺ドリブルでは､ステップバックとクロスオーバー。ボールは膝上には挙げない。強くドリブルを3回したら、3歩ステップバックして、クロスオーバー。そして方向を変えて同じことを繰り返す。「ステップバック、クロスオーバー、1、2、3。ステップバック、クロスオーバー、1、2、3」である。リバースピボットは、自分の背中を他の9選手に向けてしまうので、私は好きではない。ストレートクロスオーバーもディフェンス選手に手の器用な選手がいるものなので好きではない。毎日このジグザグドリルをやってみよう。

❻すべてのシュートで手は上に。ボールが空中に上がっていく時は、両手も上に挙がる。

❼自分の両手を挙げて、シュートのフォロースルーをしよう。

もしもスペーシング（スペースどり）がうまく、ミディアムとディープに位置する選手との見事なオフェンシブ・リバウンド・トライアングルができていれば、これは私にとって信じられないほどプラスになってきたことだ。多くのコーチが「ディフェンスをしろ」と言っているのを聞いてきたが、彼らはどうやってディフェンスをするかを選手に教えたことがあるのだろうか？

➔図1　「オープンになれ！」。皆さんは選手にその方法を教えたことはあるだろうか？　我々は、選手にブロックから一歩ステップアウト、一歩ステップインというところから始める。手を広げてVカットをしよう。そうすればボールをレシーブすることができるし、肘を開いてボールを胸の位置に持ってくる。それからバック、フロント、あるいはリバースでも、ピボットする。

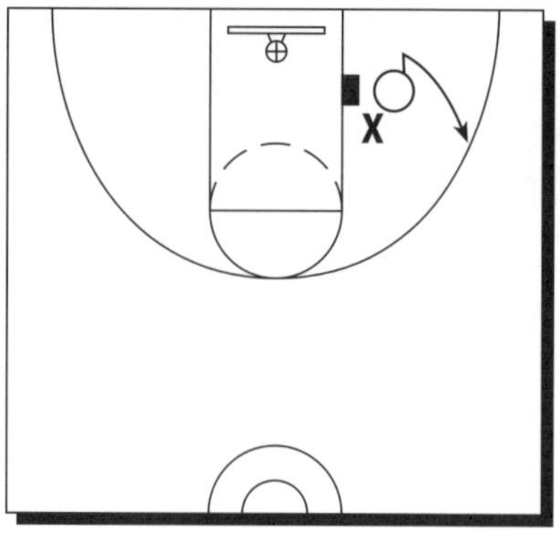

図1

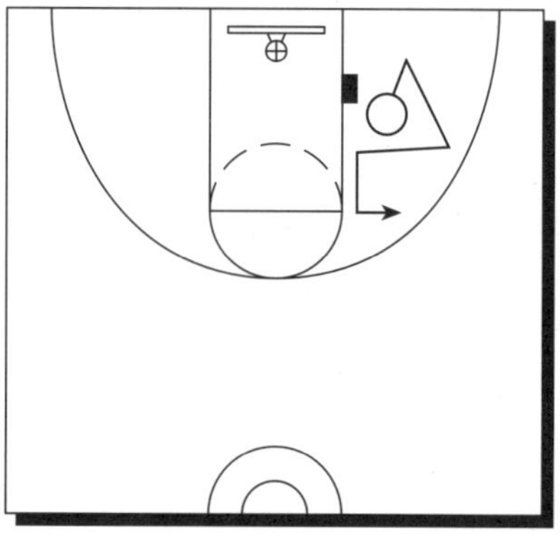

図2

➔図2　こうしてオープンになれたら、Vカットして出て、戻り、フリースローラインに向かい、90度の角度で外に曲がる。

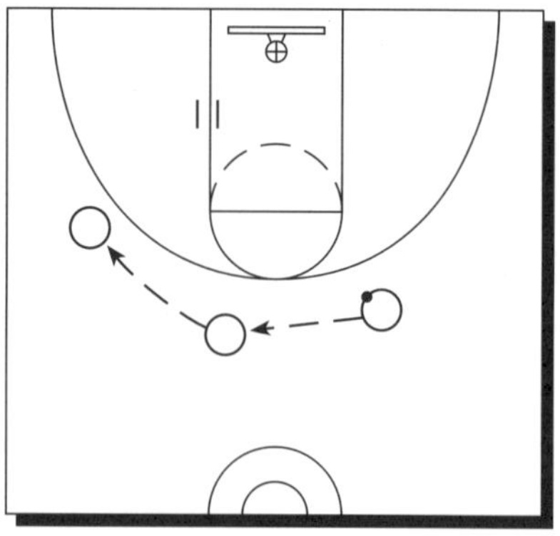

図3

➔図3　2ガードフロントの場合は、ボールを逆サイドから始める。そうすれば、パス2本分のところに位置するディフェンスマンは、レーン内に片足を踏み入れていることになる。ボールがガードからガードへ、さらにフォワードにパスされると、ディフェンスマンはVカットされたら、阻止しにくくなるのだ。

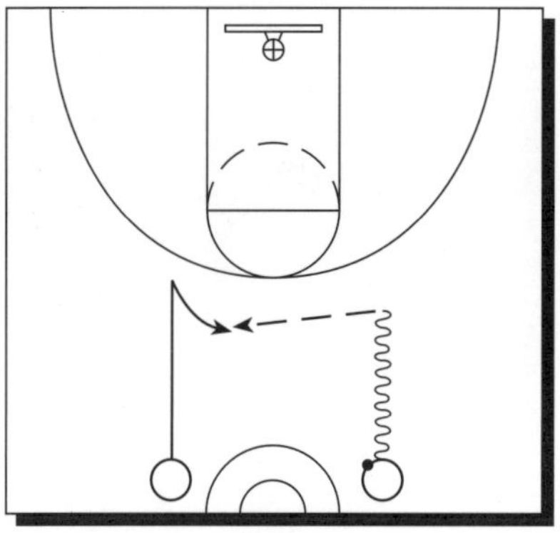

図4

図4　ガードからガードへのパスをするときは、レシーバーはVカットをしてから、パスに合わせて戻ってくる。我々は2ハンドパスを行っている。

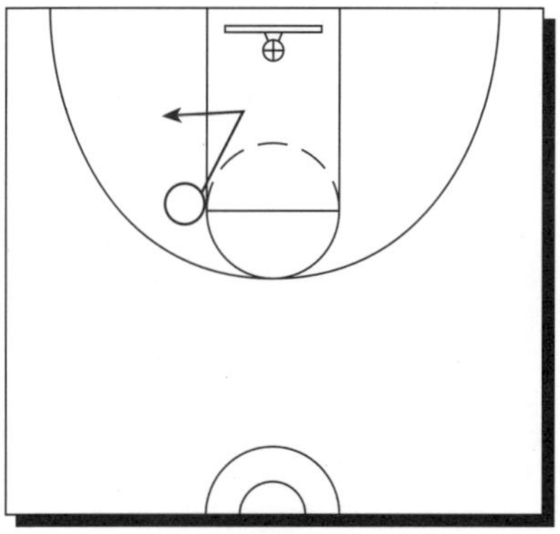

図5

図5　ポストプレーヤーはいくつかの方向を向くが、彼がVカットをしたとき、ディフェンダーが一緒についてこなければ、レイアップをすることができる。ディフェンスがドロップしたら、ポストがVカットをして抜いていく。選手には、フォワードポジションでオープンにならないと成功しないことを、教えよう。

図6　ポストにはブロックの上に、手を挙げて、体勢を少し低くしてほしい。そこでボールを要求する。ボールを彼が手にしたとき、彼は胸にボールを持っていき、ディフェンスの位置を確認。我々はバンクショットも好きだ。バンクショットはこのバスケットのエリア内で使ってほしい。ドロップステップや、パワーレイアップも活用できる。

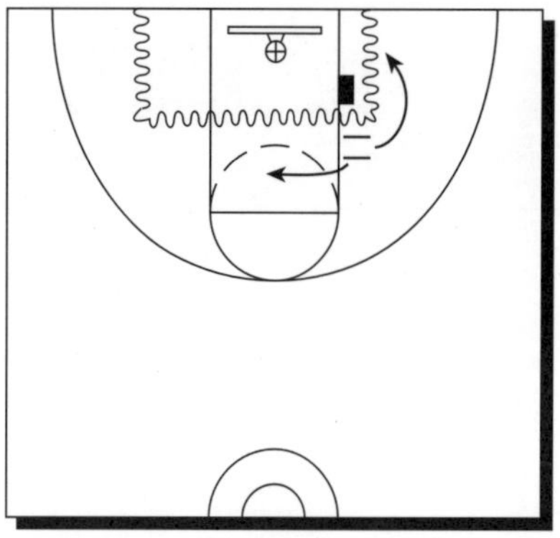

図6

また、インサイドにピボットして、一度ボールをバウンドさせてからレイアップもできる。常にショットのフォローもする。オフェンスのこの部分が、オフェンス全体に影響する。我々は一部分から、全体へと進んでいくのだ。

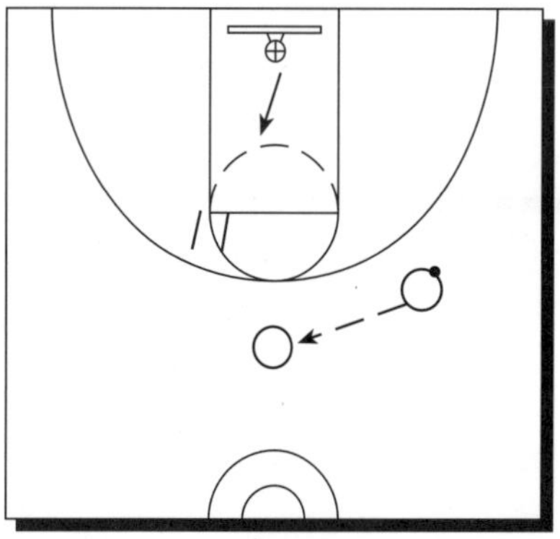

図7

図7　その部分の一つが、ダイブポストである。ポストプレーヤーはレーンまで来て、ミッドコートのコーナー方向を見る位置につける。ボールはフリースローエリアの頂点にリバースされる。4つの違った動きがある。

図8　パスし、スクリーンしてロールする。＃1が＃5にパスし、Vカットのあとに再びボールをもらいにいく。それから＃5がロール。＃1と＃5は肩が触れ合うほど密着する。

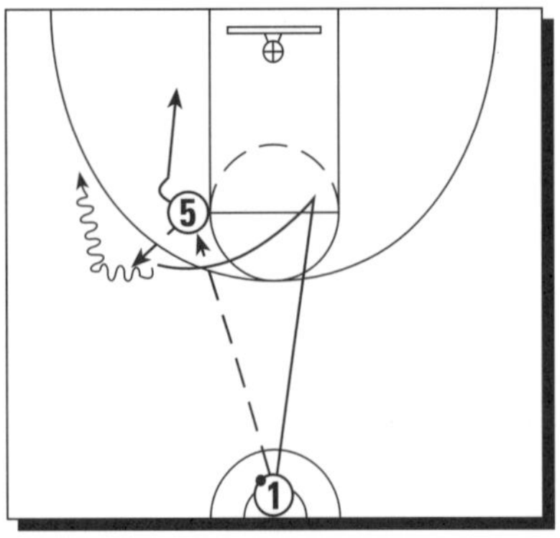

図8

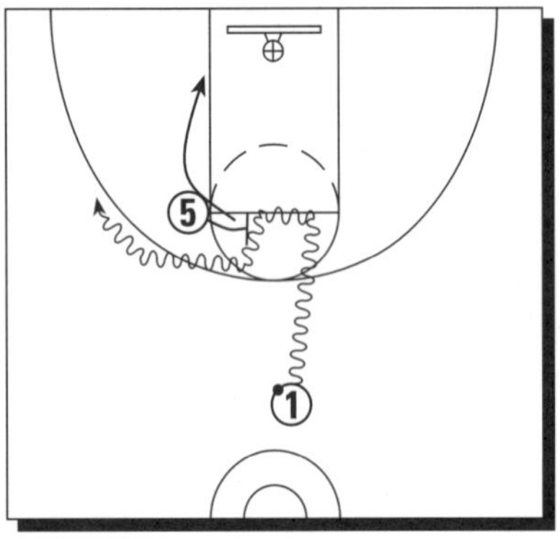

図9

図9　ドリブルスクリーン＆ロール。＃5は＃1がドリブルするのを見て、それからスクリーンをセットしようと振り向く。それから＃5がロールする。

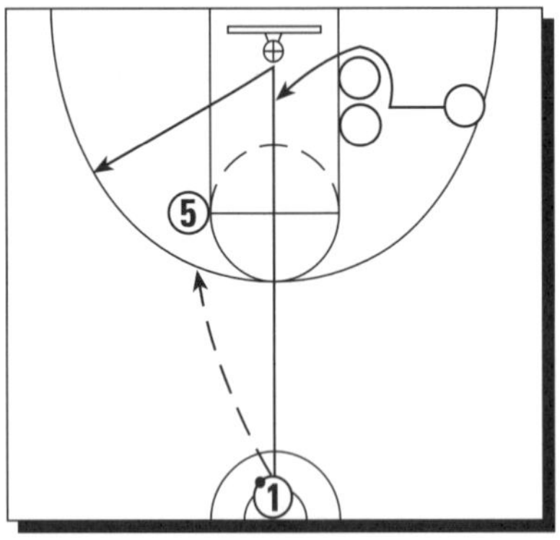

図10

図10　サイドポスト・ディレイ。＃1が＃5にパスし、バスケットに向かってカットインしていくが、リターンパスはもらわない。＃1はウイングにブレイクアウトして、そこで＃5からのリターンパスをもらう。ローポストにダブルスクリーンをしき、もう1人がダブルスクリーンの後ろから出てくる。

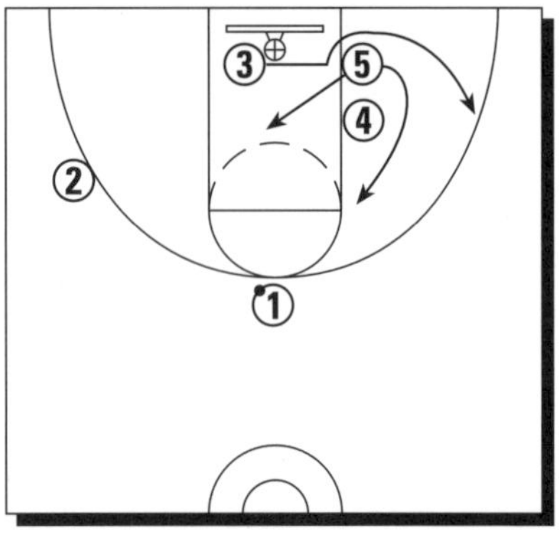

図11

図11　スタック。もしもスタックから出てきた選手がボールをもらったら、我々はそこで「ポップ・ザ・スタック」を行う。スタックのトップにいる選手が、他の選手のためにスクリーンをかける。スタックの低い位置にいる選手が、高い位置でポストアップする。

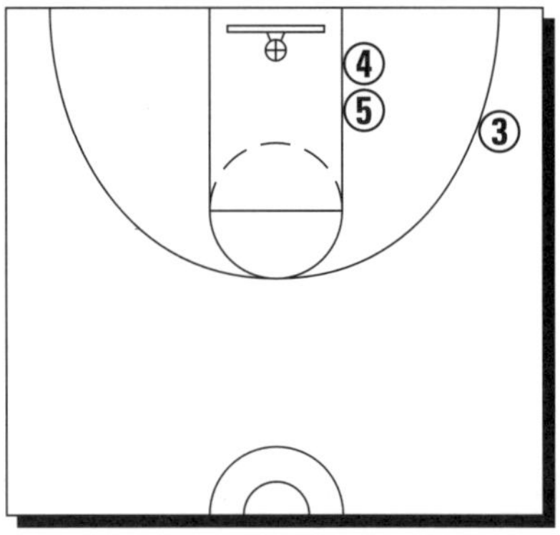

図12

図12　それからコートのこちらサイドで3マンゲームに入り、コートの逆サイドではツーマンゲーム、つまりスクリーン＆ロールを行う。

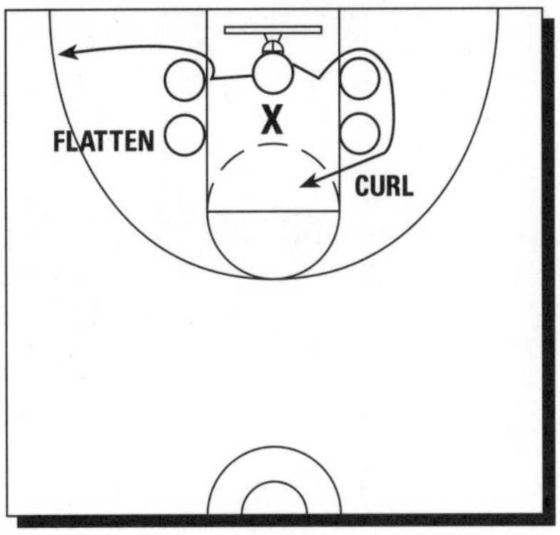

図13

➔図13　一方のサイドでダブルスタック、逆サイドでシングルスクリーンを行うことができる。我々はこれを「フラットゥン・オア・カール」と呼んでいる。もし選手がダブルから出てきて、ディフェンスマンがそれを追ってきたら、彼はカールしなければならない。もし逆サイドから出てきてディフェンスマンがスクリーンのトップから出てきたら、彼はコーナーでフラットゥン・アウトを行う。ディフェンス読みながら、フラットゥン、またはカールを行う。

あなたのコーチとしての評価は、プレッシャーがかかる場面での選手たちがどうプレーするかにかかっている。プレッシャーの中でもきちんとプレーを決められれば、あなたはいいコーチだ。プレッシャーリリースの方法を持たなければならない。あなたはガード陣からプレッシャーを取り去ることができなければならないのだ。

➔図14　2ガードフロントの場合、我々はオフサイドにいるフォワードを中間に送ることでプレッシャーリリースする。

➔図15　また、ポストを高い位置にすえることもできる。こうするといろいろなことができる。どの選手にも思うようなプレーをデザインすることができるのだ。これが、ボールを進めていく上での基本である。

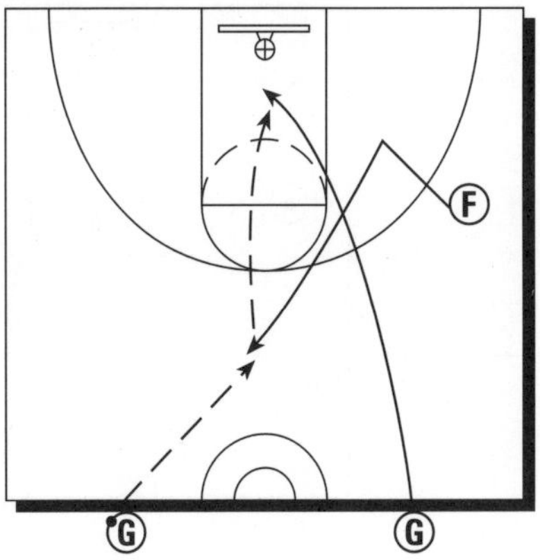

図14

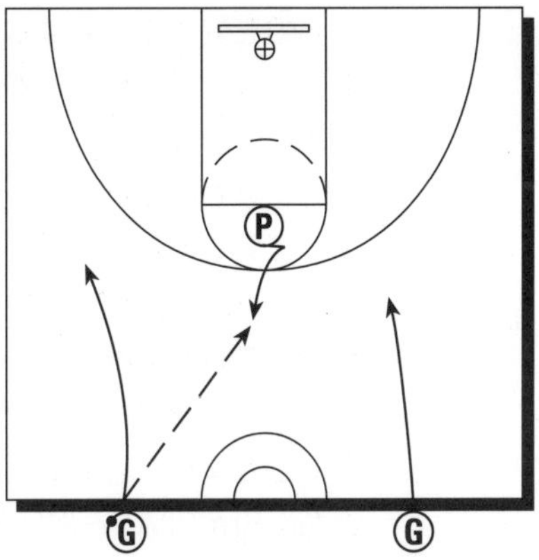

図15

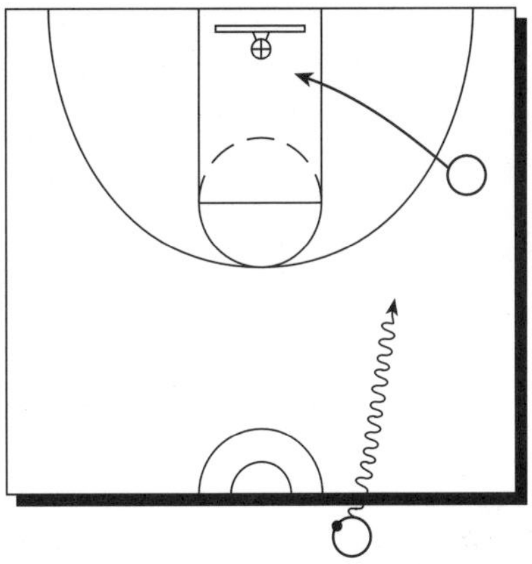

図16

➔図16　ガードドリブルも、プレッシャーリリースの一つである。ウイングはガードのためにスペースを明け渡さなければならない。プレッシャーリリースは必ずやらなくてはならない。

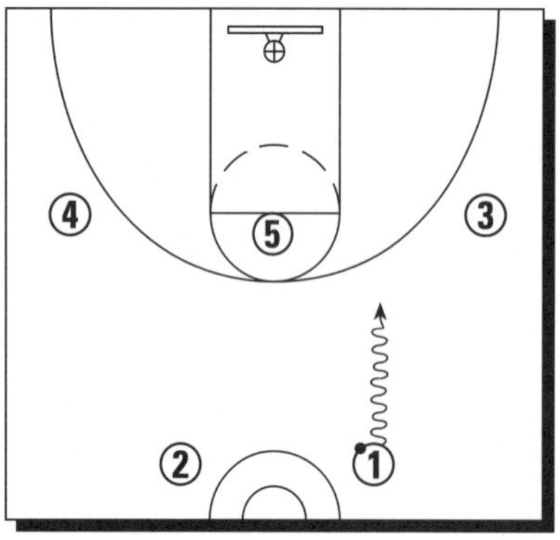

図17

図17　ハイポイントオフェンス。オフェンス陣は、相手ディフェンスが与えてくれるものを受けなくてはならない。いいシュートセレクションを持つことも必須だ。いいシュートとは、決めることのできるものであり、フリーで、肩もスクエアであるもの。ガード陣は、レーンから一歩外側に位置どりする。我々はこれをオペレーションエリアと呼ぶ。ウイングたちはサイドラインから1.2mほどの場所に位置し、少なくとも4.6mの間隔をあける。

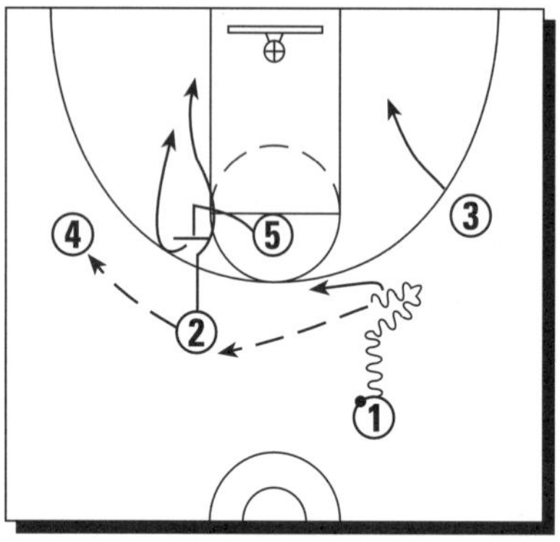

図18

図18　ガードカット。これは我々の基盤となるものだ。我々のオフェンスは常にガードからガードへのパスで始める。#1から#2へ、そして#4へ。#2が#5の後ろ、または前からカットイン。#1はVカットして、真ん中に入る。#3はブロックまで出てくる。#4は、レイアップ狙いで#2にパス。もし#2がボールをとらなくても、#4がショートコーナーに行く。

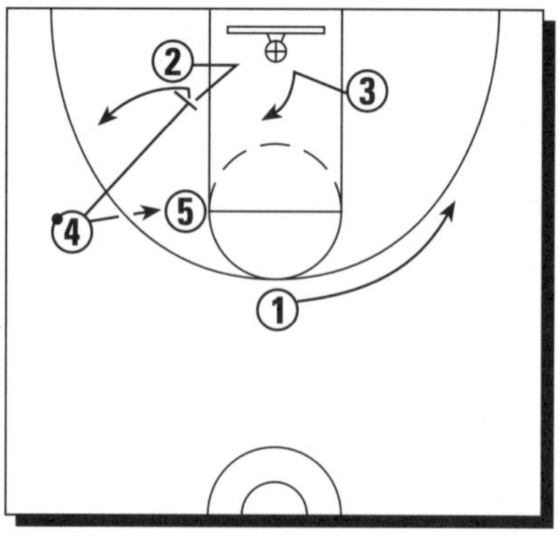

図19

図19　第1オプション：もし#4が#5にパスしたら、#1はパスが空中にある間にアウトサイドへ逃げる。#2は頭をバスケットの真下に持っていく。#4はそれからブロック地点で#2のためにスクリーン。#5はインサイドピボットして、#3とアイコンタクト。#3が激しくステップインして、#5からのパスをとることができる。第2オプションは#2が#4の仕掛けたシングルスクリーンから出てきて、フラットニングあるいはカーリングを行う。

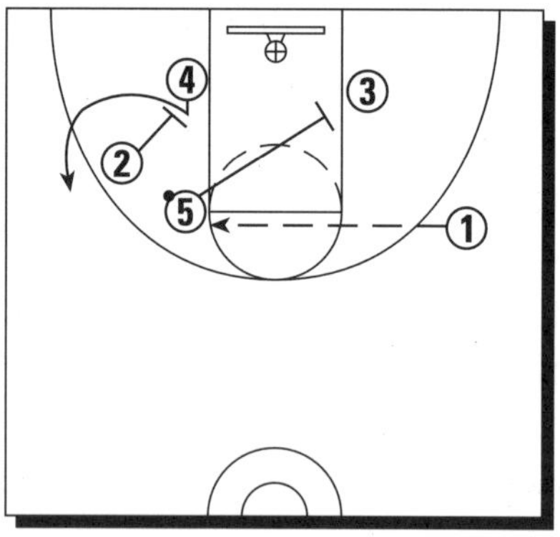

図20

図20　第3オプションは、もう1人のウイングから#1へのパス。#5が#1にパスするとき、#5は#3のためにスクリーンに向かう。

図21　#1は#5にパスすることができ、#5は#2にパスし#3のためにスクリーンに向かう。

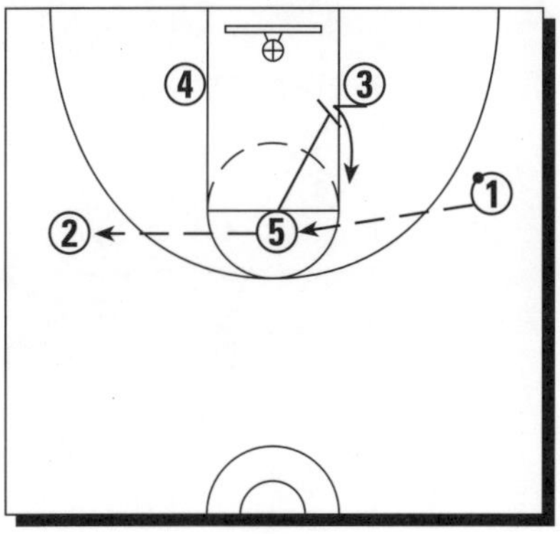

図21

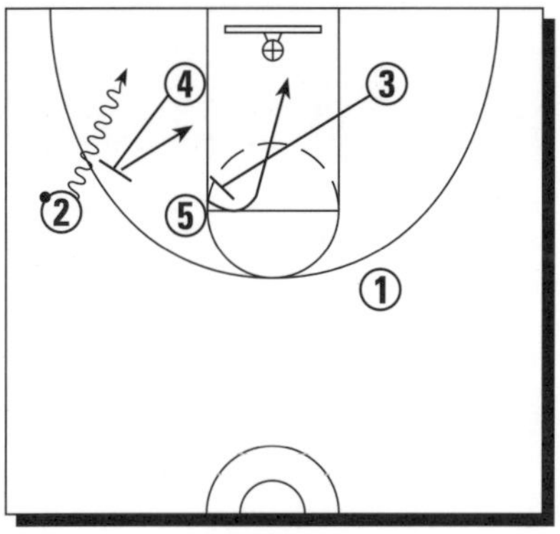

図22

図22　＃2はジャンプショットをするか、あるいは＃4が＃2のためにバックスクリーンをして、＃2と＃4がスクリーン＆ロールを行う。＃3は＃5のためにバックスクリーンをかけ、＃5は＃2からのロブを受けるためにバスケットにむかう。

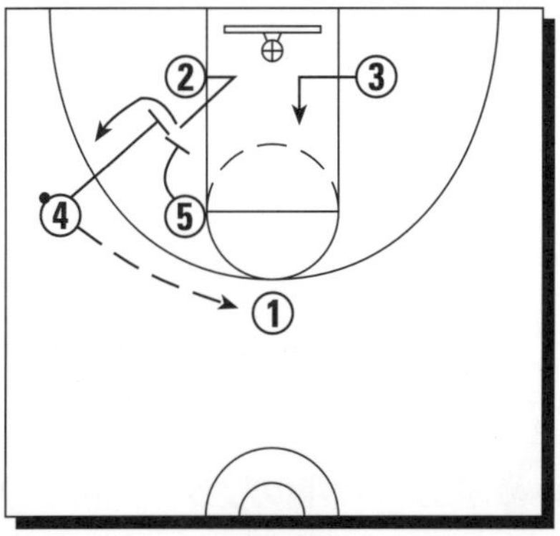

図23

図23　図18に戻ろう。もしも＃4が、切れ込んでいく＃2にパスできない場合、＃4はトップオブザキーの＃1にパスすることができる。＃4と＃5はそれからブロック地点でダブルスクリーンをかける。＃2はバスケット下に来て、それからダブルスクリーンをリバースで出る。＃3がサイドのポストポジションに出る。フロアの一つのサイドではダブルスクリーンのアクションを行い、一方ではシングルスクリーンをすることもできる。

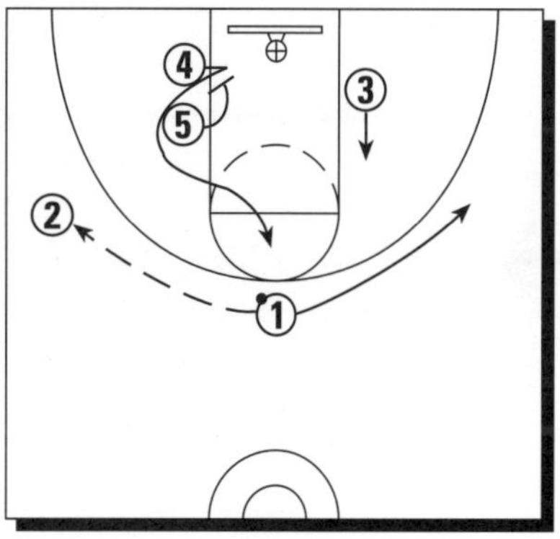

図24

図24　＃1が＃2にパスし、＃5が高めの位置に出てきた＃4のためにスクリーンをかけながら「ポップ・ザ・スタック」を行う。＃5はボールに向かってロールする。

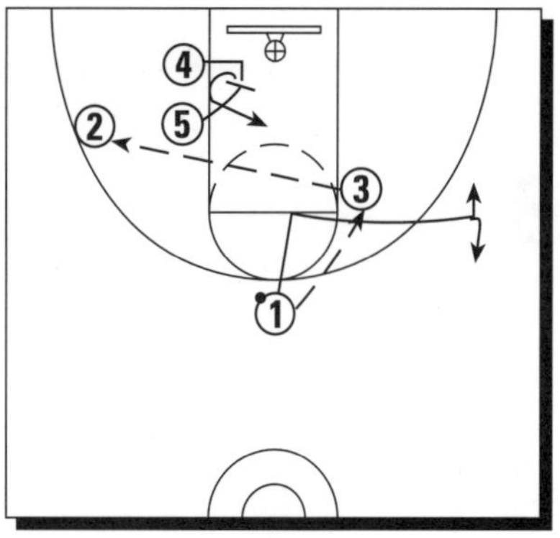

図25

図25　もし＃1が＃2にパスしなかったら、今度は＃1から＃3にパスできる。＃3はダブルスクリーンを出て＃2にパスすることができる。＃1は＃3をスクリーンとして使い、シュートを狙うためにウイングに出る。ボールをフロアのサイドからサイドへとリバースすると、多くの場合、相手チームに大きな

揺さぶりとなる。これこそがオフェンスそのものなのだ。

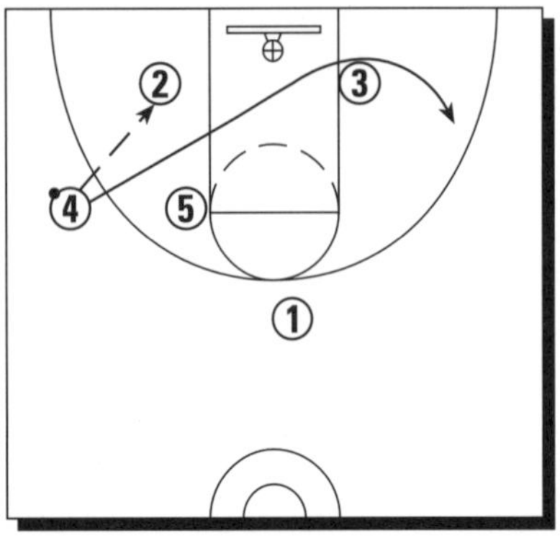

図26

→図26　＃4が＃1または＃5にパスできない場合は、＃4はベースラインの＃2にパスできる。＃4はそれからレイアップするためにカットイン。

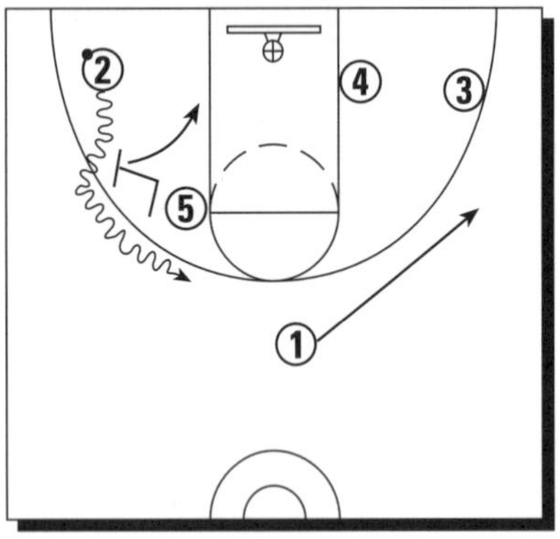

図27

→図27　＃2がドリブルで出て行き、＃5がスクリーンをかける。そしてスクリーン&ロールの状況が生まれる。＃4はパスをうけるためにインサイドへ。

→図28　バックドア。＃2が、高い位置に出てきた＃3にパス。＃4と5は＃1にダブルスクリーンをかける。＃2はダブルスクリーンから出てきた＃1にパス。それからポップ・ザ・スタックができる。これがプレッシャーリリースである。

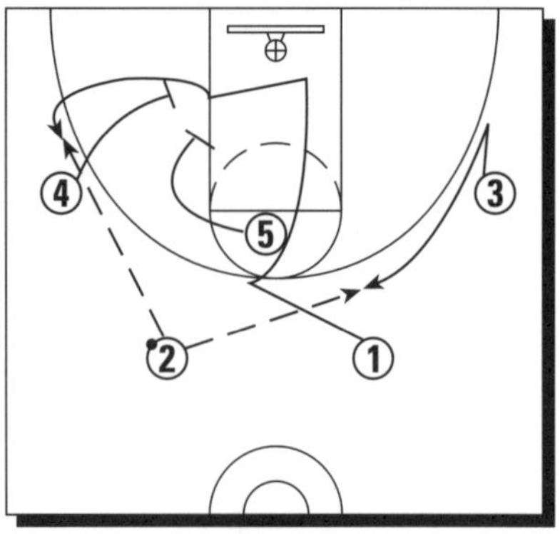

図28

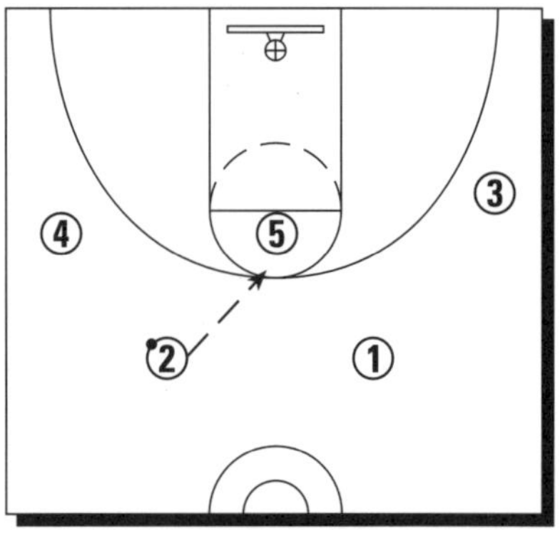

図29

→図29　2つ目のプレッシャーリリースは、ポストプレーヤーにつなぐ、である。ここからは、好きなことが何でもできる。選手の特性に合わせて決断しよう。

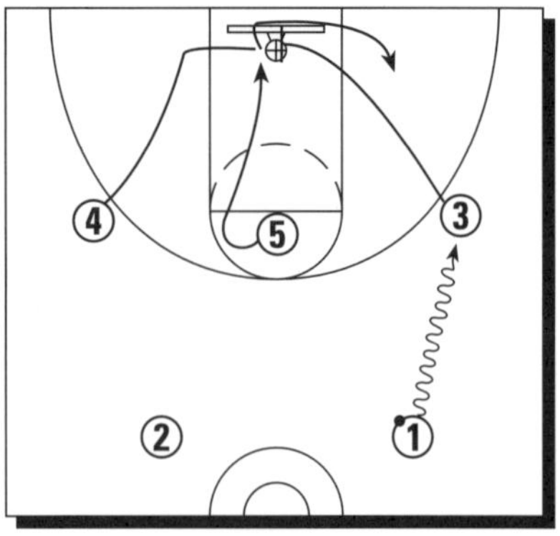

図30

→図30　3つ目のプレッシャーリリースは、ガードドリブル。ガードがアクションで始まる。

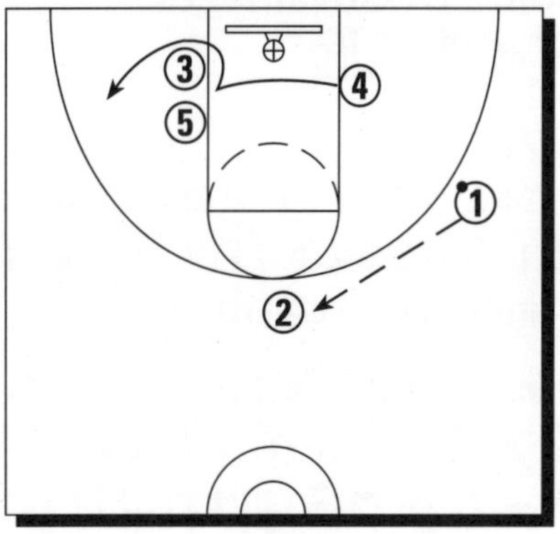

図31

図31　それからこの形に入る。オプションはたくさんある。一つは＃4をダブルスクリーンから出して、ポップ・ザ・スタックを行う。

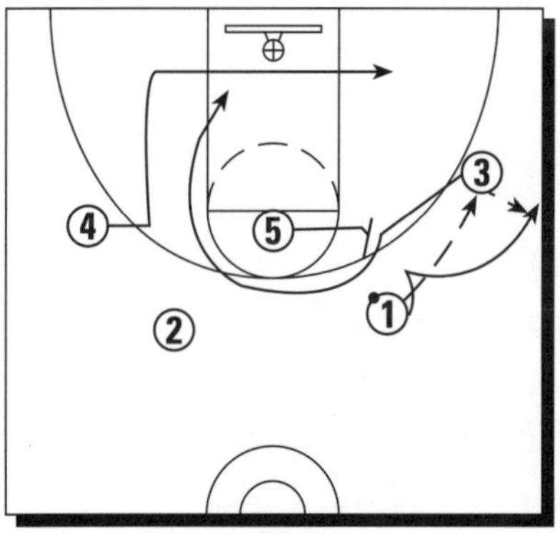

図32

図32　これはもう一つのオプション。ガードのフォロー。＃1は＃3にパスして、パスをフォローし、＃3から戻ってくるボールをとる。＃5が横切るように入ってきて、＃3のためにスクリーンをかける。＃3はスクリーンを回って、来るべきロブに備えて上がる。＃4がブロックまで上がり、それからボールサイドまで横切る。

図33　＃5が＃1のためにスクリーンにいく。＃2は＃3のためにスクリーンをかけにいく。＃5はそれから＃4のためにスクリーンをかけにいく。

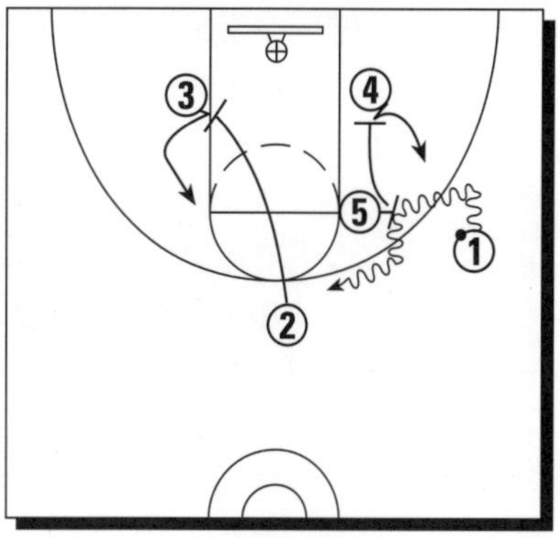

図33

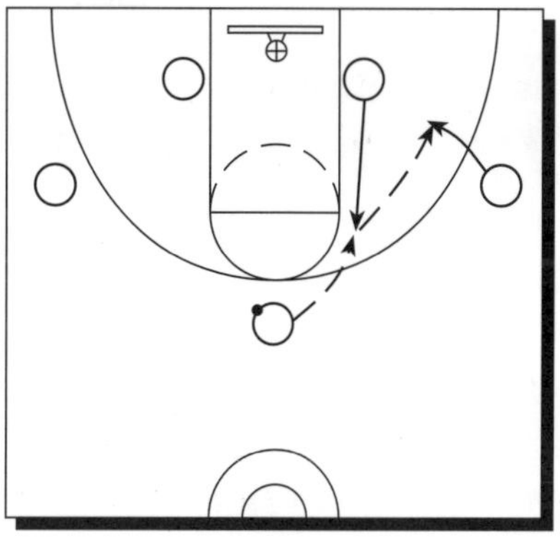

図34

図34　バリエーションの一つが、ワンガードフロント。ポストにいる選手のどちらかが高い位置まで出てきて、ウイングがバックドアに向かう。

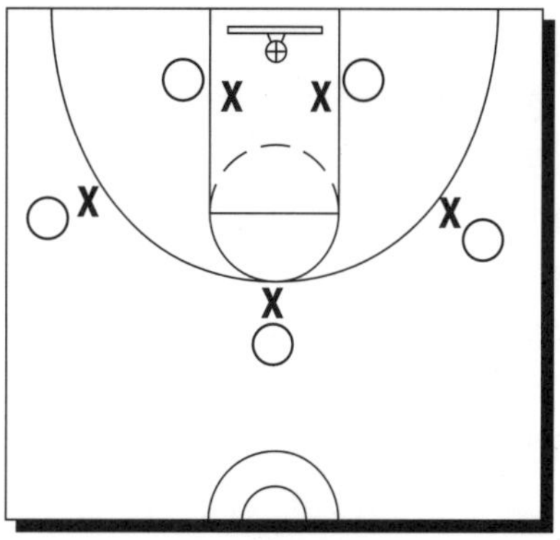

図35

図35　これは我々がやる最高のドリルだ。ワンガードフロントの状態で、毎日10分から25分行う。もしオフェンスが得点したら、彼らがプレスをかける。もしディフェンスが失点したら、プレスオフェンスを行う。オフェンスが得

点しなかったら、今度はトランジションディフェンス。もしディフェンスがボールを止めたら、彼らがファストブレイクを行うすべてはこのドリルに組み込まれているのだ。プレーが一方のエンドで完了したときは、コーチがホイッスルを吹き、今度はオフェンスがディフェンスとなるなどして、再開する。私はこれを「コントロール5オン5」と呼んでいる。何年も前の練習計画を、今も採用している。これはウッデン・コーチから学んだことである。

The Fast Break
ファストブレイク

　成功するためには、走らなければならないと私は信じている。今話しているうちの99%は、ジョン・ウッデンから学んだことだ。彼はカレッジのコーチであるだけでなく、最高のコーチなのだ。唯一のシステムではなく、最高のシステムだ。ランニングゲームも、その指導法も、ジョン・ウッデンから学んだ。私はジョン・ウッデンと同じく、全体像の部分的なところから、ファストブレイクを指導する。

Why We Fast Break
なぜファストブレイクをするのか？

❶オフェンスの武器の一つとして――我々オフェンスの1/3。
❷バックボードで優位に立つ――相手チームはそれを止めなくてはならない。
❸僅差のゲームでも、大きく差を広げられる。
❹相手チームの士気をくじく。
❺試合で追い上げるいい意味での意地悪さ。
❻ときにイージーバスケットのチャンスを与えてくれる。
❼観客の喜ぶ試合（アクション、スピード、大胆なプレー、フルスピード、得点）。
❽一番大事なこと――試合は選手のものである。コートをオープンにして、選手に思い通りのプレーをするチャンスを与える。そして 持ち前の才能を活かす。
❾プレーするのがとても、とても楽しい。

Some Disadvantages
マイナス面

❶プレーのテンポにより、機能的、精神的あやまちを犯しやすい。コーチは忍耐が必要。
❷コーチはチームが学習する間、自制心と冷静さを維持しなくてはならない。

Things a Team Must Do in Order to Fast Break
ファストブレイクをするために チームがやらなければならないこと

❶選手は動きにおいて、すばやいボールハンドリングをほぼ完璧に訓練しなくてはならない。
❷ファストブレイクのチャンスエリアからの、すばやいシュート。
❸確率の高いシュートに気づくこと。
❹ボールを、最も有利なポジションにいるフリーの選手に渡すこと。
❺ボールポゼッションを得たら、すばやく反応する。
❻2オン1、3オン1、3オン2の状況での適切なハンドリング。
❼最高のコンディション。
❽すばやいシュートとファストブレイク対応のドリル。選手は素早く正確にならなければならない。
❾ディフェンスリバウンドをたくさんとる。
❿バランスを保つ。

Player Requirements
選手に求められること

❶敏捷性、警戒心、予測（スピードよりも重要）。
❷体の大きさ（リバウンドだけではファストブレイクはできない）。
❸トップスピードでのすぐれたボールハンドリングと動きながらのパス。
❹ファストブレイクを心がける意識が重要である。

Individual Responsibilities
個々が責任を持つこと

❶リバウンド。
❷突破口となるパス（失敗パスも含めて）。
❸突破口となるパスの行き先。

Guard Responsibilities
ガードに求められるもの

❶ガードはほとんどの時間、ボール保持をしていたい。

❷ボール、ボールと叫び、ボールを取りにいく。

❸ファストブレイクからの賢明なパッサーであること。簡単なパスで完了できるときは、難しいパスを出したりしない。

❹寛大さ（フォワードかセンターが運んでくれる）。

❺クロスハンドで他の方向を見る。

❻見る方向とパスの方向を変える。

❼いいドリブラーであること。ドリブル４回で持ち込め、周囲がよく見えること。

❽トップオブザキーからファウルラインまでのエリアで止まる。サイドへパスまたはファウルラインへ。

❾他の選手がコースに入る場合の対応。

－ウッデンは1人を前に、1人を後ろに置くのを好む。

－コートの真ん中にレーンを作る（追ってくる選手への防御）。

－バランスを保ってフリースローラインの延長線上まで猛烈に走る。

－アウトサイドの足を踏ん張って、ボードに向かってカットイン。

－バランスを保ち、距離が短くてもバンクショットを打つ。

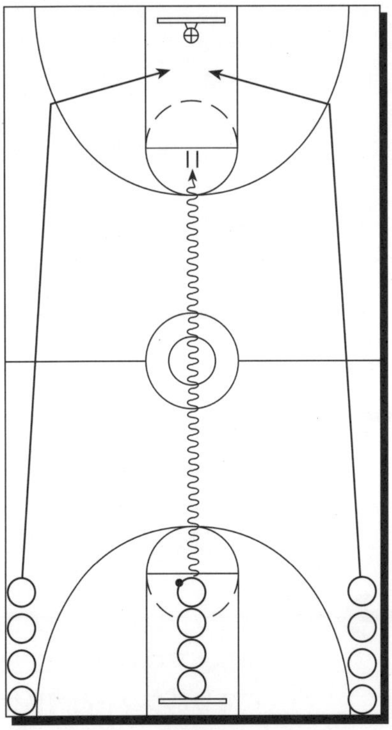

図36

図36　我々は「フランカー」というテクニックドリルを教える。真ん中の選手がドリブル3、4回でボールを持ち込む。その選手がフリースローエリアに入ったところで、両足でのジャンプショットを打つ。素早く、しかし急がずに。もし急いでしまうと、バランスを崩してしまう。私なら、それよりも一歩スピードを緩める。ウイング2人は、アウトサイドのラインから1.2mのところを走る。ミッドコートを過ぎたら、ウイングは制御がとれていなければならない。フリースローラインの延長線上まできたら、アウトサイドの足を踏ん張り、ボードのコーナーに向かう。ボールをキャッチして、ボードを使ってのシュートを行う。

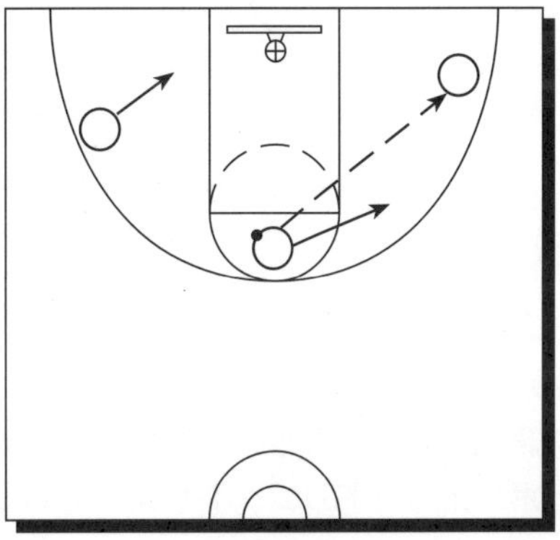

図37

図37　もしパスが右サイドに向けてのものなら、真ん中の選手はファウルラインとレーン境界線のつなぎ目までいき、両手を挙げて、リターンパスを待つ。もしウイングがシュートをうったら、真ん中の選手はダッシュでレーン内に入りリバウンド。両手は上げていること。もう1人のウイングはブロックの後ろにいて、反対サイドでのリバウンドをする。

図38　シュートした選手はパッサーの後ろに入り、ペイント中央でリバウンドポジションに入る。このドリルでは、最初のシュートが決められなかったら、セカンドショットをうたねばならない。リバウンドをするときは、すべてのシュートが外れると仮定してほしい。ボールを取りにいくのだ。ボールが放た

れたらすぐに、次のグループがスタートし、最初のグループはコート外を走って戻る。これを5分間行う。勝負となるのは、3分から5分半なのだ。フロアに出て、29分間の個人指導を行う。日々教えることは様々だ。その時間に、5分間シュート練習を行うこともある。練習の序盤では、新しいことを教えるのもいい。

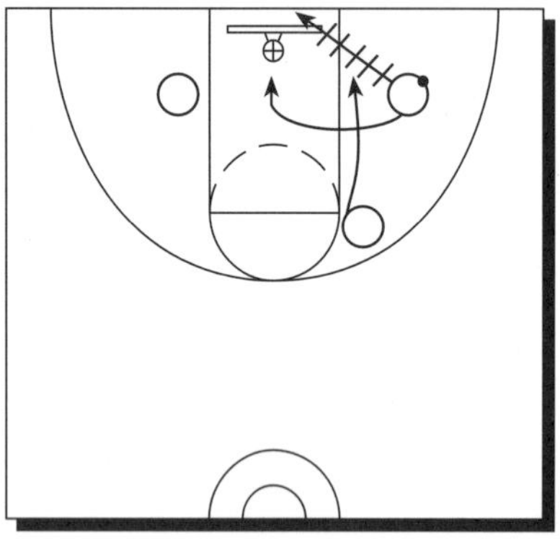

図38

次が、モチベーションの時間である。ここで私が話題にする言葉を紹介すると、例えば、「すばらしい競技者とは」である。それから5分間のドリブルとボールハンドリングドリル。そして10分間ディフェンスドリルを行い、フランカードリル。これら全てをいつもやっていて、誰も他の選手に触ったりはしない。

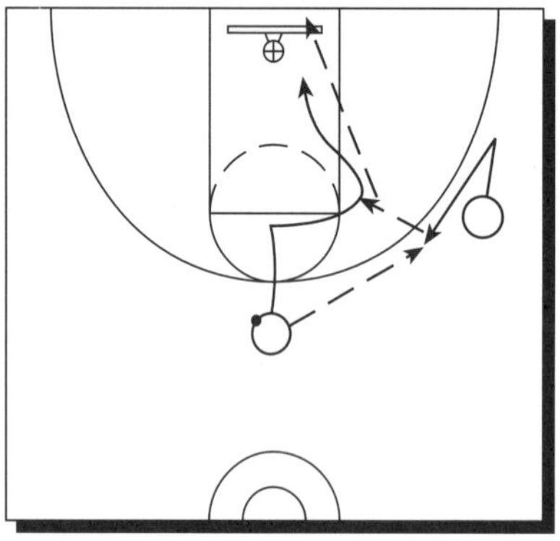

図39

図39　リバウンド、パスアウト。リバウンドをとらないと、ファストブレイクをすることはできない。ボールにたどり着く前には、Vカットをしなくてはいけない。小さな黒丸のついた選手が、Vカットを終えたウイングにパスをする。それから黒丸のついた選手はVカットをして、ファウルラインでリターンパスを受ける。それからボールをアンダーハンドでボードに当てリバウンドを自らとって、戻るときにハーフターンをする。

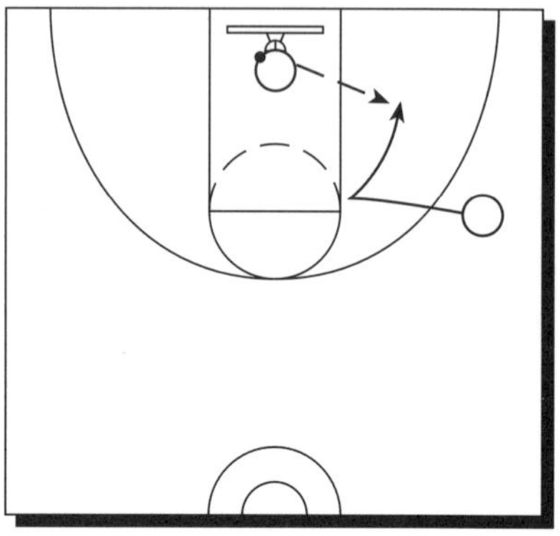

図40

図40　次に彼は、オーバーヘッドで、両手を使ったパスを出す。ウイングは、Vカットをしたあとパスをキャッチ。このドリルは、フロアの両サイドで行う。

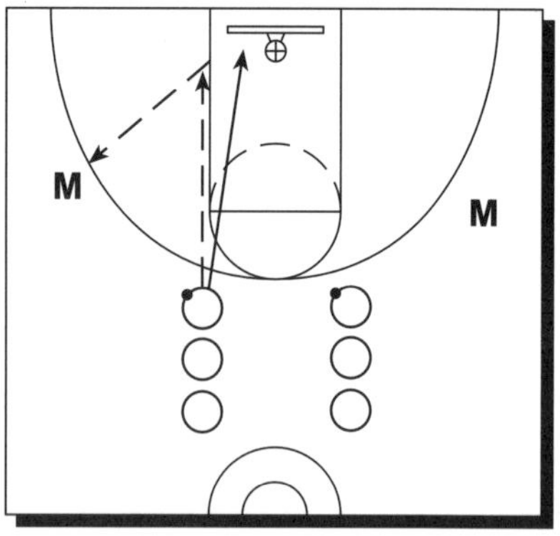

図41

図41　時にはマネージャーをパスのレシーブに使って、両サイドで同時にこのドリルを行う。毎日これを行うことによって、習慣づけていくことができる。

図42　4マンブレイク。両アウトサイドの選手が、アウトレットエリアに行く。ここでリバウンドと同じサイドのアウトサイドにパスを出してほしい。コーチはボールをボードにぶつけてそのリバウンドをとり、Vカットしてアウトレットエリアに来ているウイングにパス

する。もう1人のウイングは、真ん中に切れ込んでパスをとりに来て、こうして4オン0のファストブレイクが完成する。これはプレシーズンを通して行っている。リバウンド、アウトレット、真ん中へパスを通す、レーンを進む、手を挙げる、リバウンド。また、個々のディフェンスドリルに、毎日15分間を費やしている。

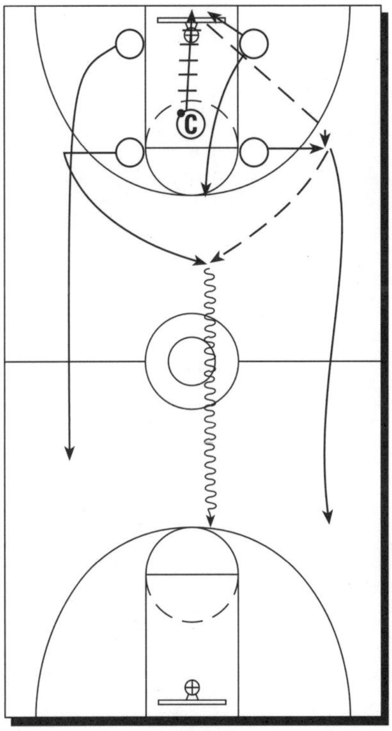

図42

ディフェンスドリルは、ディフェンスを上達させる。それから10分間のゾーンまたはプレスドリルを10分間行う。1時間はノンストップで行うのだ。それから水分補給の休憩。新しいことは練習の序盤で教えよう。厳しいドリルのあとは、楽なドリルをしよう。フルコートドリルのあとは、ハーフコートドリルをする。練習の最初の1時間の75%は個人的な面を教え、チーム全体のことは25%にしよう。

次の1時間はその逆である。次の1時間では、まずマンツーマンオフェンス、ディフェンスなしを10分。試合に勝つ能力は、ベースラインからフリースローエリア頂点までの間の、ディフェンス、オフェンスのプレー能力である。それからシュート10分、そして4オン4を10分。4マンブレイクを5分。5オン5コントロールを25分。2時間以上の練習はしない。2時間以上になると、選手の集中力はもたない。

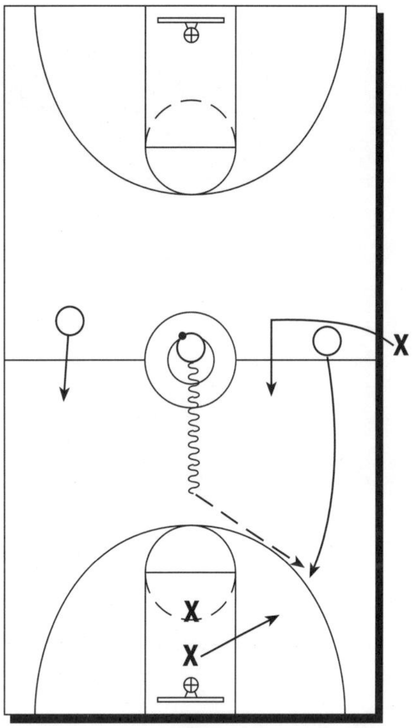

図43

➔図43　3オン2コンディショナー。全員が左に行く。ボールがハーフコートを過ぎたらすぐに、ディフェンス3人目がフロアに出てきて、中央のサークルをタッチする。彼の責任は、ファーストパスのあとのミドルマンだ。もしオフェンスが3オン2時点でシュートを打てないと、3オン3になってしまうのだ。ディフェンスは、ボールを止めたり、リバウンドをとったら、今度は逆に2人のディフェンスマンに対するオフェンスにまわり、ディフェンス3人目がコート中央に出てくる。これは連続的ドリルである。

我々の行うドリルはどれも、試合中に起こり得る状況である。選手たちに、練習に来たいというやる気を起こさせなければいけない。あなたはバスケットボールのコーチである。あなたが成功する能力は、あなたの思いや、意見を、チームと交換し合っていける能力そのものなのだ。

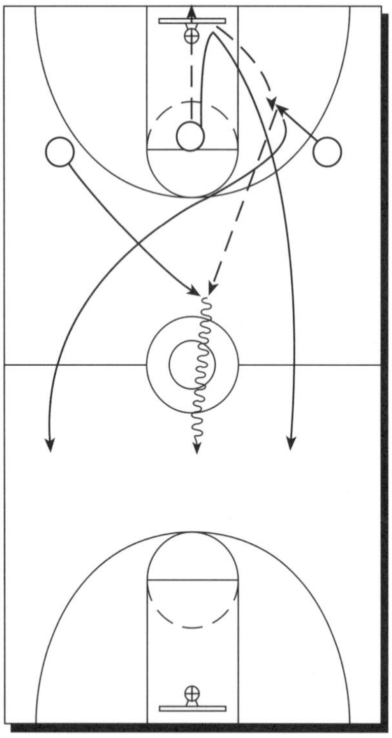

図44

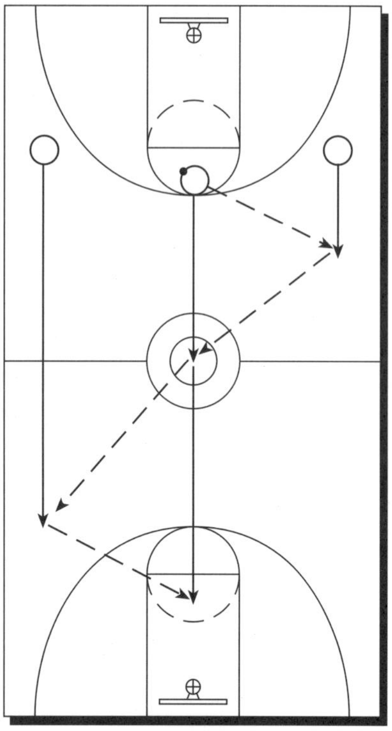

図45

➔図44　3レーン。ボールはアンダーハンドでボードに当て、リバウンドをとり、アウトレットパスがウイングに対して送られる。ここから、ハーフコートまでに3本のバウンスパスを通しながら、パスし、8の字を描くように後ろを通る。ハーフコートに到達したら、真ん中の選手がボールをキープし、サークル内でジャンプシュートをする。フィニッシュは、フランカードリルと同じである。

➔図45　パッシングブレイク。同じドリルだが、3人は自分のコースをまっすぐ保っていく。真ん中の選手が、ペイント内でジャンプショットをする。全員が交代で、真ん中を受け持つ。

➔図46　ワンパス・ファストブレイク。同じドリルだが、アウトレットパスを受け取る選手は、ボールをドリブルで真ん中に持ち込み、他の2選手はコースをまっすぐ保つ。うまい選手はここでリバウンドをとれる。

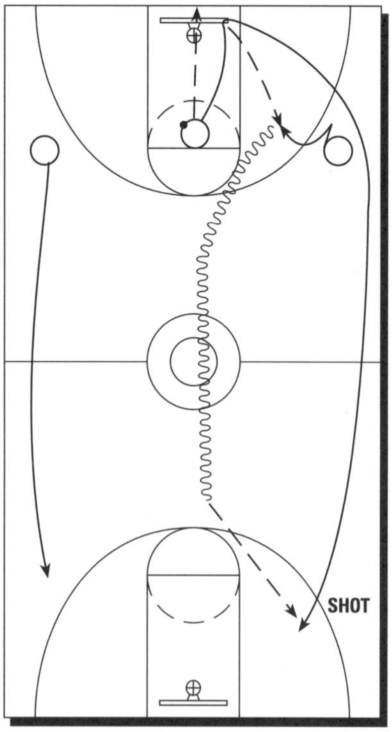

図46

真にうまい選手は、リバウンドをとり、アウトレットパスを出す。すばらしい選手は、リバウンドをとり、アウトレットパスを出し、自らフロアを走っていく。ものすごい選手は、リバウンドをとり、アウトレットパスを出し、フロアを走り、逆エンドでもリバウンドをとる。偉大な選手は、リバウンドをとり、アウトレットパスを出し、フロアを走り、逆エンドでもリバウンドをとって、ダンクする。

2オン1ドリル。ディフェンス側がファウルすることなくボールを取る。ボールを持った選手にディフェンスが近づいたら、パスを出す。もし近づかなかったら、バスケットまで持ち込む。これは決断を下すプロセスである。

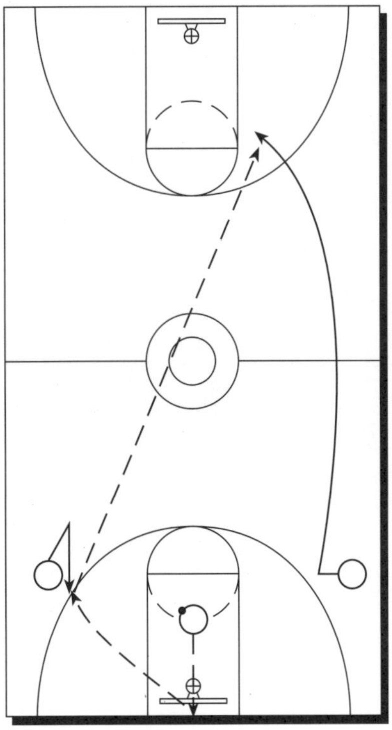

図47

図47　ロングパスドリル。ボールをボードに当て、リバウンドし、ウイングにアウトレットパスを出す。ここでは両手で、高いバウンドで、バックスピンをかけながらのワンバウンス・ドリブルをしたい。フルコートパスには、両手パスを教えよう。サイドスピンをかけた、野球のようなパスをする選手が多すぎる。それはカーブだ。

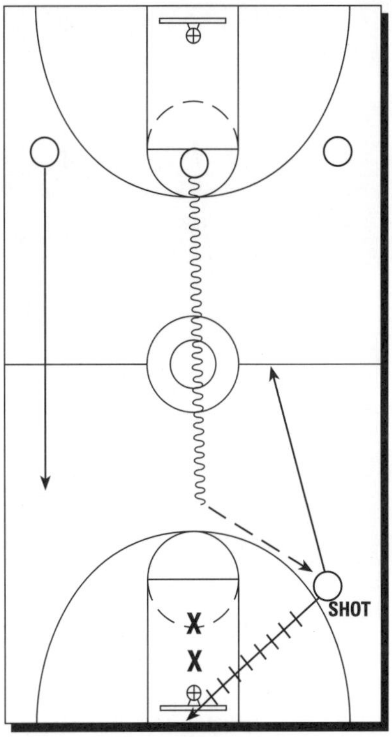

図48

図48　3オン2、2オン1。これは3オン2で、それに加えてシュートを打った選手がディフェンスに戻り、最初の2人のディフェンスマンと対峙しなければならない。

図49　ミドルマンブレイク。真ん中の選手は、真ん中のコースをキープし、ボールを要求して、ジャンプショットを打つ。ここでは3オン2で攻めている。シュートを決めるか、またはターンオーバーとなったら、ボールは真ん中の選手にパスで戻され、最初の2人のディフェンスと対峙しながら逆サイドに攻める。真ん中の選手は、5回から6回は変わらない。

図49

→図50　4・4・4。各チーム4人をR、W、Bの3チーム作る。Wの4人が、Rと4オン2をする。Wの1人がトレーラー役だ。ディフェンス側は、後ろの選手が最初のパスを受け、前の選手がクロスコートパスを受ける。彼らにレイアップはさせず、ジャンプショットをさせよう。Rの2人は参加せず、Wが得点するか、Rがボールをとるまでは、ただ待つのみ。それからR4人が逆方向に、2人のBと対戦する。Bチームがボールをとったら、今度は他のB2人が逆方向でWと4オン2を行う。必ず各選手が、ディフェンスの前と後ろを交代でやっていくようにすること。

25分間行う5オン5コントロールでは、常にリバウンドをとり、アウトレットパスを出し、走る。リバウンド、アウトレット、走る。

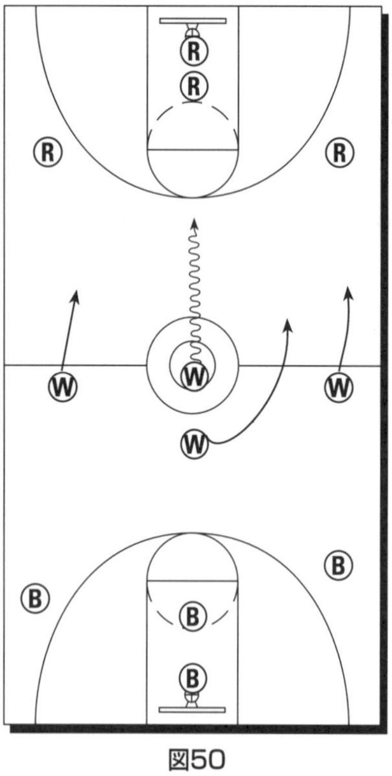

図50

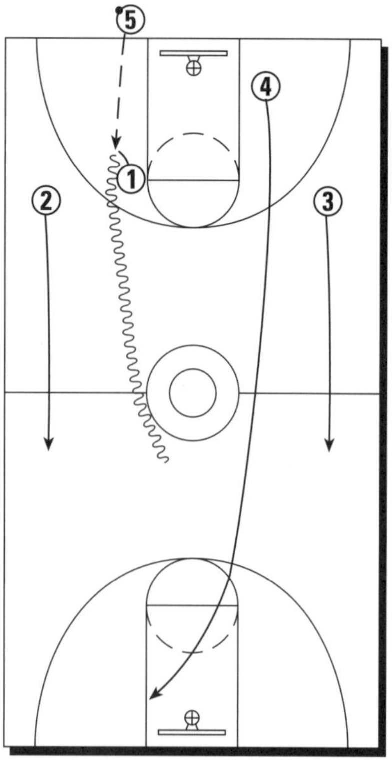

図51

→図51　相手に得点された場合、うちのチームのうちの2人はリリースである。#5がボールをアウトオブバウンズで持ち、#1にパスを出す。#1はドリブルでボールを運び。#2と#3は低い位置でクロスしてもいい。#4がボールサイドのブロック位置に来る。#5が追いかける。

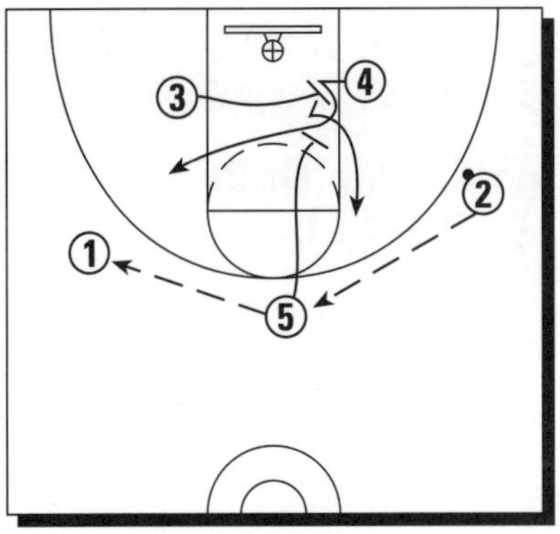

図52

図52 この図をご覧いただきたい。#4はブロック位置。#5はサークルのトップにいる。#2がボールを持っている。#1はもう一方のウイングにいる。#2は#4を見る。もし#2が#4にパスできない場合は、ボールは#2から#5、そして#1へと戻される。#3が#4のためにスクリーンをかけ、#4はパスをとりに出ていく。次に#5が#3にスクリーンをかけにいき、#3はファウルラインの位置へ。

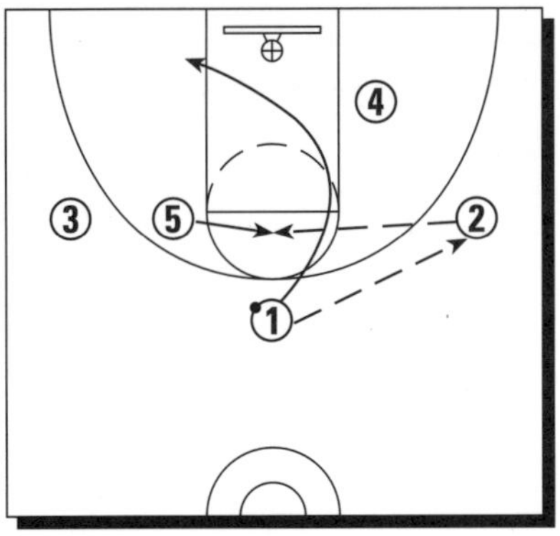

図53

図53 これはハーフコートオフェンスで行えるもの。#1が#2にパスを出し、#5と密着しながら切れ込む。#2は#4を見る。

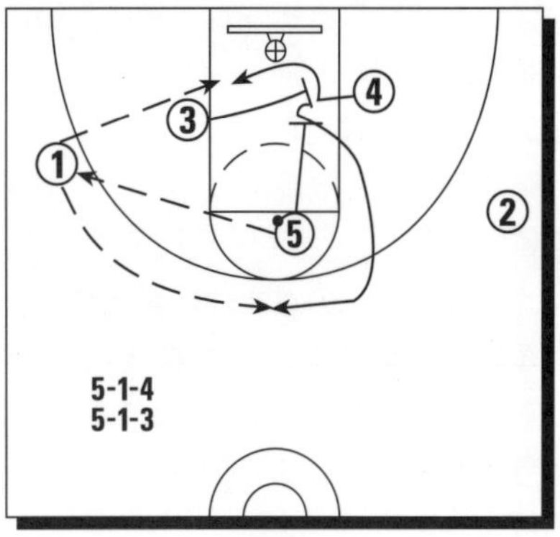

図54

図54 もしパスができなければ、#2はボールを#5にリバースし、次に#1につなぐ。#3は#4のためにスクリーンをかけ、#4がボールをとりに横切る。次に#5が#3にスクリーンをかけ、#3は高い位置まで出てくる。スクリーンをかける選手に、スクリーンをかけるのだ。

最後に、批評家でなく、手本となれ。選手をほめよう。選手を鍛錬するのだが、ほめることでフォローアップしよう。彼らをほめて自信をつけさせよう。選手たちを、ほめて、ほめて、ほめまくるのだ。

UCLA Defense
UCLAディフェンス

Philosophy
ディフェンス強化の基本的考え方

ディフェンスとは、ボールが相手に渡ったときから始まるのだ。ボールを取り返すまで、どんなことがあろうとディフェンスを続けなければならない。コーチは精一杯、想像力を働かせて、一致団結した積極性あるプレーを教え込まなければならない。

ディフェンスで成功するためには、一人のプレーヤーに対してチームメイト全員の協力が必要だ。あるプレーヤーがボールマンをマークしているのなら、他の4人がヘルプせよ。意志統一されたディフェンスのためには、チームメイト同士のコミュニケーションは欠かせない。

私が指導しているディフェンスの重要なポイント

とは、まさに基本的なものであるが、ディフェンスが強いと言われるチームにするためには必要不可欠なものなのだ。

❶スタンス（構え）
腰を下げ、手を肩よりも挙げ、指を上へ向ける。

❷集中力
「聞くこと」の重要性を強調する。プレーヤーが集中して聞かずに、ただ聞き流しているだけなら、そのプレーヤーはディフェンスを高いレベルで行うことはできないであろう。

❸バランス
頭を体の中心に常に置いていなければならない。そうしないと、バランスを失いやすい。

❹クィックネス
体力的なクィックネスだけでなく、素早く思考し、それに伴い行動することを学ばなければならない。また、反応時間を短縮し、適切なポジションへ素早く移動することも必要だ。

❺ハードなプレー
いつでもできうる限りハードなプレーをし、与えられた役割を果たさなければならない。できうる限りハードな練習ができなければ、そのプレーヤーは練習に参加させない。

Warming-up
ウォームアップ

❶最初に、その場でのドリルを行う。ここではスタンスを強調し、ディナイ、クローズアウト、チャージ、ダイブを行う。これに続いてリーダーの指示に従い、特定のドリルを行う。

❷次に、ベースラインから3人ずつスタートするドリルを行う。
a. フルコートのダッシュ
b. チェンジオブペース・チェンジオブディレクション
c. クローズアウトドリル
d. ディフェンススライド
e. ボールなしの1対1
f. ボールありの1対1

❸次に、ベースラインから4人ずつスタートするドリルを行う。オフェンスはボールを持ちディフェンスから4～5m離れる。
a. クローズアウトドリル
b. ショットブロック
c. チャージング
d. ルーズボールへのダイブ

最初にフルコートでのこれらのドリルを10分間行う。その後15分間、1対1、2対2、3対3のドリルを行い、最後に4対4のドリルを10分間行う。少なくとも3つのディフェンシブドリルをこの時間内に毎日行う。このすべてのドリルに対して、ジャンプトゥーザパスを強調している。

One-on-One Drills
1対1ドリル

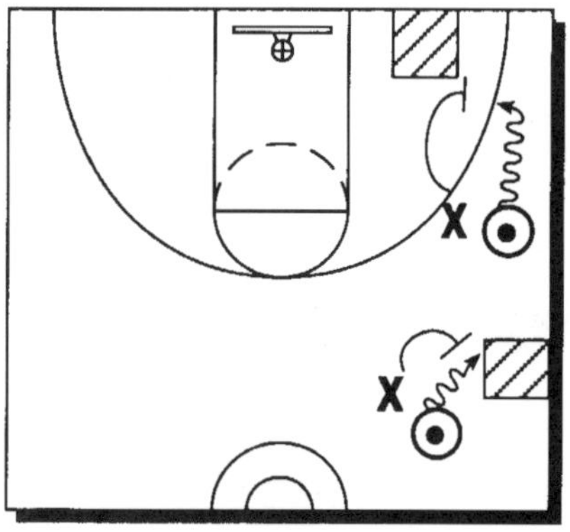

図55

図55　チェックポイント・ドリル。このドリルでは、我々がチェックポイントと呼んでいる場所へドライブさせるようにしている。チェックポイントとは、図の斜線部分である。

ディフェンスはオフェンスへボールを渡して、チェックポイントへ追い込むディフェンスをする。

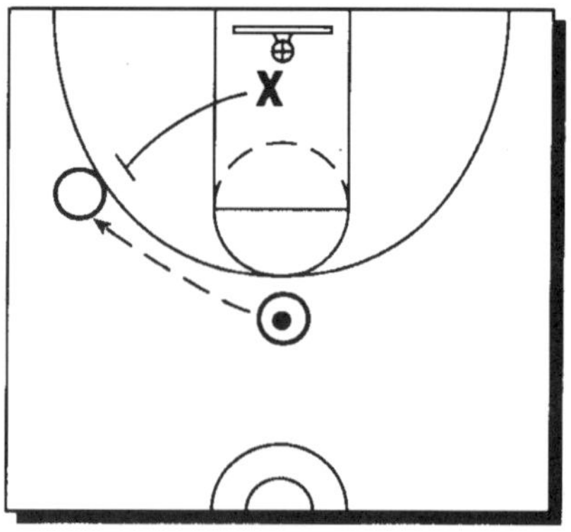

図56

図56　クローズアウト・ドリル。コーチがウイングへパスをする。それに対してディフェンスは、シュートをさせないようにクローズアウトしながらボールマンへ向かう。オフェンスプレーヤーが

シュートできない場合は、そこからライブの1対1。コーチの代わりに他のプレーヤーがパスをしてもよい。

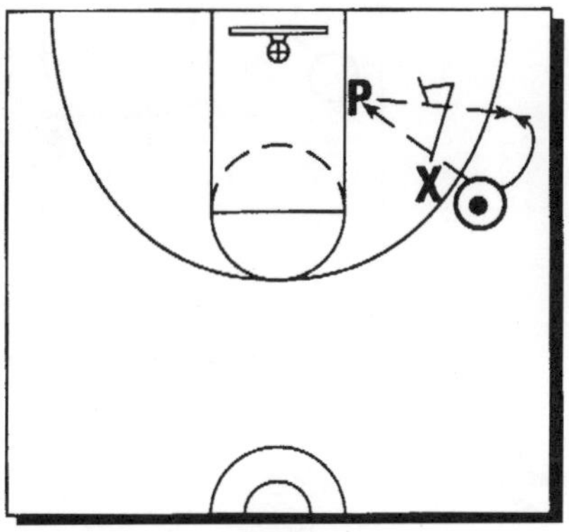

図57

図57　カバーダウン・ドリル。ポストへパスが入った場合のカバーのドリル。ウイングにオフェンスとディフェンス、ポストにはオフェンスのみ位置する。オフェンスプレーヤーは、ポストへパスを入れる。ディフェンスはターンをし、ポストへ1歩あるいは2歩下がる。ウイングのプレーヤーがよいシューターかどうかによって、1歩あるいは2歩下がるのかを判断する。

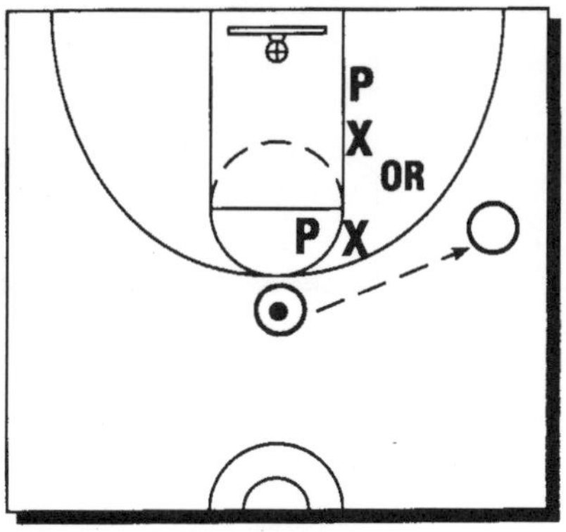

図58

図58　ポストドリル。ハイポストとローポストのディフェンスドリル。どのようにしてポストマンをディフェンスするのかは、チームのディフェンスフィロソフィーに基づく。フロント、クォーター、ビハインドポジションのいずれかを選択する。トップからウイングへパスした場合、私のチームでは必ずポストのビハインドからマークするようにしている。そうすれば、ポストマンとゴールとの間に常にディフェンスがいるため、そのままゴール下まで行かれダンクをされることはないからである。私は、ディフェンスにとってダンクをされることほどやる気を失うものはないと思っている。ボールがポストへ入ったら、ライブでプレーする。

Two-on-Two Drills
2対2ドリル

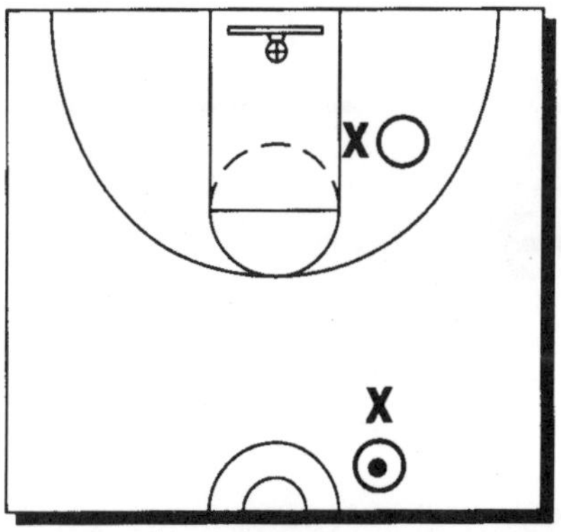

図59

図59　トップとウイングの2対2。ほとんどのオフェンスに共通した動きに対するディフェンスのドリル。ハーフコートの半分を用いる。ライブで行い、オフェンスはパス、カットを用いて得点を狙う。これに対して、ディフェンスは1対1ドリルで培ったテクニックを用いてディフェンスする。

図60

図60　2対2のジャンプトゥーザボール。ガードからガードへのパスに対して、ジャンプトゥーザボールを行うドリル。レシーバーへパスが渡るまでに、ディ

フェンスはジャンプトゥーザボールを行わなければならない。このドリルに限ってはライブではない。

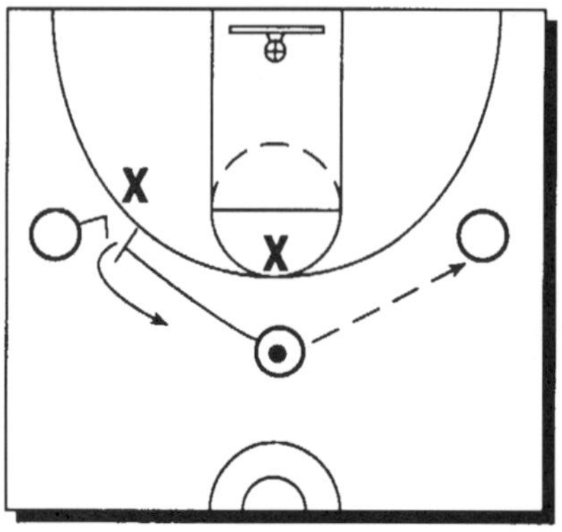

図61

図61　スクリーンアウェイ・ドリル。このスクリーンアウェイは、多くのオフェンスで用いられている。これをディフェンスする方法としては以下がある。

1 すべてのスクリーンに対してスイッチする。
2 スクリナーの上側を通り、ファイトオーバーする。
3 ステップバックしスライドする。私は通常これを用いる。スクリナーのディフェンスは、スクリナーからステップバックし、カッターのディフェンスがスライドできるようにする（図62）。

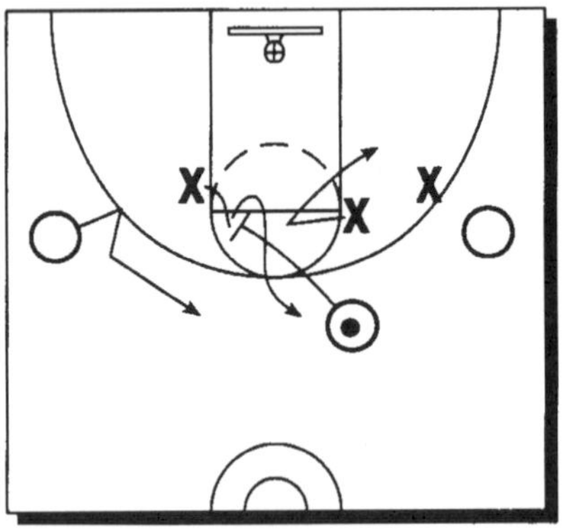

図62

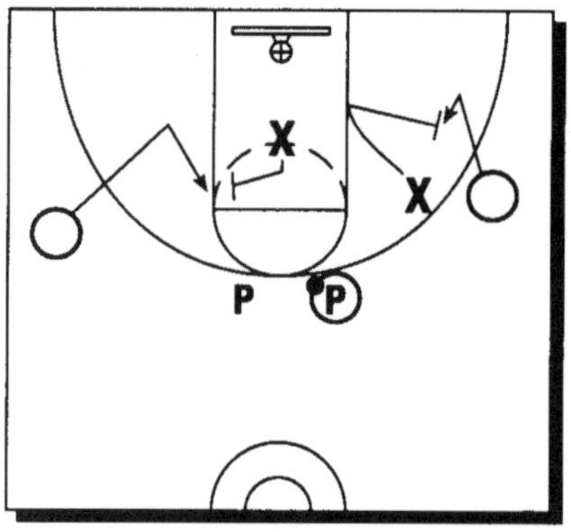

図63

図63　2対2ビロー。オフェンスは、それぞれのポジションでフリースローラインよりもベースライン側のウイングに位置する。パッサーとしてフリースローラインよりもセンターライン側に2人のプレーヤーが位置する。ディフェンスはウイングでディナイをし、バックドアーカットを止めたり、フラッシュポストをディナイする。

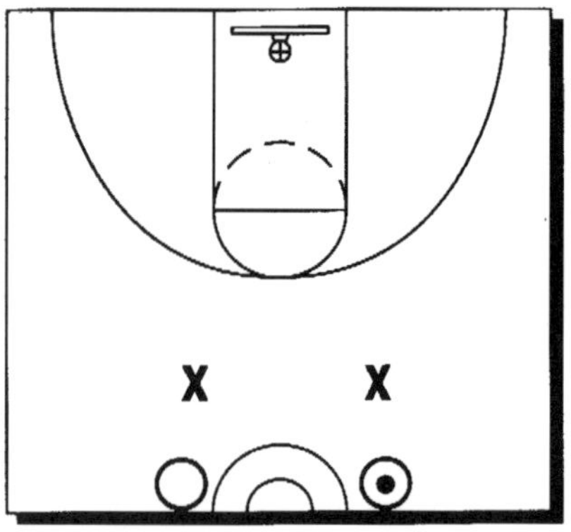

図64

図64　2対2ポストマンなし。ポストマンを置かずに、ハーフコートの2対2をライブで行う。

図65　2対2ポストあり。ここでは、オフェンスが最初のポジションから同じサイドへカットする場合は、ファイトオーバーで対応する。シザースカットをした場合は、スィッチを行う。ライブで行う。

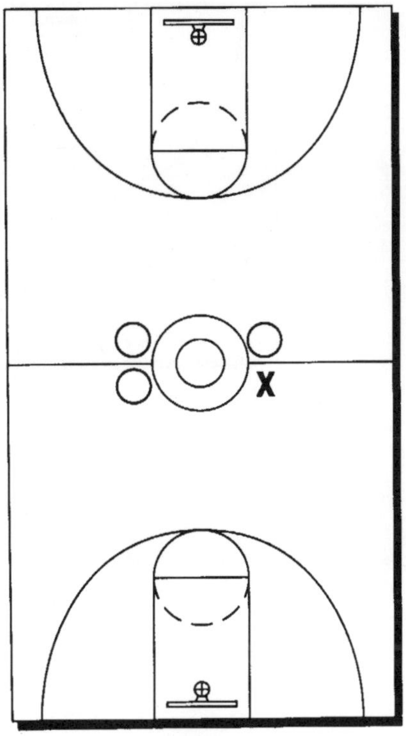

図65

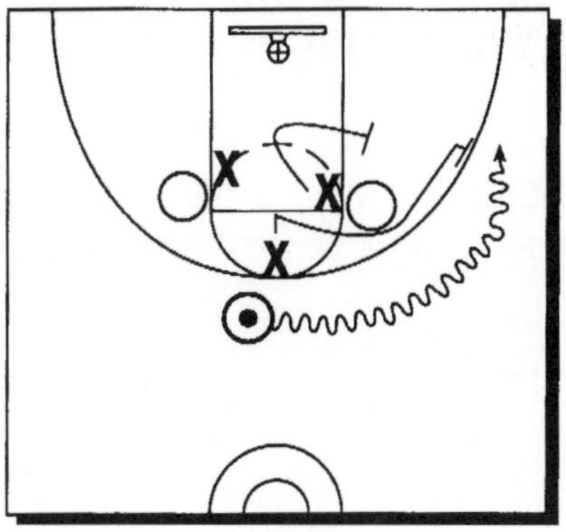

図67

➔図67　3対3スクリーンドリル。ここではスクリーンに対するファイトオーバー、スクリーン時のコミュニケーションやヘルプの方法を教える。ディフェンスがスクリーンにかかるようにフリースローラインのどちらかのサイドからスクリーンをかける。ドリブラーは、オープンになってシュートができるようにトップからスクリナーを使ってドライブする。ボールマンのディフェンスはファイトオーバーをする。スクリナーのディフェンスは、スクリーンに近づくチームメイトに「右スクリーン、左スクリーン」と声をかけ、ドリブラーに対して以下の4つのことをしなければならない。

1 ドリブラーを横に広がらせる。
2 ドリブラーにドリブルをやめさせる。
3 ドリブラーにリターンさせる。
4 チャージングをとる。

Three-on-Three Drills
3対3ドリル

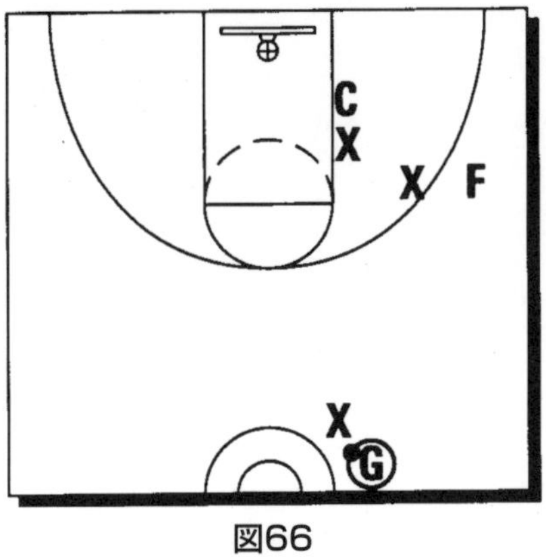

図66

➔図66　ハーフコート3対3。オフェンスはガード、ウイング、センターに位置する。オフェンスが得点をしたら、オフェンス側はディフェンスにまわりプレスをかける。ディフェンス側は、そのプレスを攻撃する。もし得点できなかったら、ディフェンスにまわりトランジションに対するディフェンスをする。オフェンスは速攻を出す。

Four-on-Four Drills
4対4ドリル

この4対4のドリルでは、様々なオフェンスの配置を用いたセットから始める。私が用いるのは、相手チームがよく使ってくるセットである（図68〜73)。

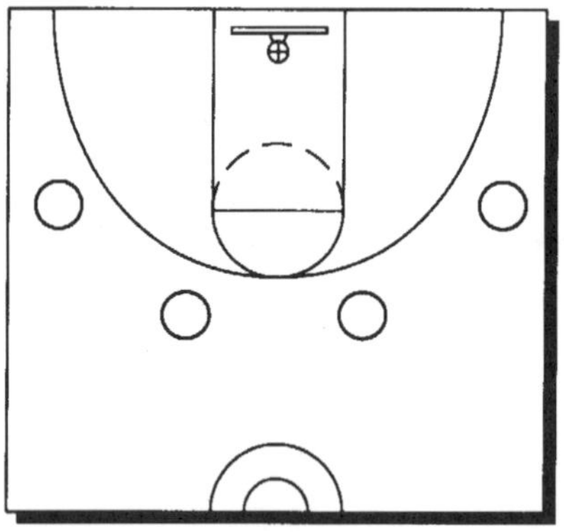
図68

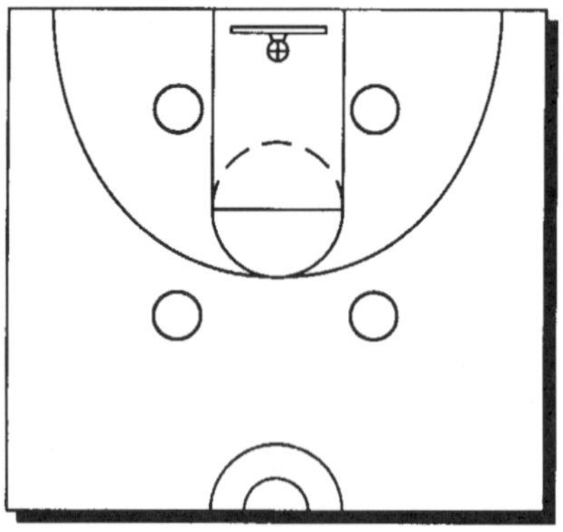
図69

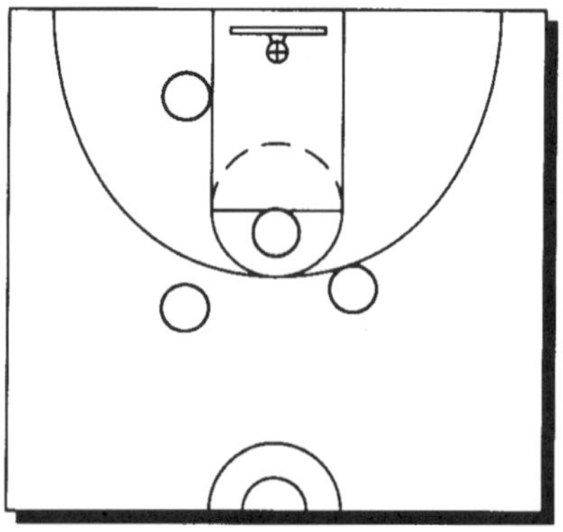
図70

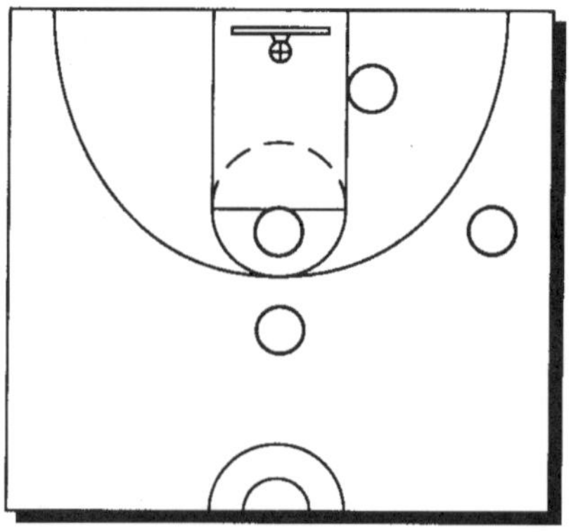
図71

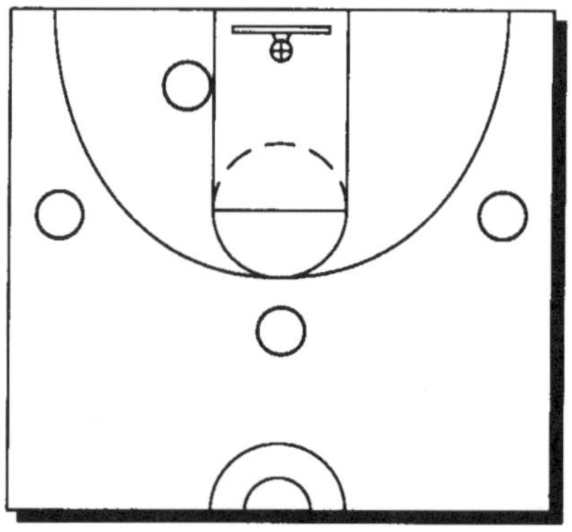
図72

図73

基本的な4対4のディフェンスドリルはシェルドリルである。このディフェンスを教える際に、以下のように段階を踏んでいく。

❶アウトサイドでのパッシングに対して、ポジショニングをチェックする。このドリルではローテーションをチェックする。

❷スキップパスによるポジショニングをチェックする。ここでは、すべてのスキップパスに対するクローズアウトをチェック。

❸ドリブルに対するヘルプ&リカバーをチェックする。ギャップを閉じるという概念を覚えさせる(図74)。

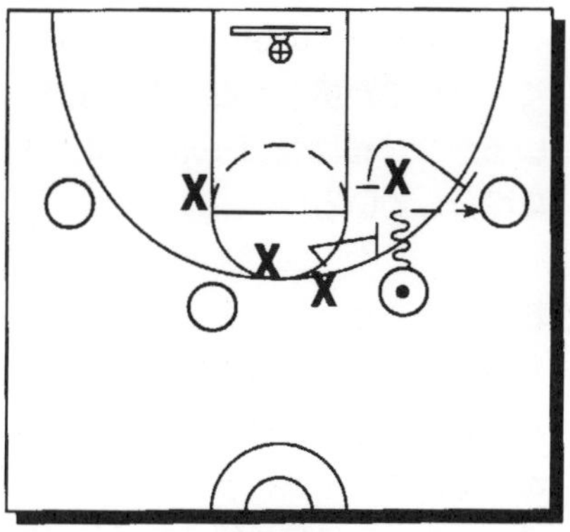

図74

❹ガードからウイングへパスをし、その後のカットに対するチェックとローテーションのチェックをする(図75)。

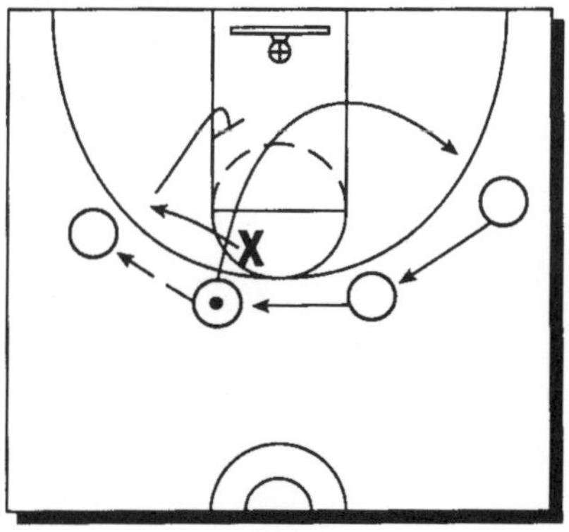

図75

❺ガードからガードへパスをし、スクリーンアウェイ(図76)。ここでは、スクリーンに対するステップバック、スライドのチェックをする。

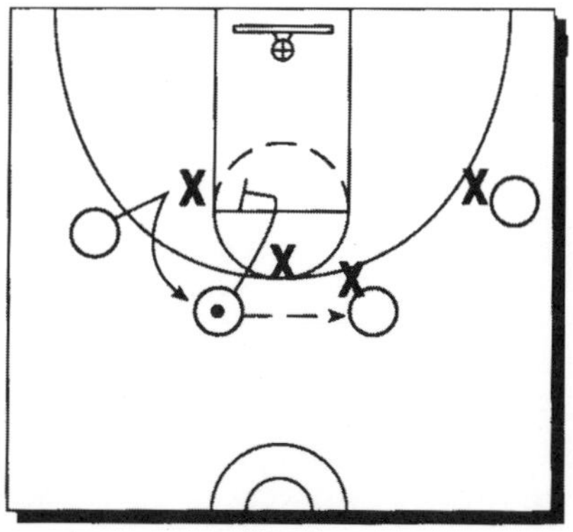

図76

[ドリルの進め方]

❶ハーフコートを行ったら次の日はフルコートでというようにハーフコート、フルコート両方で4対4を行う。

❷ディフェンスが5回オフェンスを止める、あるいはオフェンスが5回シュートを決めるまで行う。

Disadvantage Drill
ディスアドバンテージ・ドリル
(ディフェンスの人数が少ない状況でのドリル)

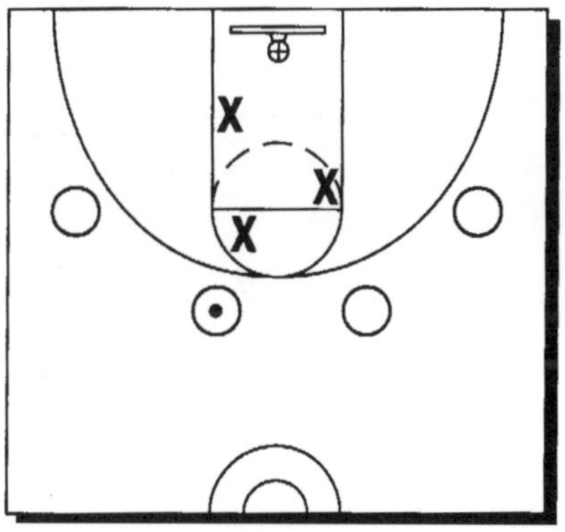

図77

➔図77　3対4コンテスト。ディフェンスが不利な状況では、ともに動き、コミュニケーションを取り、状況を判断し、通常より少しタフになってディフェンスをしなければならない。ディフェンスは、ディフェンスがリバウンドを獲って終わるか、ブロックアウトをされていない選手がリバウンドを獲り再びディフェンスをするだけである。このドリルは、適切なローテーションの方法を学ぶのにもよい。

➔図78　4対5コンテスト。このドリルは、前述した3対4ドリルに1人ずつオフェンスとディフェンスのプレーヤーを増やした以外は全く同じである。

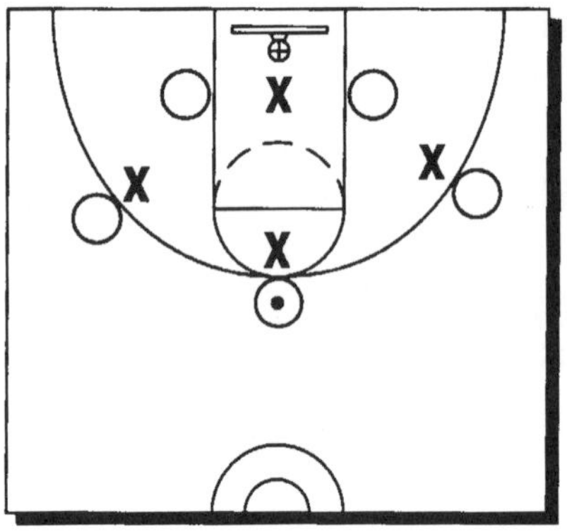

図78

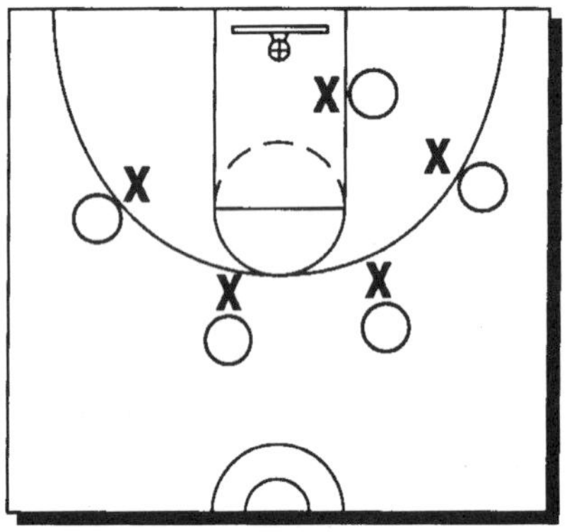

図79

➡図79　5対5コントロールドリル。毎日、最後に5～20分間このドリルを行う（このドリルをやらないのは試合前だけである）。コーチはコートの往復回数によって、このドリルをコントロールする。オフェンスが得点したらプレスディフェンスをし、得点できなかったら、ゲットバックしてトランジションディフェンスをする。ディフェンスは得点されたら、プレスアタックをする。得点されなければ、速攻へ走る。

ディフェンスに関するいくつかのアイディアを最後にあげよう。

❶トランジションディフェンスの際にプレーヤーが全力で戻らないことを許してはならない。ディフェンスで戻る際に、大きな歩幅ではなく小さな歩幅で走っているプレーヤーがいないかどうかをよく見極めるべきである。

❷トランジションディフェンスとは、相手にボールを取られた瞬間から始まるのである。私の優先順位は、まずダンクを諦めさせること、次にバスケットボールカウントプレーを止めることである。

❸個人技術のドリルを行う際に、周囲にプレーヤーを立たせていないか？　プレーヤー全員を効率よくドリルに参加させるべく、各ゴールに配分しているか？　私は各ゴール3～4人ずつになるように配分している。

❹私はヘルプサイドのディフェンスには、いつでもミドルライン上に片脚を置かせるようにしている。それを理解させるために、ディフェンスを指導する際にコートにラインを引き、ヘルプサイドのディフェンスには絶えず「ラインを踏め、ラインを踏め」と叫んでいる。

BILL HERRION
ビル・ヘリオン

Practice Sessions
練習

自分のプログラムを進めるときには、プレーヤーたちを教えると同時に、あなたの個性をプレーヤーたちに指導しなければいけない。私はとても激しく、熱中する、実践的コーチだ。私はチームで行う全てのことに関わっていく。あなた方同様に私も、才能に恵まれているとは言えないプレーヤーたちを抱えているので、彼らを伸ばしていかなくてはならない。才能ある選手を持つことは、あなたをいいコーチのように見せてくれる。しかし、能力以上の働きをしてくれれば、才能で劣る選手たちでも試合に勝てるのだ。そう、才能ある選手がほしいのは確かだが、才能に劣る選手を受け入れなくてはならないときは、彼らの胸のうちを知らなくてはいけない。練習に対する倫理感はどうか？　いいアティテュード（姿勢）を持っているか？　ハングリーさを持っているか？

プログラムを始めるとき、選手たちに最初に二つのことを尋ねる。一つは、君はどれほど一生懸命プレーするか、いかに激しく競争するか？　である。そこから始めないと、成功するのはとても難しい、ということを選手に納得させることはできない。あなたのチームのベストプレーヤーが素晴らしい練習倫理観、姿勢、望みを持っているなら、彼がチームの素晴らしいリーダーになると言えるだろう。我々は皆経験してきたことだが、リーダー不在のチームには、まとまりがないのだ。

リーダーシップは、様々な形、大きさで現れる。私はまず他の選手を見る。彼らは戦いをくぐりぬけてきている。チームが負けつづけているときは特にそうだ。プログラムを作り上げるとき、しなければならないことがいくつかある。まず、あなたは哲学を作り上げなければならない。自分が選手に教えていることを信じなくてはいけないし、それに自信を持たなければならない。過去8年間、私は4アウト、1インモーションオフェンスを行ってきた。ディフェンス面では、プレーの99%がマンツーマン・ディフェンスだ。将来はそれも少し変えなくてはいけないかもしれない。もっとプレスを多用するだろう。チームは小柄だし、敏捷だが、シュートはあまりうまくないのでテンポに変化をつけて楽に得点を決められるようにする方法を見つけなくてはならない。

プログラムに参加する選手たちの分析もしなくてはならない。最も重要なことの一つが、選手に自分の役割を理解させ、受け入れさせることだ。これは高校レベルで特に言えることだ。チームが勝っている時なら、これもずっと容易になる。

選手たちに、競争し、できる限りハードなプレーをするということを納得させよう。あなたのチームは、あなたの個性そのものだ。あなたが練習で要求すること、それを選手たちが試合で見せるのだ。プレーヤーたちには、毎日の練習ひとつひとつに全力を尽くさなければならないことを、納得させなくてはいけない。

練習は、できる限り競争的で、ゲームに似た状況を作ろう。我々は、試合でプレーするのと同じような練習をしようと努力している。毎日、擬似的試合状況を作っている。練習ではスタメン5人を一緒に使うことはない。ベンチウォーマーも含めて、全選手を使っている。今年のうちのプログラムには、平均して10分以上試合に出ている選手が11人いる。昨年ベンチからの出場が全くなかった選手が、今年は平均12分プレーしている。それはなぜか？　それは私が彼にチャンスを与えたからだ。毎日の練習で、誰かを負かすチャンスを。私が選手たちに唯一約束していることは、うちのプログラムに参加したら、平等なチャンスを与えるということだ。つまり、プレー時間を得るためのチャンスが毎日与えられるということだ。

基本を教えよう。高校レベルでは、他のスポーツ出身でバスケットボールを遅く始めたプレーヤーたちも多い。ここで、うちの選手たちとやっているワークアウトの一つを紹介しよう。これは、身長213cmのセンターでも、152cmのガードでも同じだ。ボールのハンドリング、ドリブル、パスをやっていく。選手たちが基本を理解していると仮定してはいけない。

バリュー・ザ・ボール。ボールを大切にしよう。これは毎日の練習で何を選手に要求するかによって決まる。プレーヤーたちはあなたが許可したことをするのだ。もし練習で悪いパスを出すことを選手に許したなら、試合になってあなたが怒ってはいけない。ボールは体育館のあちこちに飛んでいくだろう。これこそ、練習の影響なのだ。

シュートセレクション。これは重要だ。うちのオフェンスプレーの多くは、特定の選手にシュートを打たせるものである。モーションオフェンスの欠点の一つは、誰がシュートをし、どこでシュートを打つかを指示しづらいことだ。選手たちには、自分の役割、誰がシュートでき、誰がすべきでないかを理解させなければならない。我々はモーションルールのもとで、2オン2の個人練習を多く行っている。プレーヤーたちには、シュートセレクションを理解させよう。

ディフェンスが優勝をもたらす。トーナメントで最後まで残るチームの典型が、ディフェンスするチームである。ディフェンスはしなければいけないし、それはチームにとって最善のことだ。でも、当然オフェンスもなくてはならない。バスケットにボールを入れることができなければいけない。試合の準備はとても重要だ。我々はスカウティング・リポート・ディフェンスを行っている。我々があなたのチームと対戦するとき、あなたのチームについて私が一番知りたい重要なことは、どんな選手たちがいるかである。各選手ができること、そしてどうしたら彼を止められるかを、知りたいのだ。

選手には、勝利の助けになる小さなことをしなさいと言おう。ファウルをもらい、ルーズボールをとりにフロアに飛び込め。

リバウンド。私はボックスアウトドリルを教えたことが一度もない。私の考えでは、ボールはとりに行くものなのだ。

チームプレー。ゲームで最も難しいことの一つが、チームの和を築き、選手たちにチーム一丸のプレーをさせることだ。うちのある選手が、NBA数チームからの契約オファーを受けた。シカゴ・ブルズのジェリー・クラウスは、私が選手たちにあげているものと同じものを彼に送った。それはうちのロッカールームにも掲げてある。
「この考えから、あなたが我がチームとあなたの将来を洞察してくれますように。我がチームは決して『私』を主張しません。だから成功することができるでしょう。私たちは、『私たち』のチームなのです。『私たち』選手は、ここでプレーします。『チーム』プレーヤーが、ここでプレーします。あなたの個人成績など我々は気にしません。我々はあなたの個性、練習習慣、コート内外でのあなたの行動に関心があります。コーチの言葉にいかに耳を傾けるか、あなたの大学チームにとって勝利を意味するチーム行動をいかにこなすかに、関心があるのです。成績表は、主に敗者のためのものです。チームディフェンス、かけたスクリーン数、コーチやチームメイトがやりやすい試合を作った、といった項目はありません。それこそが、我々が気にかける成績なのです」

ここでバスケットボールは変わったのだと思う。多くの様々な理由によって、非常に利己的な試合になったと私は思っている。

The Individual Workout
個人のワークアウト

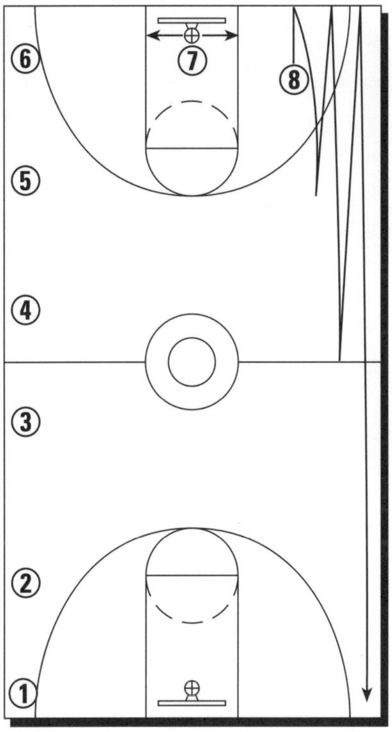

図1

図1　私たちはコンディショニング・サーキットを行っている。選手の体調を整えるのは非常に困難で、特に高校生ではなおさらだ。現在は、シーズン後のワークアウトを行っている。週に4日、月、火、木、そして金曜日に、ウェイトトレーニングを行っている。ストレングスコーチも常駐している。競り合うためにはより強くならなくてはいけない。プレシーズンでは、ウェイトプログラムに、次のことを加えている。

これは、ウェイトルームを利用する機会のあまりない高校生にも適している。8つのステーションに分かれ、コートのサイドラインに整列して行う。各ステーション2人一組で行う。

Station1　重いロープでのなわとび。
Station2　腹筋。
Station3　敏捷性。ここでは色々なことを試してみよう。我々は頭上に腕を伸ばしてメディシンボールを掲げ、ボックスでの踏み台昇降を行う。
Station4　指立て伏せ。
Station5　空のテニスボール缶に、砂を詰め、テープで閉じる。これを持って前後に腕を回す。それからジャンピングジャックを行う。
Station6　スピードなわとび。
Station7　レーンの間をサイドステップ。
Station8　ラインドリル。エンドラインからスタートし、ファウルライン延長線上まで走り、再びエンドラインに戻る。それからミッドコートまで行って戻り、ファウルラインまで行って戻り、最後にフルコートを走る。

逆エンドまで行ったらそこにとどまり、ステーション1から再び繰り返す。各ステーションでの時間は30秒ずつ。できるかぎりハードに、能率よく行うこと。各ステーションが、体の違う部位に働きかけることを意識しよう。マネージャーが時間を計り、ホイッスルを吹き、数秒息を整えてから、次のステーションに移行する。

我々のプログラムでは長距離走は行わない。バスケットボールには、あまり効果があるとは思わない。すべては体育館内で行っている。プレシーズンには、毎週ラウンドを増やしていく。このサーキットを20～24分やっていると、さすがにこたえる。1つのステーションに2人選手がいる場合、2人が同時に行う。ただ立っているだけの選手はいないのだ。

現在我々は、個人ワークアウトも行っている。週合計2時間以内、1グループ4人以下と決められている。では、現在行っているワークアウト内容を述べよう。すべての個人ワークアウトは、ボールハンドリングドリルから始める。体育館に4人の選手が並び、各選手がボールを持つ。コーチの指令に従い、ボールスラムを行う。首のまわり、腰のまわり、両膝のまわり、そして右へ、左へ、8の字を描きながら、そして膝から首まで体のまわりをまわしていく「世界一周」だ。シーズンを通して練習はすべて、ストレッチのあとにボールハンドリングドリルを行う。選手には、ボールを手の一部にしてほしい。このドリルを、右まわり左まわり両方行う。

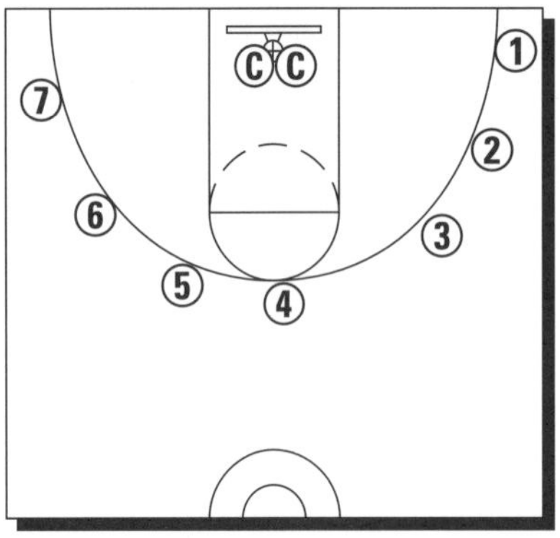

図2

図2　プレッシャーシューティング。一定した反復を求める。個人ワークアウトでは、4人の選手しかいない。そこでポジション1から2人、ポジション7から2人がスタートする。2人のコーチあるいはマネージャーは、パッサーである。ここでの用語は「ハンズ&フィート（両手・両足）」。選手がプレーするときには常に、シュートできるポジションでいてほしい。このドリルでは7つの位置を設定し、各位置1分ずつで行う。ゲームポジションでは、両手・両足の準備を万全にしていてほしい。ボールをキャッチしたら、シュートする体勢に入るべくステップする。

ボールは自分の範囲内にシュートしよう。それからパッサーが、パッシブディフェンスを行う。シューターはシュートしたあと、シュートのフォローをする。もしシュートが決まれば、ボールをパートナーにパスアウト。もし失敗ならボールを追って、バスケットに持ち込んだり、両足で踏み切るジャンプショットをうったり、レイアップを決めよう。1分たったら、次の位置に移動。このドリルをやって、選手に疲れが出始めたら、それはその選手が調整することを学ばなければならない表れだ。

またこのドリルではパスも教える。シューターの手に渡すように、ボールを持ち込もう。ここではアイコンタクト、両手でのチェストパスを求める。簡単そうに聞こえるが、これは重要だ。「ハンズ&フィート」。キャッチしてプレーする準備をしておこう。両手は挙げて、膝は曲げていなければいけない。目はボールを見る。うちのプログラムにはシュート体勢ではない状態でボールをキャッチするプレーヤーがたくさんいる。これではディフェンスにガードされてしまう。右利きの選手なら、ボールをキャッチしたときは、右足を後ろに引いておき、キャッチすると同時にシュートを打つためステップインしよう。

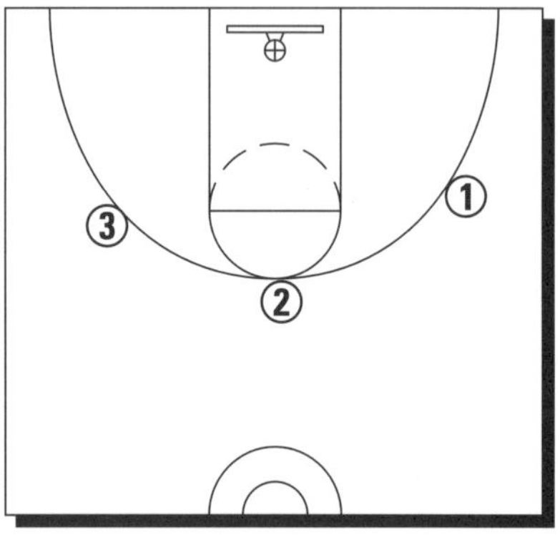

図3

図3　7つの位置をすべて終えたら、今度は3つの位置から、各1分で行う。これは合計で10分間。このドリルでは、3ポイントシュートをうちにいく。2巡目は、これにショット・フェイクを加える。ボールをキャッチし、フェイクし、ディフェンスが自分に近づいていることを確認しよう。ボールをキャッチしたら、目はリムを見ていなければいけない。ここで目標と同時に、フロアも見える。そこで、ボールを取ったら、ボールをシュートポジションに持ち込もう。ディフェンス側に、シュートを意識させよう。ひとたびボールを上に挙げたら、ボールを腰のどちらかの側からスウィングさせ、スペースを作らなければならない。

図4　次はトランジションからの3ポイントシュート。コースに入り、アングルインして、パスをコーチから受ける。キャッチしたときには、すぐに3ポイントを打つためステップインできるよう、手足は必ず準備しておくこと。足が体の下に位置し、体は目標に向いていることが、とても重要だ。

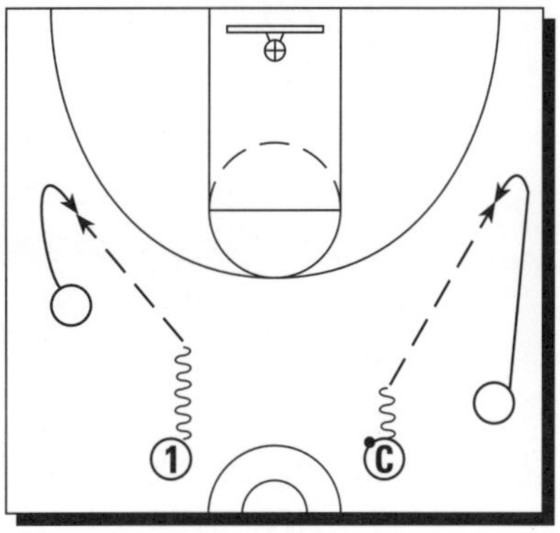

図4

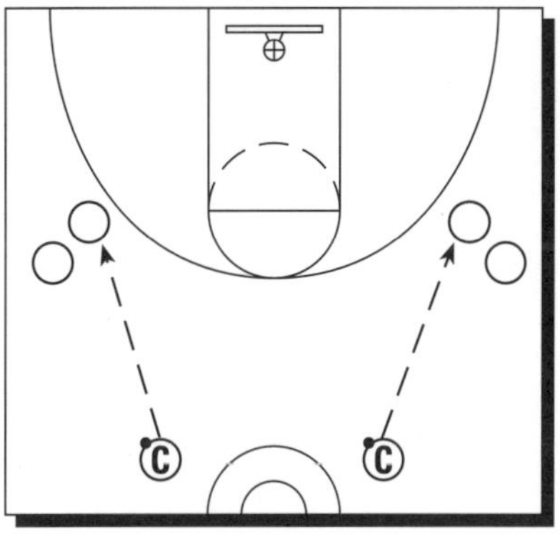

図5

➔図5　ここではリバーサルのシミュレーションを行う。選手はファウルラインの延長線上に立つ。3ポイントをうつ準備をしておく。

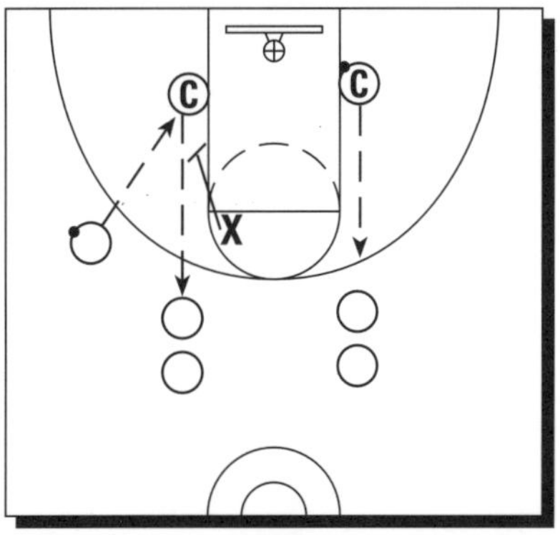

図6

➔図6　選手たちは「シーム」に位置をとる。これはレーンの幅のわずかに外側を指す。コーチがブロックからボールをスタートさせる。ここではあたかもコーチがウイングからボールを受けたばかりで、あなたをディフェンスしていた選手はポストのディフェンスの助けにまわったと仮定する。コーチがパスアウトしたら、あなたは3ポイントを打つためステップインできるように、手足を準備しておかなくてはならない。これを全てこなすのに、20分かかる。我々はシュートや技術練習を多く行うが、同時にコンディショニング（基礎体力作り）とメンタルタフネスの強化も行っている。どの選手が大事な場面でステップアップし、プレーを決めてくれるのかを、コーチは把握しなければならない。

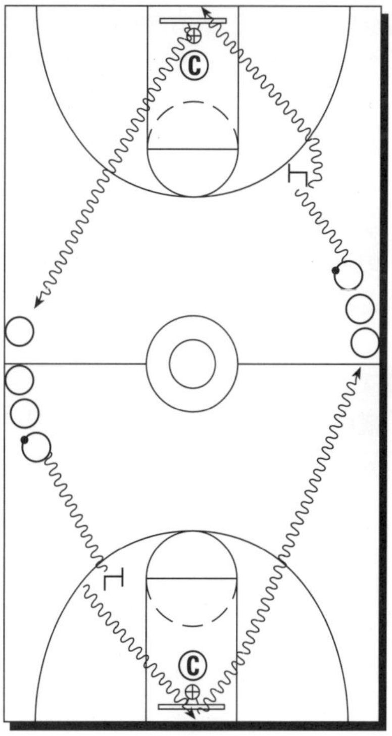

図7

➔図7　ドリブルムーブ。我々はイスやごみ箱を利用している。ワークアウトごとに角度も変える。一度にフロアの両サイドを使おう。このドリルでは、オープンフロアでのドリブル、トランジションでのバスケットへの攻撃をシミュレートする。留意点は以下の通りである。

❶重要なのは、ひとたびディフェンダーをやりすごしたら、どんどんバスケットに近づくので、歩幅を小さくしなくてはならないという点だ。ジャンプショットを教えることで、チームバランスとパ

ワーを得られる。ブロッキングパッドをつけたコーチをバスケット下に立たせ、シュートの際にコーチがシューターに接触する。選手はリバウンドをとり、スピードドリブルで、逆サイドのハーフコートへと出て行く。

2 インサイドアウト。ある方向にステップインしたら、手をボールのてっぺんにそえて、プッシュアウトする。これは片手で行う。

3 スタッター。ディフェンスをフリーズさせて、それから全速力で突破。スピードを変えることが、オープンコートでは重要である。

4 クロスオーバー、方向変換。ボールをプッシュアウトしたら左に向かい、ボールをアウトサイドにキープする。方向を変える場合は、ボールをコート中央まで持っていき、プルアップ・ジャンプショットを打つ。ファウルラインまではドリブル2回以上はしない。最後のドリブルは、低く強いもので。これでシュートを打つための勢いをつけることができる。

5 スタッタークロスオーバーには、もう一回の方向変換が加えられる。フロアの右サイドからやった翌日は、左サイドからと、毎日変えていく。

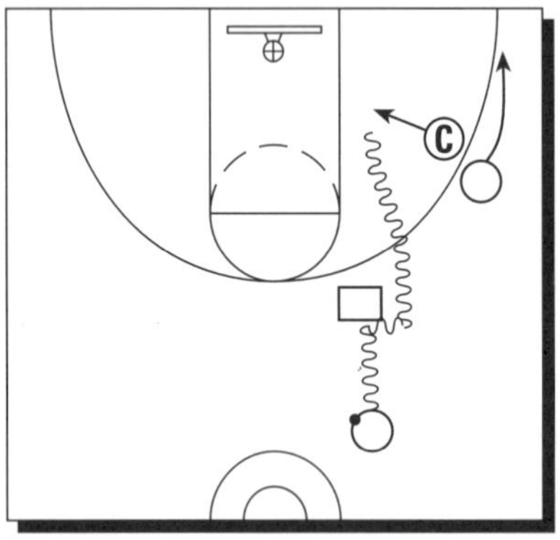

図8

➡ 図8　ペネトレートとキック。いい選手の証しは、「その選手がチームメイトのプレーを向上させられるか？」にある。その方法を理解しよう。選手2人をトップの位置に、ウイング2人は3ポイントラインより外側のファウルライン延長線上におく。ドリブルムーブの1種類を使って、ディフェンダーを抜いてフロアのアウトサイド部分まで進む。Cはディフェンス。ボールをリムまで持ち込む。ワイドになってはいけない。Cにドリブルを阻止させるよう引きつけよう。そこで黒丸をつけたウイングは手足の準備を整えて間隔をあけておく。動くことで、ディフェンダーにとってはリカバリーがさらに難しくなる。もう一つのドリルでは、すでにこれらすべてのことを行っている。このドリルで一番大切なのは、パスをすること、チームメイトのプレーを向上させることだ。

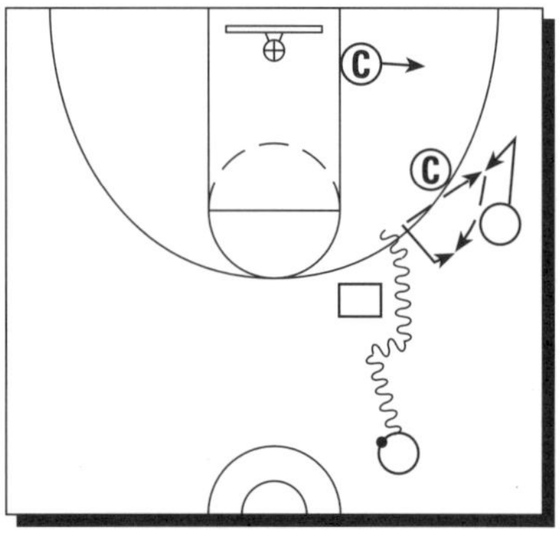

図9

➡ 図9　2つ目も同じだが、ウイングにパスをしたあと、もう1人のCがブロックに位置し、ウイングに近づいてくる。最初のドリブラーは3ポイントラインに位置を変える。ウイングがシュートフェイクをすることでもう1人のCも引きつけ、パスを戻して、最初のドリブラーが3ポイントシュートを放つ。ドリル終盤には、ウイングに近づくCが、近づいていかないというオプションも与える。3ポイントラインにいる選手は、これを予測しなければならない。

➡ 図10　ディフェンスを読むことができなくてはいけない。2オン2で、コート3/4を使い、2人のコーチを逆エンドに立たせる。ボールは○チーム、またはXチームにパスされる。パスをうけたチームは即座にトランジションでバスケットめざして攻撃。2人のディフェンダーも全速力で戻る。ここで1人はボールを止めようとし、もう1人がもう1人の選手をピックする。ここではコミュニケーションが大切だ。ディフェンスがうまくやれば、2オン2になる。オフェンスは2オン2の際に、コーチをアウトレットとして使うことができる。

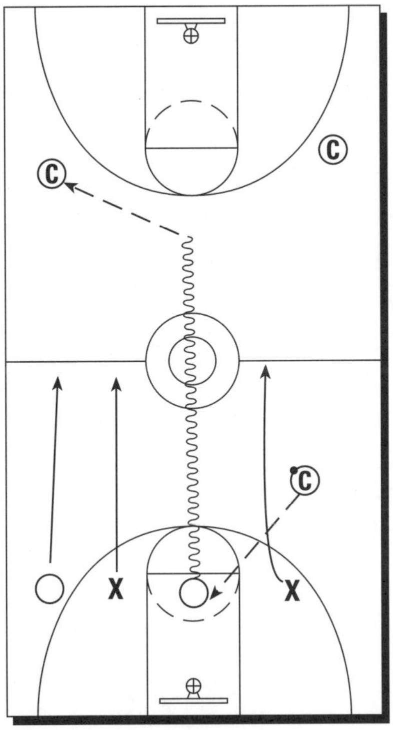

図10

これらの個人ワークアウトを行うときは、私はアシスタントコーチではなく、自らそれぞれのワークアウトを行っていく。これまで一つも欠かしたことはない。各選手が自分の潜在能力を発揮することに、私は大きな誇りを持っている。だからこそ我々はこの世界にいるのだ。

シームからシームへとボールをリバースするとき、我々にはたくさんのオプションがある。そして、自分が一緒にプレーしているチームメイトをよく知り、チームメイトの強みと弱みを認知することが、モーションオフェンスの多くを占めているのだ。インモーションにおける我々のルールの一つは、スクリーンをかけるときはいつも接触をする、ということだ。チームメイトをフリーにできる、これが唯一の方法でスクリーンをかける選手にはいつも、カッターの逆側に行け、と言っている。これでスペースをキープすることができる。通常、スクリーンをかけている選手がフリーの選手である。

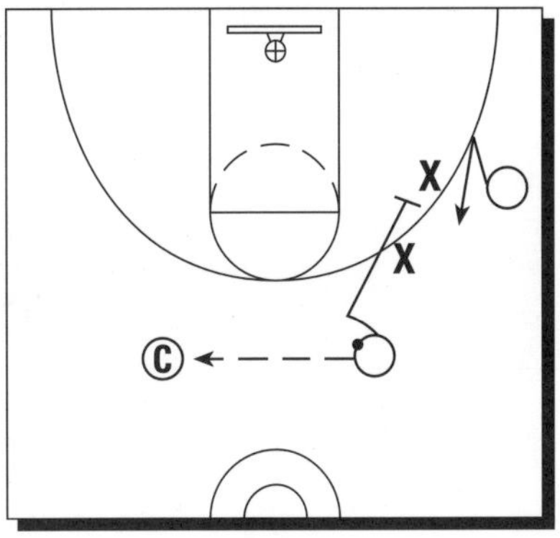

図11

図11　2オン2、ハーフコート。アウトサイドの位置に入るよう試みる。ボールはどこから始めてもいい。コーチを、プレッシャーを開放するためのヘルプとして使うことができる。

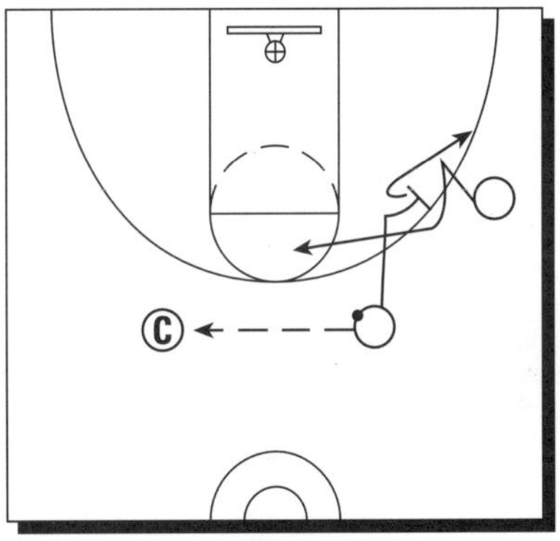

図12

図12　スクリナーはカッターの逆側に行かねばならない。スクリナーは通常フリーである。

図13　#4がパッサーのためにバックスクリーンをかける。パッサーは外に逃げ、それから#4が3ポイントシュートを打つためにフレアーする。バックスクリーンとフレアーがうまくできれば、時にディフェンスをクローズアウトシチュエーションに追い込める。ここでは、キャッチして3ポイントを打てる準備をしておかなければならないが、同時にバスケットに向けて切れ込んでいくこともできる。

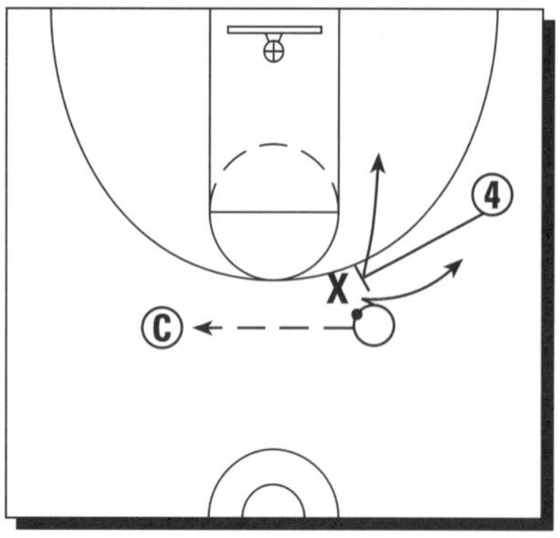

図13

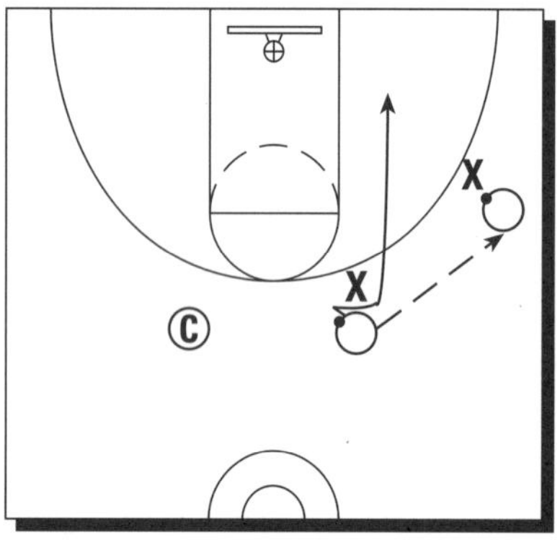

図14

図14　もしもペネトレーティングパスをウイングに通せた場合（2オン2）、一つのオプションとしてバスケットカットがあげられる。また、ガードがインサイドでポストアップすることも一つのオプションだ。

図15　もしもリターンパスがガードまでつながらなかったら、コーチがボールをリバースする。ポストエリアではバックスクリーンが行われている。私のチームでは、ポストとアウトサイドの選手を使ったコンビネーションドリルの数々も、一日におよそ10分間行っている。私はスクリーンとリスクリーンが好きだ。もしオフェンスが得点したら、オフェンスがボールをキープ。もしディフェンスがリバウンドをとれば、できるだけ素早くボールをコーチに戻して、今度はオフェンスにまわる。これが素早いトランジションだ。

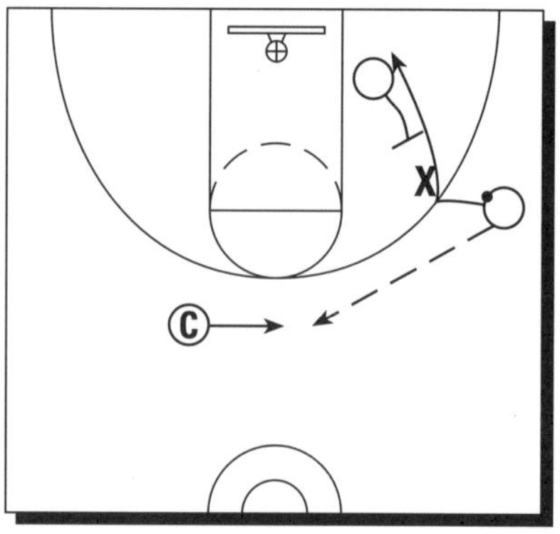

図15

プレッシャー・マンツーマン練習では、3つのことに心がける。それはとても基本的だ。「タイト」、「センターフィールド」そして「セーフティ」を行う。「タイト」とは、ボールを持って、最初のパスでワントラップ入れるようにすること。

ワントラップ&アウト。ボールがトラップから出てきたら、後ろから全力で走り出て、ボールの前に入り込む。後ろからボールに軽く触ることも試みる。イージーバスケットを相手に許したくはない。すぐに戻ろう。

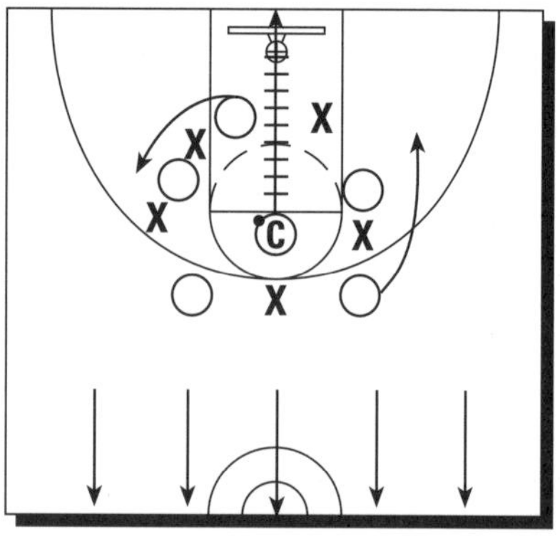

図16

図16　サークル・リバウンディング・ドリル。5対5でコーチのまわりを囲む。コーチはボールをボードに当て、10人全員がボールをとりにいく。コーチが垂直にボールを上げることもできる。ここで面白いのは、同じ選手がボールを取ることが多いということだ。どちらのチームがボールを取るにせよ、取ったチームはトランジションで逆サイドに攻めていく。背の大きい選手が、ボールサイドブロックを受ける。あとの4人はアウトサイド4箇所を埋める。

ディフェンダー5人全員がボールよりも前に行くように、全速力でまっすぐ走る。誰かがボールを止めなくてはいけない。これを可能にするのは、口でのコミュニケーションだけ。イージーバスケットを全て防いで、それからチームメイトをみつけよう。

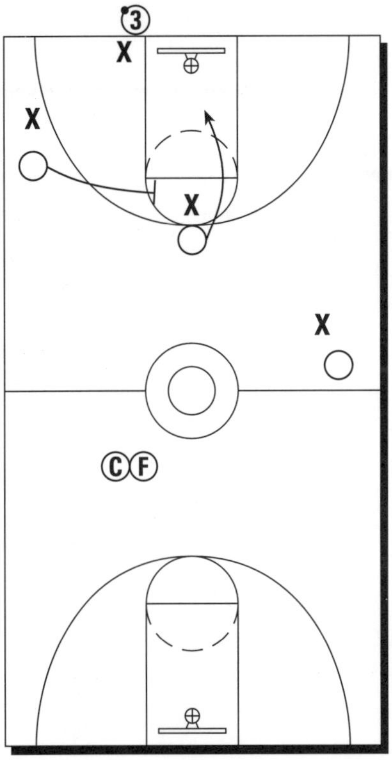

図17

図17　センターフィールド。4人の選手がガードと対し、1人がセンターフィールダーになる。センターフィールダーは、フリーセーフティであり、トップ部分から来るものはすべて防がなくてはならない。

もう一つが「セーフティ」。一番足の遅い選手を、後ろにキープする。他の4人はインバウンドパスに対して、ガードと対する。

基本となるマンツーマン・ディフェンスを、我々は「ゴールド」と呼ぶ。ボールへプレッシャーをかけ、バスケットに向かうペネトレーションパスを止め、サイドディフェンスをうまく助ける。

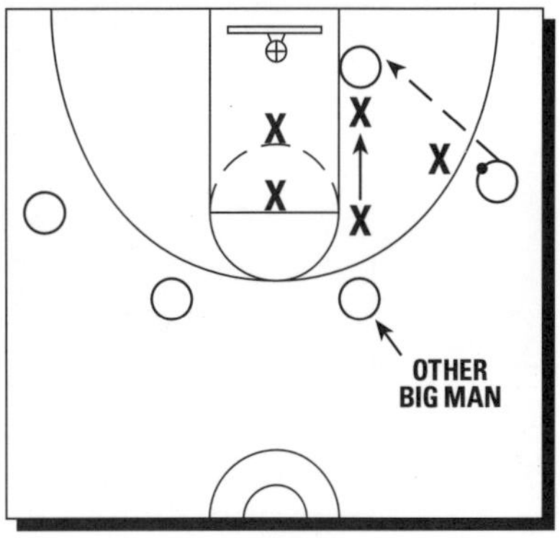

図18

図18　「ブルー」。うまいポストプレーヤーと対戦するとき。ブロック地点でダブルチームをかけるときは常に、もう1人のポストプレーヤーからガードを外す。もしボールがウイングからポストに渡ったら、パッサーのガードをしていた選手はそのまま残る。もしボールがポストの頭上に上がれば、うちのディフェンス陣はパッシングレーンに片手と片足を置いていることになる。後ろ足はポストプレーヤーとバスケットの間に置く。パスがウイングから出たら、ディフェンシブポストは動いて、選手とバスケットの間に入る。もう1人の長身選手をディフェンスしている選手はドロップして、ポストプレーヤーにトラップをかける。パッサーをガードしていた選手はそのままであることを思い出そう。バックサイドのディフェンダーたちは、もう少し離れている。パスがポストに出たら、2人でバックサイドを守るのだ。

図19　これはボールが戻ってきたときのローテーションである。もし効果的にポストでトラップしていれば、ポストプレーヤーはターンしてウィークサイドにパスを出すことはできないはずだ。パスを出してきたら、2人のうち高い位置の選手が最初のパスに、もう1人が2本目のパスを取りに行き、トラップをかけた選手が3人目につく。

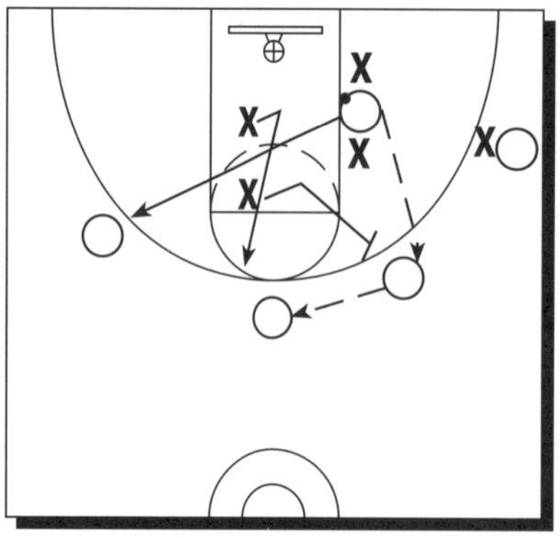

図19

「レッド」。スカウティングはしっかりやる。どの相手とも同じ方法で戦ってはいけない。チームにシュートできない選手がいたら、その試合ではその選手とのマッチアップの選手をトラップに使おう。

Set Plays
セットプレー

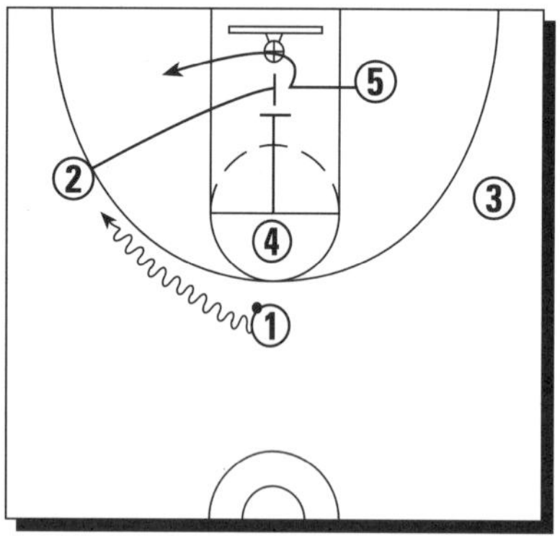

図20

図20　クイックヒッターとセットプレーは、すべてがポストプレーヤーとシューターの、2人のためにデザインされている。プレーが途切れた時はいつでも、モーションに移る。これを「3プッシュ」と呼ぶ。ウイングにドリブルプッシュし、うちのチームで最も3ポイントシュートのうまい#2が、リムの目の前まで出てくる。#5は通常、スクリーンのベースラインサイドを通る。重要なのは、#1が#5にパスを出せるアングルを得るために、ファウルライン延長線上までいくことだ。#1は#5を見る。#4がスクリナー（#2）をダウンスクリーンし、#2が高い位置にブレイクする。

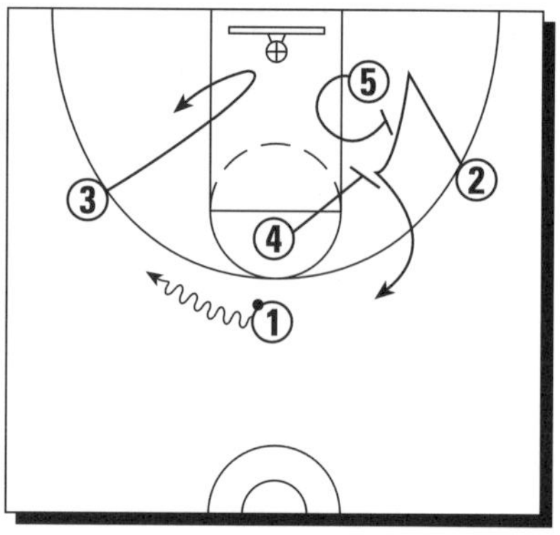

図21

図21　オプション。「3カール」。もし長身の#3がスタートしてブロックにあたったら、ターンしてシールする。#2はディフェンダーの内側に入って、アングルを得る。#5はあたかもスクリーンから出てきたようにターンして、#4と交互に#2に対するスクリーンをかける。

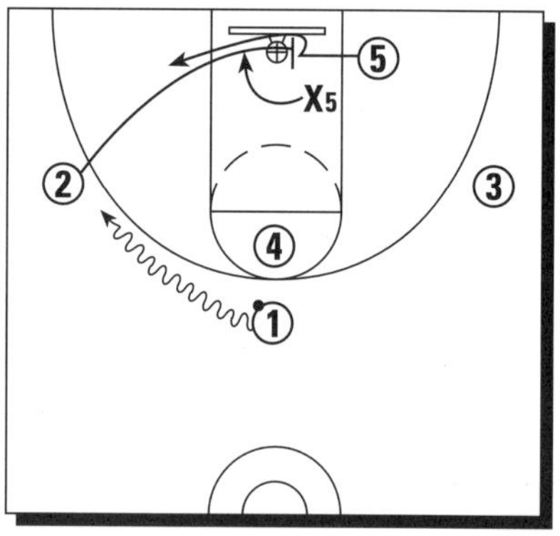

図22

図22　「3プッシュ」に戻ろう。相手にスカウティングされて、プレーを予測されている時は、X5はスクリーンを逃れる。このプレーは、タイムアウト後にコールする。

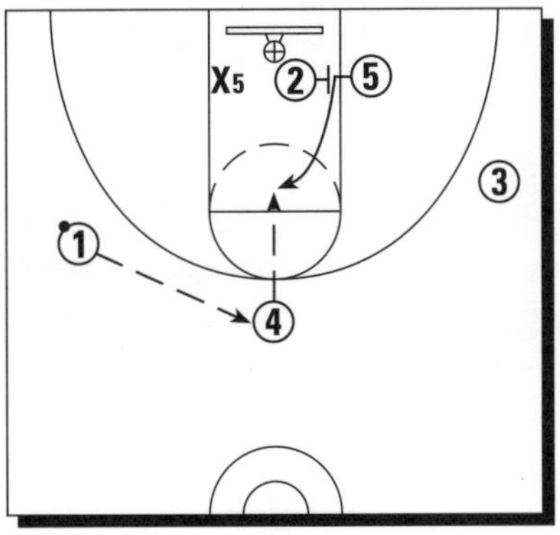

図23

図23　＃2が＃5にスクリーンをかけるために出てきたら、＃2はターンしてX5を封じる。＃5はレーン内に素早く戻り、ボールはすばやく＃4にリバースされ、それから＃5につなげる。

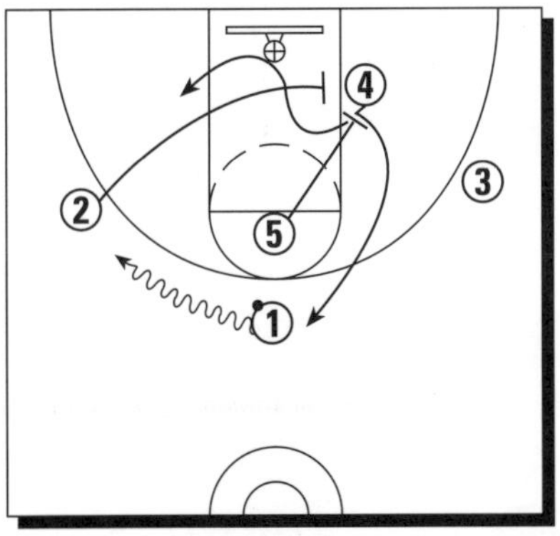

図24

図24　「3スペシャル」。＃1がウイングに向かってドリブル。＃5は高めの位置からスタートし、＃4のためにスクリーンをかけにいく。＃4が高い位置に出てきて、＃2が、ブロックをブレイクするスクリナーの＃5にスクリーンをかける。＃1が＃5にパスをする。

図25　「オクラホマ」。＃1が＃4のスクリーンからドリブルで突破。＃2がブロック位置に移動。＃1が、アウトサイドに出てきた＃5にリバースする。

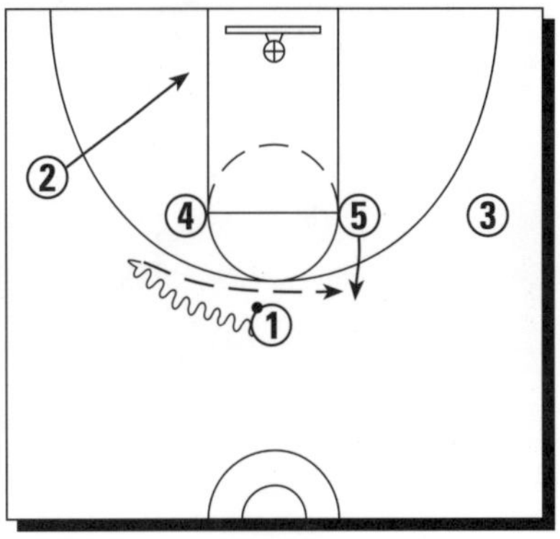

図25

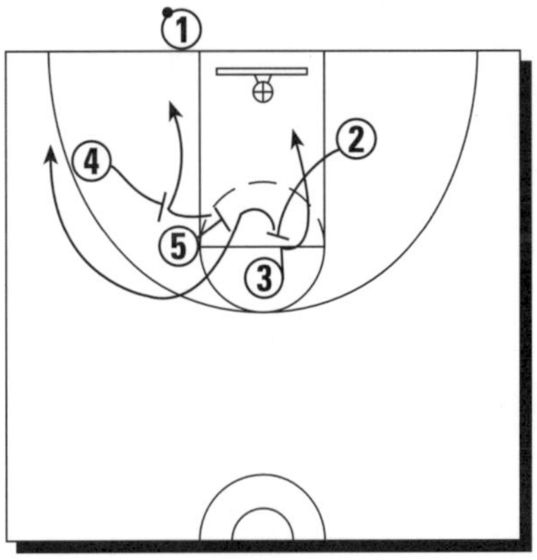

図26

図26　アウトオブバウンズ・アンダー。この状況では毎回、得点しようと試みている。ここからはいくつかのオプションがあり、相手の動きを見てどうするか決める。レフェリーがボールを自チームに手渡した時に、動き始める。最初の追うポジションは、＃2が＃3をバックスクリーン。＃4と＃5は次に＃2に交互にスクリーンをかける。

図27　X4はヘルプのために離れることが多い。もし＃4がステップして離れ、シュートできるのであれば、＃1は＃4にパスできる。しかし同時に＃2が離れた場合は、＃5がスクリーンするために出てきてX4をピックできる。

図28　＃2と＃3のスイッチもできる。＃3が＃2へのバックスクリーンをフェイクしてから、ボールに向かう。＃2は、＃4と＃5による交互のスクリーンを利用。

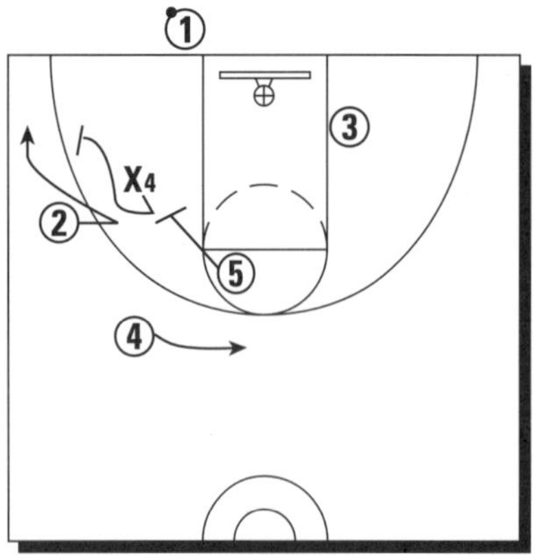

図27

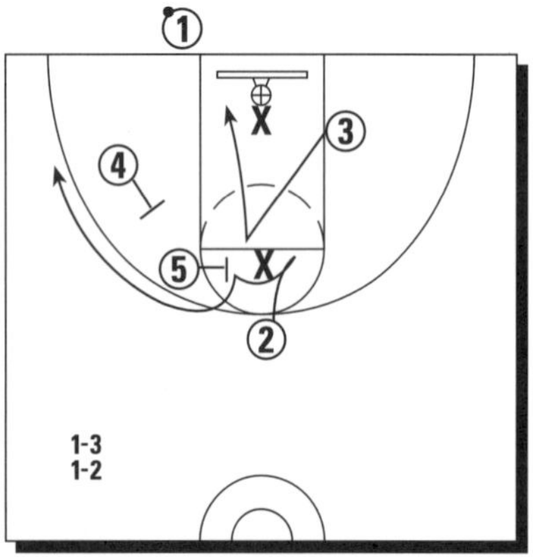

図28

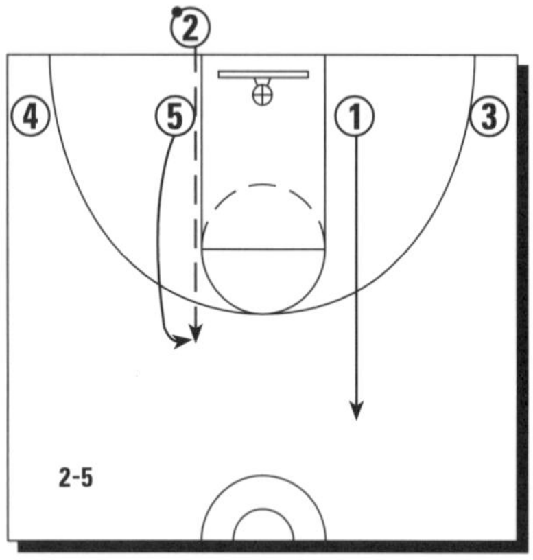

図29

図29　「ベースライン」。#2は一番うまいロングシューター。フォーメーションはベースライン上での1-4フラット。使う選手の能力にも気を配ろう。#5はディフェンスをロックし、それから飛び出なくてはならない。インバウンドパスはアウトサイドの#5に出し、#1も同時に高い位置に出て行く。

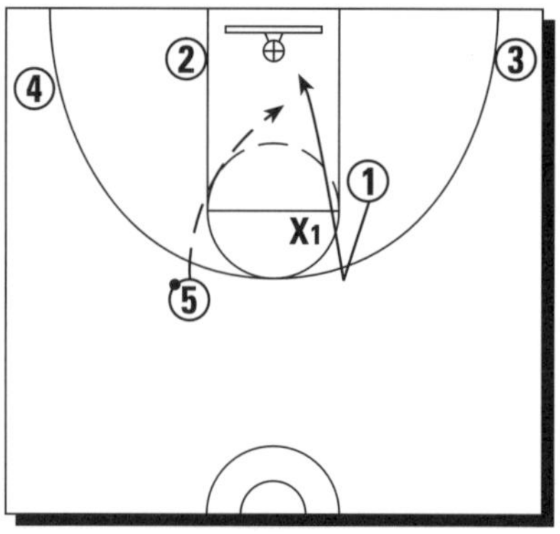

図30

図30　アウトサイドへのパスの時、もしX1が積極的に#1についてきたら、#1はバックドアにいくこともできる。

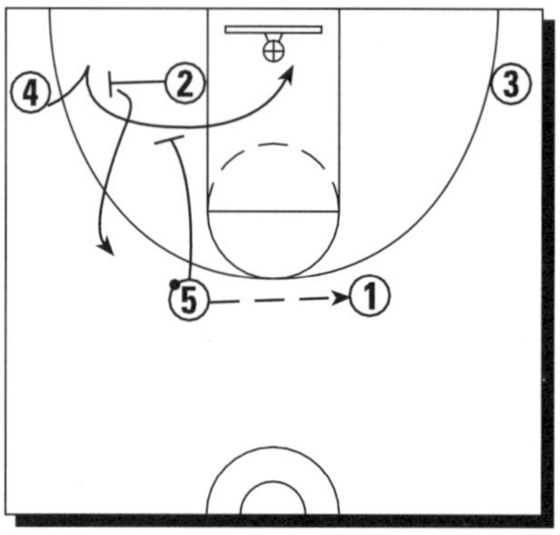

図31

図31　そうならなかったら、#5は#1にパス。一方#2はステップインして、ペイント内に入る#4にスクリーンをかける。次に#5が、シュートを打つため高い位置に出てきた#2に、ダウンスクリーンをかける。X2は#4のカットのヘルプをしなければならないので、#5はほぼずっとスクリーンをかけることができる。

図32　「ニューベースライン」。#4と#5はどちらもインサイドから高い位置に飛び出す。そして#4がアウトサイドでロブを受ける。それから#4はファウルライン延長線上で#1にパス。

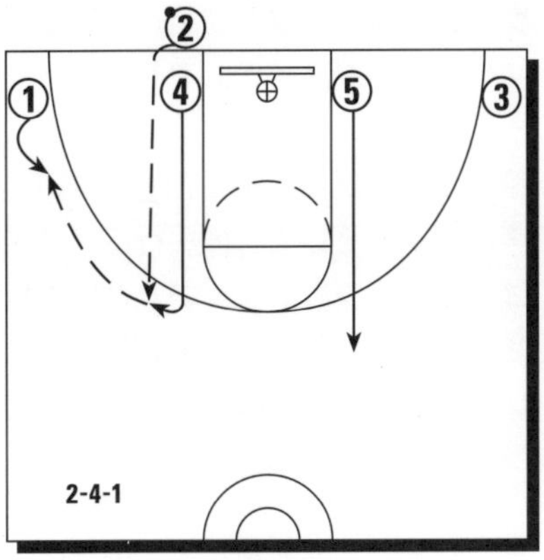

図32

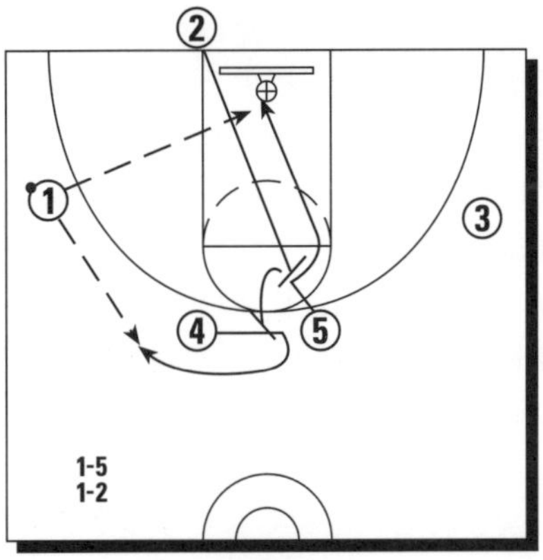

図33

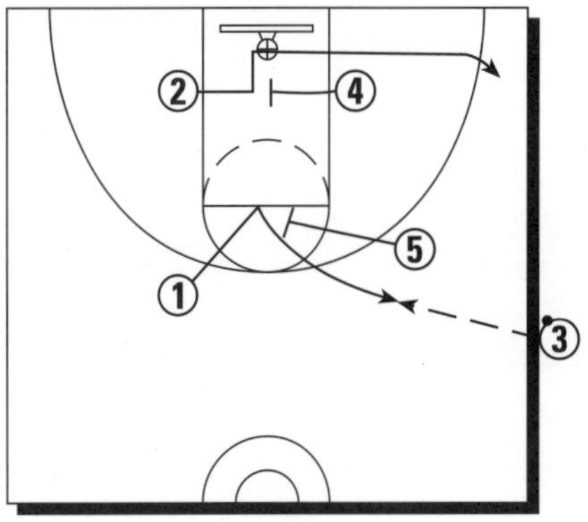

図34

図33　#2が、ブロックまでブレイクしてきた#5に、バックスクリーンをかける。#4はスクリナーである#2にスクリーンをかける。

図34　サイドライン・アウトオブバウンズ。#4と#5は、#2と#1のためにスクリーンをかける。#2が一番うまいシューター。#3が#1にパス。#1は#5のスクリーンを受けながらドリブルで出て行く。それから#4が、ブロック位置に出てきた#3にバックスクリーンをかける。

Additional Information
追加情報

ここまでは、二度の講演をまとめたものである。以下は、論理的にその講演にまとめることができなかった情報であるが、編集者からは有益な情報であり、今回ぜひ入れてほしいといわれたものである。

図35　練習第一週に行っているもの。4つのラインをつくり、各ラインにボール1つずつ用意する。各ラインの1番目の選手が、右手でフロア中央までドリブルし、2フット・ジャンプストップ。これは重要な指導事項だ。左足でピボットし、自分が今来たラインに向かう。それからいい2ハンド・チェストパスを、ラインの次の選手に出す。これを並んでいる最後の選手まで続けていく。パスを出す際は、パスを受ける相手の名前を呼ぼう。ここで、バーバル・コミュニケーション（口頭による意思伝達）を学ばせるのだ。次は、フロア中央まで行ったら、バウンスパスでつなぐ。頭・目線を上にしながら2フット・ジャンプストップをしたら、ピボットし、バウンスパスをする。パスをする際、必ずレシーバーに対して踏み出させるようにしよう。

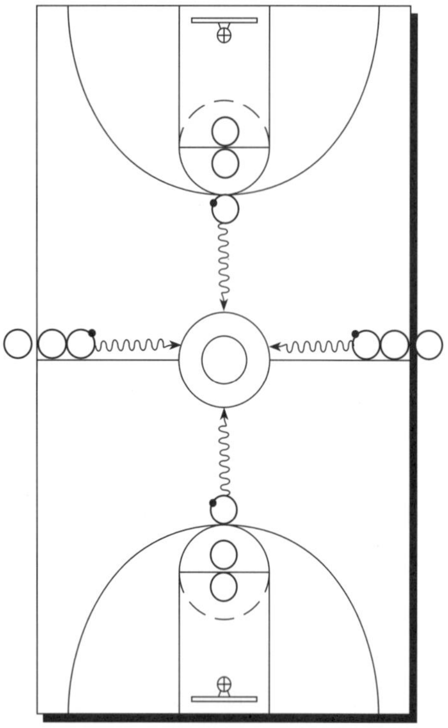

図35

現在イースト・カロライナ大でプログラムを制作中だ。チームづくりをしているのではない。私は、いいプログラムは時間がたっても生き残ると考えている。現在は、まだ何も成していないし、何も手にしていない。ジュニアカレッジからの転入生がいるため、プログラムも立てられないでいる。

私は正しい方法でやりたい。その場しのぎではやりたくない。だから、才能という点で一歩下がらなければいけないなら、その選手がまず、最高の姿勢、いい練習習慣、そして信じられないくらいのハングリーさと、いい選手になりたいという意欲を持っていてくれなければならない。そうでないなら、その選手には我がチームでプレーできない。

我がチームの最初のディフェンシブドリルは「コマンドドリル」だ。チームをハーフコートに散らばらせる。選手には8つのコマンド（指令）を与える。最初はスタンスだ。

最初の指令は、私が手をたたいたときに始まる。選手たちは「ディフェンス」と声に出しながら手の平でフロアをたたき、いいディフェンシブ・スタンスをとる。スタンスについて、私はあまり細かいことは言わない。ただ、特にボールディフェンスでは違う。両手は高い位置に構えよう。

第2の指令は「ファイアー」。これは、全選手がスタッタースステップをすることを指す。これはコンディショニングアイテムでもある。

第3は、私が左を指したら、選手たちは「左！」と声に出す。そして左に平行にスライドする。ここでは「ステップ&スライド」という用語を使う。両足をつけてはいけない。両足をクロスさせてはいけない。なるべく広い幅をとり、腰を低く構える。スタンスをキープする。

それから私が右を指すと、選手は「右！」と声に出す。

次は、私が後ろを指し、選手は「バック！」と声に出す。選手は、相手チームが進めているボールをガードしている状態を想定しながら、後ろに下がっていく。そしてここから思い通りの方向にステップインし、前足でプッシュオフする。選手が後ろに下がっている間に、私は対角線方向を指差す。私が指差した方向が、ボールが方向変換した方向を意味し、ここでドロップセットする。

後ろ足を軸にして、ピボット、そして「ドロップ！」と声に出す。ここで再びスライドする。コートは全体を使う。ドロップしたら、私は両手を挙げ、前を指す。すると選手は「アップ！」と声に出す。彼ら前足でステップし、後ろ足でプッシュオフ、そして飛び上がる。選手が飛び上がったら、私はボールを手にする。

私がボールを頭の上に挙げたら、選手は両手を高く挙げる。選手は「ファイアー！」と声に出し、バスケットボールを追う。通常のマンツーマンディフェンスでは、それを具体的に行う。これが8つの指令である。これを2分間行う。

ジグザグドリル。うちのジグザグドリルでは、3つのことを行う。このドリルは練習初日から始める。このドリルにより、フルコート状況でのバスケットボールのプレーの仕方を学ぶことができる。一方のエンドに複数のアウトサイドの選手を置き、一方のエンドにポストプレーヤーを複数置く。ドリルをする選手は、サイドラインとファウルライン延長線上の間のエリアにいなければならない。

1 1つ目は「ハンズ・ハーフ・スピード」。まずオフェンスプレーヤーがボールを持ち、ディフェンダーに背を向ける。そしてピボットして、トリプル・スレットポジションでスクエア・アップする。我々は、ボールを自分のものにするときは、プレッシャー・ザ・ボールとコンテイン・ザ・ボールという、2つの用語を使う。ディフェンスのうまいマンツーマンチームにしたかったら、必ずボールへのプレッシャーが必要だ。

プレッシャーを抑える方法は、プレーヤーによっても違う。足の遅い選手なら、足の速い選手と対戦したときは、後ろに下がらなければならないかもしれない。しかし、ボールは自分の前にキープする。バックコートでサイドからサイドへとハーフスピードで行う場合。できる限り多くボールをターンオーバーしていく。

最初のグループがファウルライン延長線上まで来たら、次のグループがスタートする。

全員が「ハンズ・ハーフ・スピード」で行く間に、私はホイッスルを吹く。ホイッスルが鳴ったら、オフェンスマンがボールをとって、積極的にディフェンスのプレッシャーからピボットで逃げる。またディフェンス側は、ホイッスルと同時にスタートし、ボールを追跡。二度目のホイッスルで、ドリルは続く。ここでのルールーは、バックコートでなるべく多くボールをターンオーバーすることだ。ボールがハーフコートを過ぎたら、今度は無理にボールに対処しない。ディフェンス的にスクエア・アップし、ボールを持った選手とバスケットの間の位置を保っていく。ここでの考え方は「抜かれるな」。ボールを抑えよう。フロアのエンドまできたら、オフェンスがディフェンスになって、反対方向に繰り返す。

2 2つ目は「ハンズ・フル・スピード」。違いはこうである。同様にスタートするが、オフェンスはフルコート・シチュエーションで、ディフェンスを抜こうとする。選手は、相手にしている選手を意識しなければならない。ルールはこうである。バックコートで抜かれたら、すぐにスタンスをやめてターンし、フロアの内側部分をダッシュして、ボールを後ろからブロックするよう試みる。または、ボールを持った選手とバスケットの間に、再びポジショニングを試みる。ボールの前に入ろう。ボールと一緒に走ってはいけない。

3 3つ目は「ジグザグ＆リターン」。各エンドの1グループがスタートしたら、これはハンズフルスピードのライブである。ホイッスルで、オフェンスは即方向を変え、自分たちが来た側のバスケットをアタックする。この際、ディフェンスより前にいるかのように、フィニッシュを試みる。ここでは、統制をとりながらフィニッシュすることを選手に教えるのだ。

ディフェンス面では、後ろからどのようにボールを追っていくかを教える。オフェンスが方向を変えたら、フロアの内側をスプリントし、3つのうちの1つをするよう試みる。もしスプリントして、ボールとバスケットの間に再びポジショニングでき、1オン1ができたら、上出来だ。2つ目として、もしオフェンスが自分の前にいたら、インサイドをスプリントして、後ろからボールをチップしよう。3つ目としては、もしオフェンスより前に行けず、チップもできなかったら、オフェンスがシュートするのを阻止しよう。腕をつかみ、ファウルしてフリースローに追い込もう。ファウルは激しく、しかしクリーンに。ただ腕をたたいてはだめだ。オフェンスマンはシュートを成功させるだろう。しかし激しくクリーンなファウルはできる。もう一つ、ディフェンスマンがポジションを取っているとき、彼の頭はボールの位置に来る。相手が右利きなら、自分の左足を相手の右足の外側に出しておこう。

Late Game Situations
試合終盤のシチュエーション

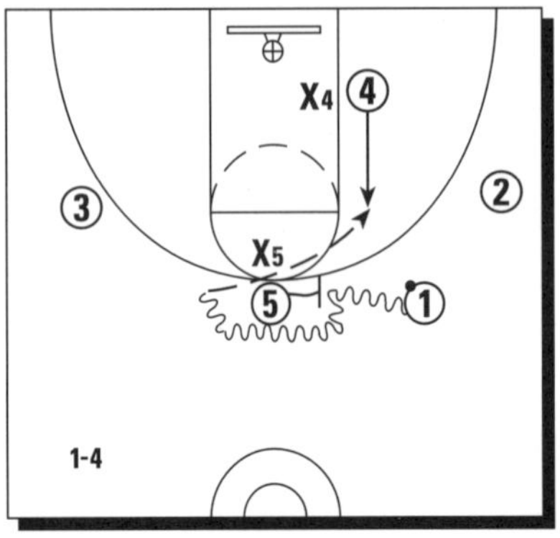

図36

図36　「タップ・ザ・ヘッド」。3ポイントシュートが必要なとき、＃1が、＃5のハイスクリーンを利用して、トップオブザキーからドリブルで逆サイドへ。＃1はコーナーを回ることができ、＃5はリムの前にロールすることができる。＃5がロールしたら、4はエルボーエリアまで出てくる。もしX5が全てのボールスクリーンのヘルプにいけば、これによってX4はフリーズ状態となり、＃5が含めの位置にドロップ。＃4がフリーとなり、シュートできる。

図37　試合終盤に3ポイントシュートが必要な場合、フルコートなら、我々は「ハンドオフ」を使う。＃3がアウトオブバウンズからボールを入れ、＃1が素早くボールを持ち込む。＃1が＃2にボールをハンドオフ。多くの場合、ディフェンス側にためらいが少しでもあれば、＃2はそこからすぐにシュートできる。もし、2ポイントシュートでいい時は、多くの場合＃2がフェイクカットして、バックドアにいって、＃1からパスを受ける。

図38　＃2にボールを渡したら、＃1はそこから3ポイントラインの外側で＃3との間隔をあけなくてはならない。＃5は逆サイドに位置。＃3は左サイドの高い位置にスプリント。＃2がボールをとり、＃4がかけたスクリーンからドリブルで出て行く。＃5が高い位置の＃3にバックスクリーンをかけ、＃3は逆側のコーナーに行く。＃5が3ポイントシュートを打つべく出て行く。

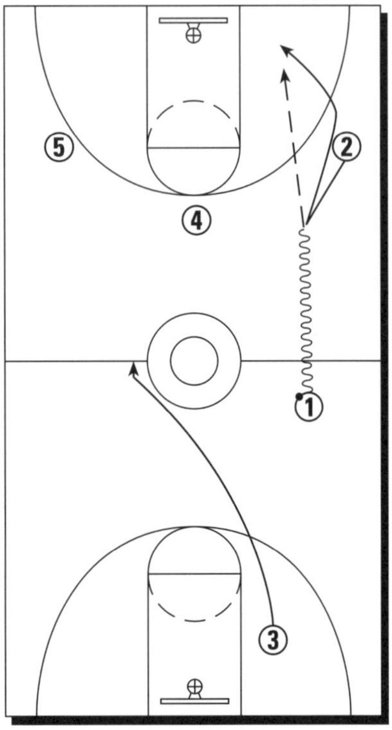

図37

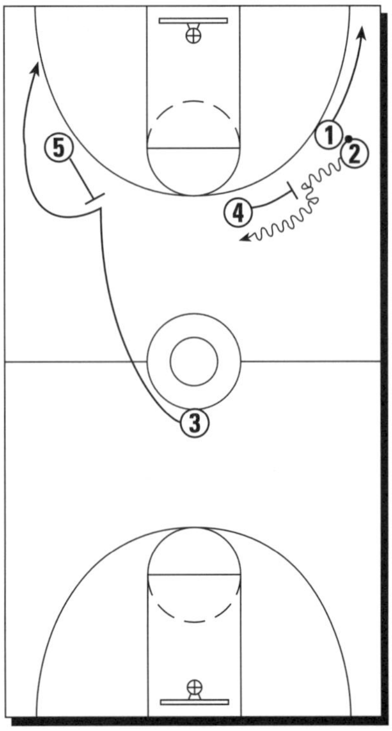

図38

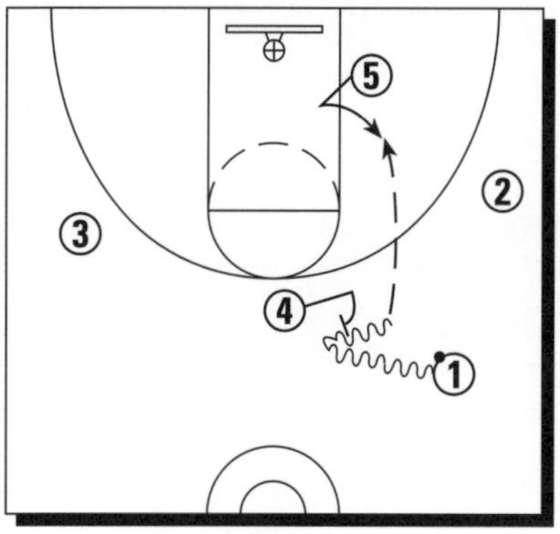

図39

➔図39　「サムズアップ」。残り時間がどんどんなくなっていくときのプレー。＃4が高い位置でスクリーンをかける。しかし＃1が＃4のスクリーンを受ける前に、＃5がレーン内にちょっと入ると同時に、＃1がリバースドリブル。＃1は＃5にパスできるし、または＃1から＃2そして＃5とつなぐこともできる。

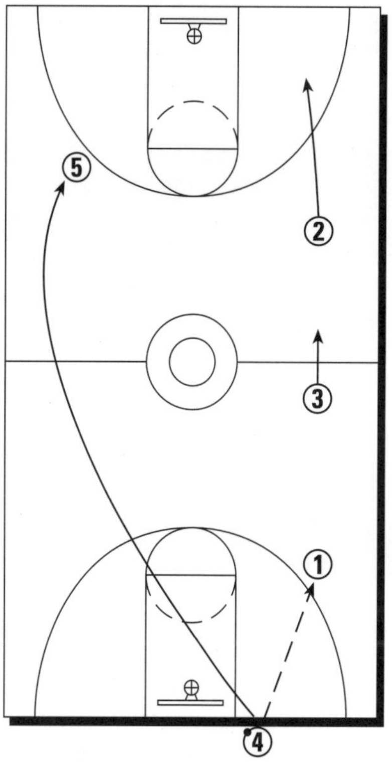

図40

➔図40　「シューター」。フリースロー成功あとの状況でこのプレーができる。＃4がすぐに＃1にインバウンドパス。＃5がスプリントし、＃2と＃3どちらかが右側のウイング位置を目指す。＃4は＃5と共にアウトサイドの位置へスプリントしなければならない。＃2と＃3がダッシュするとき、両者の間に適切な間隔をあけることを意識しなければならない。

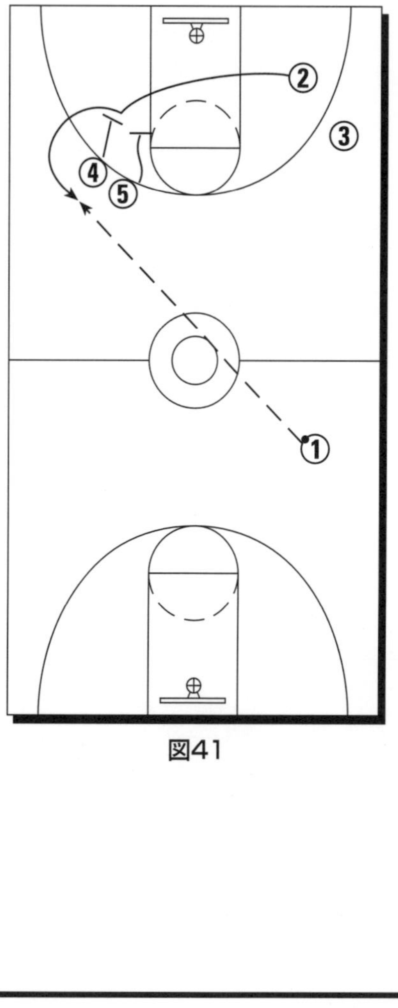

図41

➔図41　＃2が先に着いたと仮定しよう。＃4と＃5は3ポイントラインでダブルスクリーンをかける。＃2が激しく出てきて、＃4と＃5のダブルスクリーンから出ていく。

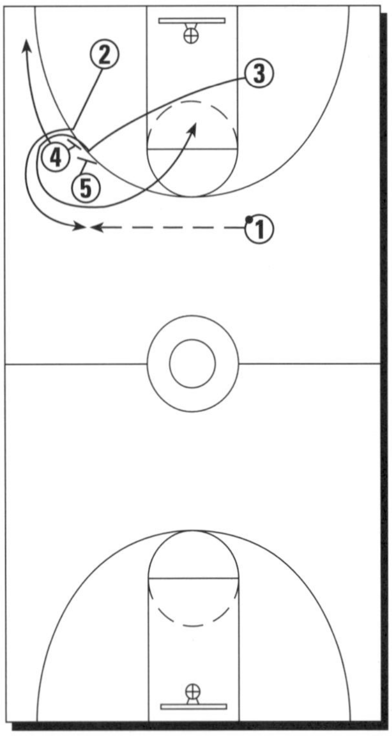

図42

図42　もし＃2がフリーでない場合は、＃2はカール。＃3が、2つ目のオプションとして＃2の後を追い、ダブルスクリーンから出てくる。最初のカッターたちがオープンにならない場合は、＃4と＃5についたディフェンスマンのせいである。そこで＃4がコーナーに出て、＃1から来る可能性のあるパスに備える。

JOHN KRESSE
ジョン・クレス

Special Situations
スペシャル・シチュエーション

いい選手がいれば、ゲーム終盤の展開を驚くほどうまく運んでいくことができる。しかし、勝てるポジションに選手をおいてやらなければならないし、そういったシチュエーションを繰り返し練習してみることも必要だ。チームのベストプレーヤーにボールをまわさなくてはならない。そして選手たちも、試合終了間際に何をやるべきか、コーチが何を求めているか、知っていなくてはならない。

1点リードで残り0.1秒。相手チームのボールで相手はエンドから反対エンドまで攻めなくてはならない。

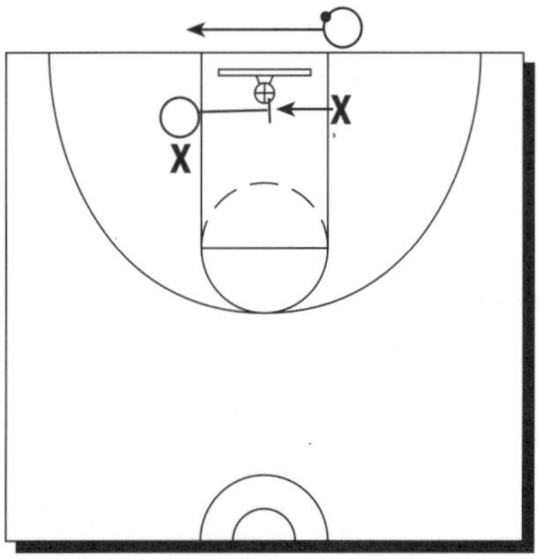

図1

➔図1　起こりえることの一つはこれだ。もしオフェンスのインバウンダーがエンドラインを走れるとしたら（スコアが決まったあと）、チームメイトがスクリーンをしてファウルを誘う。すべての可能性を考えなくてはならない。

我々のシーズンが成功だったかそうでなかったかの違いはいつも4点か5点で勝敗が分かれた10～11ゲームにある。これらがいい結果に終わっていればいいシーズンだったと言えるのだ。チームはゲーム終盤に力を出せなければならない。我々は試合終了間際でのプレーをすべて図式化している。タイムアウト中に選手に見せたい場合、私がその場で図を書く必要はなく、アシスタントコーチがファイルからその図を出すだけだ。アシスタントコーチは、タイムアウトの記録をつけ、自分のチームはもちろん相手チームのファウルも記録する。相手チームのいいファウルシューターは誰か、ということもチェックする。また、相手チームの得意なプレーも知っているべきだ。

プレーの詳細に入っていく前に、いくつかの考え方を紹介しよう。

❶ゲーム終了間際のプレーをあなどるな。ほとんどの試合は8点差以内で勝敗が決まるものだ。

❷ディフェンス、オフェンス、シュートは、反復練習で獲得していくスキルだ。ゲーム終了間際のプレーも同じこと。練習でも、まるで試合本番のように行う。アシスタントコーチも加わり、本物の試合のつもりでプレーする。

❸チーム全員がタイムとスコアを把握していなければならない。

❹すべての可能性を考えて練習する。

❺練習したことがあれば､何をすべきかわかるはず。

❻先発選手がファウルアウトしてしまうこともあるので、控え選手も十分に練習する。

❼時計を止めるために選手交代をする。例えば、いいディフェンスの選手を出すなど。

❽プレーを任せられるベストプレーヤーは誰か、知っておくこと。そのベストプレーヤーに合ったプレーを用意する。

❾哲学を持つこと｡そしてそれをチーム全員が知り、理解していること。

❿自分が何をしたいのかをはっきりすること。しかし同時に代替プランも作っておくこと。

⓫試合中に選手が練習でやったことがない状況におちいらないよう、しっかり準備すること。

試合終了間際のシチュエーションについて、さらにいくつかの考え方を紹介しよう。

❶もしリードされていたら、スチールにいきターンオーバーを狙うか？　ファウルするなら、いつ、どの選手にファウルするか？　やり方はいくつもある。事前にプランしておくことが必要だ。

❷3点リードをしていたら、3ポイントを入れられるのを避けるためにファウルするか？　するとしたらいつか？　その場合我々は、すべてのスクリーン、エクスチェンジでスイッチする。

❸もし1～2点リードされている、または同点だった場合、最後のショットまで待つか、いいチャンスがあればシュートするか？

❹リバウンドをとり、リードされている場合は試合終了間際でタイムアウトをとり、セットし直すか？　我々はそうするようにしているが、チームによってはディフェンスが戻る前に速攻でボールを運ぶのを好むチームもある。

❺「2for1」はどうか？　それは、1ポゼッション以上の時間があればシュートしてしまい、相手チームにボールがわたってしまってもよしとすることだ。

❻あらゆる場所から展開するプレーを想定しているか？

ではまず、いろいろな場所から展開するプレーについてお話しよう。

→図2　残り7～8秒でフルコートを攻める。#3がボール保持者。ボールハンドラーは#1か#2の場所にいること。#2は#1にスクリーンをかける。基本的に#1がボールハンドラーだ。#1か#2にボールが渡れば、彼らが反対エンドへペネトレートしていき何かプレーをしかける時間が十分にある。

→図3　もしボールが#3から#5に行ったら、#4は相手コートに走る。#5は#2にパスし、反対サイドをカットしていく。

→図4　ボックススコア、またはボックスタイムアウト。残り4～5秒でフルコートを攻める。#4と#5が#1と#2にスクリーンダウン。#4はスクリーンした後戻って#1の動きを読む。もし#1がサイドライン際に寄れば#4は真ん中を、#1が真ん中を行けば#4はサイドライン際を走る。#5は相手コートに走る。もしタイムアウトが残っていればコールして、ハーフコートゲームに持ち込む。

→図5　「トリプル」は、残り5～6秒でのフルコート。#2はベストスコアラーだ。選手間のスペースを10フィートほどあけて並ぶ。#1が#2にスクリーンし、さらに#4、#5にスクリーンする。#1はターンして#4にスクリーンし、#4は相手コートに走る。#2はゴール方向に走りながらボールを受け取れるようにカールする。#3は#4にロングパスしてもよい。

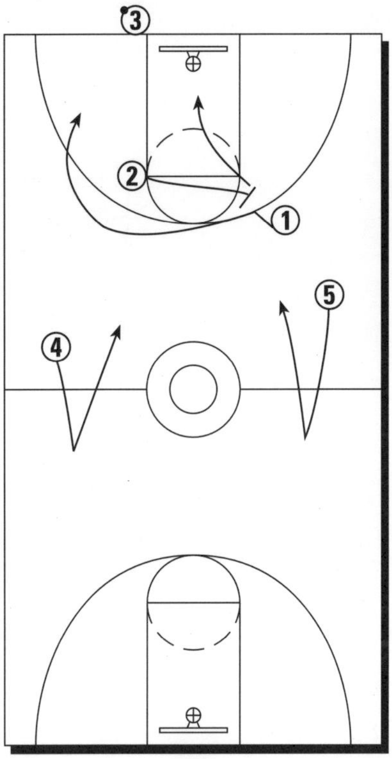

図2

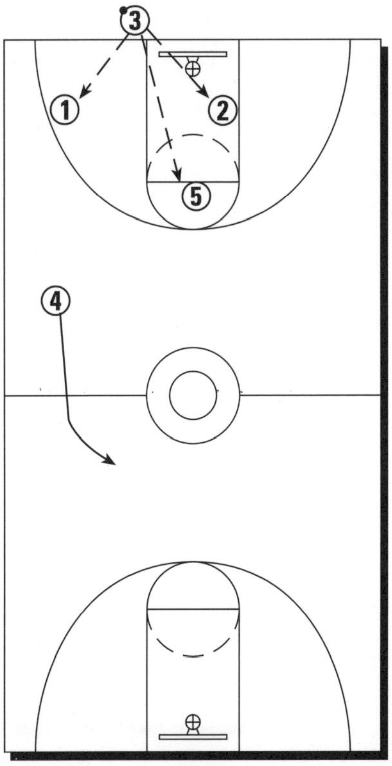

図3

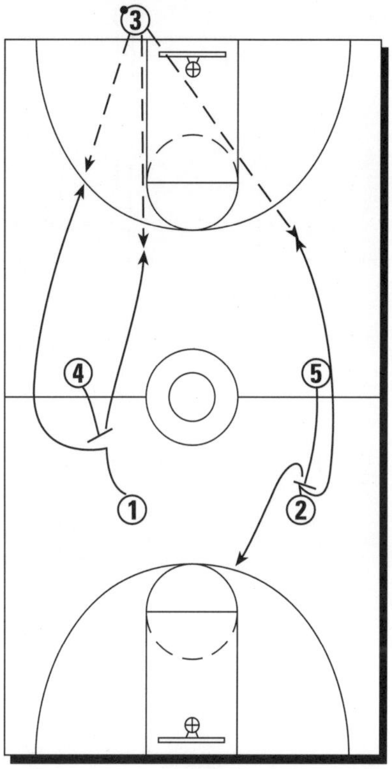

図4

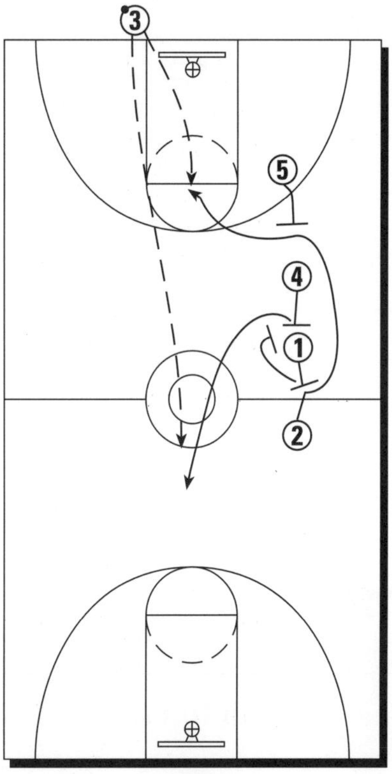

図5

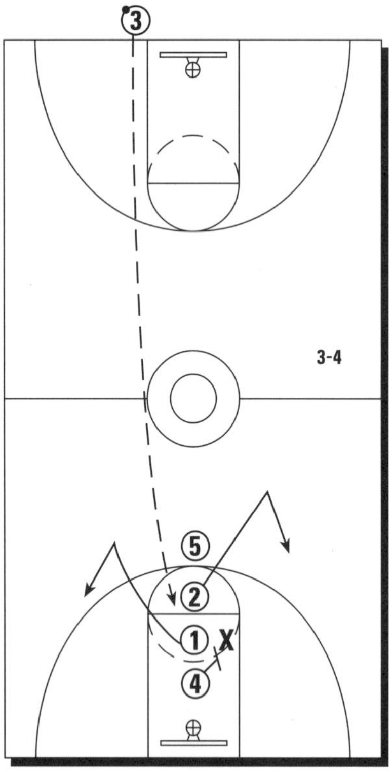

図6

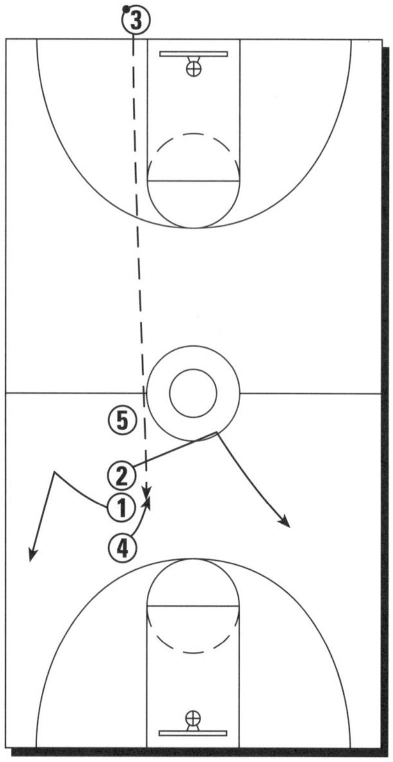

図7

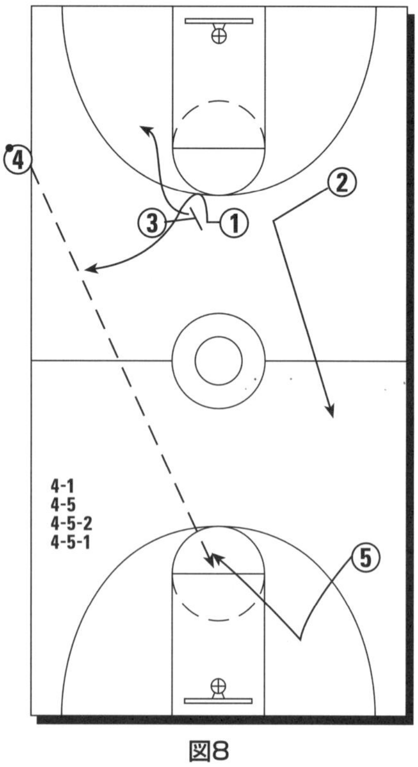

図8

➔図6　「ナイアガラ」は残り1秒のみの時のフルコート。#3は肩がいい選手であるべきで、#4もいい選手だ。#4はハイサイドでガードされている。#1と#2はサイドに動く。#4はマッチアップしている選手をシールして#3からのパスを受ける。もししっかりキャッチしてシュートできそうになければ、#1か#2にタッチパスをする。残り1秒なら、キャッチしてシュートする。2秒あればキャッチして1回ドリブルをついてシュートできる。3秒あればキャッチして1～2回ドリブルしてシュートする時間がある。

➔図7　もし3ポイントシュートが必要なら、選手たちの位置を全員が3ポイントラインの上に来るように上げる。ここでも#4が主なレシーバーとなる。

図8　3/4コートのサイドから、残り5〜6秒でのプレー。これはハーフコートでも使える。#4がインバウンドする。＃3が＃2にスクリーンしその後自陣ゴール側へ。＃2はサイドライン際を走る。＃5は相手コートの深いところでカットしてからボールをもらいに上がる。＃4は＃1か＃5にパスする。もし#5にパスがまわったら#5は＃1を探すか、ウィークサイドにいる＃2を探す。#3、＃1、そして#2の間の距離は3mほど。

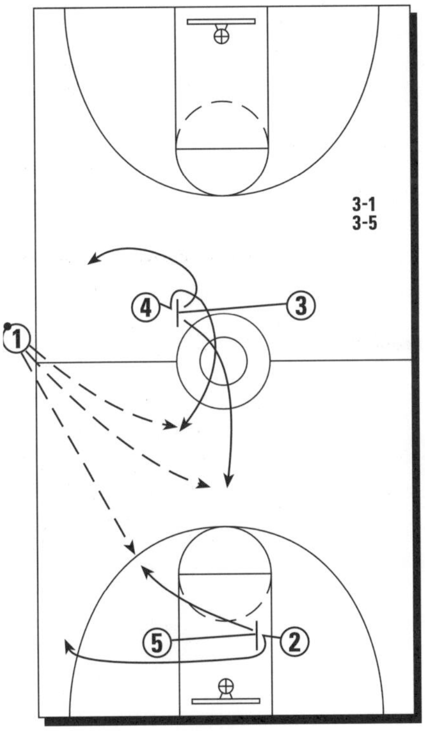

図9

図9　これはセルティクスのハーフコートプレー。#2がハブリチェックだ。#5が#2にスクリーンしてからボールへロールバックする。#3は#4へバックスクリーンをかけ、真ん中へカットダウン。#3はボールをとりにいく。#1は#2、#4、そして#5へのパスのチャンスをうかがう。

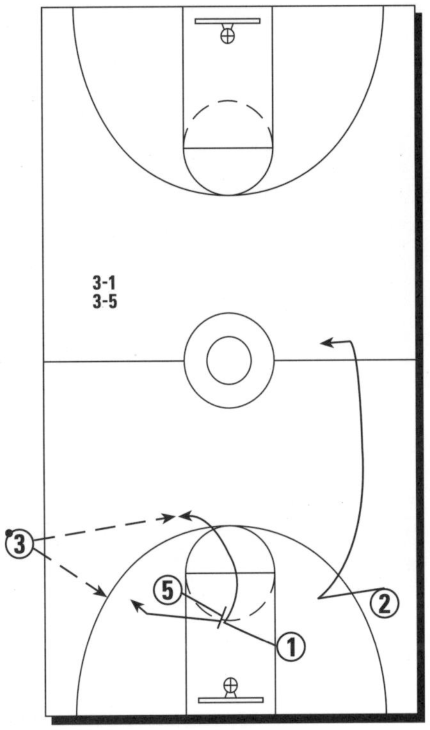

図10

図10　残り4〜5秒の時のプレー。チームのベストボールハンドラーでありペネトレーターであるポイントガードにボールを持たせる。#5は＃1にスクリーンをしてからボールをとりにいく。＃3はいつでもスコアラーとなる可能性がある。

図11　オプションとしては#4が＃1にスクリーンにいき、＃1はコーナーへ。＃5はボールをとりに行く。#3がパスするファーストオプションは＃1、そして#5だ。

図12　もし3ポイントシュートが必要だったら、＃1が＃2にスクリーンにいき、＃2はサイドラインへ。＃3と＃5が＃1にダブルスクリーンし、＃1は自分がスクリーンにいった後スクリーンを受ける。＃2は3ポイントのチャンスがある。また、ダブルスクリーンを受けた＃1もチャンスがある。

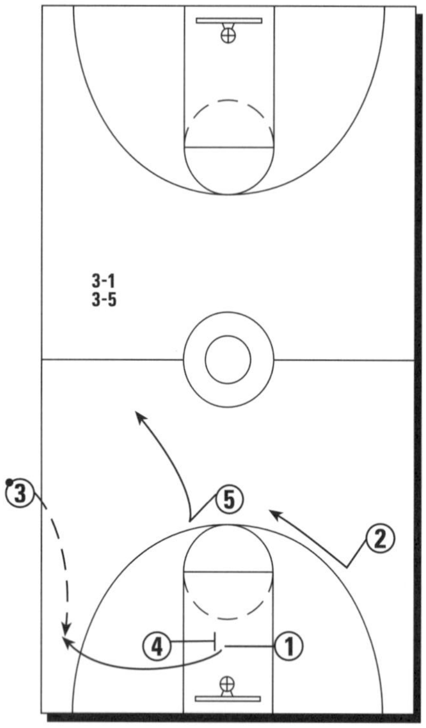

図11

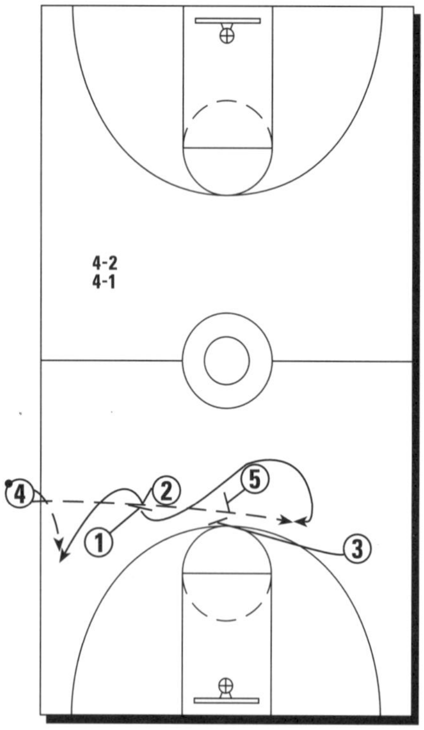

図12

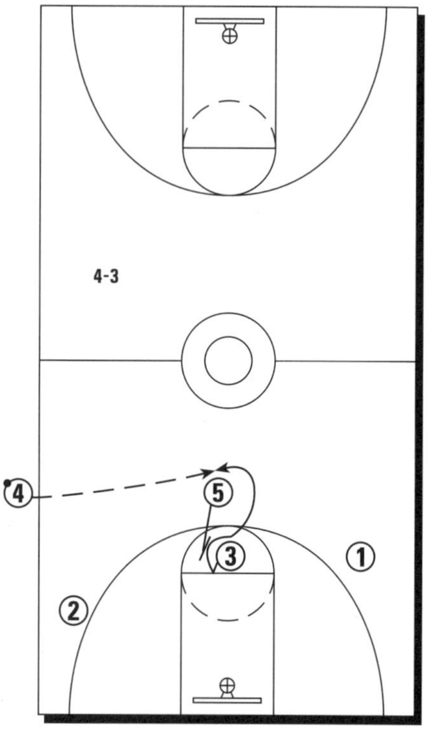

図13

図13　＃1がオープンになったら、＃5が＃3にスクリーンし、＃3はオープンになって3ポイントのチャンスを狙う。

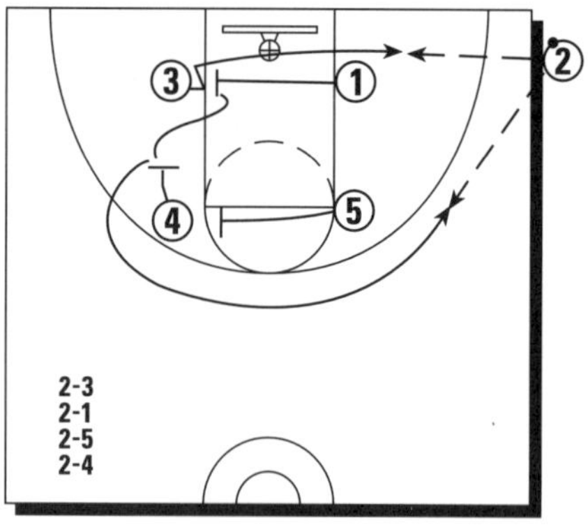

図14

図14　ボールはエンドラインのコーナーにある。＃2がインバウンドする。コーナーからスコアするのは難しい。＃1が＃3にスクリーンし、＃3はボールをとりにいく。＃1はそのまま動いて＃4と＃5からスクリーンを受ける。＃5はスクリーンした後ポップアウト。＃4はコートの真ん中へ。これはスコアするためというよりは、しっかりインバウンドするためのプレー。

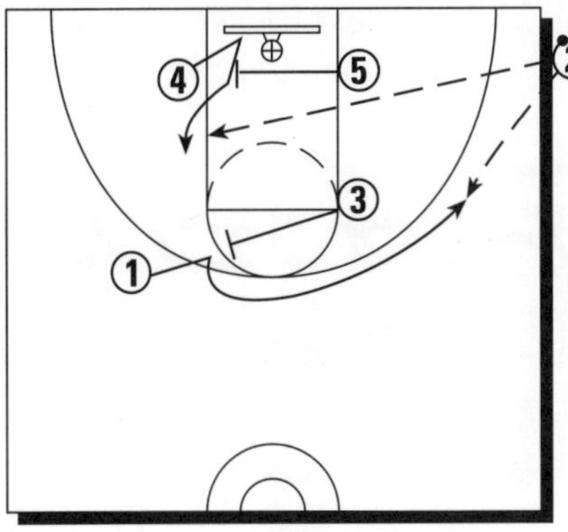

図15

図15　残り1～2秒でボールがエンドラインのコーナーにある場合、得点を狙うプレーとなる。#5が#4にスクリーンする。#4はスクリーンの方に走ってからリバースする。#2が#4へオーバーヘッドスローを投げ、#4がシュートを狙う。#3は#1にスクリーンをかけ、#1はオープンに。すばやくシュートを打つプレー。

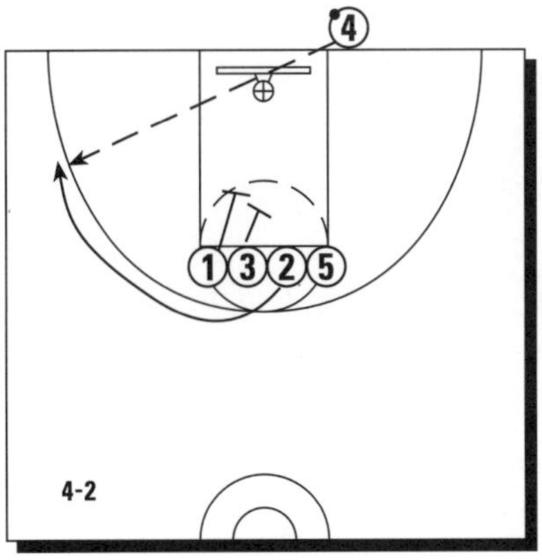

図16

図16　ボールはゴール下。残り1～3秒で3ポイントシュートが必要な場合。#1、#3、#2と#5がゴールに向かってぴったりくっついて立つ。#4はインバウンズするためにいいアングルとなるためにエンドラインからなるべく離れて立つ。#1と#3が#2にスクリーンし、#2はコーナーへ。これが最初のオプション。

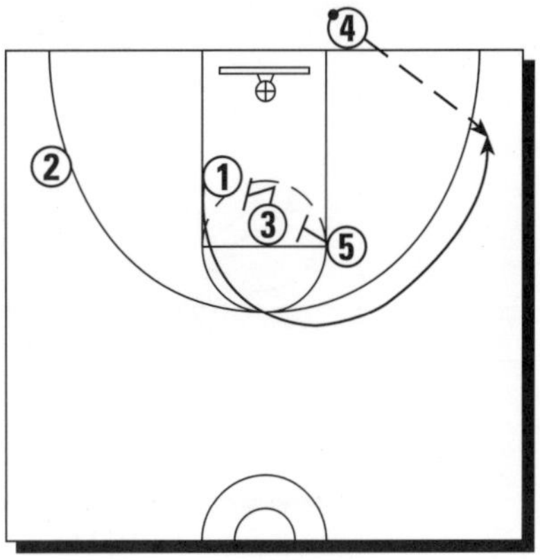

図17

図17　#3と#5が#1にスクリーンをセットし、#1は逆サイドのウイングエリアに。

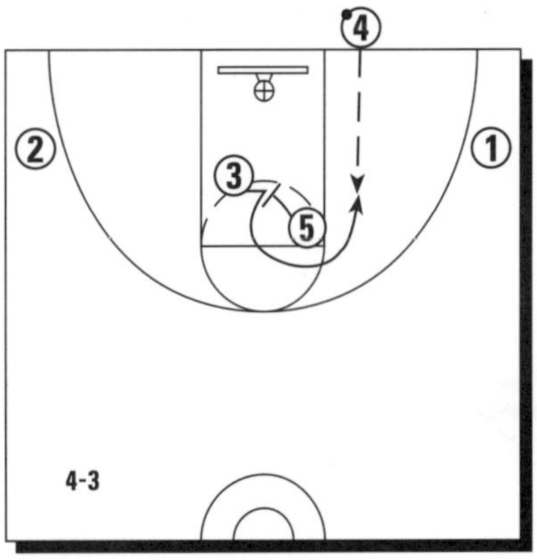

図18

図18　#5が#3にスクリーンダウン。#3はトップをまわるように走る。

図19　ハーフコートオフェンスから3ポイントシュートがほしいときに行うプレー。#5が#1にバックスクリーン。#3はサークルの上にフラッシュ。#1は#3にパスして#5のスクリーンを受けオープンに。#4が#2にバックスクリーン。#3はシュートを打てるかもしれないが、もしだめなら#1か#2にパスを出す。

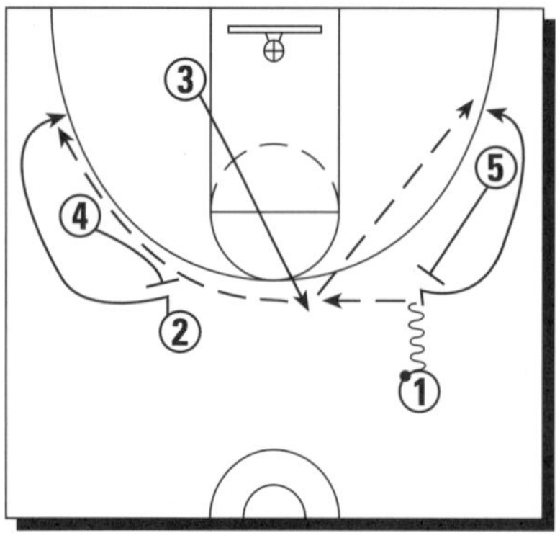

図19

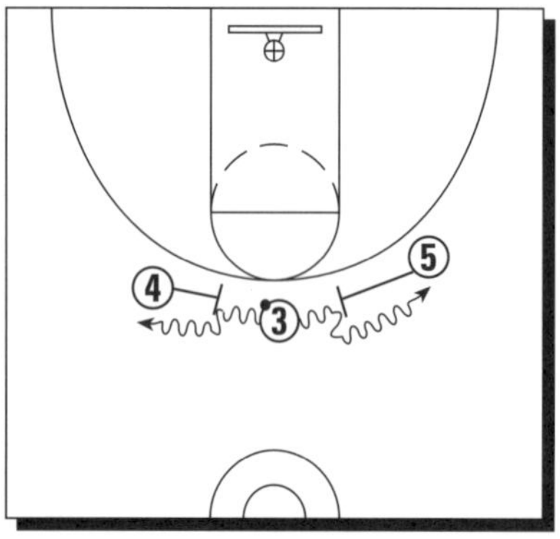

図20

図20　もし#3が#1か#2にパスできなかったら、#4と#5が#3にスクリーンをかけ、#3はどちらかのスクリーンを使ってドリブルしていく。

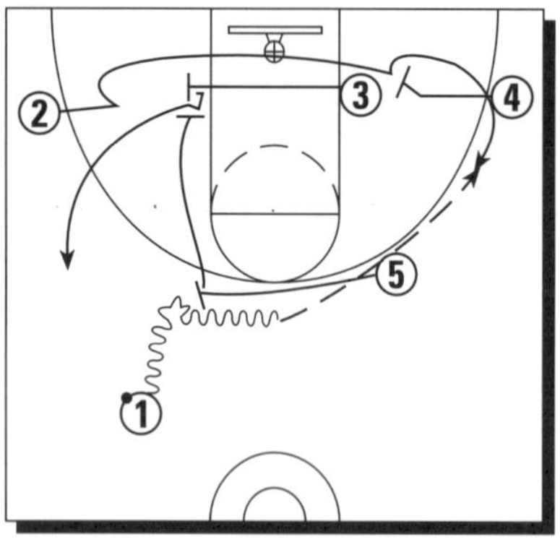

図21

図21　3ポイントシュートプレーをもう一つ。我々の3ポイントシューターは#1、#2、そして#3だ。#1がドリブルし、#5のスクリーンを受けて左から右へ動き、シュートを狙う。#2は#3と#4のスクリーンを受けて逆サイドへ動き、#1からのパスを待つ。#5は#3にダウンスクリーンし、#3はオープンになってパスを待つ。

Zone Offense
ゾーンオフェンス

ゾーンに対しては速攻で、ゾーンがセットされる前に攻めるようにしている。このところ、ゾーンが多くなってきているようだ。それは、1オン1プレーヤーが多くなりペネトレーションが増えたからだろうか？　選手が大柄になり、ゾーンならゴール付近で守れるからだろうか？それともシュート力が弱まっているからだろうか？　フリースローもアウトサイドシュートも少なくなっているようだ。ゾーンがどんどん増えてきている。

Principles of Attacking Zones
ゾーン攻略の原則

［ゾーンの見極め］マッチなのか、トライアングル&2なのか、ボックス&1なのか、見極めなければならない。ペリメーターシュートは打てそうか？ディフェンスのどの選手が一番弱いかも知っておくべきだ。

［冷静に忍耐強く攻める］ゾーンに対しても、2～4本のパスでシュートを打てることもあるかもしれない。パスをまわせばまわすほど、ゾーンが崩れていくかどうか、判断が必要。

［タイミング］インサイド・アウトサイドセオリーは重要だ。ボールをインサイドに入れてファウルを誘う。まずインサイドに入り、外にパスを出す。パスによって選手の動きが決まってくることが多いので、パスのタイミングは重要だ。

［パス］ウイングとコーナーからポストにバウンズパスを狙う。スキップパスもする。基本的には両手でシャープなチェストパスをする。

［パスレシーバー］レシーバーはトリプル・スレットポジションにいること。

［シュート］ゾーンに対する前に、スポットシューティングの練習をする。シュートフェイクも練習する。

［ドリブル］ドリブラーがゾーンにアタックしていく。選手たちは、ゾーンがマッチアップしにくいようなポジションにつく。#1、#2はギャップでプレー。#3はゾーンのトップとバックをスプリットする。#4も同様。#1がドリブルしていき、2人のディフェンスを引きつける。そうすれば#2か#3にパスすることができる。トラップされてしまうほど中に入らないこと。もし最初のディフェンダーを抜くことができれば、ゴールまでは行けないだろうがディフェンス5人のうち2人はかわしたことになる。そこでジャンプストップをして、ジャンプショットかパスをする（図22）。

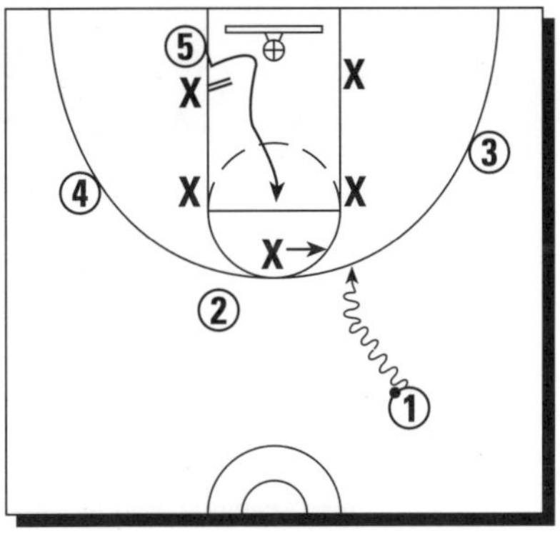

図22

［トライアングル］常にトライアングルを作り、ディフェンス2人に対して3人になるようにしている。

［スクリーン］インサイド、アウトサイドでのスクリーン。

［後ろからアタックする］図1を参照。#5はゾーンの後ろ側からフラッシュしている。

［オフェンシブリバウンド］シュートが放たれたら常に反応してオフェンシブリバウンドにいくこと。

再び図22　「21」。これは1-2-2、3-2、1-3-1など、フロントに奇数の選手がいるゾーンに対して行う。我々は2-1-2となり、#1がドリブルしていくと#5が下から上がる。#1は#5にパスし、#5はシュートするか、#3、#4、または#2にパスする。

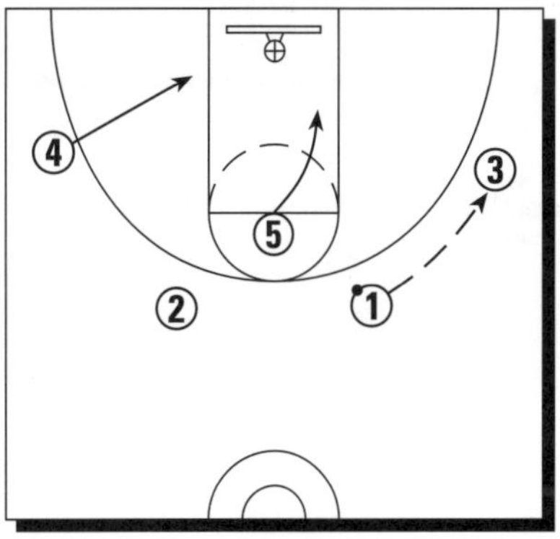

図23

図23　#1が#3へパス。同時に選手がローテーションする。#1から#3へのパスで、#5はストロングサイドのブロックへダイブ。#3は#5を見る。#4はウィークサイドで下に下がる。#1と#2は動いてスポットアップする。

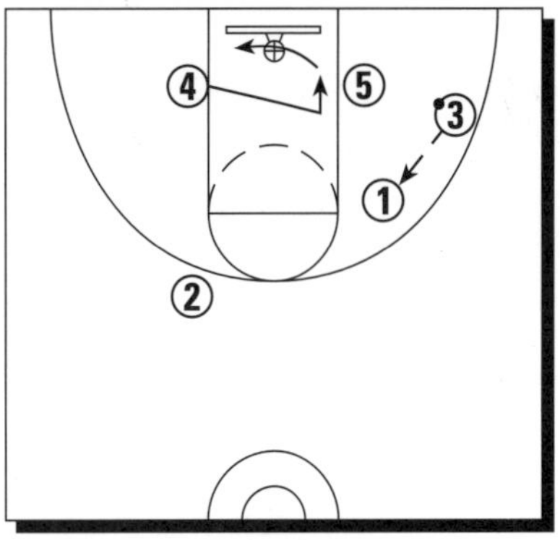

図24

図24　もし#3が#5へパスしなければ、#3は#1へボールを戻す。#5はウィークサイドにロールし、#4がゾーンの真ん中へフラッシュする。スポットアップした#1と#2がオープンでシュートできるかもしれない。#1は真ん中の#4にパスしてもいいし、#5にオーバーヘッドパスをしてもいい。

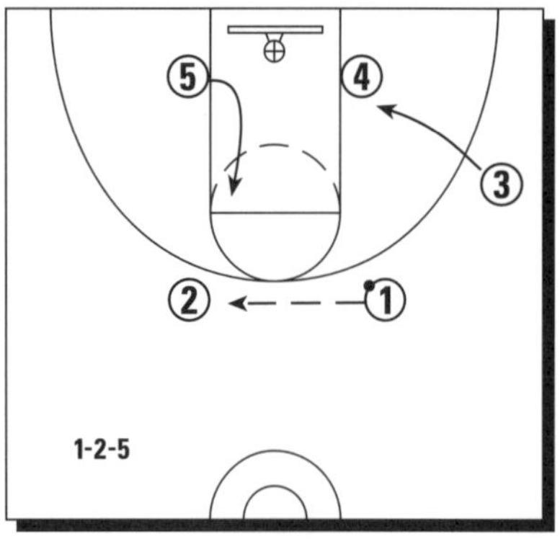

図25

図25　ガードからガードへのパスが出たら、＃5が上にあがるようにフラッシュする。＃4は元のポジションへ戻る。ボールの動きは早く、選手も動いている。

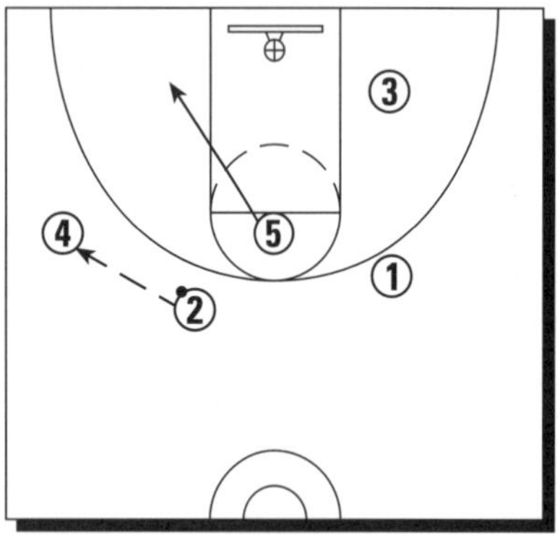

図26

図26　＃2は＃4にパスしてもいい。ここでのルールは、＃5がボールサイドのブロックへ下がり、＃3はウィークサイドのブロックへいくこと。

図27　もし＃4が＃2にパスを戻したら、＃3は真ん中へフラッシュし、＃5はウィークサイドブロックへロールする。＃2は＃3にパスしてもいいし、＃5にオーバーヘッドパスでもいい。

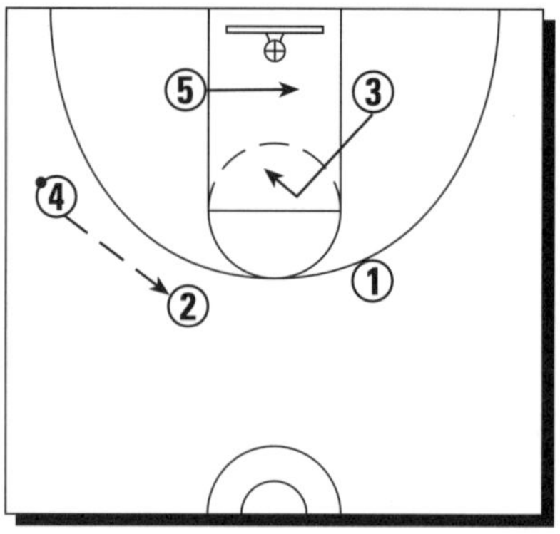

図27

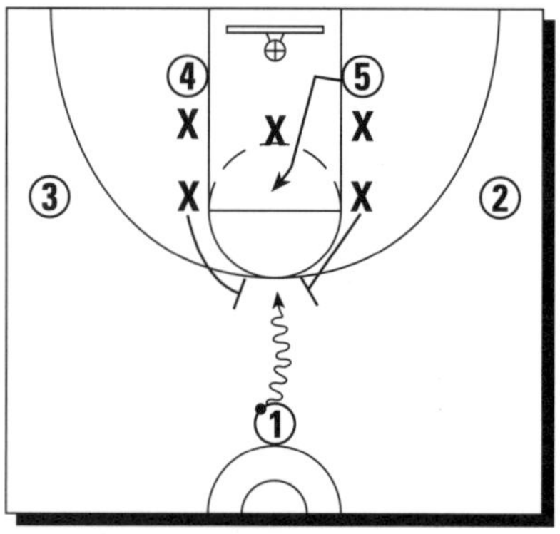

図28

図28　「13」。2-3に対する1-3-1攻撃。＃1がゾーンのギャップへ入り込んでいき、＃5も下から中へ入る。＃1は＃5にパス。＃2と＃3はゾーンのトップとボトムの間のギャップに入る。

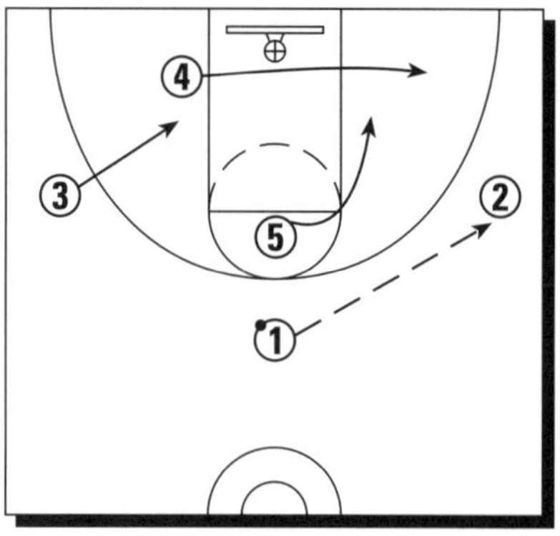

図29

図29　＃1は＃2へパス。もしゾーンの下側が外に出てきたら、＃5がミッドポストへ下がり、＃4は逆サイドへ走る。これで＃2、＃4、＃5のトライアングルができた。＃2は＃4がペイント

内を走っているときにパス。もしパスが出せなければ#4はそのままショートコーナーへ。

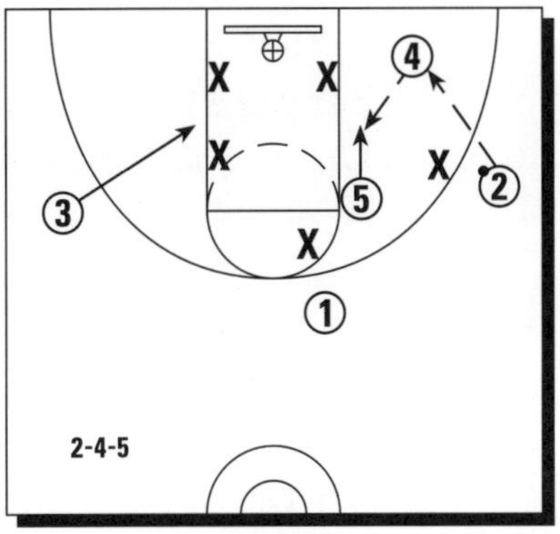

図30

図30　#2はショートコーナーにいる#4へパス。#4はシュートするか、ベースライン際をドライブインするか、レーンを下がってくる#5にパスする。#3はウィークサイドのリバウンドポジションへ。#2は3ポイントラインより外にいる。

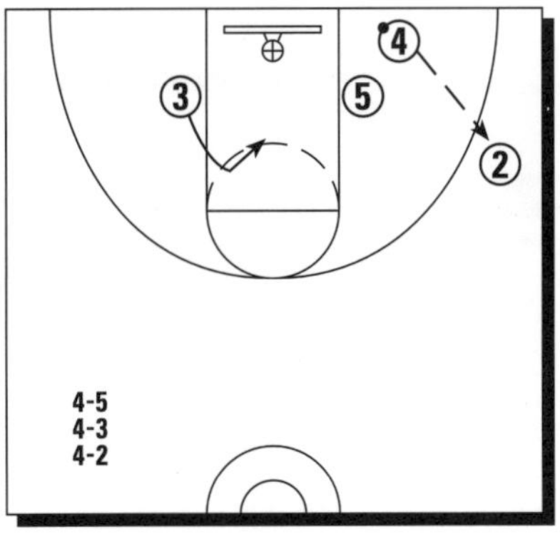

図31

図31　もしゾーンの下側が#2をガードしに出てきたら、ゾーンの真ん中が#4をガードしなければならず、そうすると#5がゴールにカットインしていける。#4は#5にパスしてもいいし、真ん中にフラッシュする#3にパスしてもいいし、#2にパスを戻してもいい。

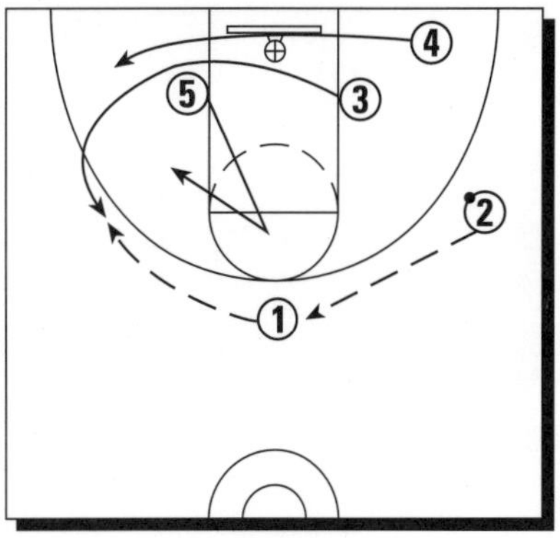

図32

図32　#2はボールを#1にリバースし、#1は逆サイドのウイングに走りこんできた#3にパス。#5は上に上がってフラッシュし、ボールサイドのミッドポストへ。#4はベースラインを再び走り、これでまた同じ動きを最初から繰り返し行うことができる。

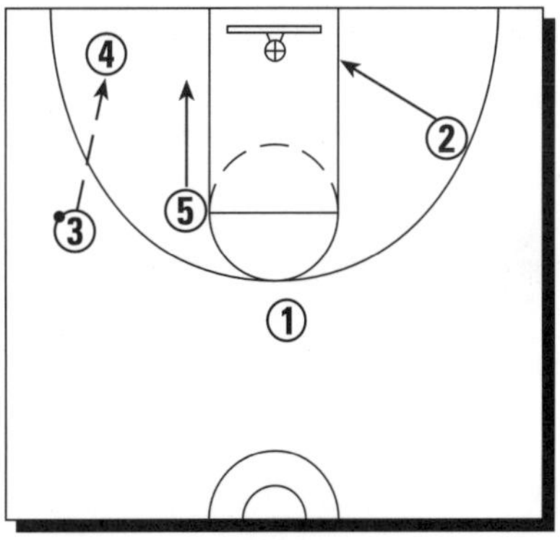

図33

図33　#4がショートコーナーへ行ったら、#5がストロングサイドブロックを下がる。#2がリバウンドポジションへ。

図34　#4が#3へパスを戻したら#5はレーンを横切り、#2はレーンの中へフラッシュする。もし#2にパスがまわらなければ、右ウイングへ戻る。

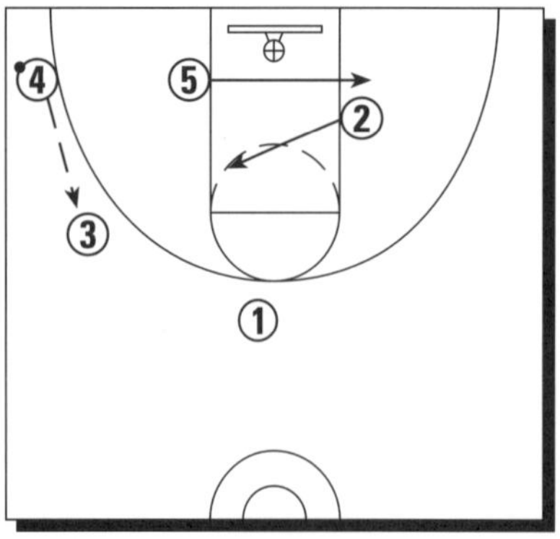

図34

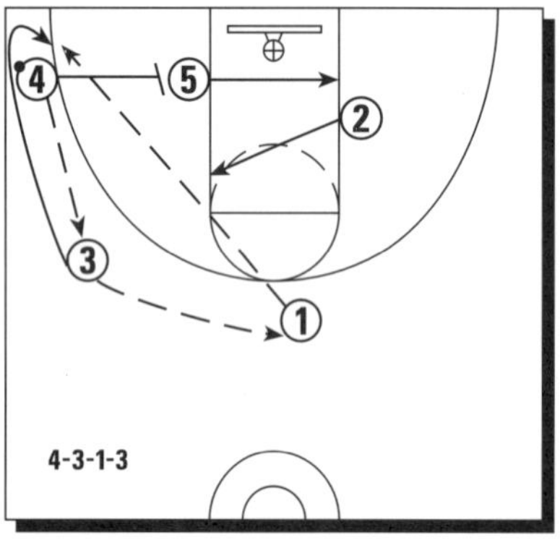

図35

図35　合図でバックスクリーンをかける。ボールが＃1に戻ったら、＃4はゾーンの下側をスクリーンし、＃3がコーナーへ走る。ボールは＃4→＃3→＃1→＃3とまわす。＃2と＃3は、ゾーンの下側がガードしなければならないようなポジションにいくことを忘れずに。

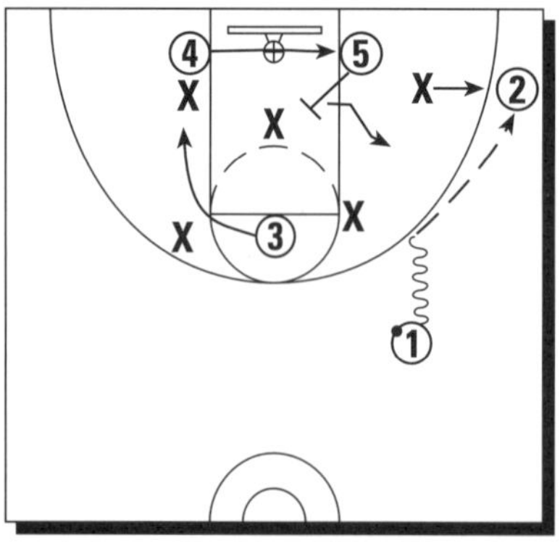

図36

図36　これはスクリーンを使ったインサイドオフェンス。2-1-2か2-3に対する「BCライト」アタック、と呼んでいる。

＃1はコートの右側を攻め、ゾーンのそのサイドにいるガードをひきつける。＃3はボールサイドのハイポストにおり、＃2は下に下がり＃5とスタックした状態か、ウイングにいるところから動き始める。＃1は＃2にパスし、ゾーンの下側の選手が＃2につくようにする。そのパスと同時に、＃3はウィークサイドのリバウンドポジションに入る。＃5はゾーンの真ん中にいる選手をスクリーン。＃4はベースラインを走り＃2からのパスを待つ。＃5はボールが受けられるようにロールして、＃2は＃4か＃5にパスする。

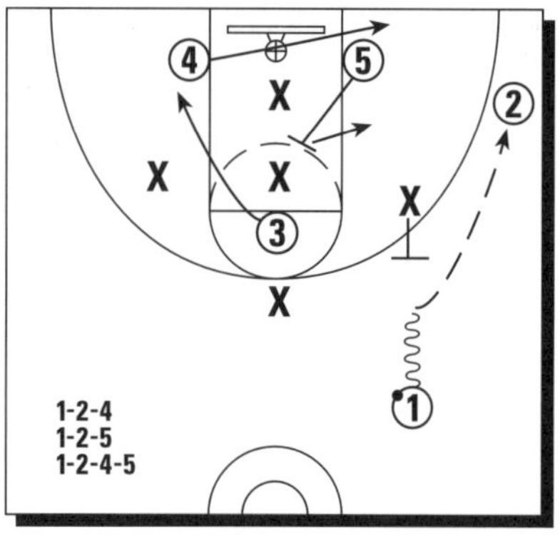

図37

図37　1-3-1ディフェンスに対するBCライト。これも同じこと。＃1が1-3-1のウイングマンを引きつけておいて＃2にパス。＃2はゾーンの下側の選手につかせるようにしている。＃5はゾーンの真ん中の選手をスクリーンし、＃4が＃2からのパスをもらうためにレーンを横切る。＃5もロールしてボールをもらえるようにする。＃2は＃4か＃5にパスし、もし＃4がボールを受けたらレーンを下がってくる＃5にパスしてもいい。＃5はシュートするか、＃3にパスを出す。

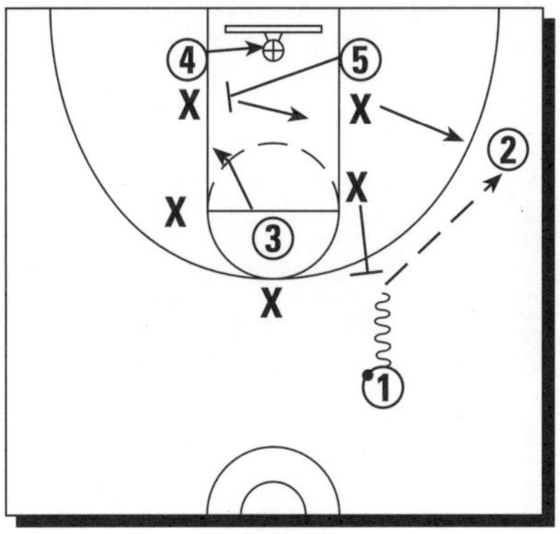

図38

図38　1-3-1か3-2に対するBCライト。同じように＃1はウイングマンを引き寄せ、＃2にパスする時には＃2はゾーンの下側の選手にガードされているようにする。＃5はレーンを横切ってもゾーン下側のもう一人の選手にスクリーン。＃4が＃2からのパスを受けられるようにレーンを横切り、＃5もロールバックしてパスが受けられるようにする。＃3はウィークサイドのリバウンドポジションに入る。

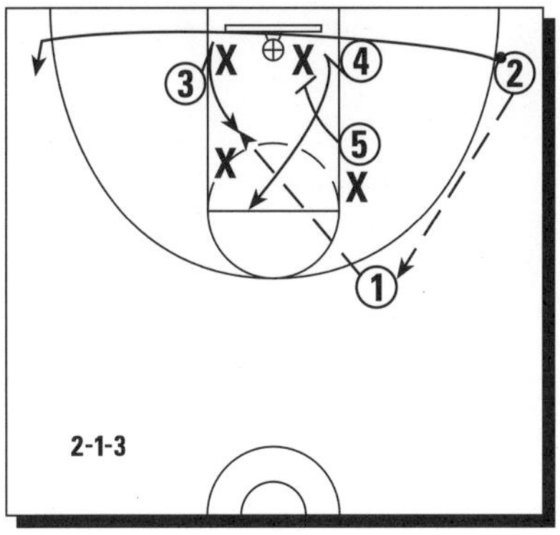

図39

図39　ボールがコーナーにあるときは、どんなゾーンも2-3の形になる。＃2が＃1にパスしたら、＃4がウィークサイドのトップにフラッシュ。同時に＃5がゾーンの真ん中にスクリーンダウンする。＃3はゾーンの真ん中にフラッシュ。＃2→＃1→＃3とパスすることで＃3にボールを渡すことができる。

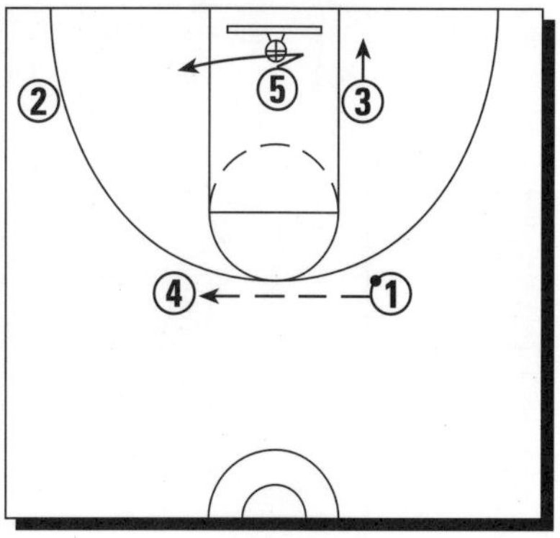

図40

図40　もし＃1が＃3にパスできなかったら、＃5はウィークサイドのレーンの外へ出る。＃1は＃4にパスし＃3はレーンを下に下がる。こうすると、＃4がボールを持ち、＃5はブロックに、＃2はウイングに、＃3はウィークサイドのリバウンドポジションにいることになる。

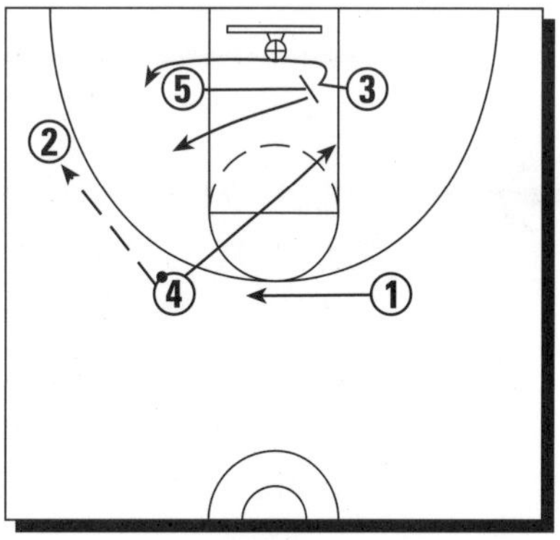

図41

図41　これでゾーンはシフトすることになる。＃4は＃2にパスし、＃5は＃3をオープンにするためにゾーンの下側にスクリーンする。＃3はベースラインを走り、＃5はボールサイドに戻り、＃4がウィークサイドのブロックへフラッシュする。＃2は＃3か＃5へパス。

図42　最後のオプションは、＃2から＃1へのパスと同時に＃5がゾーンの真ん中をスクリーン。＃3が上に上がってフラッシュし、＃4はゾーンの真ん中へ入る。＃3が最初にフラッシュし、＃1は＃4を見る。

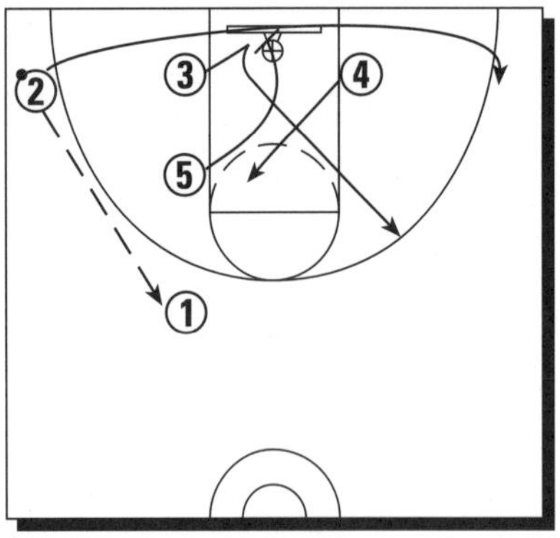

図42

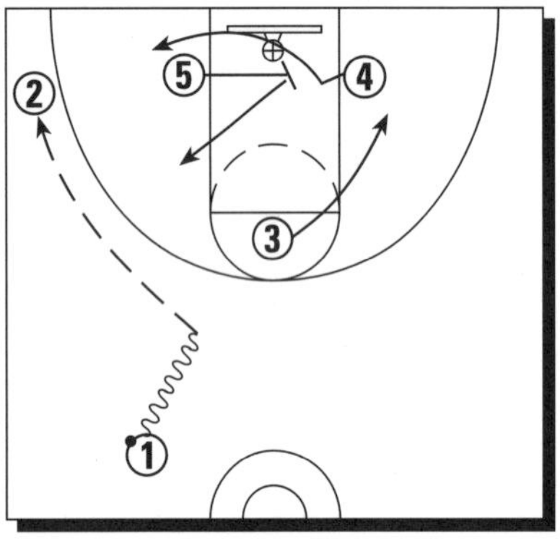

図43

図43　「BCレフト」。＃1は左コーナーにいる＃2にパス。コートの左側を使っているだけで、動きは先ほどと同じ。＃1から＃2へのパスで、＃5がスクリーン。＃4がベースライン際へ寄り、＃5がミッドポストに戻る。

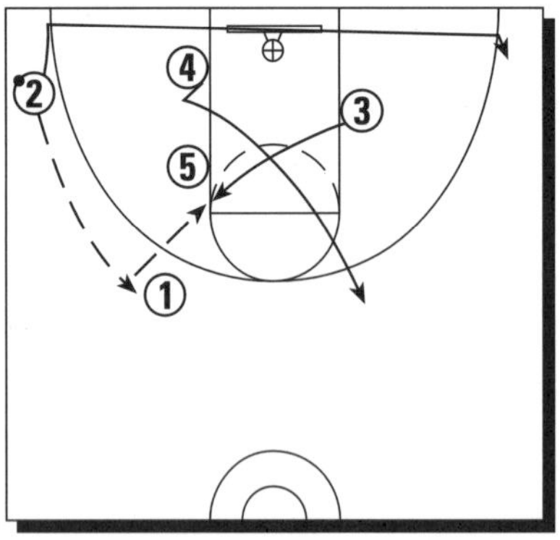

図44

図44　再びボールが外に戻ったら、＃5が＃4にダウンスクリーンをかけ、＃2はベースラインを走る。＃4は上がっていき、＃3は真ん中にフラッシュする。

ED MURPHY

エド・マーフィー

Man-to-Man Defense
マンツーマンディフェンス

私はディビジョンⅡのコーチだ。ディビジョンⅡでは、転校生やジュニアカレッジのプレーヤーたちを、大勢使わざるを得ない。だからバスケットボールについては、高校のコーチと同じような問題を抱えている。まずアシスタントコーチがいないということ。次にチームにやってくる戦力は、せいぜいジュニアカレッジのプレーヤーたちや転校生ぐらいが精一杯だということ。彼らが何とかプレーできるようになるまで、10試合も待つ余裕はない。今すぐに、プレーできなくてはならないのである。

私のような立場にあるコーチが得意とすることがある。それは、最も効率的な指導について、よく考えるということだ。どんな言葉を使うか、その言葉が生徒たちのどんな反応を引き出すかということまで考えている。

高校では、大柄な選手はフットボール部と兼部していたりして練習に遅れて来ることがあるが、その選手がチームのベストアスリートだったりする。従ってその選手をすぐに練習に入り込ませる必要がある。私も高校のコーチとほとんど同じことをしている。選手たちが卒業して行ってしまうため、 数年に一度は一からやり直す必要もある。今年は先発3人が残ったが、例年に比べると多いほうだ。こういう状況にあるので、コーチングについては熟慮している。

例えば、チームでは限定した種類のディフェンシブドリルを行っている。私たちが用いるディフェンスとオフェンスは1種類ずつ。5マンモーションオフェンスをやって、ギャップディフェンスを行うのだ。プレスディフェンスもいくつか行う。

コーチはポストでのディフェンスも教えなければならない。ボール保持者をスクリーンする選手、ボール保持者以外をスクリーンする選手、そしてカットする選手。すべてのオフェンスはそういったものの組み合わせだ。だから私のチームでは、ポストディフェンスを教えるドリルを1種類行っている。1種類に限定するのは、実際にオフェンスを行うのと、ドリルを教え込むのとには同じぐらい時間がかかるからだ。

クリニックに参加してポストディフェンスのいいドリルについて聞いたら、それを取り入れるかもしれない。しかし、取り入れる場合は今までのドリルを捨てる。2つとも行うことはしない。2種類のドリルを行う時間はないのだ。選手たちには最も簡単で、最も効率的な方法で説明する。

つまり、こういうことだ。選手たちが覚えなければ、指導する意味はない。どんなにすばらしい教え方をしても。指導、そしてコーチングとはそういうことだ。最も効率的な指導をする必要がある。

もう一つ言えること。それは、選手たちは理解するまで全力でプレーできないということだ。選手たちの疑念をすべて取り払う必要がある。彼らは自分がすべきことについて疑念を持ってはならないのだ。選手は何をするのか、本当に理解するまで全力でプレーすることはできない。疑念があればちゅうちょしたり、怠けているように見え、恐れているようにも見えるだろう。しかしどうすべきかを理解すれば、全力でプレーできる。コーチが何を教えるかではなく、その方法、そしてどのぐらい速く効率的に教えるかが問題なのだ。

モーションオフェンスは初日から教える。チームではモーションオフェンス用のドリルが数種類あるので、6回も練習すれば5マンモーションを8割は効率化できるようになる。練習は単純化されている。ギャップディフェンスも6回練習すればかなりよくなる。

次に、指導の仕方と、どのようにして速く指導するかについてお話しする。フットボール部と兼部している選手たちが、フットボールシーズンが終ってから合流しても、指導に困ることはない。私はオールマンディフェンスを採用している。とてもうまいポイントガードを1人、そしてセンターをガードできる選手が1人ほしい。その選手はセンターである必要はない。そして残り3人は出来る限りよい選手を集める。

だからモーションオフェンスを採用しているのだ。ドリブルからプレーを組み立てるほうが、バスケットに背を向けてプレーするよりよほど易しい。私のチームではバスケットを目指しながらオープンになって3ポイントを打つのが狙いだ。

あなた方の中で、自分のチームのオフェンスとディフェンスの組み合わせについて熟慮している人はどのぐらいいるだろうか？　バスケットボールのコーチは不思議な存在だ。誰かが考えたディフェンスが、自分のチームのオフェンスで使っている選手とまったく違うタイプの選手向きだとしても、そのままプレーさせている。考えてみてほしい。バスケットボールにはアメフトのプラツーン（攻撃、守備専門の選手群）はない。攻守共に同じ選手がプレーしなければならないのだ。

3つから4つのポジションで選手の大きさが適当でなかったとしたら、ディフェンスは試合で通用するものを採用しなければならない。アイソレートされて頭上からシュートされたり、インサイドに入られたりしてはならない。だから私のチームではドライブインとポストをさせないよう、ボールにプレッシャーをかけたギャップディフェンスを採用している。そしてオフェンスでは5マンモーションを行う。これはオフェンスとディフェンスの両方で同じ選手たちを必要とするようなシステムだと思っている。

チームに入ってくる選手たちの多様さについて考えてみてほしい。彼らはいったいどんな選手なのか。並外れた選手がいたら彼に合わせて少し変えることもあるだろうが、毎年通用するようなシステムは構築しておかなければならない。

私たちは、練習時間の半分をディフェンスに割く。そのさらに半分はシューティングエリアでのディフェンスに、もう半分はプレスなど残りのディフェンスすべてにあてる。つまり、バスケットボールを指導するうち25%はシューティングエリアでのディフェンスにあてており、これは最も大切なことだと思っている。トラップは誰でも教えられるが、果たしてリカバリーはどうだろう。リカバリーこそが大切なのだ。リカバーできなければ、相手に3ポイントを打たれてしまう。スキップパスされて3ポイントを打たれたら終わりだ。だから私は、極力プレスはしない。

私のチームではギャップディフェンスのことを「10ディフェンス」と呼んでいる。そしてディフェンスに、バスケットに近いところから番号をつけている。10ディフェンスはシューティングエリアでのディフェンスだ。40ディフェンスはフルコートプレス、30ディフェンスはハーフコートまたは3/4コートトラップ、20はごくたまに使用するコートいっぱいに使ってのマンツーマンだ。

練習は次のように行う。1対1のドリルを1種類。カッターに対処するドリルを1種類（このドリルには、横方向のカットなどベースラインでのカットと、それ以外のカットの2種類が含まれる）。本当はこれらのドリルのうちいずれかを止めたいのだが、なかなかそれができない。後はポストディフェンスのドリルを1種類、そしてボールスクリーンについてのドリルを1種類行う。

チームドリルは3種類ある。普通のシェルドリル。そして番号付きドリルとブレークダウンドリルだ。私は、すべてのオフェンスはその3つの組み合わせだと思っている。これらのいずれかを重視するチームと対戦する場合は、その該当ドリルを長く行う。忘れていけないのは、1分野1ドリルの鉄則だ。もし他のドリルを採用するならすでにあるものを一つやめる。効率が大切なのだ。

1対1ではボールにプレッシャーをかけ、単なる1対1は絶対にしない。必ず相手をいずれかの方向に追いやる。ベースライン方向に追いやるか、中央に追いやるか。チーム全員が同じディフェンスをやっている限り、方向はどちらでもいい。私のチームではベースラインから離れるように相手を追いやる。

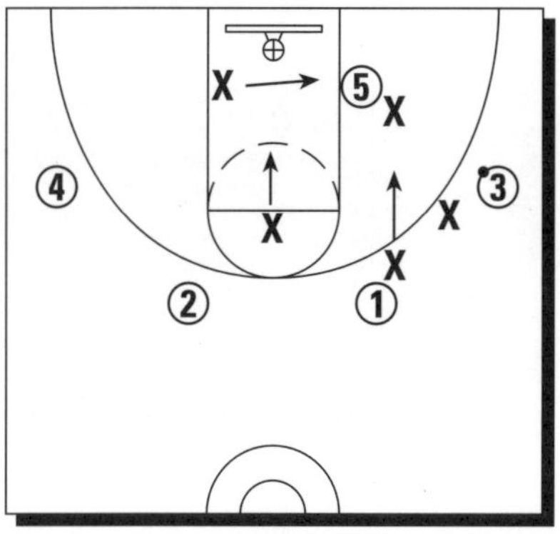

図1

図1　ボールはウイングに。ベースライン側のボールに強くプレッシャーをかける。ボールリバーサルはしない。これがギャップディフェンスだ。ギャップに入り込んでトップサイドでプレーする。図のように進む。ボールが＃5にパスされれば＃5をダブルチームしてローテーションする。形式はどうでもよい。相手を逆方向に追いやりたければボールリバーサルをさせてはならない。ディフェンスを調和させなければならない。ガード陣をギャップに入り込ませる。これがギャップディフェンスなのだ。＃4は賭けに出て捨てる。

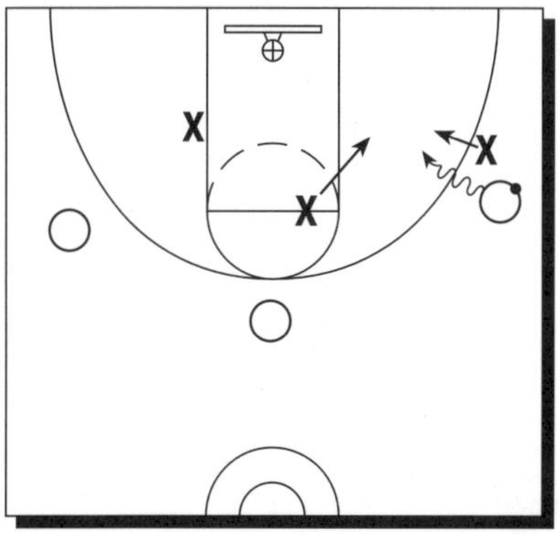

図2

図2　ドリル。3対3でトライアングルを組む。ボールはウイング。ボールが動くと共にディフェンスの選手たちも動く。ここから1対1に移る。しかし単なる1対1ではいけない。1対1ディフェンスで最も大切なのは、チームメイトの位置を把握し、相手をどの方向に追いやればいいかを分かっていることだ。常に相手をチームメイトの方向に下がらせなければならない。アイソレートされてはならない。決して単なる1対1を行ってはならない。オフェンスの選手に決定権を持たせれば必ず抜かれるというのが私の信念なので、相手から決定権を奪おう。

オフェンスの選手が進むとしたら図の方向なので、そのギャップにもう1人選手を置く。このドリルではセンターも含めて全員がすべてのポジションをプレーする。私のチームでは5マンモーションを採用しているのでさほど難しいことではない。世界一のディフェンスドリルはモーションオフェンスをすることだ。モーションではどの方向に進むか分からないので完全なディフェンスをしなければならない。

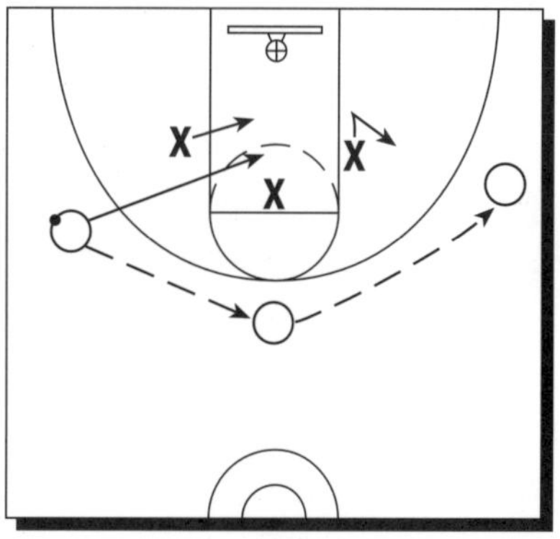

図3

図3　カッターへのディフェンス。図2同様、ディフェンスはトライアングルを組み、1人はボールに、残り2人はギャップにつく。オフェンスがボールを回すにつれて、オフェンスの選手1人が大きくカットする。選手たちには、ボールに飛びついてボールが見える位置まで下がるように教えている。ベースラインを背にしてポジションを取ること。

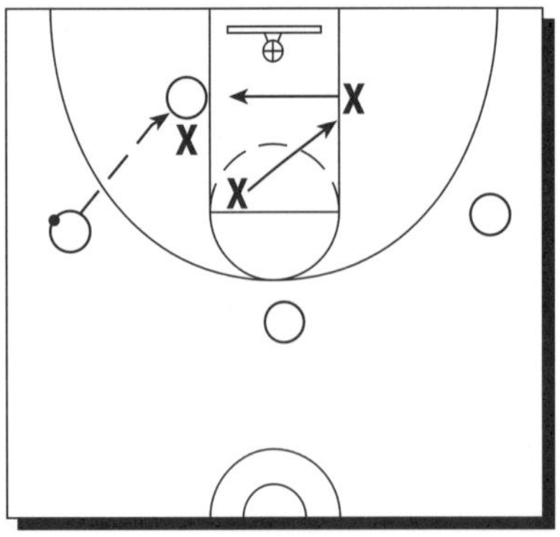

図4

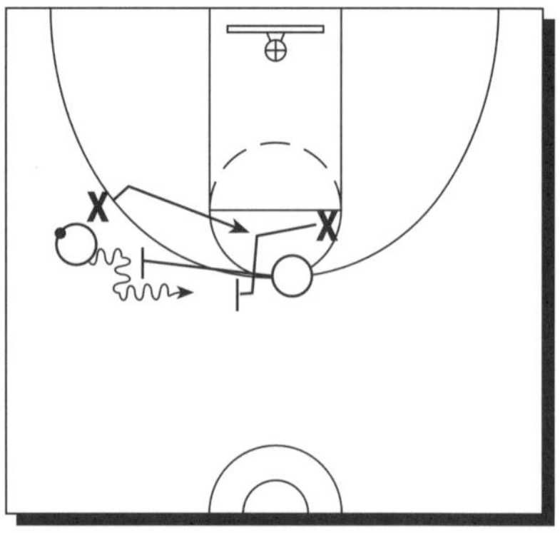

図5

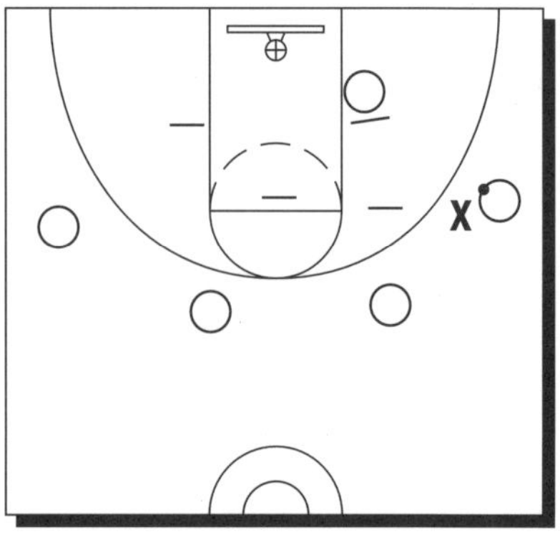

図6

➔図4　ポストディフェンス。同じセット。ポストプレーヤーがレーン中央またはそれより下にいる場合はトップサイドでプレーする。常にトップの上を動く。ポストプレーヤーがベースライン側からパスをもらったら、ダブルチームしてローテーションしながら戻る。これは繰り返し練習する。ポストプレーヤーが投げられるパスは、レーンを横切るパスだけだと思うので、パスの軌道上に入り込んでカットする。ボールがインサイドに入ったらダブルチームしてローテーションする。ポストプレーヤーがレーンをさらに上がればフロントへ。ディフェンスには相手の胸に片方の肩を向け、逆側の肩はボール方向に向けるよう指導する。ボールをロブされたら、相手について行ける。

➔図5　ボールスクリーンではジャンプスイッチする。私はここ数年でずいぶんスタイルを変えてきた。最近ではよくスイッチする。スクリーンをディフェンスしている選手を、ボール保持者の進路上に飛び出させる。

➔図6　チームディフェンス。5マンドリルは3種類行っている。1つ目はポジションシェルドリルだ。ボールがウイングにある場合、ディフェンスはトップサイド。他の選手はギャップにいて、そしてハイサイドのポストを守っている。ボールがポストに入ればダブルチームしてローテーションしながら戻る。各々2つの責任がある。1つ目は常に自分が守るべき相手、そして2つ目はギャップでのヘルプポジションだ。

➔図7　番号付きドリル。ペリメーターにいるオフェンス4人がコーチからそれぞれ番号をもらう。お互い番号を分かっているが、ディフェンスには分からない。ボールが動くにつれ、コーチが番号を大声で叫ぶ。その番号に該当する選手はカットする。ボールを取れなければ、またペリメーター付近に戻る。2、3回カットしたら番号を変えてみるとよい。

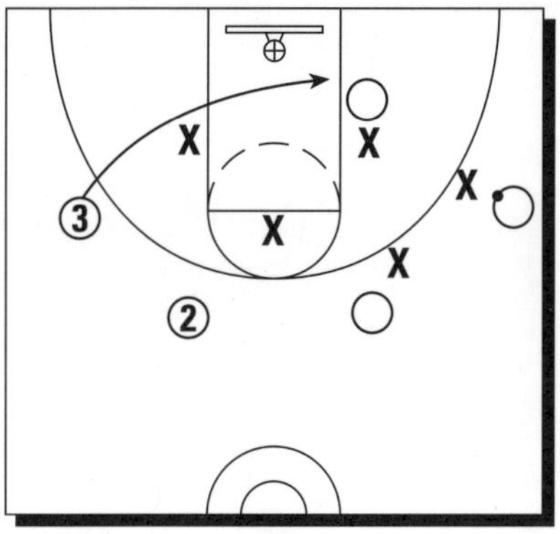

図7

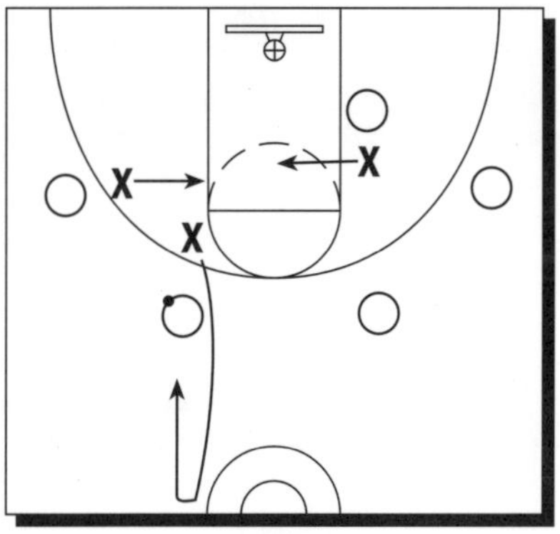

図8

図8　ブレークダウンドリル。コーチが「ゴー」と叫んだら、ボールについている選手はハーフコートラインかサイドラインに触ってからプレーに戻る。これを行うと選手たちはあっと言う間に本能的に動くようになる。うちのチームでは動き回っている時のほうが、多くスティールを取れるということが分かった。ボールを狙いに行くのなら、スティールに行って失敗し、抜かれてしまった場合は5対4になってしまうということを知っていたほうがいい。

また、サイドラインに触れる選手には、戻ったらフリーになっている選手をカバーすることを教える必要がある。これはプレスからのヘルプ＆リカバリードリルにもなる。うちの選手たちはこのドリルのおかげでプレスからのスクランブルがとてもうまい。このドリルをしばらく行ったら、選手たちは本能的にローテートして、決してオフェンスに遅れを取らなくなる。

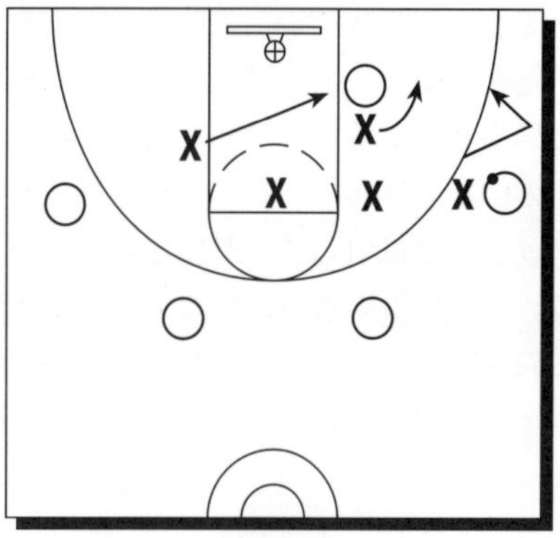

図9

図9　ボールがウイングにあるとする。ドロップ（ゴール寄りに移動）してローテートする。

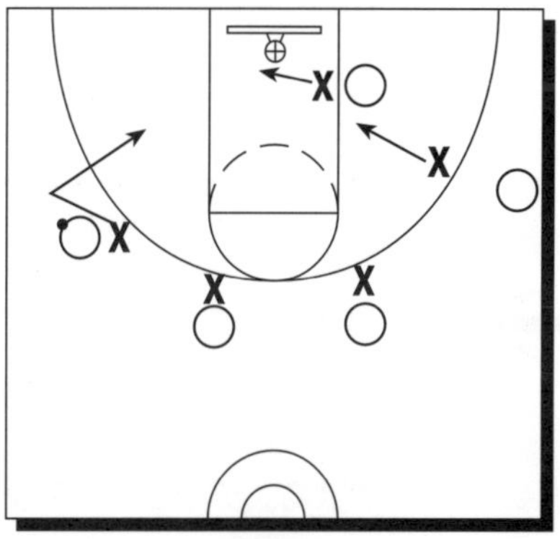

図10

図10　ペネトレートさせてセンターにパスが渡りレイアップされることだけは許されない。ポストの前に本能的にカットする。ポストの後ろではだめだ。これを実現する最善の方法はブレークダウンドリルだ。

ボール保持者にプレッシャーをかけ、ギャップをつぶし、ポストプレーヤーの前にカットし、ベースライン方向へのパスを誘導し、パスが出たらダブルチームする。ポストプレーヤーにやられてはならない。ポストプレーヤーがパスを受け、ターンし、シュートをすることがあってはならない。ポストプレーヤーがディフェンスの上からシュートするかもしれない。バックサイドへすばらしいパスをするかもしれない。しかしポストプレーヤーにつきものの、様々な動きをする時間はない。

ポストプレーヤーがパスを受けたら2人目のディ

フェンダーがバックサイドからついて下へローテートする。そこまでいったら2人目のディフェンダーが先を決める。まずはスティールを狙う。それがだめならポストプレーヤーを追いつめてトラベリングを強いる。さらにそれもだめなら尻を押すが、レイアップだけは許してはならない。ボールを執拗に狙う。これが私たちの本当の「テンディフェンス」だ。これを練習で10回やったら交代する。10回中オフェンスの得点を3回以下に抑えられれば合格だ。

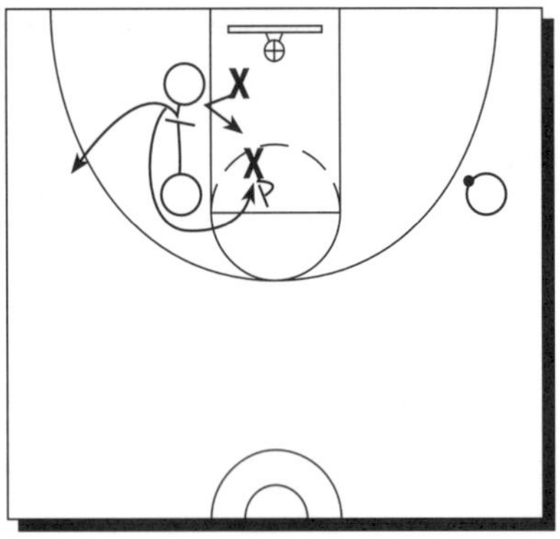

図11

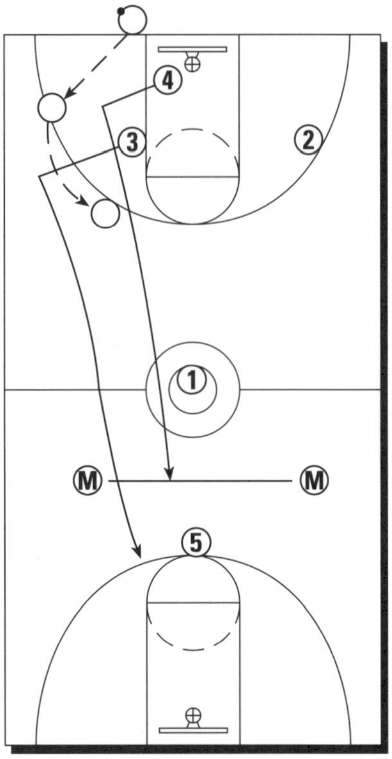

図12

➔図11　今年から採用し始めたドリル。ボールはウイングで、他の選手たちがバックサイドから上がってきて外方向にフレアする。ディフェンスがついてきたらカールする。バックサイドを追いかけてカールされたらディフェンスはスイッチする。スクリーンをかける選手を動けないようにしてからスイッチする。これは有効だ。

➔図12　1-2-2プレス。これが「40プレス」でうちがよく採用するもう一つのディフェンスだ。オフェンスがインバウンドパスでスタックまたはスクリーンしてきたらスイッチする。マッチアップしてダブルチームできるまでゾーンディフェンスはしない。

成功するチームがどこよりもプレスがうまいわけではない。どこよりもリカバーがうまいのである。プレス&トラップする場合、ほとんどの場合オフェンスはトラップをくぐり抜けてしまうが、イージーショットは許さない。覚えておいてほしい。プレスを教えるのではなく、リカバリーを教えるのだ。私の教え方はこうだ。

コート上に縄を置く。ボールが自分の背後にいったら選手はターンしてダッシュする。選手はチームメイトがインターセプトするのを見届けようとする。そうすればインターセプトした選手がパスして得点できるからだ。きちんと指導しなければ、選手たちはそうしてしまうだろう。ボールがインターセプトされるかどうかを見届けてからでないと戻らないのだ。思うに、良いバスケットボール選手の条件の一つは、ブレイクアウェイ・ダンクの時と同じ速さでディフェンスに戻れることだ。

リカバリーの教え方に戻るが、縄をコート上に置く。ボールがトラップを抜けてパスされた時、＃1はボールをスローダウンさせる。そして適当なタイミングで私は「戻れ」と叫ぶ。その時点で縄よりフロントコート寄りにいたら失格。バックコート寄りにいたら、合格だ。

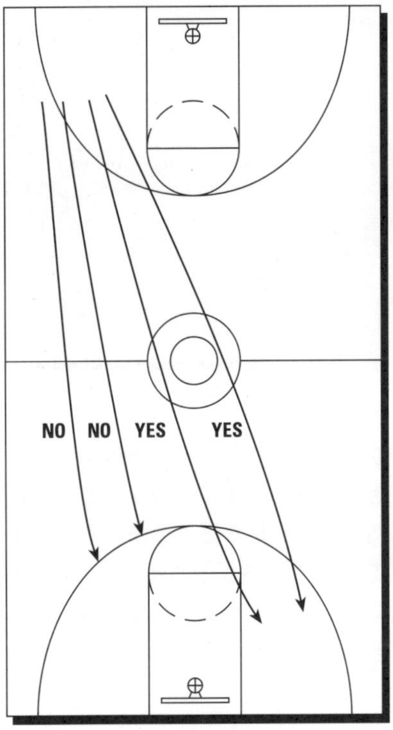

図13

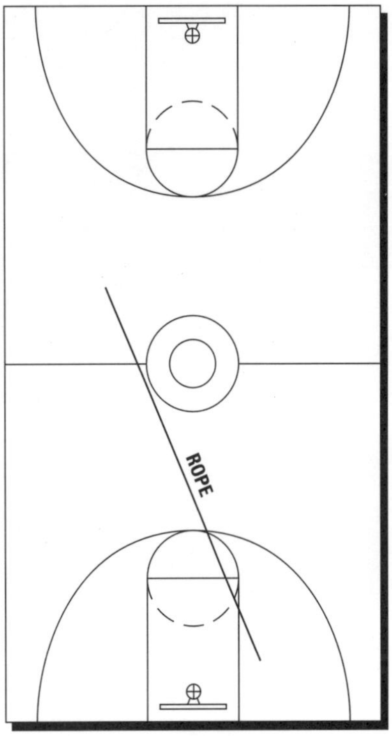

図14

➡図13　選手たちが戻ったら、今度は正しいサイドに戻っていることを確かめる必要がある。選手たちがリカバーしても、オフェンスの背後にいたためにインターセプトできなかったことが何度あるだろうか。パスレーンをカットできるように、ボールサイドに戻らなければならない。戻ってボール保持者の前に位置取れば、パスをインターセプトできる。

➡図14　そこで縄を図のように置く。ディフェンスは正しいサイドにリカバーしなくてはならない。プレスする場合はリカバリーにかけた時間を考える必要がある。選手たちにやる気を起こさせるために、皆さんはいろいろな言い方を試したりしていると思うが、この縄を使った練習はとても効果がある。ぜひ試してみてほしい。

このプレスではボール保持者をダブルチームするまでマッチアップしてマンツーマンを行う。単なるマンツーマンや単なるゾーンプレスではかわされやすい。

ここでプレスに対するオフェンスのあり方について触れておこう。チームのエースはゴール近くまで行って、シュートを決めなければならない。プレスをかわせても得点できなければ意味がないのだ。エースが早い段階でパスを受けてトラップされてターンオーバーされたら終わりだ。エースにはゴール近くに行かせて、ポイントガードに2本目のパスを受けさせる。ポイントガードがトラップされないこと、ポイントガードが2本目のパスを受けること。この2つがプレスに対処する場合の重要な原則だ。

➡図15　＃4を基準にしたディフェンス。＃4がボール保持者についている場合、＃2と＃3はインサイドアウトにプレーする。1人しかオフェンスが上がっていない場合は、次のオフェンスプレーヤーにつけるところまでスライドしながら下がる。マンツーマンの状態でボールがインバウンドされる。この時もまだマンツーマンだ。インバウンドパスと同時に＃4がボールと平行になるように下がる。

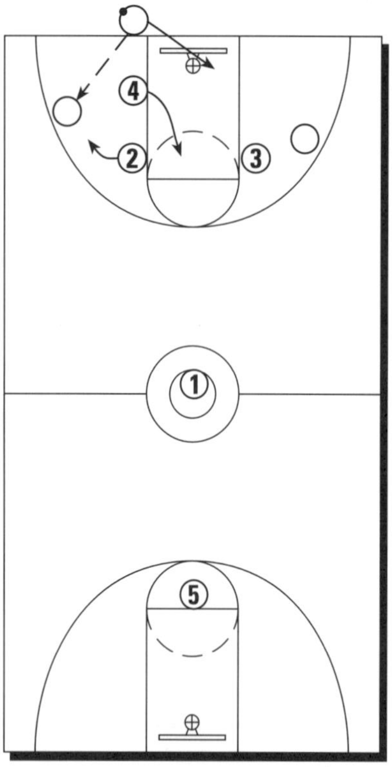

図15

ここで#4は決断を下す。#4がトラップすれば、全体はゾーンディフェンスになる。#4がインバウンドパスをしたプレーヤーにそのままついていけば、マンツーマンになる。#4はハーフコートでトラップするかもしれない。その場合は彼がダブルチームに出るまでマンツーマンを続ける。単なるゾーンも、単なるマンツーマンもやらない。#4の練習には長い時間を割く。#4は状況を理解していなければならない。残り2分で10点を追う展開なら、#4はその後毎回トラップする。3/4コートプレスの場合は全員が下がる。

➔図16　フリースロー時のラインナップ。「クロス」。必要は発明の母だ。かつて全米一フリースローが下手なチームをコーチしたとき、フリースローを外した場合のリバウンドを練習した。2種類のプレーを使った。

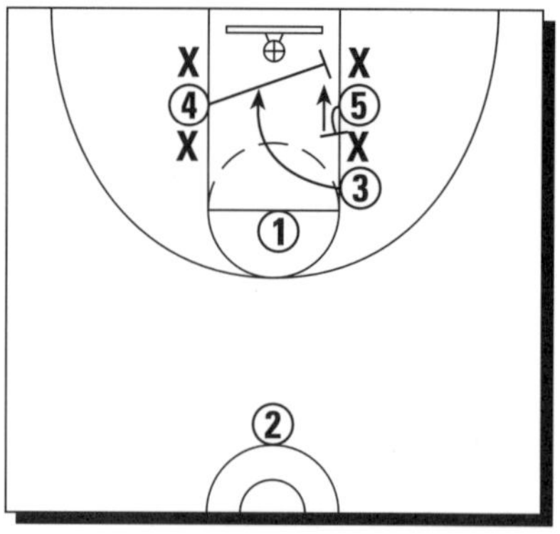

図16

#4が全速力でレーンを横切る。#5は相手ガードをカットオフするためにスピンしてからバスケット方向にロールする。うまくやればインサイドに入ってリバウンドが取れる。#3もレーンを横切る。このときディフェンスは#4を追って行くので#3が目指す位置はオープンになっていることが多い。

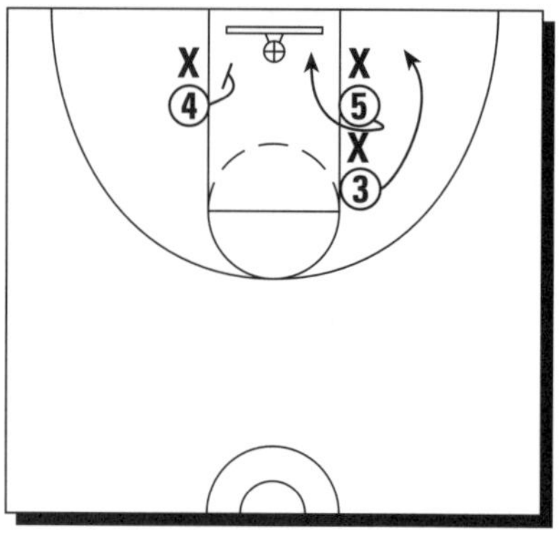

図17

➔図17　#4はマッチアップマンをスクリーンする。#5はバスケットと逆方向を向き、#3はベースライン方向に行く。#5はレーンにロールバックする。フリースロー1投目の後はこのいずれかを使う。

このプレーは「クロス」を数回やった後のほうがより効果的だ。#3は長身であるより、クイックな選手のほうがいい。さらにこういうプレーをすることで、選手たちは単に突っ立っているだけでなく、することを与えられることになる。これは練習でも言えることだ。

Question：どのようなモーションドリルを取り入れている？

Answer：シューティングドリルを3種類行っている。

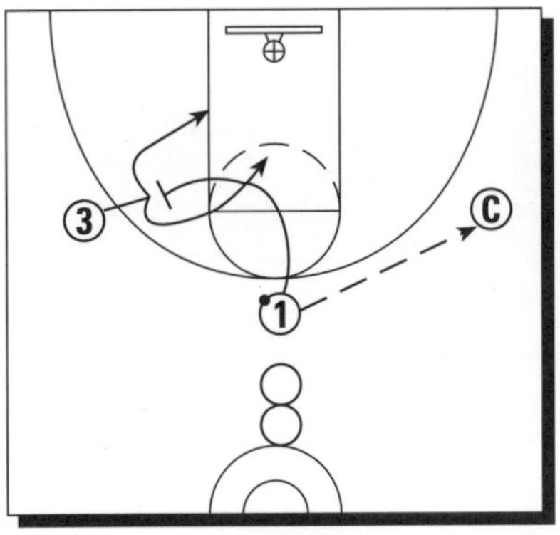

図18

図18　「ダイアゴナル」。コーチはウイングにいる。＃1がコーチにパスし、＃3のスクリーンをする。＃3はパスを受けてシュートするために、ハイポストまたはローポストにカットする。＃3が＃1のバックスクリーンをするようにドリルを変えてもいい。私は毎日両サイドで1分半ずつこのドリルを行っている。＃1は＃3のラインの終わりにつく。

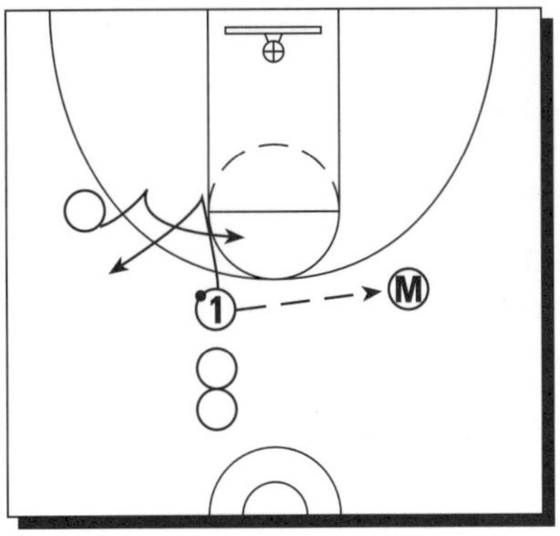

図19

図19　＃1はガードからガードへのパスを出し、ローポスト寄りにカットするかウイングにいる選手のためにダウンスクリーンする。スクリーンしたら、＃1は3ポイントを打てるように下がる。これも両サイド1分半ずつ行う。

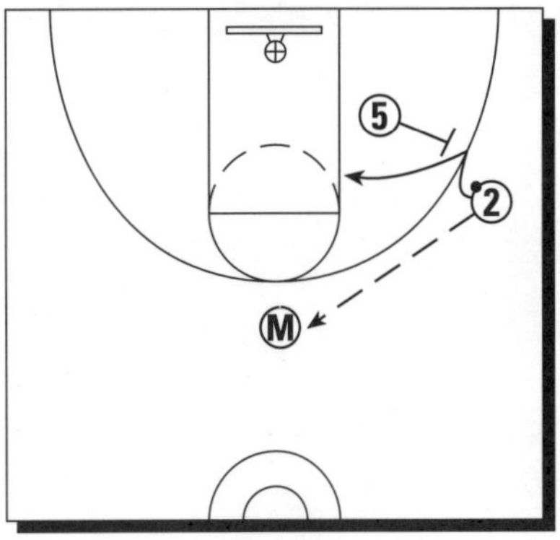

図20

図20　＃2がマネージャーにパス。＃5がバックスクリーンをする。＃2がスクリーンを使ってカットする。＃2は好きなように動いていい。＃2は戻ってまたスクリーンしてもいい。

＃2の選手にはチームメイトの動きの読み方を教え込むこと。ディフェンスを読もうとしてはならない。ディフェンスは十人十色だからだ。選手たちはお互いの動きを見ながらプレーできるようになる。交代で＃2をやらせるが、自分の直前の選手がやった動きはさせないようにする。

オフェンスの原則について話そう。私はオフェンスについてはシュートから逆算して教え込む。しかし、ほとんどの人はオフェンスをシュートに向けて教えていないだろうか。つまり、「君はここ、君はこうする、君はああする、君はシュートだ」という教え方だ。私はそうではない。選手たちにいいシュートとは何かを教えて、それから原則を教える。いいシュートを打たなければならない。パスが5本でも15本でも構わない。いいシュートを打つことが大前提なのだ。

原則は、いいシュートが打てるまで選手を走らせること。また、他の原則は破ってもいいが、これだけはだめという最大の原則は、悪いシュートを打たないということと、ターンオーバーをさせてはならないということ。ウイングからの1対1が理想的だ。トップからの1対1はだめだ。マッチアップをドリブルでかわすよう試みる。しかしできない。悪いシュートを打ったか？　ノー。ターンオーバーしたか？　ノー。それならばモーションオフェンスを続ける。心配する必要はない。

おかしいのは、選手たちがそのうちコーチの思い通りにプレーしようと思いすぎることだ。選手たちはすべてのルートを走り、2、3分が過ぎ、誰も1対1をしていない上に、誰もインサイドを攻めない、というような状況になる。バスケットボールをすればいいのだ。原則は私が与えるが、プレーするのは選手たちだ。

モーションオフェンスをする場合は、フリースローの数を数えること。フリースローが少ない場合はインサイドを攻めていないということだ。フリースローの数が少なくなっている場合は、コーチング過多で選手たちがプレーしていないということになる。選手たちに広い視野で攻めさせよう。

私のチームではインサイドにセンターを置かない。フリースローとインサイドを攻めることで得点する。1試合平均の3ポイントは20本ぐらい。3ポイントはできる限り打つ。これはとても大切なことだ。このコーチの下でプレーするのは楽しい、と選手たちに思わせなければならない。くだらないフレックスとやらを考案したのは誰だろう？　そしてゾーンも。いずれもひどいプレーだ！　セカンダリーブレイクは必要ない。クロスしてすぐにモーションオフェンスに入ればいい。遅い展開の試合は必要ない。

Question：プレスを使うタイミングは？
Answer：フリースローの後、バックコートでボールがサイドラインを割った時、またはシュートが決まった後。以前はよくプレスしていたが3ポイントのおかげで大分変わった。

➔ 図21　バスケット下でのアウトオブバウンズ。#5がインバウンド。3つの数をコールする。最初の数が2つ目の数をスクリーンして、3つ目の数が最初の数をスクリーンする。たとえば、「1、3、4」の場合。#1が#3にダイアゴナルスクリーン。#4が#1にバックスクリーン。選手たちを四角形に配置しボールの前にいる選手から時計回りに番号をふる。準備は俊敏に。アウトオブバウンズからのプレーには時間がない。

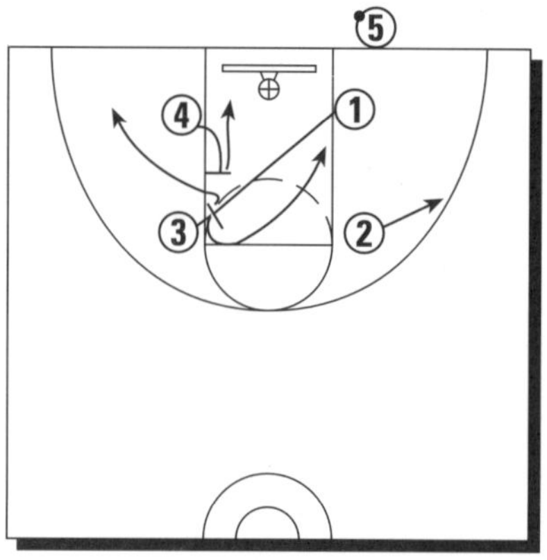

図21

Question：モーションオフェンスの原則は？
Answer：突っ立っていないこと。ボールがウイングにあって、その反対のブロックにいる場合はハイポストに急に飛び出す必要がある。スクリーンをしたら離れるか、ボールの方向に急に飛び出す。ミドルで1対1をしてはならない。ポストに動いてポストアップしたら、2秒のみとどまってスクリーンをして離れる。その後はポストから離れなければならない。

3ポイントシュートは最も難しい。高校では特にトップからのジャンプシュートが難しい。私のチームでは3ポイントのドリルを行っている。これは3人のドリルで、一定の数を決めておく。その数を下回ったら、試合でオープンスリーは打てない。パスするしかない。うちでは速攻から3ポイントを打つ。3ポイントをいつでも打っていいと言われている選手たちに、オープンな状態でパスが渡ったときは必ず3ポイントを狙う。インサイドアウトで3ポイントを打つだけ、つまりペネトレートしてから外にパスして3ポイントを打つだけでは、40分の大学の試合では1試合15〜16本しか決められない。20本以上決めるには速攻からの3ポイントが必要だ。

3ポイントラインまで走ったら、ポイントガードが「赤」と叫ぶ。その場合は3ポイントラインを超えてすぐにモーションオフェンスに切り替える。ポイントガードが何も言わない場合は、3ポイントシューターにパスを渡して3ポイントを狙う。このように速攻からオープンな状態で3ポイントを打つ。

DAVE ODOM

デイブ・オドム

Setting Your Defense Inside the Three-Point Line

3ポイントライン内のディフェンスのセット

勝敗を分ける時間帯「ウィンタイム」はどの試合にもある。「ウィンタイム」が来たとき果たしてどうするか？　どのオフェンスと、どのディフェンスを使うか？　ここでのテーマは、この「ウィンタイム」だ。私のチームでは相手を揺さぶるためにゾーンやプレスを少し使うが、「ウィンタイム」になって相手が攻撃している場合は、3ポイントライン内のディフェンスに力を入れる。

ここ最近、チームでは「ゴールをガード」、そして「ボールをガード」している。私たちはその点に大変力を入れており、ここで皆さんと分かち合いたいと思っている。プレスすることは悪くない。ゾーンなども悪くないが、「ウィンタイム」になったら、うちのチームでは3ポイントラインより内側でガードするように言っている。こうすれば選手たちに責任を持たせることができる。選手が走り回ってダブルチームやローテーションをしていると、責任を持たせることが難しいのだ。

「ウィンタイム」になったら　全員が自分のマッチアップしている選手とその他にもう1人をガードする。それを私たちは「自分の相手ともう1人をガードせよ」と言っている。そうすると、全員に責任を持たせることができる。どのような方法かをお見せしよう。他のチームとは少し違うかもしれないが、どれが正しくてどれが間違っているということはなく、単に違うだけだ。

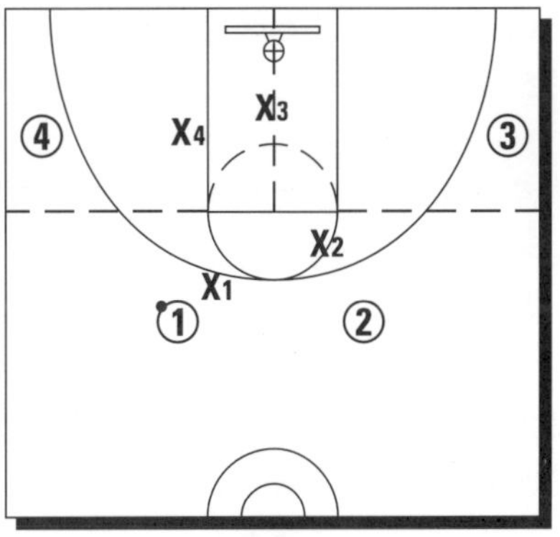

図1

図1　典型的なシェルディフェンスから入ろう。オフェンスプレーヤーたちをシェルに配置してボールサイドとヘルプサイドのディフェンスの違いを考えてみよう。70年代のディフェンスと現在私たちがやっているディフェンスの違いについて話そう。

＃1がボールを保持。70年代ではディフェンスはボールに適度なプレッシャーをかけ、3ポイントラインより1歩から1歩半外側にポジションを取る。この点は今と変わりない。うちではボールに強くプレッシャーをかけ、1歩から1歩半3ポイントラインより外側に立つ。X2とX4がボール保持者から1人置いた選手についていて、ボールがフリースローラインより上にある場合、普通X2とX4は2歩ほどボール寄りでパスの軌道上に立つ。2人はボールをプロテクトしている。＃1がドライブしようとすれば、自分のマッチアップだけでなくX2とX4もかわさなければならない。＃3をガードしているX3は、少なくとも2歩フリースローレーン内に入っていて、できればバスケットのボールサイドに1歩寄っているのが普通だ。

このセットアップだと非常によくボールをプロテクトすることができて好ましい。ここでディフェンスの変遷についてお話しよう。1972年と1976年のオリンピックを覚えているだろうか。当時アメリカはこうしたディフェンスを敷いていたが、外国勢は1人置いてパスを出すようになり（スキップパス）、3ポイントが導入されるとインサイドに入ってこなくなった。外国勢がアメリカに唯一勝っていた点は3ポイントだった。外国勢はそこで隣の選手にパスを出すより相手の隙間を縫ってドライブインし、そしてスキップパスを出し（図の場合は＃3に）、＃3はドライブインするよりそこでシュートを打ったのだ。アメリカとは違う戦い方だった。単にそこでシュートを打ったのだ。

私たちはX3が＃3の3ポイントを止めるのに間に合わないことが分かった。ここ15年、カレッジバスケットボールの世界ではコーチが選手たちによりよいスペーシングを教え込んだ結果、オフェンスのガードが難しくなってきた。そこでチームではこのタイプのディフェンスをやらないようになった。ボールを意識しすぎるより、自分のマッチアップに重点を置くべきなのだ。私たちは今ではボールよりマッチアップを意識している。勘違いしないでほしいが、だからといってボールから目をそらすことは一度もない。ボールを見ていることに変わりはないのだが、ボールを持っている、いないに関わらず、自分のマッチアップを見失わないことに重点を置くのだ。マッチアップの位置を分かっていることが大前提だ。

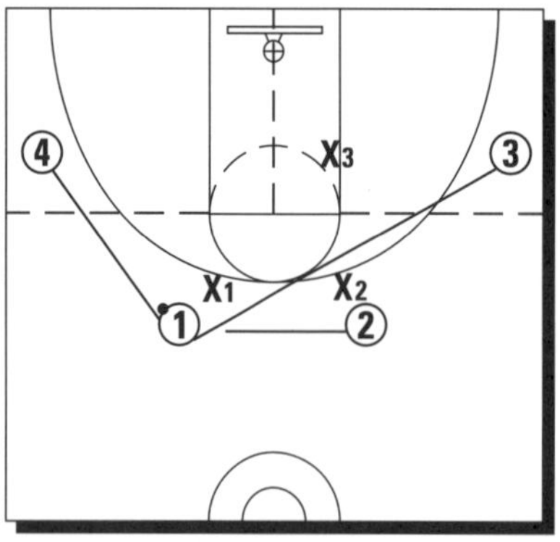

図2

図2　典型的なシェルドリルをやる際、どのようになるかお見せしよう。図1と同じ並び。同じようにインサイドからアウトサイド方向にボールにプレッシャーをかける。ここでは他の3選手の位置がどう違うかを見てほしい。

ボールがフリースローラインの延長線上より上にある場合、X2は＃2をガードする。コート中央に来るより、X2はパスの軌道上（＃2とボールを結ぶ架空の線上）より1歩外れたところに立つ。X2はその線を1歩外し、1歩半ボール寄りに立つ。図1と図2の違いが分かるだろうか。X4も同様。X4は図1より＃4に近づいて立つ。＃3をガードするX3はフリースローレーンに1歩踏み込んだところで、パスの軌道上より1歩外れた所に立つ。

これは図1と大きく違っている。X2、X3そしてX4全員が、ガードする選手に近くなっている。なぜそうするのか？　昔は選手たちに、自分のマッチアップをガードしろ、抜かれてもヘルプがいる、と教えていた。4人がお互いに助け合っていたので、当初はよいアドバイスだった。しかし、そのヘルプがあったせいで、ボール保持者をガードする選手がボールを止めることをあまり心配しないことが問題だった。もう一つは選手たちがお互いヘルプすることに気を取られすぎて、バックサイドの3ポイントを防ぐことができないという問題もあった。このラインナップの場合は、もっと激しくガードして、自分のマッチアップを止めることにもっと責任を持つようになる。ローテーションを大幅に削減するのだ。自分のマッチアップをガードしよう。そうすれば試合はよりフィジカルになり、ボディコンタクトが増える。

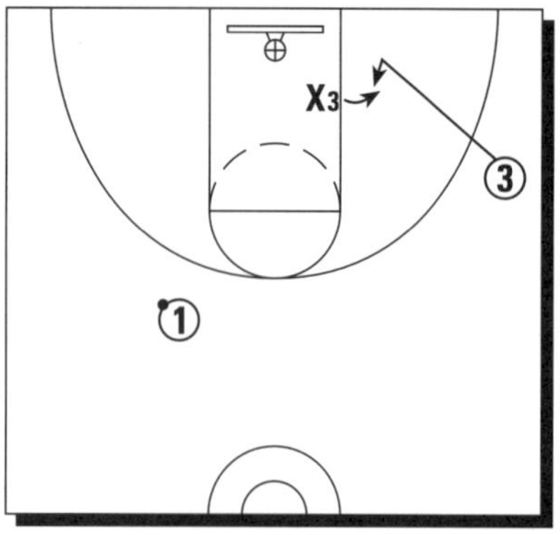

図3

図3　すべての位置でボディコンタクトが増える。例えば、＃3がボールに向かってV字にカットする時にX3と接触することになる。X3は＃3がバックサ

イドにいても、#3のカットを止める責任を持つ。

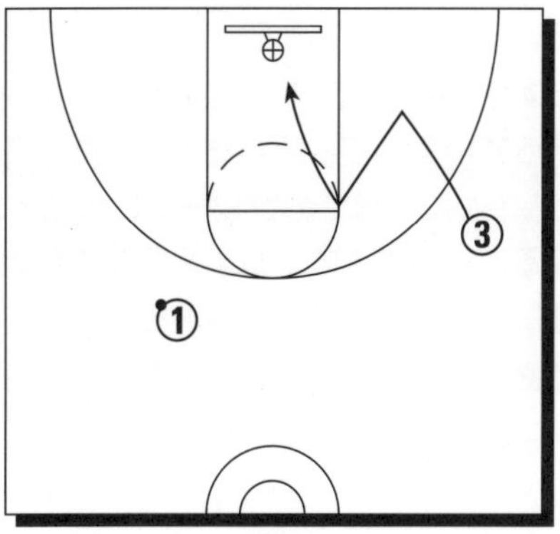

図4

図4　1974年当時、ACC史上最高の選手（マイケル・ジョーダンではなくデビッド・トンプソンだ）ならバックサイドをクリアして自分のマッチアップをかわし、レーンを走り抜けバックドアに行っただろう。彼を止める手だてはなかった。

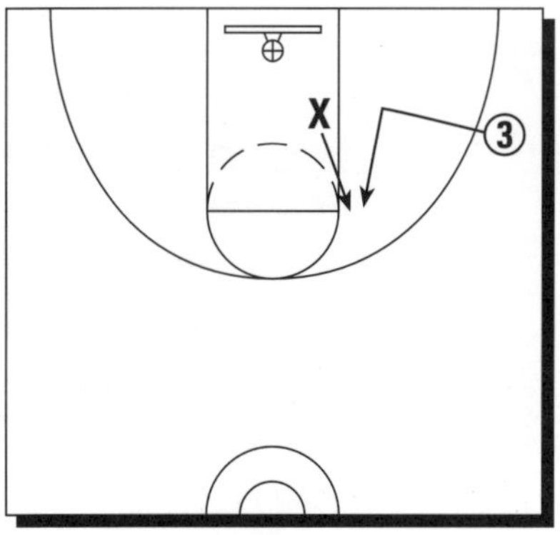

図5

図5　しかし今日の原則を使えば、彼のような選手を止める方法がある。#3がインサイド方向に入って来ると当時に、ディフェンスはゴール寄りに下がる。#3がレーンを走り抜けるにつれてディフェンスは近づくが、あくまでバスケットと#3の間に残る。そうすれば#3がバックドアに来てもディフェンスとぶつかるのだ。ハイポストで#3を止めようとするより、#3とバスケットの間に残る。バックサイドの自分のマッチアップに、より近い位置にいれば可能だ。

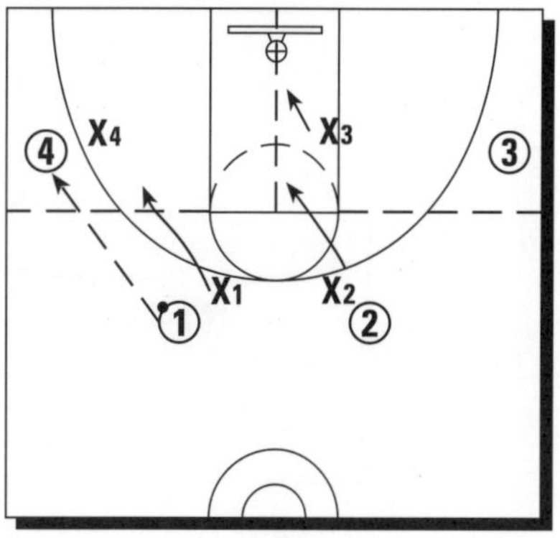

図6

図6　#1が#4にパスしたとする。#4はフリースローラインの延長線上より下（バスケット寄り）にいる。X1はフリースローラインの延長線上より下に下がる。ボール保持者についているX4が、#4にベースラインドライブを強いる。X4は#4にドライブからのレイアップを許すほど上（ハイポスト寄り）にはいない。この時X4はヘルプを期待しないこと。X4は図のように4をカットオフする。以上をローテーションしないで行いたい。

実際は、X4にはおそらくヘルプがつくだろう。#4が#1にパスを戻してもそれはペネトレートするパスではないので気にする必要はない。「ウィンタイム」では相手に外へのパスを強いて、ミドルには入れないようにすることだ。X2はフリースローラインの延長線上より下、レーン中央にいる。X3はレーン中央に頭が来るようにしてボールのレベルに合わせる。#4が#3にパスした場合、X3がそれを追うことができる。選手たちにはボールが空中にある間に移動する地点までの半分の距離をカバーできると教えている。例えばパスが12mだとすると、パスが空中にある間に6mはカバーできるはずだ。私はコーチ歴を重ねれば重ねるほど、テクニックよりも効率を重視するようになってきている。

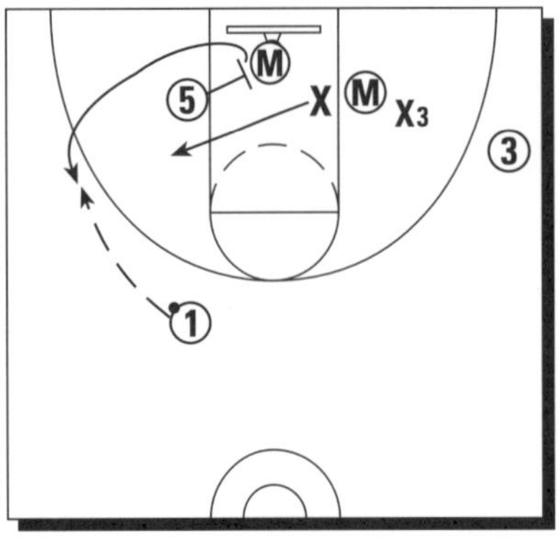

図7

➔図7　レジー・ミラーをガードしなければならないとしよう。できる限り彼を阻止するにはどうしたらよいだろうか？　レジー・ミラーから何を取り上げられるだろうか？　彼の得意とするものは？　それはスクリーンを使った後、パスを受けてシュートすることだ。彼はとてもうまく、速い。彼がパスを受けた時にもし自分がついていれば、この身長で何ができるだろう？　まずは彼のジャンプシュートを阻止することができる。ドリブルを強いることもできる。これをもう1歩先に進めてみよう。彼のジャンプシュートを阻止できるし、インサイドドライブまたはアウトサイドドライブも阻止できるが、その両方は無理だ。#5がミラーをスクリーンしてXMが図の位置に移動できたとしよう。この場合XMがパスと同じタイミングで矢印の位置に到達できたとする。XMはジャンプシュートとインサイドドライブ両方を阻止することができる。

考えてみてほしい。これをうまくできれば、選手たちにジャンプシュートとインサイドドライブを阻止できるんだと心理的に思わせることができ、ミラーのような相手でさえも、できることは2つに制限される。1つはパスをすることで、これは構わない。もう1つはベースラインへのドライブだ。

ジャンプシュートをしても、私がついているのでさほどいいシュートにはならない。パスをしても、こちらは別に構わない。彼がミドルに入ろうとしても、それは私が阻止した。ベースラインへドライブしようとしても、私は彼が何をするか分かっているのでガードしやすい。もちろん、私が彼のインサイドドライブ、ミドルドライブ、ジャンプシュート、そしてパスをすべて阻止するのは不可能だ。彼がうますぎるからだ。私は彼に残された選択肢2つを分かっているので、それをケアしたほうがいい。選手1人1人にすべてのプレーでこのような考え方をさせることができて、選手全員がそれを分かっていれば、ヘルプをもらえる可能性が高まる。選手たちにはあなたのさせたいプレーをさせよう。

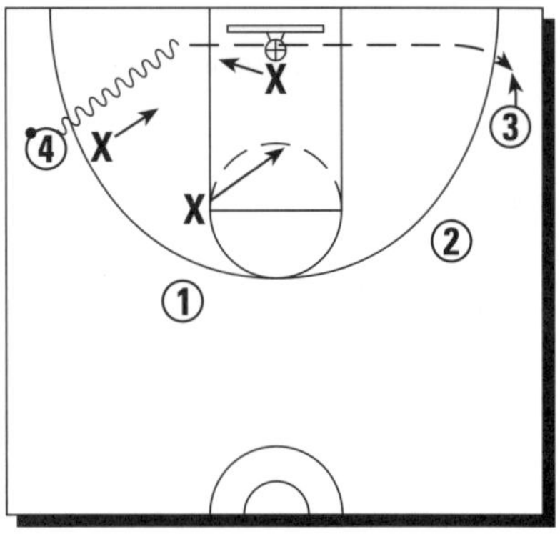

図8

➔図8　ドリル。ディフェンスの話をしているが、このオフェンスの動きも見てほしい。私は常にこの練習をしている。私のチームは多くのチームにベースラインドライブを強いられる。ベースラインドライブをすれば相手はローテーションする。最も簡単なパスは何だろう？　それは図のようなパスだ。最も危険なパスは？　ミドルへ戻すパスだ。これは、ローテーションがミドルから来るからだ。最も簡単なパスは#4から#3へのパス。これを練習する。#4はアウトオブバウンズにならないように1歩踏み出して、反対のコーナーにいる#3へクロスコートパス。味方がベースラインドライブに入った場合、チームでは常にバックサイドに1人がスポットアップするようにしている。常にそうしている。#3にパスできなければ、次の候補は#2になる。

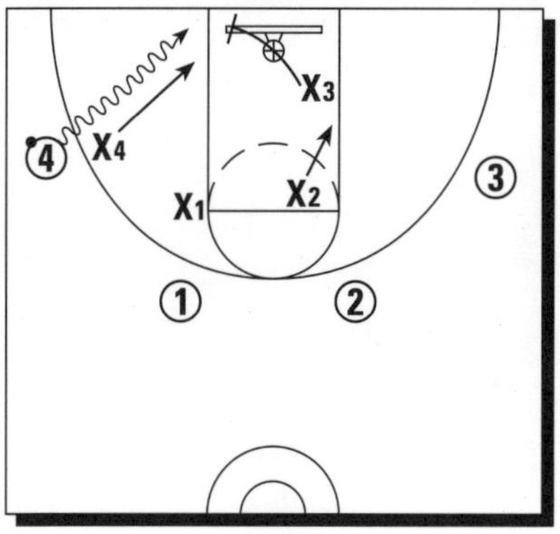

図9

図9　ポストプレーヤーがいればディフェンシブポストへヘルプする。いなければレーンより1歩外へ出る。ポストプレーヤーをベースラインディフェンダーで阻止したいが、#3に背を向けてはならない。ターンして#3をカバーするのが難しくなるからだ。X2は全体が見えるように、ベースラインを背に立つように教えている。そうすると、X3がドライブインする相手に対してヘルプに行った場合、X2は#3をカバーすることになる。

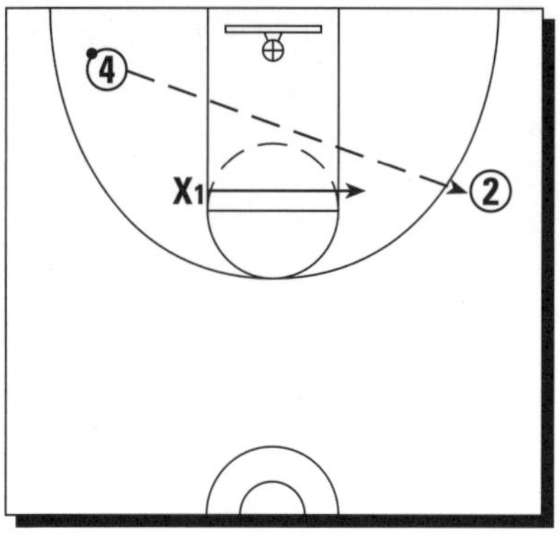

図10

図10　#4が#2にパスをした場合、X1が#1につく。

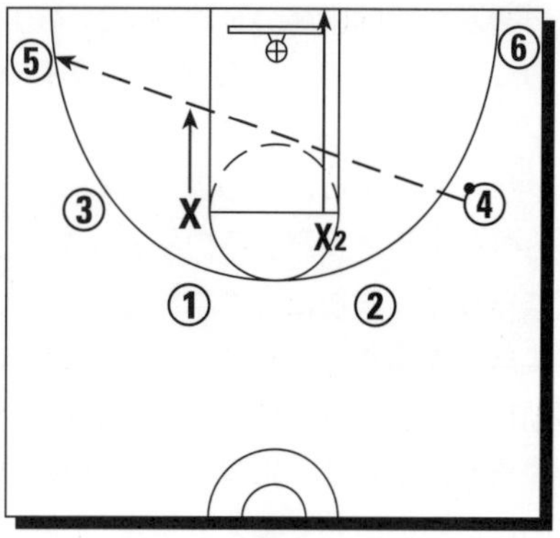

図11

図11　6対4ドリル。#4がボール保持者。最初#5と#6にはつかない。これは#5か#6にパスが渡るまでは、普通のシェルドリルだ。この場合#4が#5にパス。#5はベースラインに沿ってドライブを始め、図のようなディフェンスローテーションのきっかけとなる。ドライブを阻止できたらすぐに#6はコートサイドに出る。

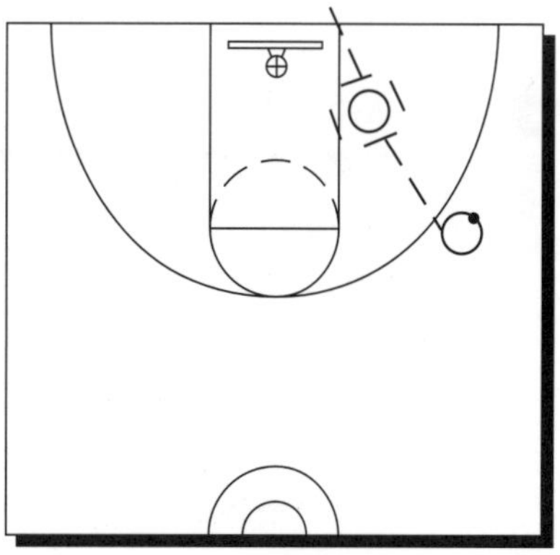

図12

図12　ポストディフェンス。ここで少しオフェンスの話をしよう。ボールはウイング。この場合ボールとバスケットの位置関係を考慮した上で、ポストプレーヤーはどこに立つべきだろう。テクニックの話をしているのではなく、どこにポストすべきかを問題にしている。関係ないと思われるかもしれないが、私は大いに関係あると思っている。ローポストにポストする場合、頭はボールとバスケットを結ぶ架空の線上に置くべきだ。

ポストディフェンスには4つの可能性があり、どれも間違ってはいない。オフェンスの前または背後につく、またはベースラインドライブを妨げるか、インサイドドライブを妨げるかだ。前につくならバックサイドにもっとヘルプが必要だ。ミドルにつくならベースライン側からローテーションが来なければならない。背後につくなら相手チームはインサイドにパスするだろうから、トップからローポストに移動しなければならない。ポストをどうディフェンスするかによってヘルプの状況を教えなければならない。さらに詳しく考えてみよう。

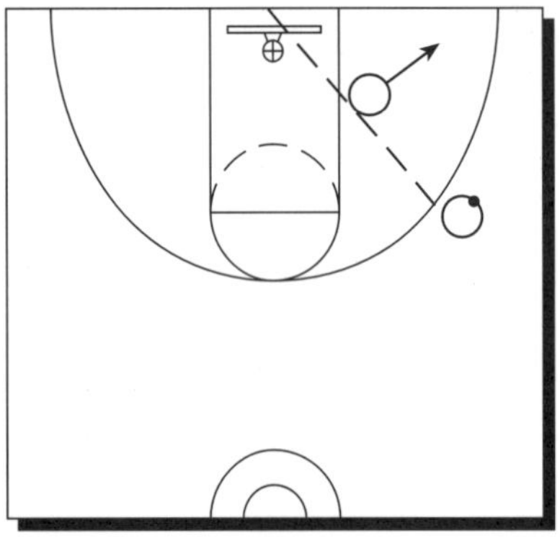

図13

図13　私が今説明した、ボールとバスケットを結ぶ架空の線上に頭を置いたローポストのポジションをディフェンダーが阻止できたとしよう。ディフェンダーはマッチアップを左右のいずれかに追いやる。仮にベースライン寄りに追いやったとしよう。ほとんどの場合はハイポスト側からディフェンスするだろう。

図14　同じ状況で、マッチアップを仮想ライン上からフリースローラインの延長線上より上、コート中央寄りに追いやったとする。するとほとんどの人はローサイドから守ることになるだろう。ビハインドに行く人もいるかもしれない。ライン上から相手を追いやった場合、どのように守るかはおのずと決まってくるのだ。

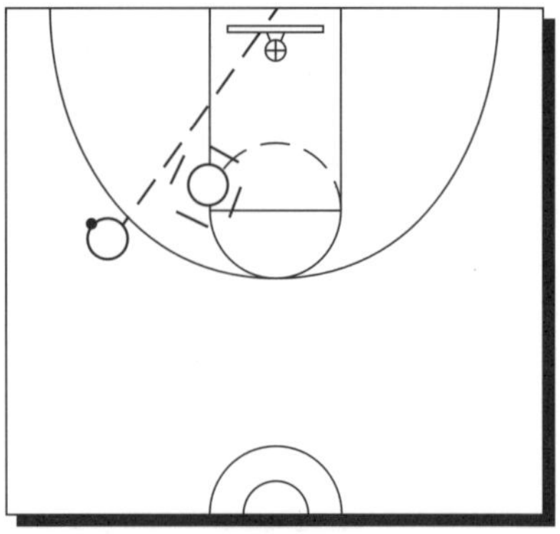

図14

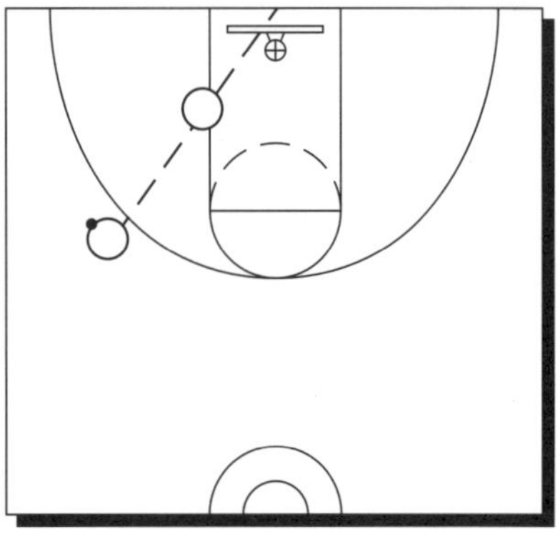

図15

図15　もしボールとゴールを結んだ仮想ライン上に行かれてしまったら問題だ。これは難しい。オフェンスのポストプレーヤーには、そのライン上に行き、ゴールを正面にとらえたままボールをキープするように教える。ディフェンスの場合は、まずオフェンスにそのポジションに行かれないようにしなければならない。今日もし一つだけ何かを学んで帰るとしたらこれがいい。私の考えが必ず正しい、というわけではないが、私は何年もの間これで助かってきた。そしてチーム全員がコーチのやり方を理解していること、それがとても大事だ。

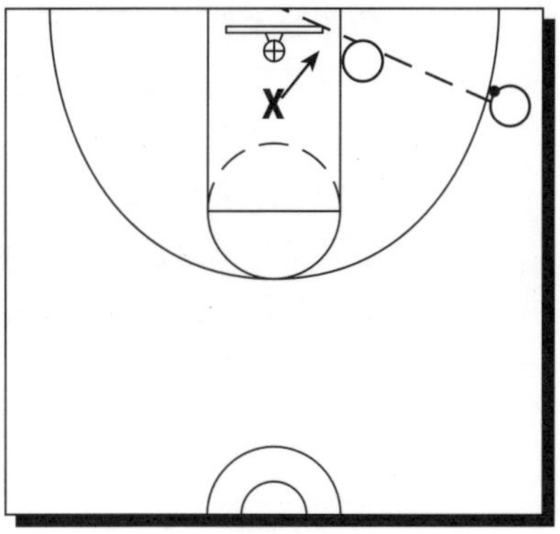

図16

図16　ボールはコーナーにあり、ポストプレーヤーはライン上にいる。本来ディフェンスは、オフェンスをそのライン上に行かせてはいけないのだ。もし行かれてしまった場合、ベースライン際を守ることは避ける。もしオフェンスがいい選手なら、後ろに下がり気味でマークする。前に出たらオフェンスはバックサイドをクリアしてハイポストにパス、ローポストをシールし、ハイローをしてくるだろう。私なら、トップサイドにいてパスレーンを邪魔するように腕を挙げる。ベースライン沿いにバウンズパスを投げさせるようにするのだ。そうでなければ、ボールにプレッシャーをかけながら前に出ていく。先ほども言ったように、そのライン上にはいさせたくないわけだから、そのラインより下に下がらせるようにする。

Question：ファウルをしないでどうやってディフェンスのポストプレーヤーがオフェンスをそのライン上から動かすことができるのか？

Answer：我々は「チェスト」または「チェスティング」と呼ぶテクニックを使う。皆さんはそれぞれ皆さんのリーグで認められているテクニックを見つけなければならない。我々のやり方をお見せしても、皆さんはそれをそのまま使うことはできないかもしれないが、少しやり方を変えれば大丈夫だと思う。これは、先ほども言った「自分のマークマンともう１人をガードせよ」という考え方だ。それをするには、ボールではなく、相手の選手に意識を向けなければならない。チェスティングというのは、自分のマークマンをコントロールすることだ。ハイポストにいようと、ローサイドにいようと、左ブロックにいようと右ブロックにいようと、まったく関係なく行える。

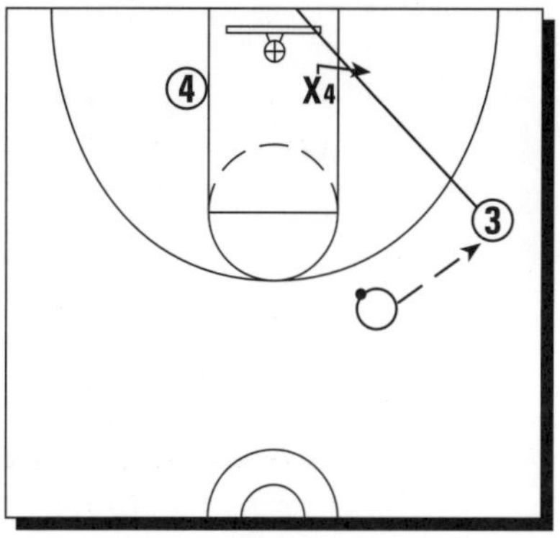

図17

図17　ボールは＃3へパスされる。＃4はポストだ。そのパスでX4は仮想ラインより少し下がる。パスレーンのことよりも、マークマンとゴールに意識を向けているのだ。もし＃4がゴールへバックカットしたら、我々のレベルでは"アリウープ"ダンクにつながるが、皆さんのレベルではダンクはおそらくないだろう。＃4を下に下げておく。バックカットをし始めたら、X4は＃4に向かっていくように動く。X4は、両手を上に挙げたまま下半身でコンタクトをしていく。2人が向き合った時にX4が譲ってしまえばオフェンスは横をすりぬけていいポジションを確保してしまうだろう。「相手がこちらにやってきたら、こちらも向かっていく」ということだ。両手は高く挙げ、レフェリーにホールディングではないことをアピールする。自分自身を守っているだけだ。オフェンスの選手たちは皆、最も抵抗がなく走りやすいところへ走っていくものだ。

カール・マローンは世界に1人しかいない。だから、X4が＃4に対したとき、10回中9回は＃4は上に上がっていき、ローポストには入れない。ここでしてはいけないことがある。ポストの動きを止めようとして腕を出してしまったら、ファウルをとられる。そればかりでなく、いいポストプレーヤーであれば自分の腕をディフェンスの腕の上に出してよけていってしまうだろう。胸を使えば、それはできない。

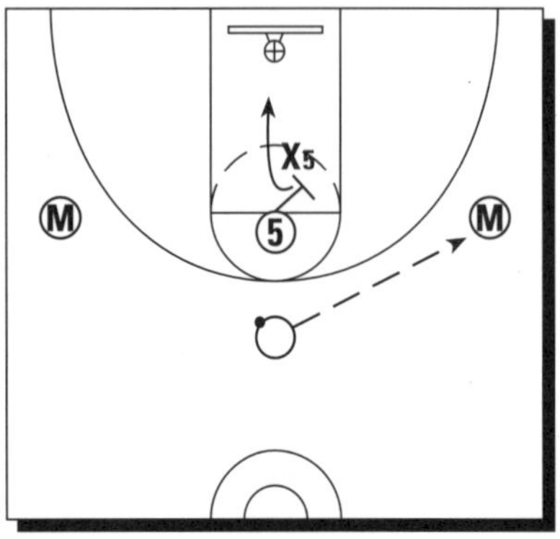

図18

図18　#5はハイポストにいる。X5がついており、ボールはウイングにパスされる。#5はローポストに行きたがっている。X5はチェストし、コンタクトし続けるためにリバースピボットをして再びチェストする。#5の動きにはある種の勢いがあり、ディフェンスが阻止しない限り動き続けることになる。もしX5が再びチェストしてコンタクトすれば#5がいいポジションにつくのを阻止できる。さらに足でロックして動けないようにしてしまうことも大切だ。

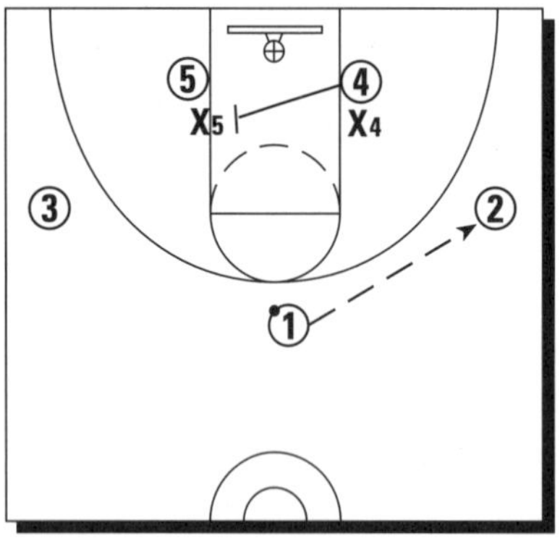

図19

図19　ローポストに2人置き、ポストからポストへのスクリーン。#4が#5にスクリーン。#1が#2へパス。X4は#4が#5にスクリーンにいくのを止めることはできない。#4が動いたら、X4は内側の足、ベースラインに近いほうの足を使って回転しスクリーンのラインより下に下がる。これでX4はベースラインに背を向けていることになる。ここでのルールはこうだ。ポストからポストへのスクリーンでは、もしスクリーンを受けている選手がローカットしたら自動的にスイッチ、もしハイに上がっていったらスイッチしない。

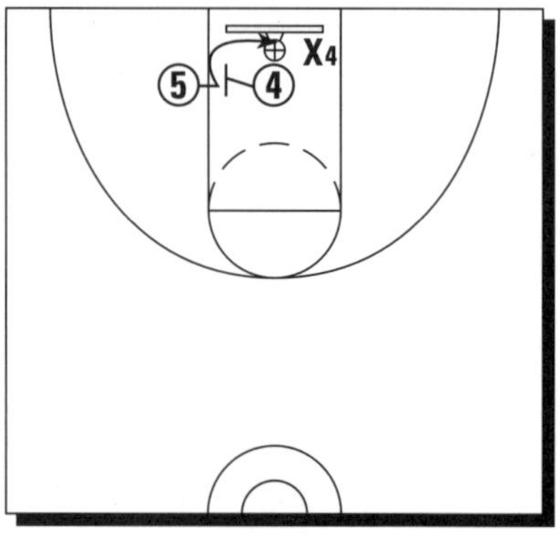

図20

図20　#5がローポスト寄りに動いた場合、X4はベースラインに背中を向けている。#5が来ると同時に、X4はスクリーンそのものと平行な角度で背中から#5にぶつかる。X4は最後まで#5に背中を向けている。低く構えよう。

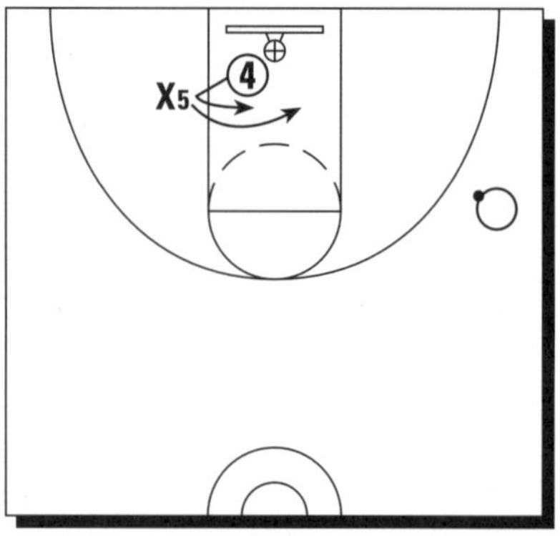

図21

図21　次のパートは、スイッチで#4が、ハイポストとボールに対してオープンになる場合。X5には、一度#4の上についてからバスケットをガードするようにローポストに動くことを教えなければならない。こうすれば#4の上についてシュートを妨げるのに最適なポ

ジションにつくことになる。トップを回ってはならない。#4の上についてからインサイドに入る。こうすればガードできる。

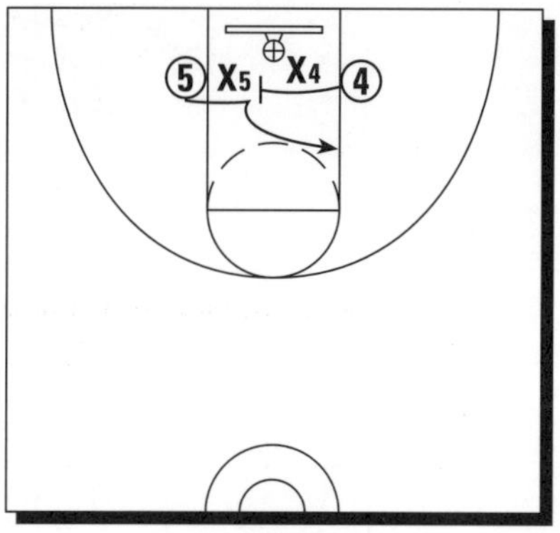

図22

図22　#5がハイポスト寄りに動く。この場合、ハイカットを推奨する。スイッチはしない。X5はベースラインに背中を向けて立つ。X4は#4がボールにロールバックするのを阻止する。X5はハイポスト寄りに移動する#5についていき、シュートを妨害すべくチェストアップする。

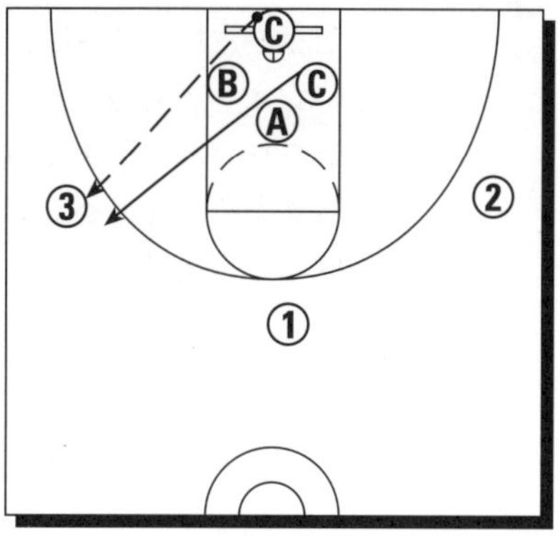

図23

図23　ドリル。A、B、Cはディフェンスの選手で、コーチの方向を向く。コーチはバスケットの下でボールを持っている。Aは#1、Cは#2、Bは#3をガードしてはならない。簡単すぎるからだ。コーチは#1、#2、#3のいずれかにパスを出す。コーチが#3にパスしたとしよう。Bは#3についてはならない。#3はパスを受けてすぐにシュートしてはならない。また、#3はディフェンスに追いつくチャンスを与えること。

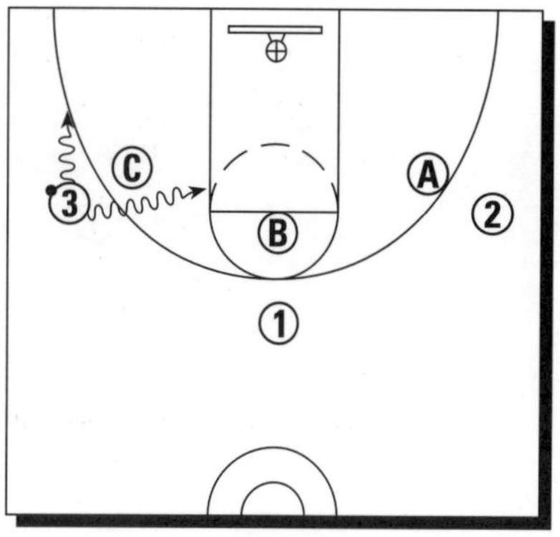

図24

図24　Cが#3についたとしよう。#3はドライブしなくてはならない。#3がミドルに入れるのなら、そうさせる。

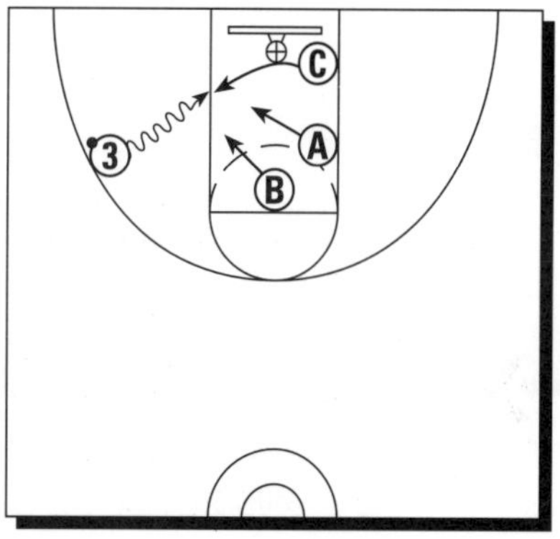

図25

図25　しかし選手たちはミドルに入らせないように指導されているので、おそらく#3はベースライン方向へドライブするだろう。そうなったらAかBがローテーションしてヘルプに行く。こうなると3対3のスクランブルだ。オフェンスには1ヶ所にとどまらずに動くよう指導できるといいだろう。

図26　コーチが#2にパスして、#1が図のようにカットしたとしよう。こうなるとミドルにドライブする隙間ができる。

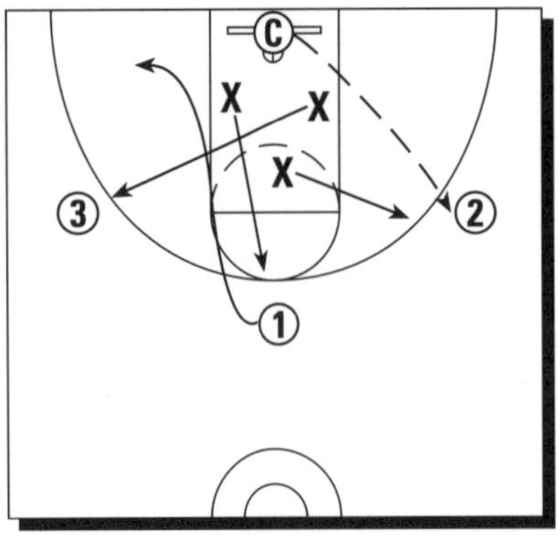

図26

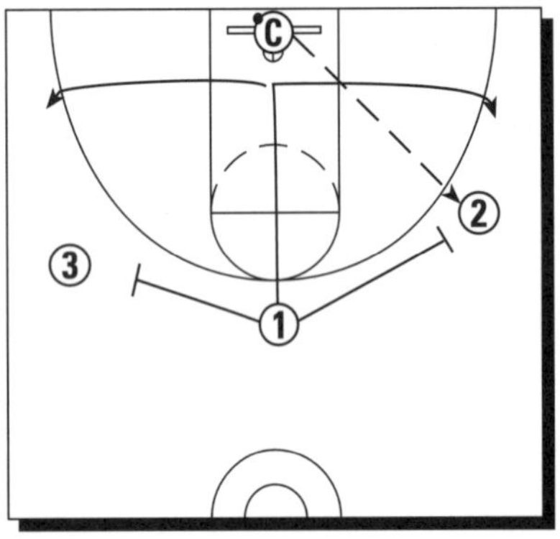

図27

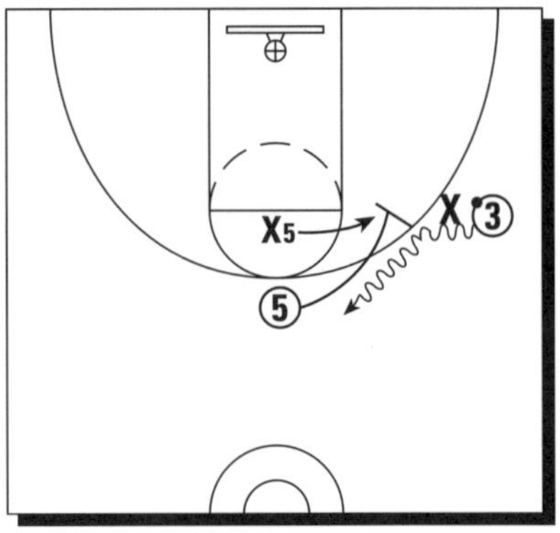

図28

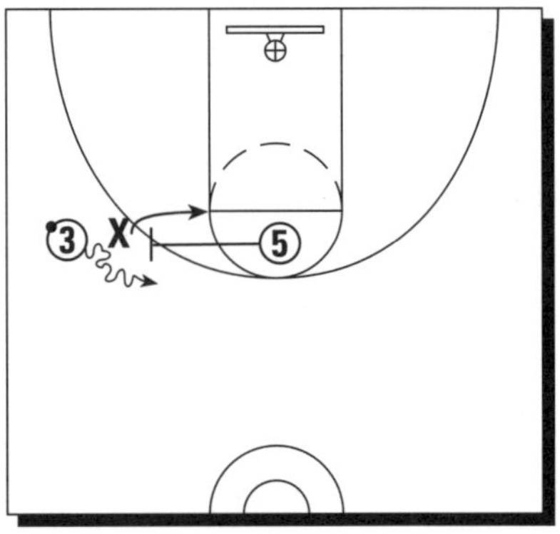

図29

図27　図26のカットに、＃1が＃2をスクリーンするか、＃3をスクリーンするという選択肢も加えてみよう。こうすると試合中起こりうるほとんどすべての状況を網羅したことになる。これで練習する。小型のシェルドリルと言える。

図28　ボール保持者へのスクリーンにどう対応するか。＃5がボールを保持している＃3をスクリーンする。スクリーンが3ポイントラインとの接点、またはラインより内側にセットされた場合は常にトップ方向に動く。3ポイントは打たせてもよいからだ。X5はインサイドドライブを強く阻止する。

図29　スクリーンが3ポイントラインの外側にセットされた場合は、下に動いて難しいシュートを強いる。ボールハンドリングがうまい選手の場合、ダブルチームすることもある。そうした選手からはボールを奪いたい。

TOM PENDERS

トム・ペンダーズ

Teaching Guard Play
ガードのプレーの指導

コーチは哲学を持たなければならない。毎週のように考え方を変えてはいけない。私の場合、すべての選手にガードドリルをやらせたい。

私はガードを入れ替えるのが好きだ。両ガードにポイントガードのポジションをこなしてもらいたい。それでガード全員にポイントガードの技術を教えている。試合中にポイントガードとシューティングガードを入れ替えることができれば、たいていの対戦チームにはディフェンスがうまいポイントガードが１人しかいないので、大変有利になる。相手と競う試合展開にしてくれるのはガードだと、強く信じている。ターンオーバーを相手より少なくすることが大切だということをガードには教え込まなければならない。そして、ガードはコーチと同じぐらいトラベリングを意識していなければならないのだ。

今年、私のチームでは1年目の選手が4人先発していたにも関わらず、相手よりターンオーバーが185個も少なかった。ここ半年で言えば、1試合平均でトラベリングは1つ以下。チームが安定して良いフットワークをしていれば、審判にトラベリングをコールされる回数が少なくなる。特に高校レベルではそう言える。これまで、とても頭がいいのにバスケットボールを理解していない選手が何人かいた。ガードの選手にはコーチと同じように理解していてほしいものだ。

チームでは、新学期が始まると同時に選手たちをポジション別に分けて、キャッチの仕方などの基礎を教え込む。右サイドでキャッチするのは左サイドでするのとどう違うだろうか？　ボールをキャッチするときのフットワークは？　私の場合、あまり良くないショットは許せる。リバウンドを狙えばいいからだ。しかしトラベリング・バイオレーションやワンハンドパス、雑なパスについては毎回練習で管理することができる。フットワークはとても大切なのだ。右利きの選手がシュートする場合は、常に左足を軸足にするように指導している。

選手たちには様々なキャッチを教える。スクリーンを抜けてのキャッチ、空中でのキャッチ、ゴールを正面にとらえたトリプルスレットのポジションでキャッチ、ジャンプストップ。そして右足でフェイクする場合、ジャブステップなどだ。可能な限り右足（利き足）で踏み込んでシュートすることも。これを実証するために、選手を3ポイントラインのすぐ外側に立たせて右足で踏み切り、左足で踏み込むシュートを100本、続いて左足で踏み切り、右足で踏み込むシュートを100本打たせよう。ボールを空中でキャッチしてジャンプストップもする。

ディフェンスにしっかりつかれている場合は、おそらく利き手でシュートするだろう。この場合左足が軸足でなければトラベリングしやすくなる。

➔図1　ガード全員を参加させるドリル。ボールをキャッチした選手はV字にカットしていったん外に戻り、空中でチェストパスを受ける。この選手がキャッチすると同時に次の選手がV字にカットしていったん外に戻り、次のパスを空中で受けてジャンプストップする。これを1分間行う。次はキャッチしたら左側に1回ドリブルする。

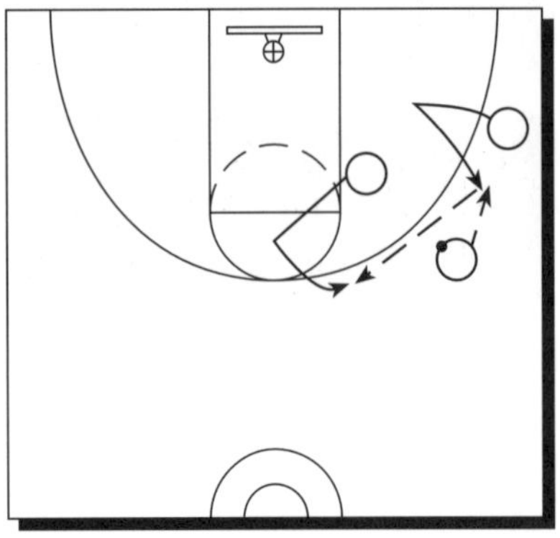

図1

続いてクロスオーバードリブルの練習をする。ドリブル中にジャンプストップした場合は、もう一歩踏み出せる。ドリブルしていてジャンプストップしたらピボットはできず、シュートするかパスするかしかないことを忘れてはならない。このドリルに、ゴール方向へカットしてパスを受け、ジャンプシュートかパワーレイアップをするというものを加えてもいい。私のチームではこのドリルを毎日行っている。

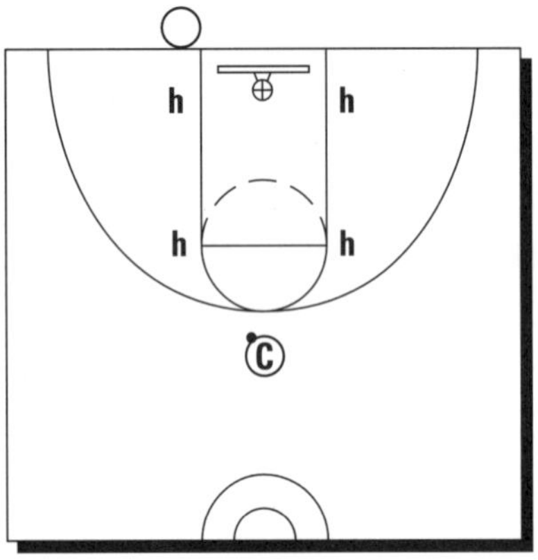

図2

図2　椅子を使ったドリル。選手はベースラインからスタートして、椅子2脚をまわりコーチからパスを受ける。選手はゴールを正面にとらえてジャンプストップする。そしてクロスオーバードリブルをして、もう片方の椅子の後ろでジャンプストップしてバンクショットを打つ。これを両サイドで行う。ジャンプストップ、ジャンプシュート。両足で同時に着地しなければジャンプストップにはならないということを忘れずに。

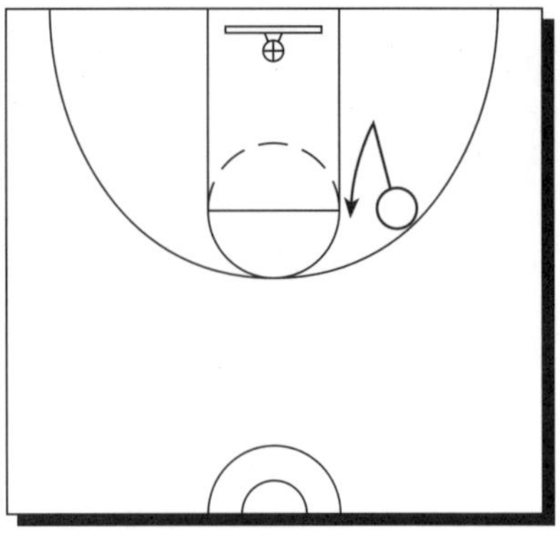

図3

図3　ジャブステップ。同じドリルだがジャブステップとロッカーの動きを使う。ジャブステップでディフェンスを下がらせてからジャンプシュートを打つ。そしてロッカームーブをしてドライブ。シーズン序盤、私のチームでは毎日フットワークドリルに少なくとも6分は費やす。ポジション別の個人練習には1日18〜20分かける。ガードがフォワードのドリルをしたり、フォワードがガードのドリルをする日もある。

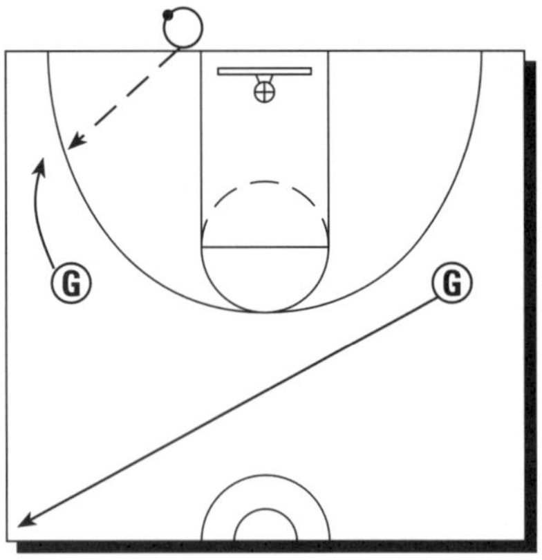

図4

図4　ガードがアウトレットパスを受ける手段を持っているのは大切なことだ。パスはコート右側で受けたい。ガードにはサイドラインに背を向けてパスを受けるように教えている。逆サイドにもう1人のガードがいれば、そのガードは右のサイドラインにコートを横切ってカットする。私のチームでは練習毎にシュート練習を3分割して行う。

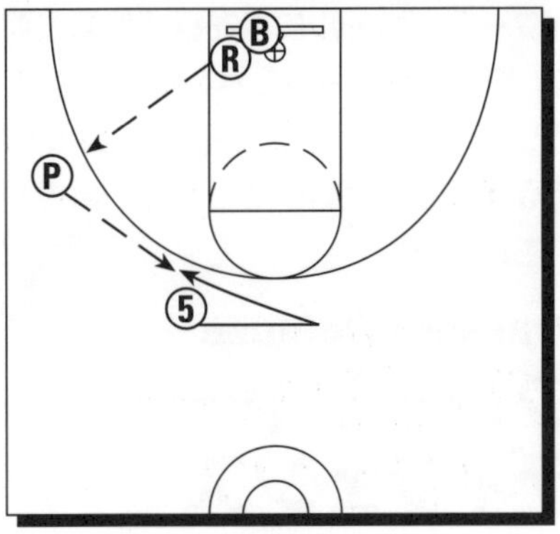

図5

図5　選手3人がそれぞれリバウンダー、パッサー、シューターを担当し、2分間シュート競争を行う。シューターは、毎回1歩下がってからパスを受けてシュートする。これは2ボールドリルだ。1人1人が何本決めたかを記録する。3人の選手たちはリバウンド、パス、シュートの順にローテートしていく。シュート数2位の選手は35秒間で3回コートを往復する。シュート数が1番少なかった選手は1分間でコートを5往復する。すべてのシュートを記録すること。選手は自分が出場して当然だと思うことがある。そんな選手に練習でのシュート数を教えれば、他の選手より悪かった場合、現実を理解するのに役立つだろう。

私のチームの選手たちは、なぜ出場させてもらえないのか、またなぜ出場しているのかを理解している。私はフォワードよりガードの方が評価しやすいように思う。1週間の練習のうち、選手たちが犯したターンオーバーの数を記録してみよう。中には練習に「ただ来ているだけの選手」もいる。記録することで、そういう選手たちに出場したいのなら生産的なプレーをしなければならないことを理解させることができる。練習中の成績はできる限り記録しよう。マネージャーに記録させればよい。選手たちの集中力が途切れないようにするためにも、すべての練習に意味を持たせるのだ。練習中の成績が良ければ選手たちもいい気分になるというポジティブな面もある。それに、選手たちが精神的に常にプレーする準備ができていることにもなる。

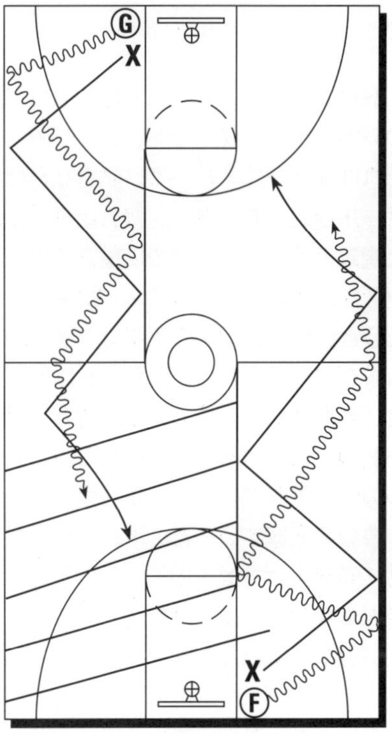

図6

図6　ジグザグドリル。6分間。最初の3分間は、ディフェンスが両手で1本のタオルを持つ。ガードが片方のエンドに、フォワードはもう片方のエンドに立つ。最もうまい選手2人をマッチアップさせたり、逆に最もうまい選手と最も下手な選手をマッチアップさせると、下手な選手はなぜ出場させてもらえないかが分かる。選手たちがミッドコートに到達するまでは、サイドラインとフリースローレーンのライン間をジグザグに進む。ミッドコートに到達したら、反対側のフリースローレーンのラインまでを境界線にして進む。3/4のスピードで進もう。スピンしたりクロスオーバードリブルしてもよい。

このドリルではテクニックを磨くこと。また、低くドリブルするよう気をつける。ミッドコートを過ぎたら、向き合って1対1でプレーする。オフェンスは得点し続ける限り、オフェンスのまま。ガードはレイアップ禁止。フォワードはレイアップしてもよい。バックコートでのスティールもなし。これは試合のどの段階にも使える優れたドリルだ。負けた選手はランニング。すべてのドリルに意味を持たせよう。

ドリブル。私のチームでは、ドリブル練習に多くの時間を割く。練習でドリブルが腰より上になればそれはターンオーバーで、試合ならば相手チームにボールが渡ってしまう。優れたボールハンドリングと視野の広さを培うために役立つのがメガネだ。レンズが柔らかいプラスティック製のメガネを買ってくるといい。レンズの下半分を塗りつぶす。このメガネをかけさせれば、選手たちは顔を上げてプレーせざるを得ない。優れた選手は常に残りの9人がコートのどこにいるかを把握しているものだ。ドリブルの際に下を向いてボールを見ていては、選手たちの位置を把握することは不可能だ。メガネを使えば常に顔を上げさせておくことができる。1時間このメガネをかけてから外すと、頭の後ろにも目がついているように思えるはずだ。

中にはガード陣に軍手をさせてドリブル練習をさせるコーチもいる。私のレベルでは、ガードたちに、自分たちがアシスタントコーチだと思わせることが不可欠だ。チームではガード陣の練習に多くの時間を割く。ガード陣は状況を把握していなければならない。彼らとはすべての試合について話し、どんなパスを出してもらいたいかも話す。シュートする選手にパスを回したいのだ。速攻でフォワードにパスを出すのは、フォワードがドリブルせずにシュートできる場合のみだ。また、ガード陣が試合中に決断できるように、練習中から決断するようにも教えている。

チームでは3対0のフルコートドリルを、最後のパスがバウンドパスという設定で行うことがある。この速攻で2対1または2対2となった場合、最悪のパスはチェストパスだろう。インターセプトされる可能性があるからだ。いいバウンドパスを出せば最悪でも相手にキックされるだけ。このドリルの後は、フルコートで8の字ドリルを行う。このときもガードからフォワードへの最後のパスはバウンドパスだ。

シューティング。優れたシューターのほとんどは同じメカニズムを持っている。シューティングは改善できる。いい指導本がいくつも出ている。顔を動かさず、バスケットの中にシュートするほうの手を入れなければならない。

シューティングで最も大切なことは基礎だ。フットワーク、ボールに手を置く位置、肘はボールの下に、そしてシュートしないほうの手は“ついていく”感じだ。ボールをただ見ているだけではいけない。そうすると顔が動いてしまう。目標から目を離さないこと。

Pressure Defense
プレッシャー・ディフェンス

私のチームはワイドオープンなプレスタイルだ。しかしディフェンスを大変重視しているので、練習の7割はディフェンスに充てている。若い選手の多い年は、個々のディフェンスよりチームコンセプトに時間を割く。ベテランが多い年であれば、最初の1週間で得意のプレスを教え込む。これは、若い選手が多い年なら4週間はかかることだ。私はマンツーマン主体のコーチだが、今年は若手を守るために少々ゾーンも取り入れている。

私がフットボールのコーチであったとしても、「何がなんでも持ちこたえろ」というタイプのディフェンシブコーチにはならないだろう。私は相手チームのオフェンスを混乱させるのが好きなタイプだ。この考え方はバスケットボールでも変わらない。より多くの選手を起用することで、相手チームの選択肢を少なくしていくことになる。プレスをしても通用しないチームが2、3チームはあるだろう。しかし封じ込むタイプのプレスでスローダウンさせることはできる。私が得意とするプレスは3/4コートでの2-1-2プレスだ。

➔図7　チームではプレスの形をできるだけ崩さずにマッチアップしようとする。X1、X2、X3はどれも相互に入れ替え可能だ。シュートが決まった後、最も近い場所にいる選手が＃2のポジションに入り、通常は＃1にポイントガードが入る。相手が速攻主体でない限り、4人をオフェンスリバウンドに送り込み、ポイントガード1人だけが残るので、このドリルは計画に合っている。バックコートにいる選手には3秒以内に、フロントコートの3人には1.5秒から2秒でポジションにつかせる。

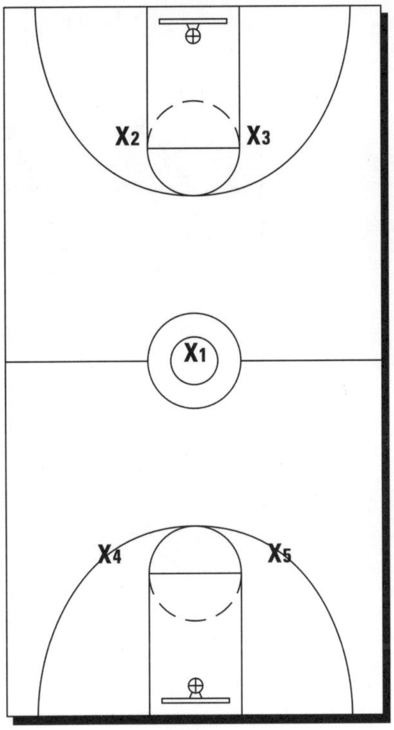

図7

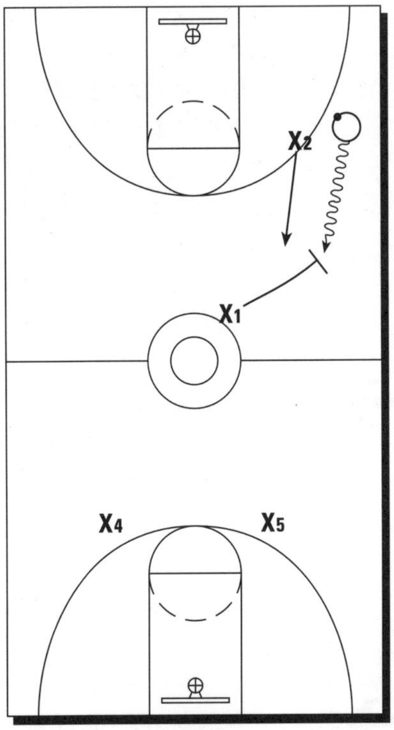

図8

図8　ボールを運んでくるのがセンターの場合は放っておく。X2はドロップし、X1がドリブルを止めに入る。

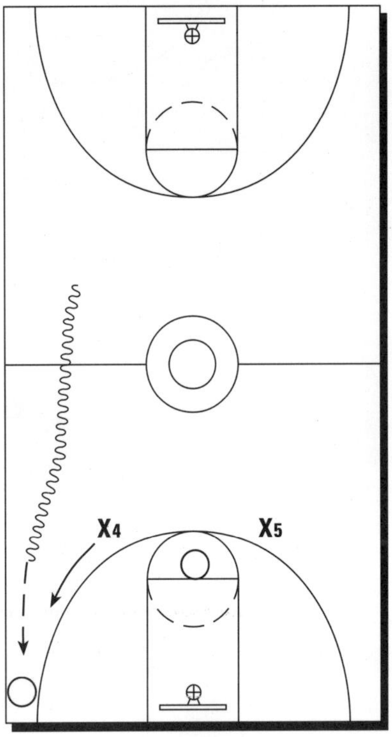

図9

図9　バックコートに相手オフェンスの選手が3人いても、ボールにプレッシャーをかけていればディフェンス2人でカバーできる。この2人にはオフェンスにあまり近づいてほしくない。相手オフェンスにパスが通ると思わせること。

図10　ドリル。長いパス（ベースボールパス）をX5がインターセプトしようとする。

図11　インバウンドパスでのマンツーマン。＃5に戻すパスは止める必要がない。X3はクロスコートパスをケアする。

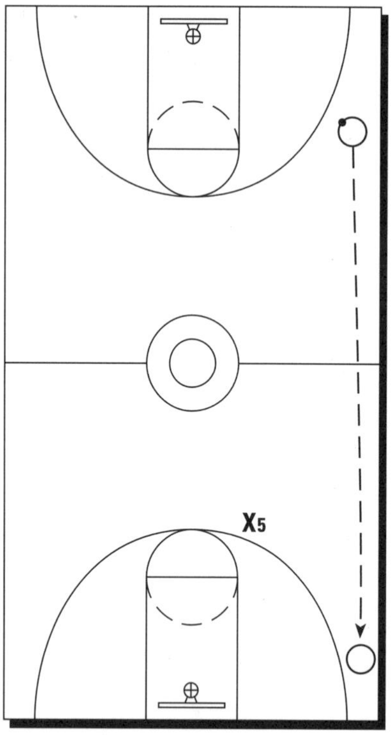

図10

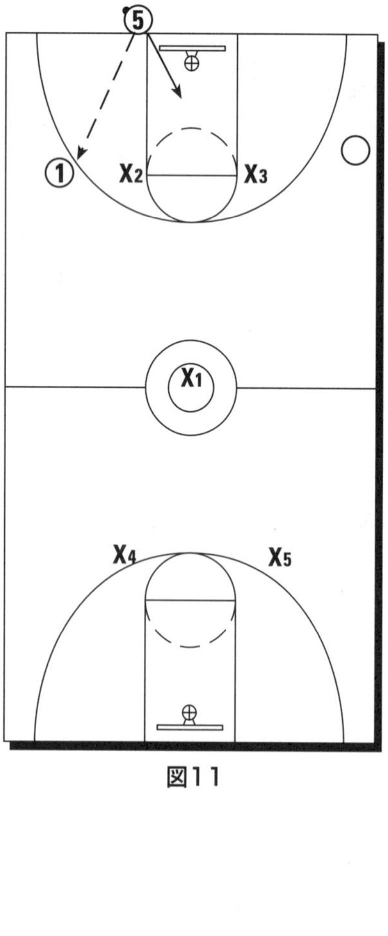

図11

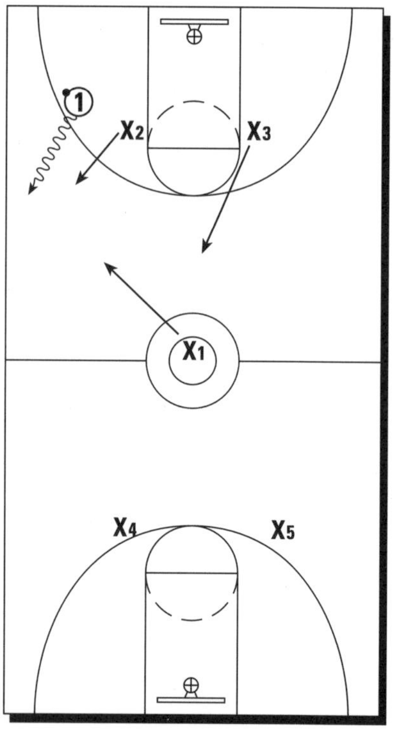

図12

図12　オフェンスがドリブルしたければ、こちらとしてはパスさせたい。オフェンスがパスしたければ、ドリブルをさせたい。＃1がドリブルしている場合、ミドルには入れずに片方のサイドに止めたい。できるだけ早くトラップする。X2とX3はボールより前に進み、サイドラインとファウルレーンの間にいること。X1がトラップに出たらX3がミドルのディフェンスを引き継ぐ。

図13　もしボールが＃5に戻された場合、オフェンスはまた初めからのスタートとなる。そうなったらディフェンスの3人はローテーションして逆サイドで図12と同じことをする。とにかくミドルにボールを入れさせないのが目標だ。

図14　インバウンダーにパスを戻す（＃1から＃5へ）チームの場合、時に＃2へのパスを阻止することもある。X1がフロントコートに戻り、＃5に1対1でつく。相手にいいポイントガードがいなければ、この戦法で揺さぶりをかけることができる。

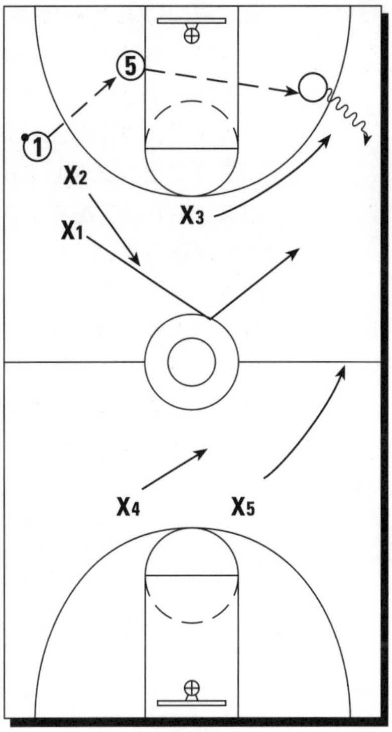

図13

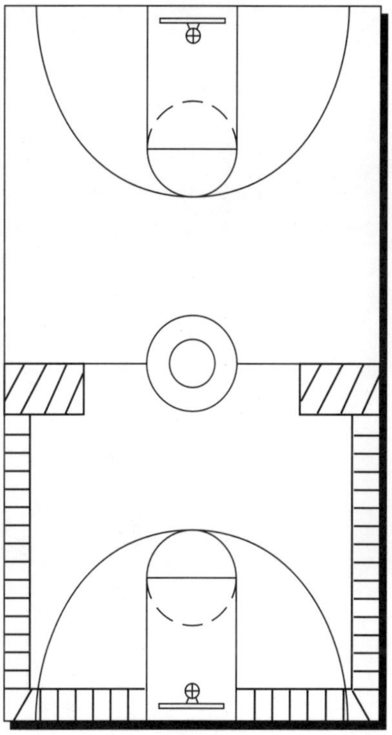

図15

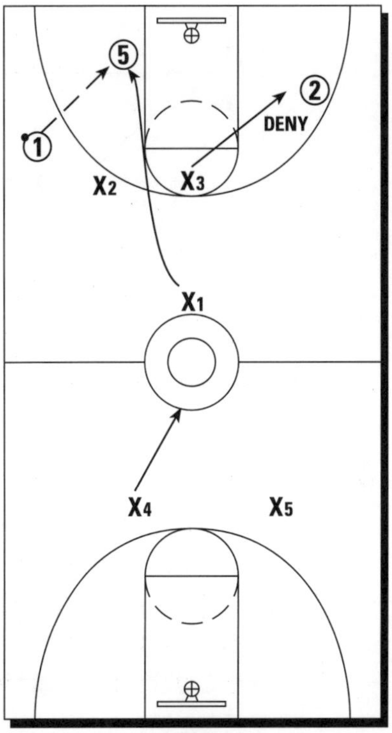

図14

図15　斜線で理想的なトラップエリアを示した。ミッドコートを少し過ぎたあたりだ。私のチームでは、練習コートにテープを使って印をつけている。ミドルではトラップしない。

図16　誰がトラップするかはコーチ次第だが、動きは同じ。相手チームがミドルからの攻撃がうまいなら、X1をミドルに留めてX3もヘルプに行かせる。X2はボールをサイドライン寄りに留めるよう動き、X4がトラップする。X5は斜めに動き、X1は急激にドロップする。

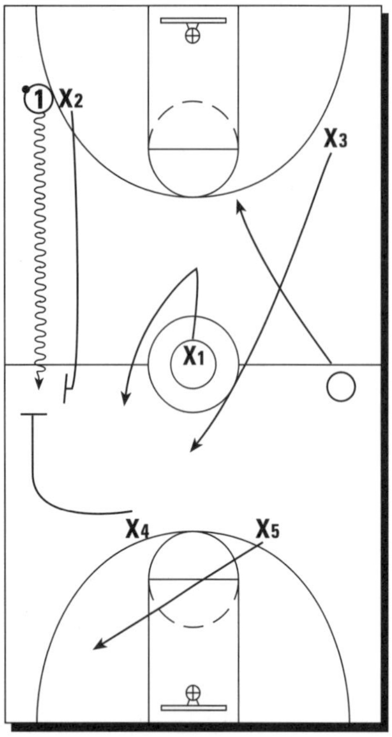

図16

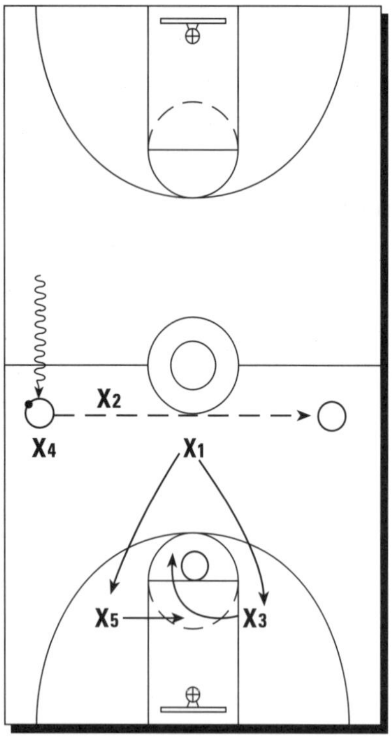

図17

図17　X2とX4がボールをトラップしている。X1、X5とX3は完璧なディフェンシブ・トライアングルを形成し、いつでもスティールできる状態にいる。トライアングルの3人は実際にはゾーンディフェンスをしている。X1はクロスコートパスをディフレクトできなければならない。X3はハイポストあたりを守る。逆コーナーにいるオフェンスの選手が最もオープンな状態になるが、ボールにプレッシャーがかかっている。トラップする度に残り3人がトライアングルを形成すること。

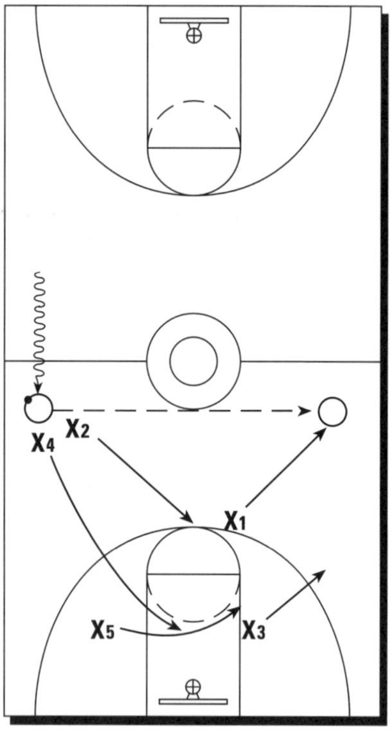

図18

図18　トラップから相手がクロスコートパスを出した場合、X1がボールにプレッシャーをかけ他の選手がローテーションする間、ボールをサイドラインに留めるように動く。たて続けにトラップをしてはならない。事が落ち着く時間を持ちたい。

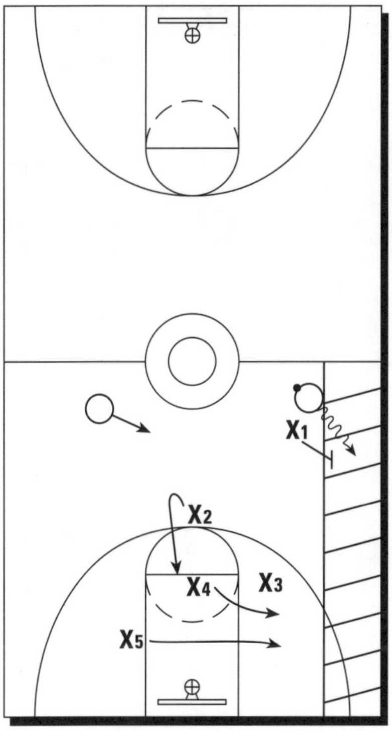

図19

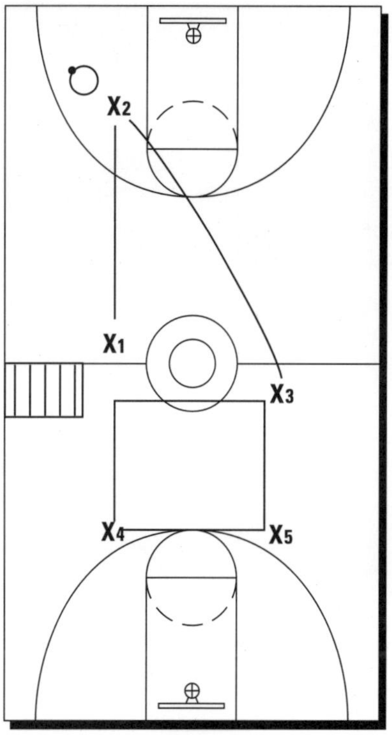

図20

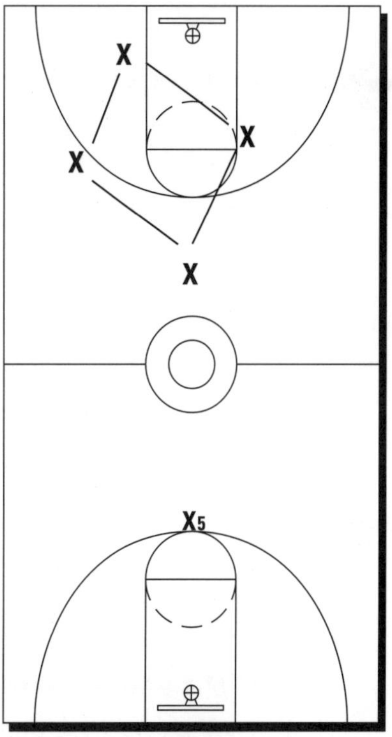

図21

図19　ボール保持者がサイドラインに沿ってドリブルしたら、X1とX3の間にまたトラップをしかけることができる。もしサイドライン沿いにドリブルしなければ、ベースライン付近でトラップするのが私の得意とするところだ。

図20　ハウス。4人をミッドコートに残す。選手たちはコート上で「家の並び」をかたどって並ぶ。ハウスの中央にはドアがあり、誰も中に入れたくない。このプレーは速攻を得意とするチーム相手に用いる。ミッドコートを過ぎたあたりにトラップをしかける。X3がミドルをカバーする。これは大変よい封じ込めプレスであり、試合のペースを変えるのにも役立つ。

図21　1-2-1-1。このプレーはフリースロー後によく用いる。相手チームにアタックを強いるものだ。バックコート寄りにいる1人はトップより下には下がらないこと。

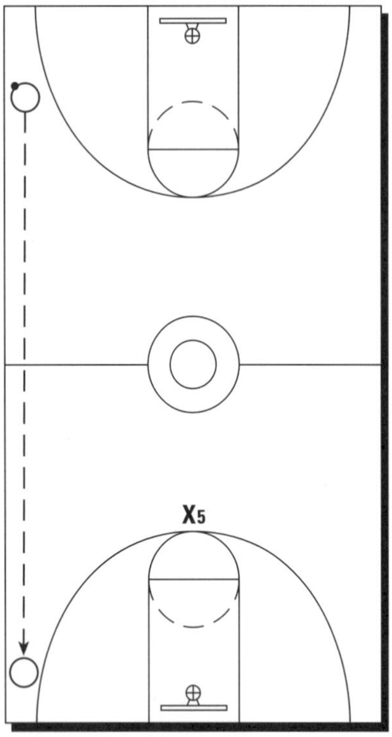

図22

図22　ドリル。両コーナーはトップからカバーできるということの証明。

図23　チームでは決してミドルでトラップはしない。うちには基本的なレーンが3つある。ボールがレーンⅠにある場合、ディフェンダー全員はレーンⅠかⅡにいるべきである。ボールがミドルレーンにある場合はプレスの原形であるダイヤモンド型に戻るように心がける。この図は単なるマンツーマンで、オフェンスが背を向けた時のみトラップする。

図24　自分のレーンをしっかり守ることは非常に大切である。ボールがミドルレーンにある場合はダイヤモンド型に戻るよう心がける。ミドルにパスが出たらX1が背後から素早く動いてパスをティップし、カットしようとする。X1はスプリントする。X2とX3はボールの前に行くようスプリントする。この場合でも全員がレーンを意識しなければならない。X 4はドリブルしている選手をスローダウンさせ、サイドに追いやるべきである。常にボールより前にいること。

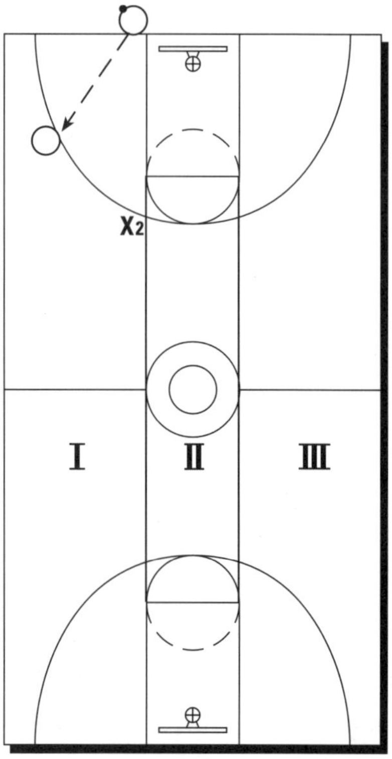

図23

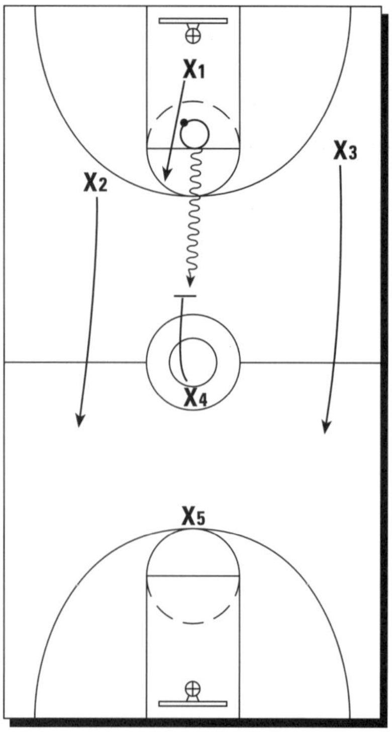

図24

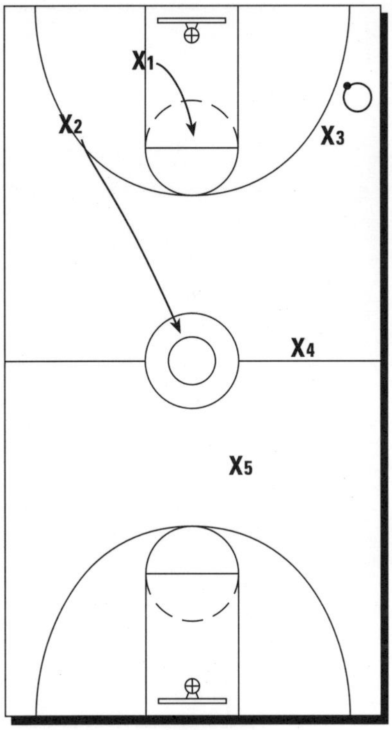

図25

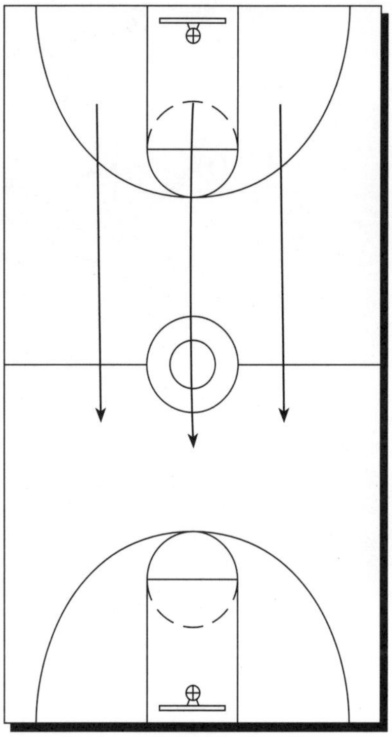

図26

➔図25　ボールがミドルから出たらX1はスプリントして戻り、X2はミドルに入る。X3はボールをスローダウンさせる。X4はボールサイドに動く。極力トラップを狙う。

➔図26　自分のレーンを守ること、これを強調したい。私のチームのスティールとディフレクションの98%は、ボールがミッドコートを越えてからのものである。また、選手たちには必ずトラップを教えること。ボールに合わせて鏡のように動き、少しでも触ろうと心がける。それを習慣づけなければならない。練習で集中して行うこと。

➔図27　2-2-1。私は使っていないオフェンス編成で、逆にこの編成をアタックするのが好きだ。UCLAのウッデンコーチが使っていたときは、フォワードがフロントラインでガードが後ろだった。

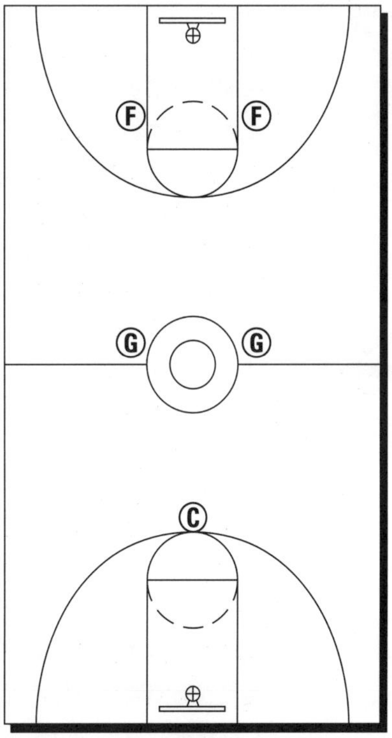

図27

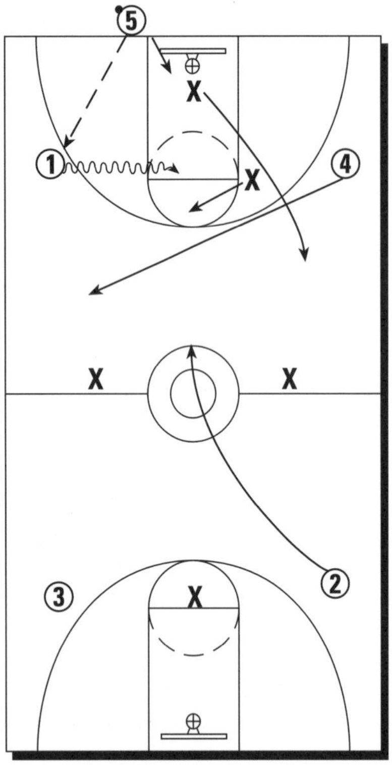

図28

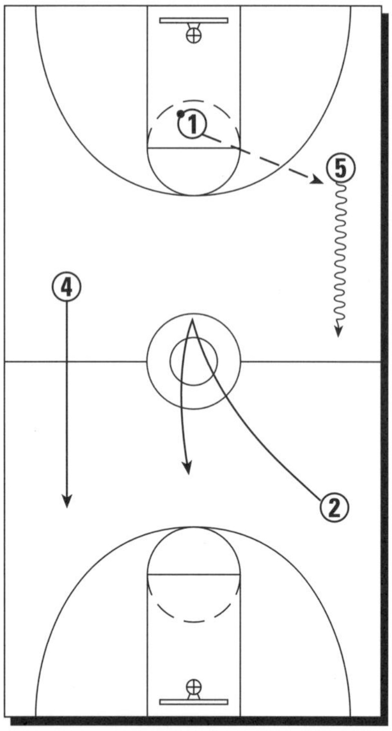

図29

図28　2-2-1に対するディフェンス。#5が#1にインバウンドして#1がミドルへドリブルする。#4が斜めにすばやくカットする。#5はフロントラインとバックラインの間のスポットに回り込む。#2が背後からミドルにブレイクする。#1は#5、#4、#2のいずれにもパスできる。

図29　#1が#5にパスしたら、#5はドリブルし、サイドライン沿いにボールを進め、#2はディープに、#1はミドルからトップに進む。ここで一つ提案をしよう。試合時間残り10秒、自分たちのポゼッションでタイムアウトをコールしてはならない。コールすれば、相手チームのコーチにディフェンスを変更する時間を与えることになる。これは練習で身につけよう。練習中から時間を計るのだ。試合中にそのような状況になった際、どうするかを知っておこう。

試合終盤3点をリードする展開で、相手チームのポゼッションだとしよう。ファウルするべきか？私のチームではファウルしない。相手はシュートを決めて、なおかつターンオーバーを奪って3ポイントを決めなければ勝てない。最悪でも同点にしかされないのだ。

Transition Offense
トランジション・オフェンス

私は、毎年選手の顔ぶれによってトランジションゲームを調整する。皆さんにもできるだけ多くのイージーバスケットを決めることをお勧めする。ディフェンスで試合のテンポを支配できるだけの逸材が揃っているか判断するのはコーチ次第だ。オフェンスで試合のテンポを支配することはできない。私はディフェンスでプレッシャーをかけることを好む。相手にセットアップする時間を与えないようにする。

さらに私は選手たちが決まったレーンを走るナンバーブレイクの信奉者だ。また、シーズンが進むにつれてナンバーブレイクを変えていくことも大切だ。しかしどのガードにも1番のポジションは覚えさせる。私の下でプレーするガードは全員ポイントガードのポジションを覚えるのだ。選手たちがポイントガードについて理解すればするほど、コーチは賢い選手を多く持つことになる。

これから私の得意なトランジションゲームをお教えしよう。最も“万能”と思われるプレーだ。以下のようにして相手チームのシュート後にボールを進める。

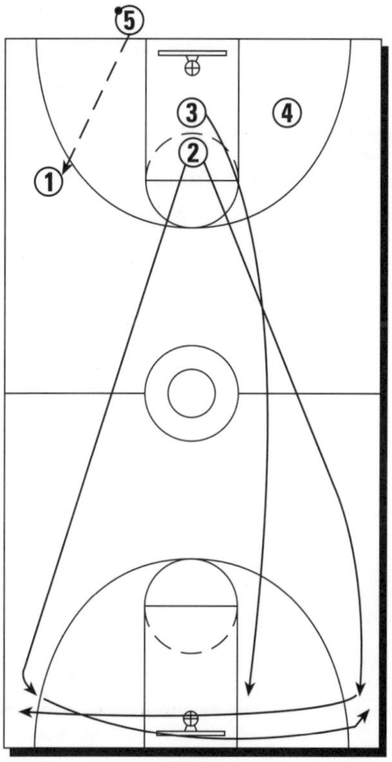

図30

➔図30　＃4または＃5がバスケットに入ったボールを取りインバウンド。私はインバウンドする第一候補を決めておくことを好む。1試合に何本のシュートを相手に決められるだろうか？　その数だけ組織だった速攻をするチャンスがあるということだ。速攻とは様々なオプションを伴う早くシュートするプレーだ。オプションがあるナンバーブレイクを選手たちに教え込めば、結果的には誰がシュートするかを決めておくことと同じだ。相手がシュートを決めるたびに早くシュートする、組織だったプレーをするチャンスがある。これは別にフルスピードで行う必要はないのだ。

70年代のセルティックスを思い出してほしい。バード、マクヘイル、パリッシュなど、誰1人として速攻向きの選手はいなかった。セルティックスがリーグNo.1の平均得点と速攻を誇っていたのは、彼らが一緒に、組織立った形で走り、次々とオプション1、2、3などに切り替えていったからだ。

そして相手のシュートが決まった後が最も効率的だった。すぐにボールを外に出し、レーンを埋めて、すばやくボールをフロントコートへ運び、相手ディフェンスにプレッシャーをかけたのだ。

トランジション・オフェンスの教え初めには、インバウンドする選手は1人に限るべきだ。これは教え込める技術だ。うちで実践しているドリルでは、コーチがシュートを決めて、センターがフリースローサークル付近に構えている。センターはボールが床に落ちる前にキャッチし、1歩から2歩でアウトオブバウンズに出る。インバウンドはセミベースボールパスで。すばやいインバウンドパスの仕方を教えること。バックボードはサイドにクリアする。＃1はサイドラインに背を向け、コート全体を見渡せるようにする。ポイントガードから1～1.5m以内にディフェンダーがいる場合は＃1にインバウンドしてはならない（その点については後でお話しする）。しかし、＃1が自分のポジションにすばやく動けばオープンになれる。インバウンドパスを受ける2番目の候補は＃4だ。＃4と＃5は入れ替わってもよい。2人を図の位置につかせるのは、たいていバスケット近くにいて、レーンを埋めるのが下手だからだ。＃3は通常左のレーンをフロントコートに向かって素早く走る。

図はポストプレーヤーが右利きだった場合のサイドだ。＃1が力不足でヘルプが必要な場合は＃2がボールサイドにカットする。しかし＃1がフロントコートにボールを運べるとしよう。＃2がコートを横切って来られたとしたら、ボールは＃5→＃1→＃2→＃3へとおよそ2秒で渡る。これはいいドリルだ。ディフェンスなしでやってみよう。＃1が直接＃3へパスする形に変更してもよい。＃3は俊足でディフェンスを広げる役割だ。ほとんどの場合、＃3にはボールが渡らない。＃2はいずれかのサイドを動く。＃2はバスケット下でクロスすることもできる。＃2の動き方次第でどのプレーをするかが決まる。

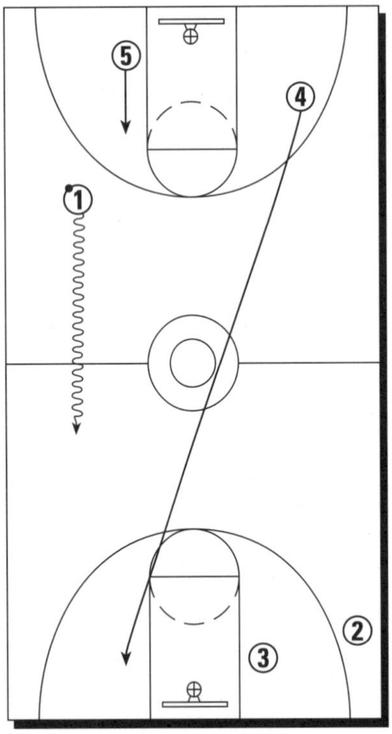

図31

図31　＃2がボールと逆方向に動いたとしよう。ボールがインバウンドされたら、＃4が＃3とは反対のブロックにスプリントする。ボールを持つ＃1が右サイドを進む。

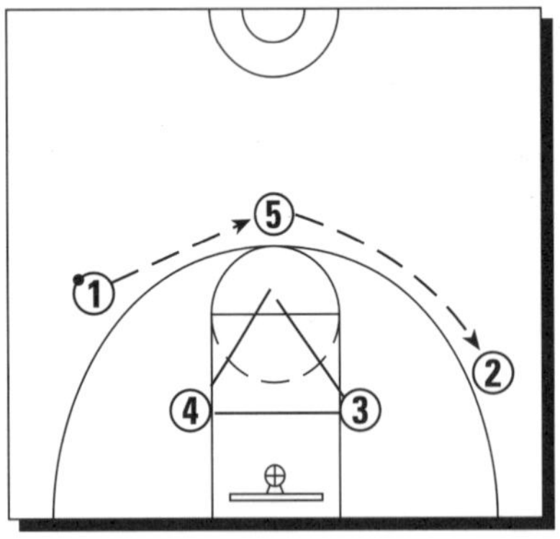

図32

図32　＃2がボールと逆サイドにいる場合、ボールを＃2に戻す。＃5をトップに、＃3と＃4を底辺にした三角形を形作る。

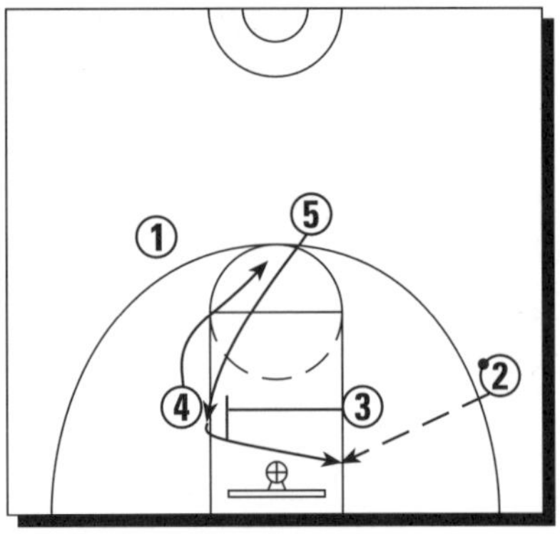

図33

図33　＃5が＃2にボールを戻し、すばやく＃4とすれ違う。これはスクリーンではない。＃3がコートを横切ってボールサイドに来た＃5をスクリーンする。＃2が＃5にパス。

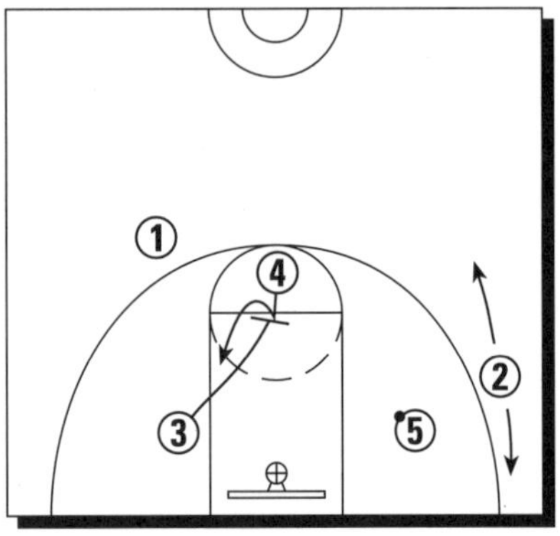

図34

図34　＃5がパスを受けたら、直ちに＃3が＃4にバックスクリーンする。＃5がシュートすれば、バックスクリーンすることによって、ディフェンスがリバウンドをブロックアウトすることはほぼ不可能になる。ディフェンスがポストをダブルチームすることを好むなら、＃2が場所を変える。ディフェンスがポストをダブルチームしなければ、＃2はベースラインに沿ってカットする。

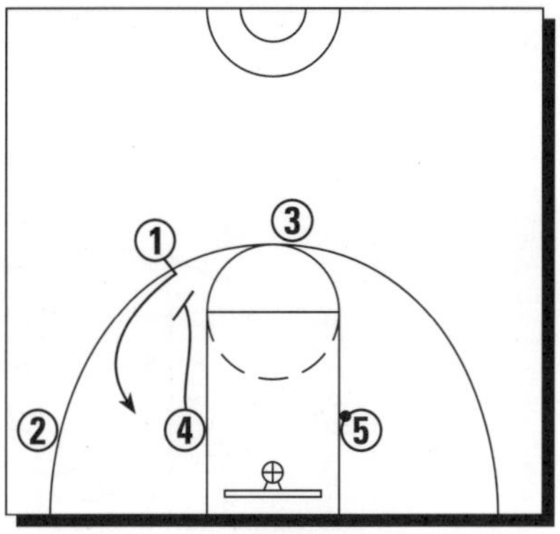

図35

図35　#4が#1をバックスクリーンする。これはリバーサルシリーズと呼ぶ。#2がボールと反対のサイドに出て来たら、このプレーを起用する合図だ。

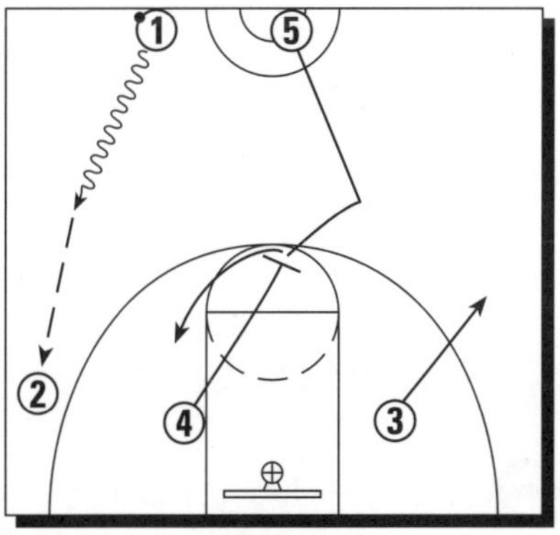

図36

図36　#2がストロングサイドにいて#1からパスを受けたら、#4がブロックに来る#5にバックスクリーンする。これはボールを早めにインサイドに入れるよい方法だ。#3がガードならステップアウトする。

図37　#3がフォワードなら#4が#3にダウンスクリーンをかけ、#3がボールから離れる#1をスクリーンする。

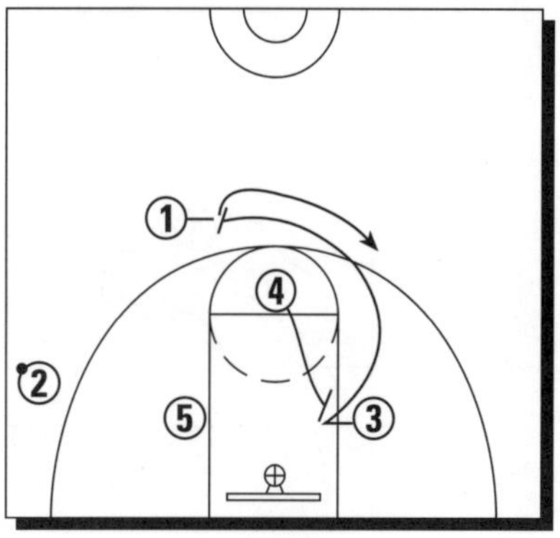

図37

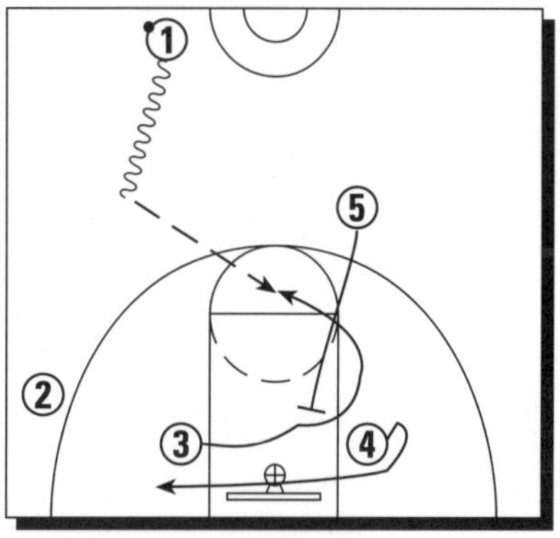

図38

図38　#3がボールサイドにやって来て、なおかつシュートがうまいなら#4が相手にブロックをさせないようにポジションを取る。#1は#2にパスをしない。#3が#4とすばやくすれ違い、#5は、#1からパスを受けてシュートするためにハイポストに上がってきた#3をダウンスクリーンする。

図39　#3をトップに、#4、#5を底辺とした三角形。#3がシュートしなければ、#5がUCLAダックインをして#3からパスを受ける。#4がローポスト寄りにカットしてきた#3をバックスクリーンする。#1が#2をスクリーンするためにローポスト寄りに動く。

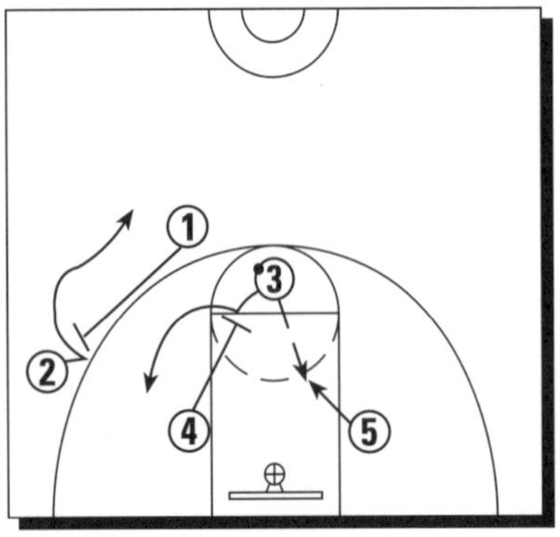

図39

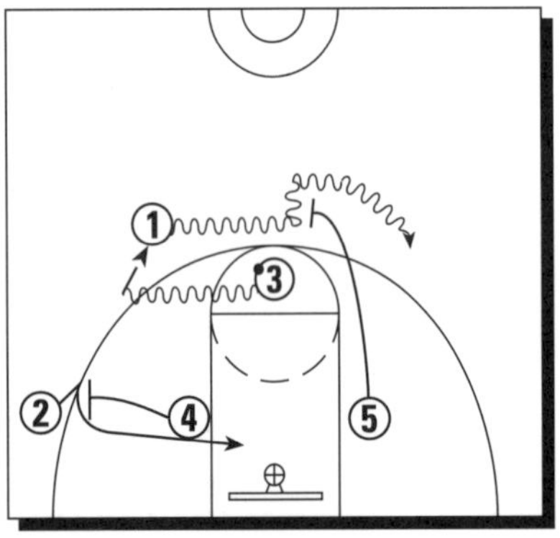

図40

図40　＃3がインサイドにパスできなければ、＃3は＃1の方向にドリブルしてハンドオフする。＃1はトップを横切ってドリブルし、＃5のスクリーンを受ける。＃1と＃5はスクリーン＆ロールしてもよい。＃4は＃2にバックスクリーンをかける。ここまではプレーをコールする必要はなかった。プレーをコールしたければ、フリースロー前にしよう。トップで＃3にボールを取ってもらいたければ「3」とコールする。ファーストオプションで、ブロックの位置で＃5にボールを取ってもらいたければ「5」をコールする。

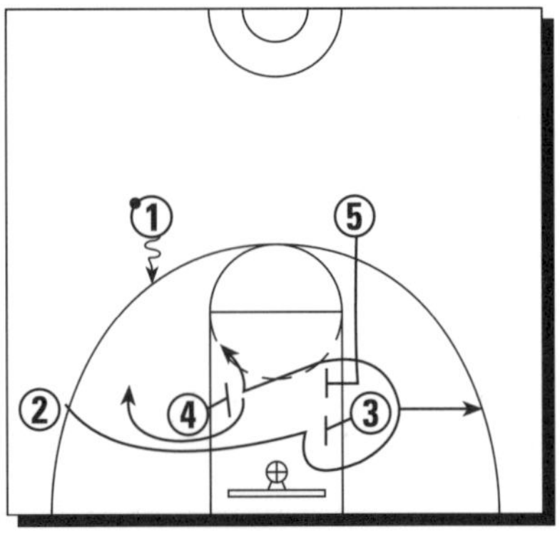

図41

図41　「2」。これは＃2が得意とするプレーだ。＃3と＃5は左サイドでスタガーダブルスクリーンをセットする。＃4は右サイドでシングルスクリーンをかける。＃2がゴール下にブレイクし、右か左に動く。ディフェンスがついてきたらカール。ディフェンスがトップ方向に動けば、＃2はまっすぐコーナーに向かう。私は試合中にプレーのナンバーをコールしたくない。特定の選手たちの位置によってプレーを発展させたいのだ。

図42　ボールデッドの状況で、自分のチームのインバウンドだと仮定しよう。最初の並びは1-4だ。試合終盤にはチームで1番フリースローがうまい＃2にボールを集めたい。＃3はフロントコートに向かって直進し、必要ならフックする。＃1はファウルラインよりわずか下にスプリントする。＃4はベースラインに向かってカット。＃2はミドルに回り込む。ミドル全体がオープンになっている。＃2が＃5からパスを受ける。

図43　＃1が＃2からパスを受けるためにミドルへカット。

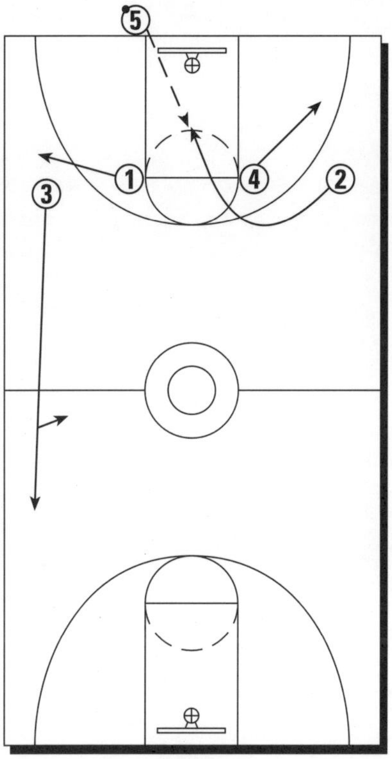

図42

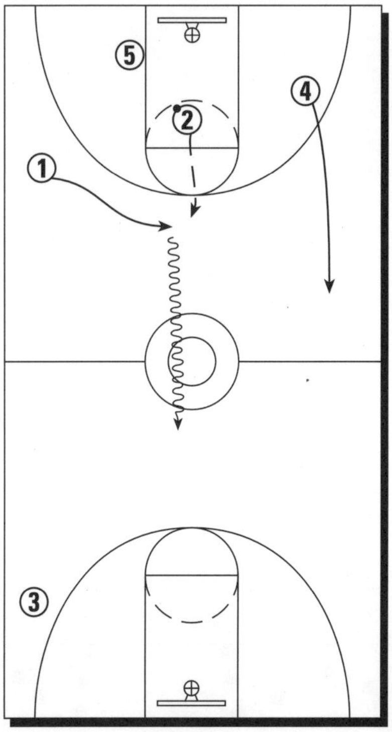

図43

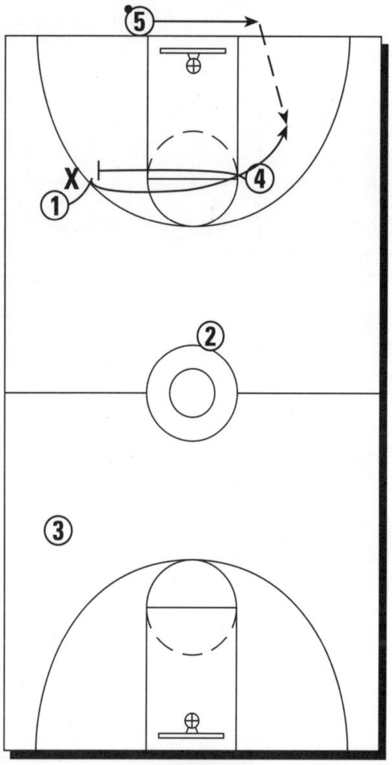

図44

図44　インバウンドの際ベースライン沿いを走ることができ、ディフェンスが邪魔をして＃1にパスできなければ、＃4がコートを横切って＃1をスクリーンすればよい。

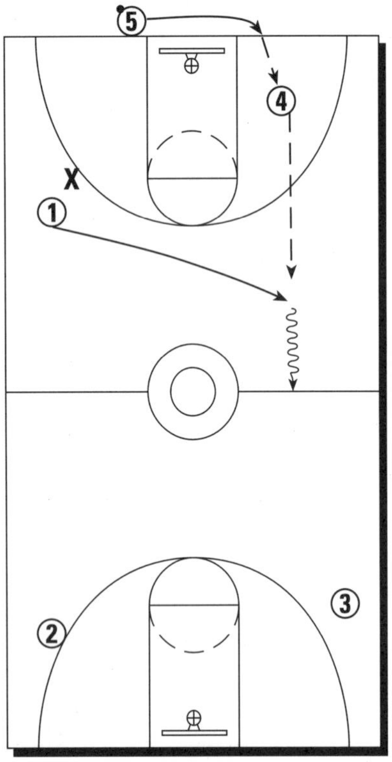

図45

図45　#5はベースライン沿いに走って#4にインバウンドしてもよい。#4はミドルを横切ってきた#1にパス。#2と#3はフロントコートの深い位置にいる。

以上のプレーをチーム事情に合わせて調整するといい。相手ゴールの後いつでも使えるプレーを持っておくことだ。

CHARLIE SPOONHOUR

チャーリー・スプーンアワー

Man-To-Man Defense
マンツーマンディフェンス

若いコーチに考えてほしいことがある。私が育ったアーカンソー州の小さな町では、先生はみな“教授”と呼ばれていた。博士号を取っていれば当然“博士”と呼ばれ、コーチであれば“コーチ”と呼ばれた。これらの言葉にはすべて意味があった。私にとっては大切な言葉だった。ジュニアカレッジで初めて仕事をもらったときのことを覚えている。私は町中の人に“コーチ”と呼ばれた。その“コーチ”という言葉には特別な意味があった。何か意味があるべきだし、あなた方もコーチであることを誇りに思うべきだ。

まずはドリルについての話をしよう。私は駆け出しの頃、ヘンリー・イバ氏からドリルをすべて教わった。当時の私はドリルをやりすぎる傾向にあった。イバ氏は、最も簡単なのはただ突っ立って選手たちに要求だけを出してそれをやらせることだ、と言った。そうではなくて、大切なのは自分の目的に合ったドリルを、自分が教えようとしている内容に合ったドリルを与えることなのだ。ドリルは、コーチが考えているオフェンスまたはディフェンスを反映しているものであるべきだ。私はそれをイバ氏から教わった。熱意が大切だ。

私が校長でコーチを雇うとしたら、オフェンスやディフェンスについての知識があるかは問題にしない。良いコーチというものはオフェンスとディフェンスについて何か考えを持っているはずだ。最も大切なのは熱意だと思う。自分が好きなことをやっているのなら、きっとうまくいく。そしてもう一つ大切な言葉は“忍耐”だ。私たちはこうなるべきだという理念を持って仕事に臨み、生徒たちが完璧にそれをこなすように仕向けなければいけない。

オクラホマ大のケルビン・サンプソンの下で練習する機会があれば、参加することをお勧めしたい。今年、私はオクラホマ大のTV解説を務めた。同大学の練習を20回ほど見ただろうか。ケルビン・サンプソンの練習ほど素晴らしい練習は見たことがない。とても要求度の高いコーチで、熱意にあふれ、生徒たちは練習熱心だ。サンプソンコーチのチームのエースは最も努力している選手だ。チームのエースに、チームで最も努力するよう説得できれば、試合に勝つことができる。

最初のドリルはクイックネスドリルだ。生徒たちに最初の2、3歩をクイックに動くように教えることはできる。速く、ではなくて、クイックだ。ボールを2つ用意する。その2つのボールをレーンに転がす。選手は走る用意をして待つ。左にボールを転がしたら、選手は動く方向に片足を向け、ボールにスライドする。2歩ほど進んでボールを拾い、コーチにチェストパスでボールを戻す。この時点でコーチは、右へもう１つのボールを転がしている。次の選手が左か右をコールする。ここでは選手に両足を開いておくように教えよう。選手は右へ戻り始める時、右足で第1歩を踏み出すことになるので少し得をする。1歩目が左足だったらどうしようもない。これを10回行う。チェストパスは弱さの現れではないのだ。

今年上位チームの練習を見たが、どのチームもドリルを正しく行っていた。チェストパスにはしっかりバックスピンがかかっているし、細かいことすべてが身についていた。上位チームはそういうプレーをするのだ。ボールをキャッチしてトリプルスレット・ポジションに入るのは弱さの現れではない。

10個目のボールを転がしたら、選手は床にダイブしてボールを取る。こうしてプレーの仕方を頭に植え付ける。さらに、その選手がダイブしている時、次の選手がパスを要求する。ダイブした選手は立ち上がらずにそのままパスする。試合ではこういうプレーをするべきだ。シーズン終盤になったら、床にダイブした選手がパスできないよう、マネージャーが邪魔する設定にしてみよう。マネージャーは選手にちょっかいを出すのが好きだから、ちゃんと仕事をするだろう。こうすることで床にダイブした選手が良いパスとは何かが分かる。ダイブしても相手チームにボールが渡っては意味がない。さらにこのドリルをすることで、パスを受ける選手は動くことを覚える。

リカバリードリル。選手が1人アウトオブバウンズ・ライン近くに立つ。ボールをバウンドして外に出す。選手は、はたくか、キャッチするか、投げるかして、そのボールをインバウンズに戻さなくてはならない。オフェンスでこのような状況に陥ったときは、何が何でもボールをインバウンズに戻さなくてはならないのだ。次の選手が戻ってきたボールを取る。

続いてディフェンスサイドだ。ディフェンスサイドではボールを奪い、ターンして、パスする前にアイコンタクトをしなくてはならない。これは単純だ。選手たちにプレーの仕方を覚えさせる。選手たちには、アウトオブバウンズになりかかったボールをコートに戻す時、せっかく戻せても、相手ゴール下に入れてしまえば簡単にレイアップを決められてしまうということを理解させよう。つまり、ハッスルプレーを より生産的にすることが大切なのだ。このドリルを数回行ったら、今度はアウトオブバウンズになりかけたボールをコートに戻す際、マネージャーに邪魔させてみるとよい。

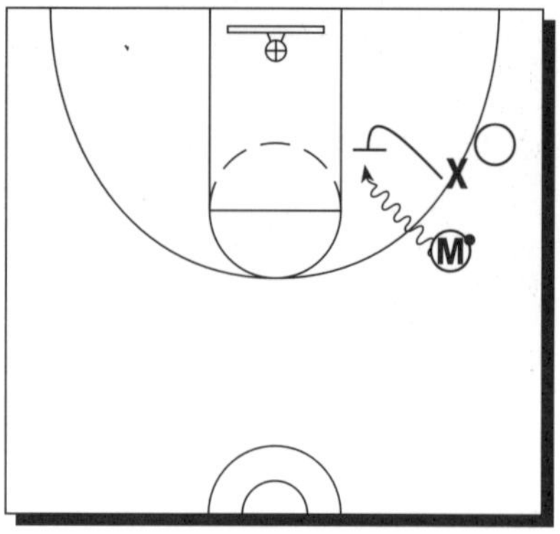

図1

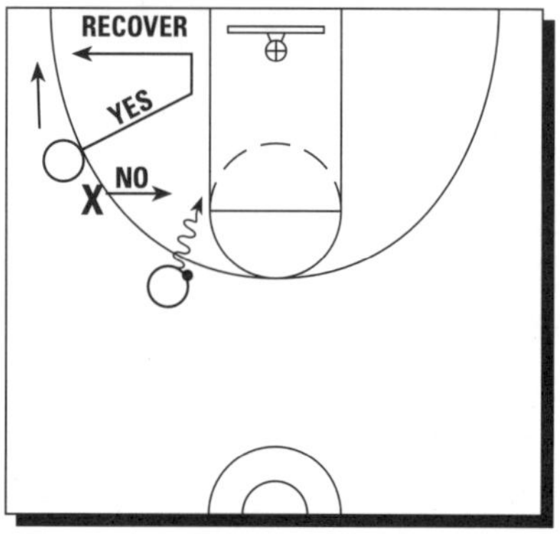

図2

➔図2　対戦相手の多くは、3ポイントを打つときボールをディフェンダーに向かってドライブして、こちらのヘルプをおびき出す。そうしてからコーナーにパスを出すのだ。トップ方向にヘルプに出て、コーナーでの3ポイントをカバーするのに間に合わない選手が多すぎる。ヘルプするならローポスト方向に。そうすればコーナーにリカバーできる。もし倒されても、立ち上がってコーナーに戻らなければならない。決してトップ方向にヘルプしないこと。

➔図1　チャージドリル。マネージャーがボールを持つ。ウイングでオーバープレーのポジション。マネージャーはバスケットに向かってドリブルを始める。相手にチャージングの反則をつけさせるには、バスケットに向かって一定の角度でドロップしてから、必要なポジションに入らなければならない。

私はクローズアウトに関しては最悪のコーチだった。そんなものは時間の無駄だと思っていた。しかしクローズアウトすることは、ドリブルで相手にかわされないためには大切だと誰かが言った。クローズアウトして走る時に、頭が大腿部より先に出てしまっていては体の制御が利かない。クローズアウトする時は頭を引いて、相手のシュートが来る方向によって片手を下、もう片方の手を上に上げる。頭を引いて腰を下げ、スタンスを広げる練習をしよう。

生徒たちには、低学年のうちにこれを教え始めるといい。

私は長いことコーチをやっているが、こういうことは今でも大切だ。ディフェンスのスタンスは大切だ。こうしたことを教えるのは退屈なことだが、上位チームであっても、シーズン終盤にまだこれに取り組んでいる。クローズアウトやクローズアウトスタンスで腰を下げることを、個人、またはグループで教えているのだ。

私は駆け出しの頃、“Heel-to-Toe Look”という細身のスタンスを教えた。しかし、NCAAトーナメントでUNLVと対戦した時、うちのオフェンスはお粗末だった。それまでにディフェンスがいいチームと何度か対戦していたが､これはすごかった。UNLVの選手は体格が良く、うちの選手たちにぶつかってきた。やられ放題だった。何が違っていたのだろう？　UNLVはクローズアウトしてぶつかってきていたのだ。向こうのスタンスのほうが広かった。うちがボールを拾ったら、またぶつかってきた。手ではたくのではなく、下半身、胸部、そして臭い息でファウルしてきたのだ。

私は、その時スタンスに対する考え方を変えた。そしてもう一つ考え方を変えた。かつては相手に触れられるほど近くにいることが、ガードしていることだと思っていたので、近くに寄りすぎて相手の思うつぼになってしまったのだ。だからクローズアウトスタンスにするときは、相手に楽にシュート、パス、またはドリブルをさせるようではいけない。相手が、居心地が悪くなるようなスピードで動いてほしい。今年のフロリダ大を思い出してみよう。フロリダ大は、相手が居心地が悪くなるようなペースでのプレーを強いた。

➔図3　スライド、スライド、ラン。ディフェンスのドリル。オフェンスは架空。ディフェンスがスライドし始めたら、足をターンして足先を伸ばし、前足で1歩踏み出す。2歩進んで長くドロップ、そしてもう2歩進む。その時点で架空のマッチアップが自分をかわしてゴールへ向かっているとする。マネージャーにボールを持たせ、ディフェンスの選手がハーフコートに到達したら、マネージャーはドリブルを始める。ディフェンスはマネージャーをサイドラインへ押しやろうとする。マネージャーがドリブルを止めたら、ディフェンスはクローズアウトする。コーチングのポイントは、方向を変えるときに頭を上げさせないこと。

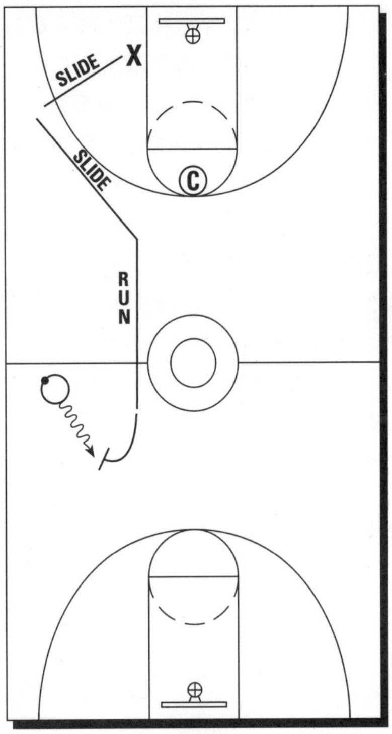

図3

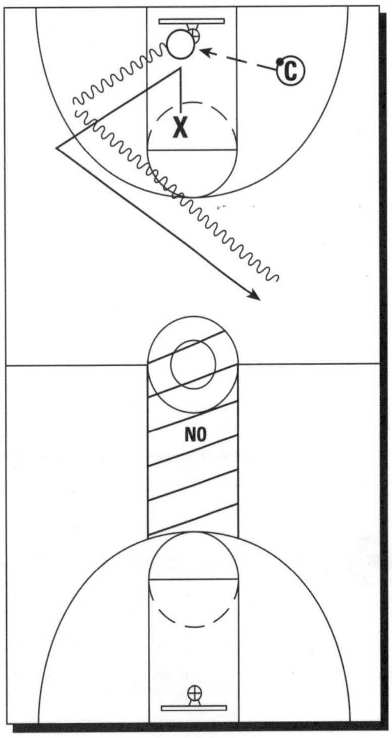

図4

図4　フルコート1対1。相手をフルコートでガードすることはできない。何度か抜かれたら、選手に常識を教えよう。ゴールは約28m先だ。ここで何を達成したいのか？　細かいことを実行しよう。相手に、利き手でないほうの手でのドリブルを強いる。そうすれば、スティールできなくても相手のほうからボールを献上してくれるかもしれない。さらに、相手をバックコートで2回ターンさせせられる選手がチームにいたとしたら有利になる。

このドリルはコンディショニングによい。ダッシュさせるよりも、このドリルを数回やらせる方がいい。相手をターンさせ、ミドルに入れないようにする。これは、バックコートでのヘルプサイドが分かっていることに通じる。バックコートに向かう途中で何かを達成できるよう努力しよう。

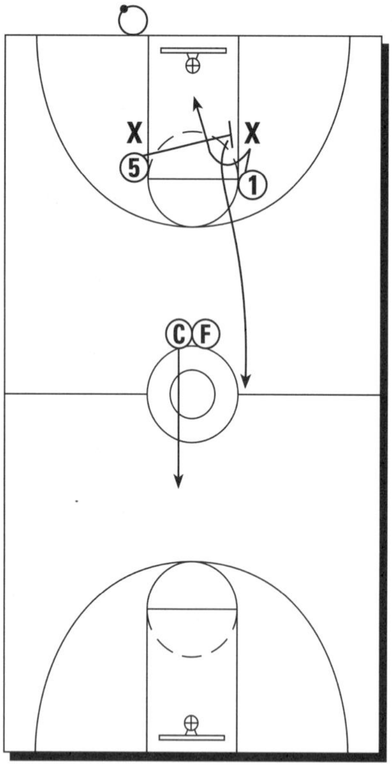

図5

図5　3対3。＃3がインバウンド。＃3をガードしている選手は、センターフィルダーになる。選手たちはコミュニケーションを考えることを学ばなければならない。センターの＃5が＃1にスクリーンしたら、スクリーンを力ずくで抜けるのが鉄則だ。スイッチしてはならない。私のチームの鉄則は、大きい選手対小さい選手の場合は力ずくで抜けるということだ。センターフィルダーはゴールに向かった選手につく。

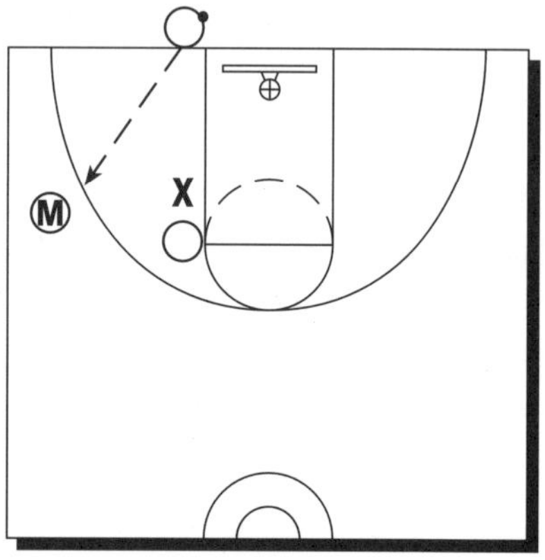

図6

図6　マネージャーがインバウンドした場合、何が問題になるだろうか？　マッチアップにかわされないためには、ボールが空中にある間にポジション取りをしなくてはならない。こうした細かいことをドリルに加え、意味を持たせよう。選手たちがこのことを分かっていると勝手に判断してはいけない。割れ目から流れ落ちているものはたくさんある。コーチが知っていると思っていても、プレーヤーたちは知らないこともあるのだ。

チームでドリルを行うときは、全員がすべてのドリルを行う。本当に多くの選手が偏ったコーチングを受けているのには驚かされる。かつて、パスの仕方を一度も学んだことがないという選手もいた。パスはナックルボールだった。高校で彼がしていたことといえば、ブロックショットだけだった。そんな選手がうちに来た時は、他のこともする必要があった。

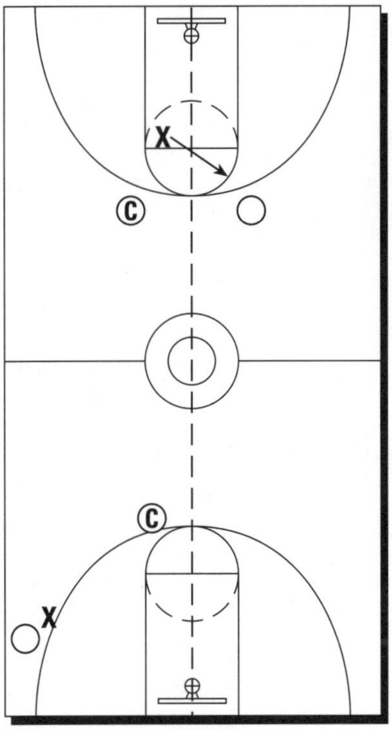

図7

➔図7　4スポットドリル。シェルドリルだが、シェルディフェンスに到達するためのドリルだ。すべての段階を分けて教えよう。コートを分割する。コーチがボールを持つ。ディフェンスはコートを2分割したラインをまたいで立ち、パスが出たらクローズアウトする。反対側ではやはりコーチがボールを持ち、ファウルラインの延長線上でフォワードのオーバープレーに取り組む。相手のウイングパスを阻止したい。ディフェンスはトップ方向につくこと。後ろ足をオフェンスの背中に対して垂直に立つ。片足と片手をパスレーンにかける。オフェンスと一緒にパスレーンを行ったり来たりする。オフェンスがもう片方の腕を振り切ってブレイクしたら、ボールに対して体を開く。ボールをガードせよ。往々にしてマッチアップにかわされるのではなく、ボールにかわされてしまう。ボールの位置は常に分かる。ボールをガードすることだ。

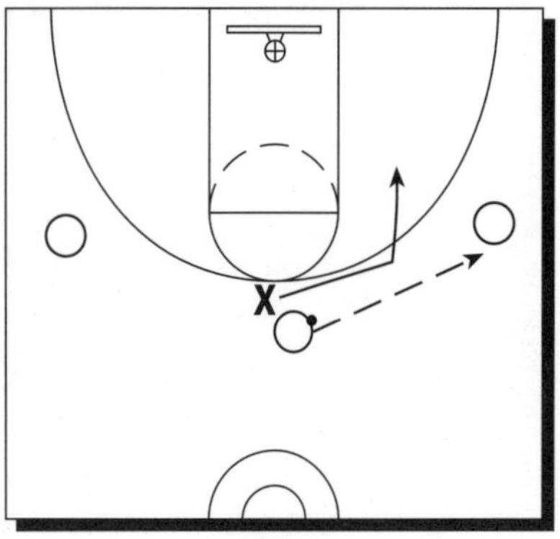

図8

➔図8　次はディフェンスそのものを磨く。パスが出たらボール方向に飛び出す。ボールの高さに合わせること。これらすべてを足せば、4スポットドリルが完成する。選手たちに教える際に重要なのは、ウイングでのオーバープレーでマッチアップがパスを受けたらベースライン方向に動くこと。そうしなければベースラインドライブを許すことになる。その点を教え込まなければならない。当然知っているだろうと思ってはいけない。

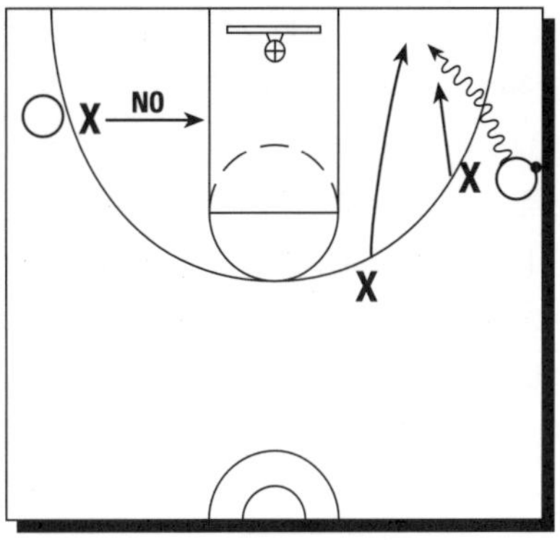

図9

➔図9　これは、私のチーム特有のプレーだ。ウイングでボールを持っている選手がベースラインドライブをする。私のチームの場合、ヘルプは真横からではなく、トップ方向から来る。なぜなら、真横へのパスは簡単だからだ。だからストロングサイドのトップ方向からヘルプする。

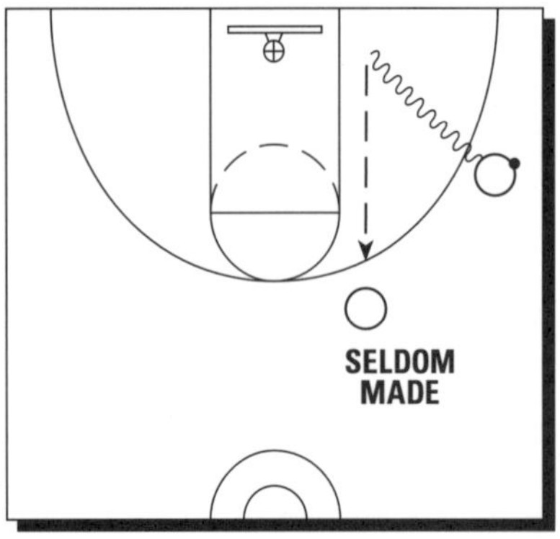

図10

図11

➔図10　ドライブインしている選手が同じ側のトップ方向にパスを戻すことはほとんどない。

ポストディフェンス。体格で勝っているチームを相手にする時はソフトにプレーし、ミドルに入るのが普通だと思いがちだ。私の理論は違う。相手がインサイドで有利なら、うちはアウトサイドで勝負する。相手オフェンスには通常のエリアより外でパスを受けさせ、センターをブロックのポジションから追いやる。

センターは間違って判断されることが多く、過大評価されがちだ。センターはパスを受け、シュートを決められると思われている。しかし、ほとんどのセンターはそうではない。まずはそこを学ぶ必要がある。もう一つ学ぶべきなのは、チームで最もシュートが下手な選手は誰かということだ。実は、その答えはセンターだ。分かってほしい。センターはひどいシュートを打つ。学ぶべき3つ目の点は、センターがパスをすることに何ら問題はないということだ。パスを出すことが弱さの現れだと思っているセンターが多すぎる。信じられないことだ。センターは自分がオフェンスの一部だとは思っていない。パスを受けたセンターはシュートを打つつもりでいるのだ。

➔図11　センターをブロックから追い出し、ショートコーナー付近でシュートを打つように仕向けることができれば、ほぼ間違いなくセンターはシュートを打つだろう。そしてバックボードを使えない状態であれば、そのシュートはきっと外れる。NBAでブロックポジションから追いやられた際のシュートやベースライン沿いからのシュートが成功する確率は30%だ。プロでもこの数字なのだ。運が良ければ1本目がうまく決まり、その後も決まり続けるかもしれない。しかし、センター対策に必要なことは、レイアップさせないこと、リバウンドからのシュートを決めさせないこと、そしてボードに当てるシュートをさせないことだ。

➔図12　第一にこの練習をする。フルコートで選手たちにディフェンスをする設定でバックコートへ走らせる。センターはディフェンスの際、何も見ずにバックコートへ向かってマッチアップのセンターを見つけ、その選手の背後に立つことが多い。センターにはトップ方向に位置を取るように教えよう。ボールがファウルラインの延長線上より上にある限りは、腕をパスレーンにかけて、パスを阻止すべくプレーするのだ。

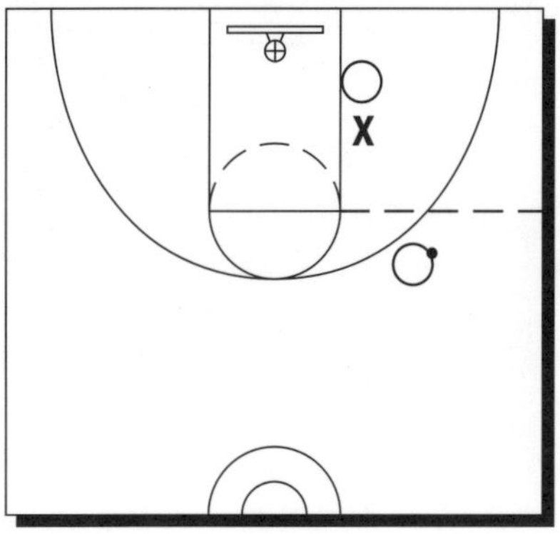

図12

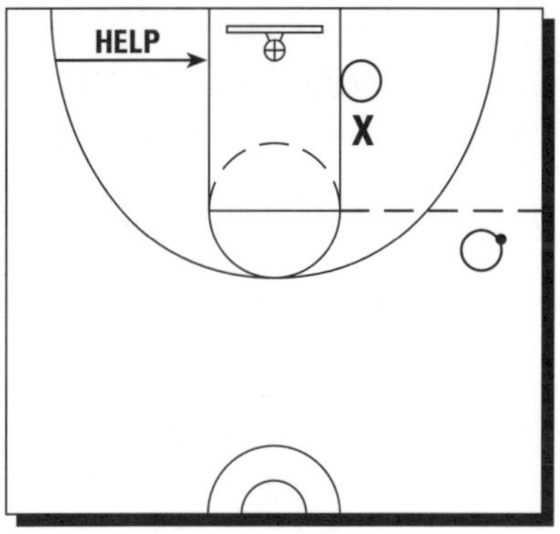

図13

図13　そのようにディフェンスすれば、相手はボールをロブしてくると思われるかもしれない。ロブが来た場合、責められる選手は2人いる。パスを出す選手にプレッシャーをかける必要があるし、ウィークサイドからのヘルプも必要だ。ロブが成功してもそれはディフェンスしているセンターの責任ではないのだ。

図14　ボールがファウルラインの延長線上より下に来たら、ディフェンスセンターはベースラインサイドに来なければならない。かつて210cm、135kg以上もあるセンターと対したことがあった。うちのチームではトップに回り込むダンスステップを教えていた。これはドリルでは最高だ。しかしこの135kgのセンターと対したら、背中からつかまれて外へ出されてしまった。センターはそのままボールをキャッチしてレイアップだ。

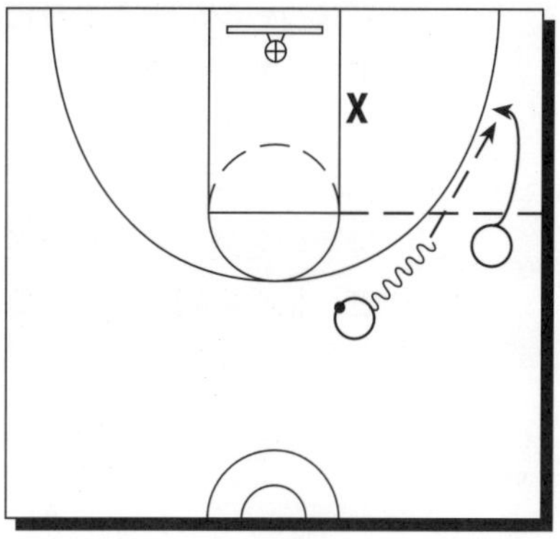

図14

うちのセンターには、相手の背後に回っても下がられてレイアップされるだけだと言った。するとセンターは私に、ハイサイドからローサイドへの動き方に決まりはあるかと聞いてきた。私は君の好きにしていいと答えた。すると、うちのセンターはこういう動きをした。まずはハイサイドに立ち、ボールが空中にある間に頭で相手センターを突ついてからローサイドへ回り込む。「それじゃファウルだ」と思われたかもしれない。しかし、これまでにこのプレーをファウルとコールした審判は1人もいない。そこで私のチームではこのプレーを採用した。時には選手たちがいいアイデアを出すこともある。その場合は恐れずに実行させよう。このプレーがいい例だ。

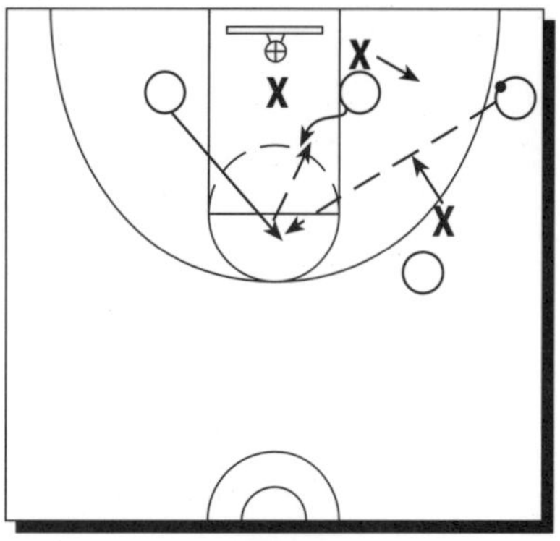

図15

図15　選手が相手センターのローサイドにいる場合、誰かがミドルにフラッシュし、マッチアップをかわしてフリースローレーンからゴール方向にパスを出されて痛い目にあうことがある。私のチームには二つのルールがある。一つはフラッシュを阻止すること。これができればいいが、いつも成功するわけでは

ない。さらにトップ方向からガードがパスレーンに入るように努力する。間違ったサイドでディフェシブポストに捕らえられてしまうとトップから回り込むことができなくなる。選手たちには接触を避けて、相手選手の背後につき、相手の腕の下に入り込んでボールをディフェンスしろと教えている。

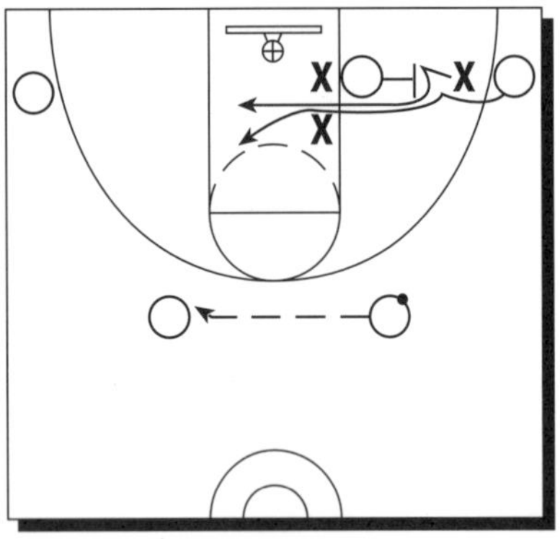

図16

図16　メイキング・ア・ワン。センターがコーナーにいる選手にスクリーンをかけている。コーナーの選手が突破しようとする際、トップ方向からヘルプに来たディフェンスは、実際は突破しようとする選手にダブルスクリーンをかけて助けている状態になる。スクリーンをセットしている相手選手とトップ方向からヘルプに来たディフェンスの両方が邪魔になっているのだ。スクリーンをかけているセンターの背後にピッタリつく必要がある。パスする選手がセンターを見ることはない。ディフェンダーはスクリーンをかわし、カットしてきた選手へのパスを阻止する。その後から通常のディフェンスをプレーする。これはレーンを横切る形でセンターがスクリーンをかけてきた場合も同様である。

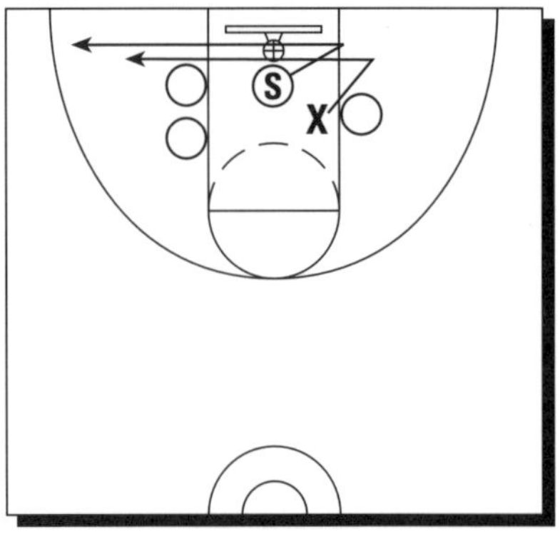

図17

図17　シングルダブルへの対応。私たちのレベルでは、ポゼッションの最後にこの状況に陥ることが多い。シューターはレーン内、ボールはトップオブザキーにある。まずは片方のサイドを封じる。どちらのサイドでもよい。もう一つのルールはこうだ。スクリーンをかわして、またはスクリーンを抜けて行くことを考えてはならない。シューターについていく。シューターの後ろポケットを追いかける。ボールを阻止できなくてもシュートを邪魔することはできる。少なくとも相手にオープンショットを許すことはない。

コーチングの初心者にアドバイスしよう。プレーヤーたちの着替えを観察するのは大切なことだ。選手たちの足の指の数を数えてみよう。足の指が11、12、13本もあれば、トリッキーなプレーは教えられないということになる。

私はコーチングを始めた最初の年、何も学ばなかったことに後で気付いた。分かっていたのはあるコーチに教わった、たった一つのことだけだ。当然、皆さんは当時の私よりずっとよい経歴をお持ちだろう。

クリニックに行くことは勧める。しかしその場合は、自分のコーチングスタイルに合う人を探して、そのコーチの下で時を過ごすこと。この点ではフットボールのコーチの方が進んでいる。フットボールでは、春にコーチたちが他のコーチの練習を見に行って学ぶ。今ではバスケットボールでも、大学で春季ドリルをやるようになったので可能になった。自分のスタイルに合うコーチの下で数日過ごすとよい。自分のスタイルをすべて変える必要はない。2、3点気に入ったコーチング方法を見つけよう。私はヘンリー・イバ氏に会いに行き、そこで多くを学んだ。

これまでにディフェンスについて書いてきた内容は大切なことだ。ディフェンスは3点に集約される。まずは単純に、戻ること。ハーフコートディフェンス。そしてリバウンド。この3点をうまくできれば勝つことができる。

NCAAで勝っているチーム、たとえばミシガン州立大を見てほしい。ディフェンスの戻りが非常に優れている。許したトランジションバスケットの数はとても少ない。ハーフコートディフェンスはどうか。それ一つで通した。ゾーンも少しやったが、信念を持ったディフェンスを一つ選んで、それを選手たちに教え込んだ。ミシガン州立大のディフェンスの基本は3ポイントラインよりもゴール寄りでディフェンスすることだった。リバウンドはどうだろう。ポジショニングの基礎を教えたら、あとは努力だけだ。戻りについて考えてみよう。私がコーチングを始めた頃、相手に速攻でレイアップを決められることは耐え難かった。当時の私には組織立ったプレーが何もなかった。組織立ったディフェンスの戻りは不可欠である。

➔図18　1人をゴール下のホールに置く。シューティングガードがいいだろう。ロングパスを阻止する。直線で戻る。センターサークルにいるのは通常ポイントガードだ。ポイントガードはミドルにボールが入らないようにし、ボールをスローダウンさせる。こうすることで他の3人が戻る時間が稼げる。それと、選手たちにはミドルに入らないよう教えている。チームのルールは、リバウンドしていてボールを取れなければアウトサイドに向かって走ること。まずボールを見つけて、自分のマッチアップはその次に見つける。そうすれば自分がボールサイドにいるのか、ヘルプサイドにいるのかが分かる。その後にトップ方向に並ぶ。組織立った動きが必要だ。選手全員がミスショットに反応できるよう調整しなければならない。

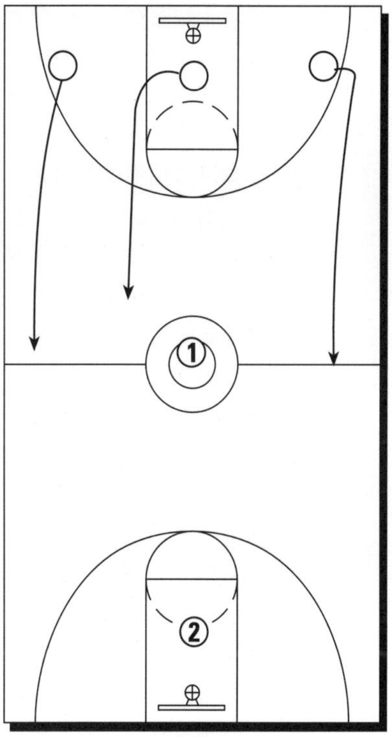

図18

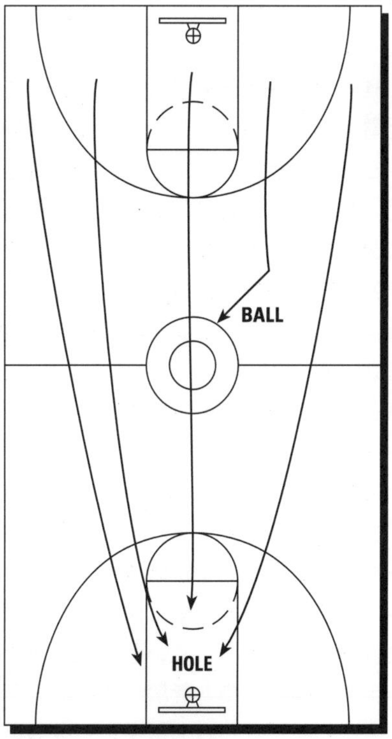

図19

➔図19　ターンオーバー後の戻り方についても考える必要がある。ターンオーバーはミスショットより悪い。ガードが出したパスがインターセプトされたらどうなるか？　通常はガードがボール方向へ動けば相手はそのガードの頭上にパスを出してレイアップする。私のチームのルールは、どこでターンオーバーしようと全員が直線でスプリントして戻るということだ。最初に戻った選手が「ホールをカバーした」と声をかけ、2番目は「ボールをカバーした」と叫び、残る3人はフリースローレーン中央に走り、そこからディフェンスを組み立てる。なぜだろうか？　第一に、相手のレイアップを止めたい。2番目に戻った選手がボールにアタックして相手がプレーしにくいようにする。たとえボールを止められなくても、相手に自分を回り込むようにドリブルさせることができる。全員が声を出し、コミュニケーションを取らなければならない。

ハーフコートディフェンスについて。自分のものと言えるディフェンスを一つ見つけること。どのチームにも個性があり、たいていそれはコーチの個性だ。教えたい、自分が心地よいと思えるディフェンスを見つけ、それを教えよう。マンツーマン、マッチアップゾーン、コンビネーション。どれも素晴らしい！　どのチームにも得点できる選手が1人、2人はいる。5人全員が得点できるチームというのは、ほとんどの場合並程度の実力しかない。

私が高校のコーチに戻るなら、トライアングル&2か、ダイヤモンド&1を多く使うだろう。相手のトップスコアラーを止めようとする。もう一つ使う手は、タイムアウト後にディフェンスを変更すること。今も時々そうしている。相手オフェンスで、コーチがタイムアウトを取ってプレーを教え込むことが多い。相手チームの選手たちは興奮してコートに戻ってくるが、おっと！　そこで違うディフェンスに遭遇してしまうのだ。シンシナティ大はよく最初のパスをトラップしていた。相手チームのオフェンスを乱すようなプレーだ。コーチは相手チームのペースを乱す方法を考える必要がある。いつも同じディフェンスでは、相手チームは何ら調整する必要がないのだ。できるなら、相手チームのテンポを乱そう。最後はリバウンドだ。正しい位置にさえいれば、リバウンドは自然とできる。ただし、プレーヤーたちには攻撃的であるよう教え込まなくてはならない。コートに出て選手を探してスクリーンしてからボールを取りにいくという行為には負のエネルギーが費やされる。最も重要なのは、しっかりと位置取りをしてからボールを取りにいくことだ。両手でリバウンドを取り、顎まで引き戻すのだ。

私たちは努力次第でいい選手を育てることができる。そんな夢を売る商売をしている。選手たちができないことや悪いところばかりを指摘するより、選手たちができることやどうすればできるかを教えよう。チームにどうすればできるかを教えればいいのだ。夢がなければ、セントルイス大は決してNCAAに出場することはない。夢を持って、そのために努力するのだ。

Teaching Fundamental Defense
ディフェンス・ファンダメンタルの指導

私がしようとしているのは、基本的にあなたがしたいプレーを妨害することだ。チームは、オフェンスにフラストレーションを感じさせるために動く。それがディフェンスというものだ。

➔図20　最もディフェンスの優れたガードがセンターサークルへ戻る。もう1人のガードプレーヤーがゴール下へ走る。これは誰もができることだ。私のチームでは、通常リバウンドを取れないであろう198cmの選手がこれを行う。たった一つやらなければならないのは、相手にレイアップをさせないこと。チームのルールでは、X1を除いてコートの中央を誰も走ってはならない。他の3人のプレーヤーはリバウンドに参加し、その後走って戻ってディフェンスをセットする。シュートがあったらいつでも、X1とX2はそれぞれのポジションに行く。しかし、2人がそれぞれのポジションに行けなかったらスイッチしてもよい。

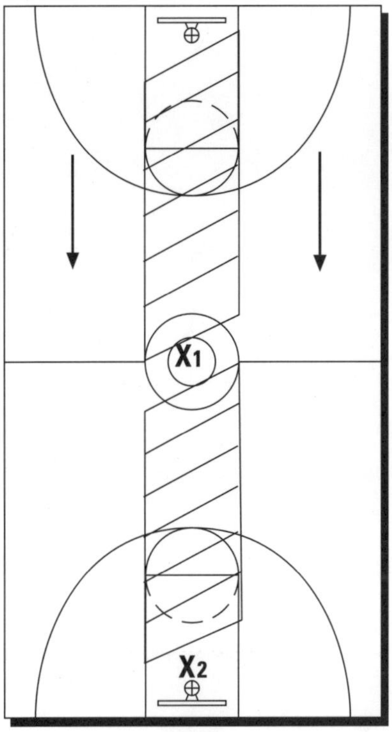

図20

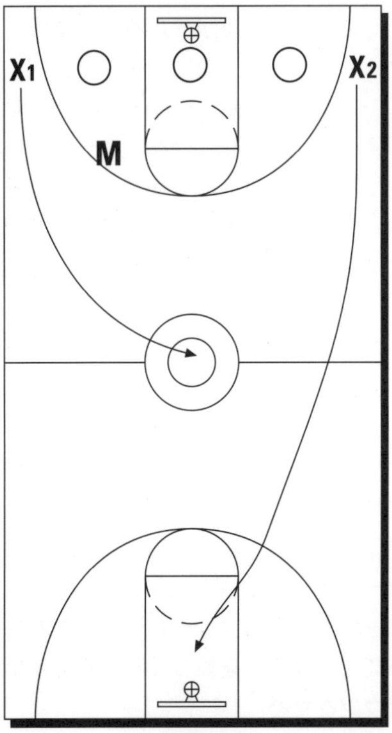

図21

図21　X1とX2はコーナーからスタートする。マネージャー（M）がボールを持ち、エルボー付近に立つ。ゴール付近にプレーヤーが3人位置する。マネージャーがシュートをミスしたら、X1とX2はそれぞれのポジションへ行き3対2をする。

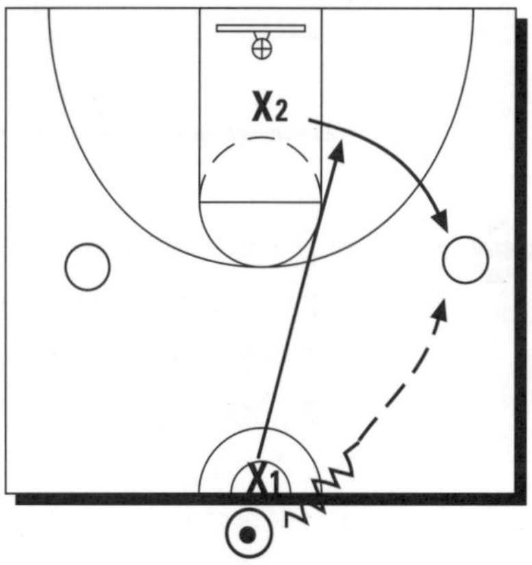

図22

図22　3対2でボールがウイングへパスされたら。X1はオープンスタンスをとり、下がってX2の手をたたく。それからX2はスピードをコントロールしてボールへクローズアウトする。まず、シュートを打たせないようにすること。次にドライブに対してベースライン側を防ぐ。それからパスをさせないようにする。

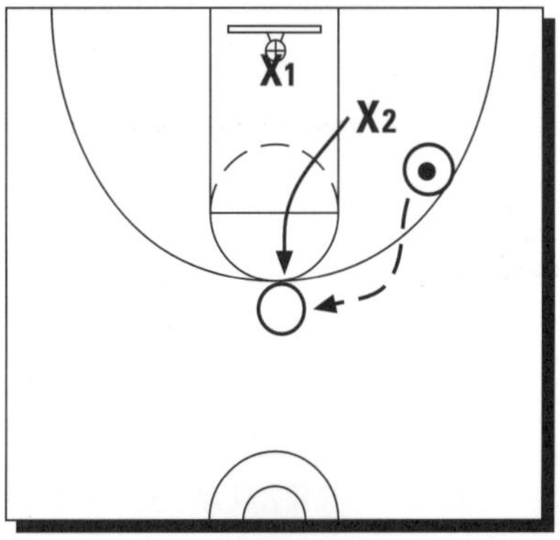

図23

図23　トップへパスが戻ったらX2が戻る。ウイングへパスが行き、トップへリターンされる間に、他の3人のプレーヤーはとにかく戻っていなければならない。

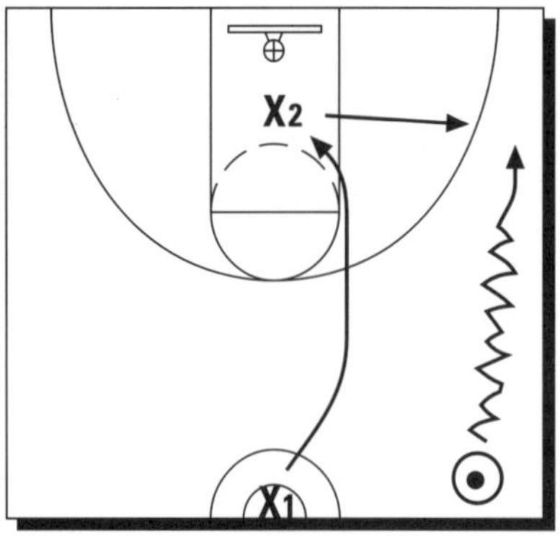

図24

図24　オフェンスがサイドラインへドリブルしていっても、同じようにX2がドリブラーをマークし、X1がゴール下へ戻る。X1はオープンスタンスをとる。スカウティングによると、ボール保持者がドリブルしていくと、たいていそこでシュートをするか、トップへパスを戻すかのどちらかだ。そのため、決してゴール下を空けてはならないのだ。

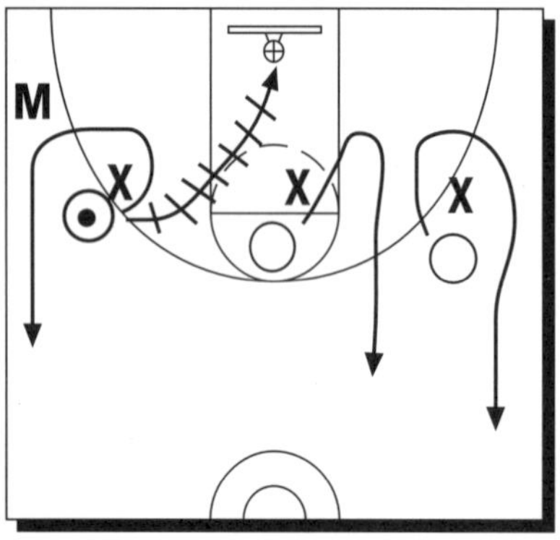

図25

図25　ガードのいる3対3を行う。シュートがあったら3人のオフェンスプレーヤーはリバウンドへいく。オフェンスプレーヤーは、リバウンドが取れなかったのを確認したら、アウトサイド側へターンをし、ダッシュでバックする。ディフェンスはリバウンドを取ったら、マネージャーへパスを出し、速攻を出すかのようにコートを見渡す。ディフェンスはボールを見ながらコートを走って戻る。マークマンが前方へ走っていたら、ディフェンスは走り続けてマークマンの前方へ行くしかない。

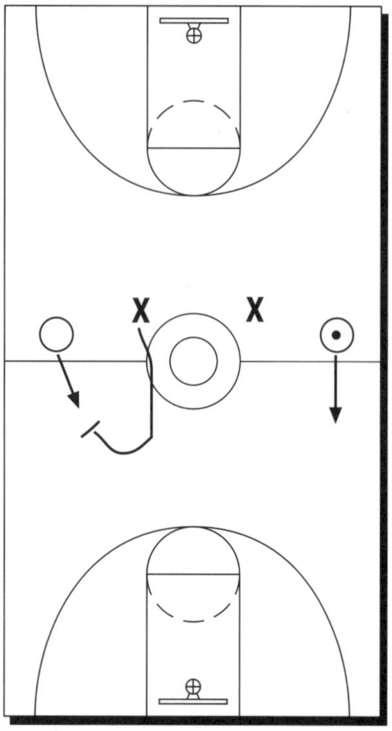

図26

図26　前方にマークマンがいなかったらボールを探す。そうすれば、自分がボールサイドにいるのかヘルプサイドにいるのかが分かる。まずボールを探してから、次にマークマンだ。マークマンがボールサイドにいたらマークマンにパスをさせないようにする。マークマンがヘルプサイドにいたら、ヘルプポジションを確保する。練習の初日から、このことに多くの時間を費やそう。

ガードが悪いパスをしてターンオーバーすると、つい頭にきてスティールしたプレーヤーへ向かって走って行ったり、その場でパスに対して飛び上がったりするが、頭を越えてパスが通って行き、ダンクされてしまう。ターンオーバーしたときは必ずターンして走ろう。最初にコートの中央についたプレーヤーは、「ホールについた！」と叫ぶ。次のプレーヤーがボールにプレーし、少なくとも他の全員が戻ってマークマンを見つけるまでボールマンをスローダウンさせる。

チームが練習の中でセットプレーを行っている際、私が「ターンオーバー」と叫んだら、エキストラボールをスローインするようにしている。プレーヤーはこれに反応しなければならない。ターンオーバー時にどうしたらよいのかを教えるのだ。トランジションこそが重要だ。

ハーフコートディフェンスで私たちが行おうとしていることを紹介しよう。チームはハーフコートではマンツーマンを行い、それには9つのルールがある。

❶いつでもボールマンにプレッシャーをかける。もしあなたがディフェンスでのプレーッシャーチームを作ろうとしているのなら、すべてのオフェンスプレーヤーにプレッシャーをかけ、ボールを受けさせてはならないと思う。また、ボールマンにプレッシャーをかけ、パスを自由に探せないようにさせる。いつもプレッシャーをかけ、誰もボールをキャッチできないようにするのだ。センターもペリメーターまで出て行き、ディナイが出来なければならない（図27）。

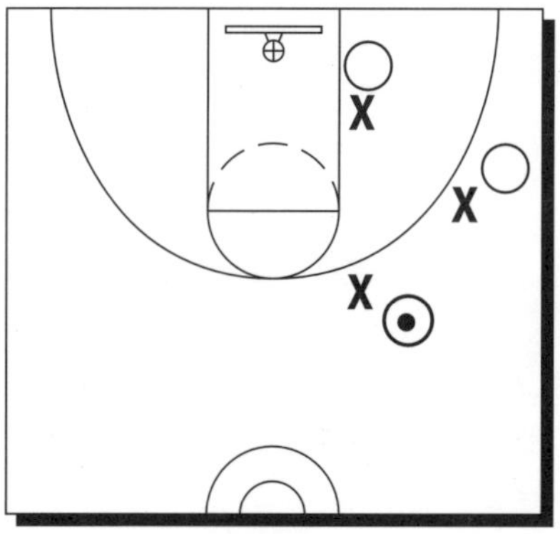

図27

❷インサイドへのパスをディナイする。ディフェンスの中へ入ってくるすべてのものがインサイドへのパスである。5秒間オーバープレーをハードに行う。相手が行おうとしていることをさせない。

→図28　例えば、たいていのプレーヤーはブロックでセンターにボールを受けさせてしまう。私のチームでは、センターをレーンの外側あるいはショートコーナーへ出させる。ショートコーナーでのシュートは、NBAでも30%に満たないのだ。

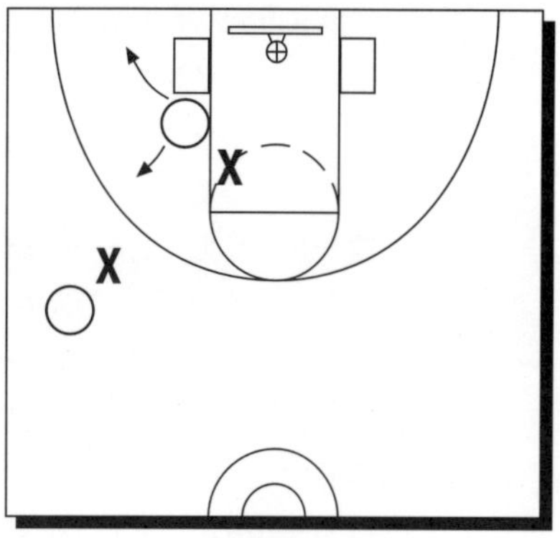

図28

インサイドへのパスをディナイして、「アップヒル」を行う。ボールサイドのウイングはハイサイドからマークする。その際、後ろ脚を下げて股を広げる。これが「アップヒル」だ。

❸スイッチはしない。もしスカウティングレポートからスイッチが必要であると分かったらスイッチする。

❹ドリブラーに2人のディフェンスの間を破られないこと。コートのどちらかのサイドにボールがあるときはそのサイドライン側へ行かせるようにする。

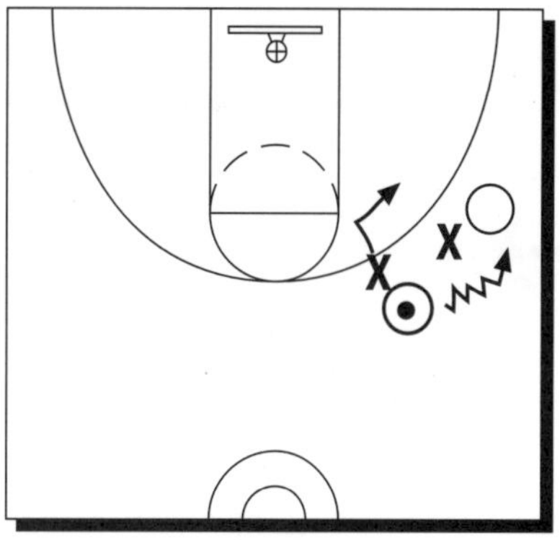

図29

→図29　トップからドリブラーがペネトレートを始めたら、ウイングのディフェンスプレーヤーは、マークマンから離れてヘルプをしなければならない。ウイングでオーバープレーをしているときにペネトレートしてきたら、自然な反応としてマークマンについていく。もしマークマンから離れたら、パスアウトされて3ポイントシュートを打たれてしまう。レーンに向かってピボットし、2歩ステップするように指導している。マークマンがコーナーへ行ったら、マークマンと同じラインまで下がる。マークマンがステイしていたら、よりゴールに近いボールあるいはマークマンをマークする。つまり、マークマンがゴールに近ければマークマンと同じように動く。もしマークマンがステイしていたら、マークマンとボールのよりゴールの近いほうをマークする。私のチームではダブルチームはせず、ステイしてヘルプをする。マークマンと同じラインでヘルプをする。

5 ポストディフェンスは様々に変化する。我々のセンターは、他のすべてのチームのセンターよりも低い。

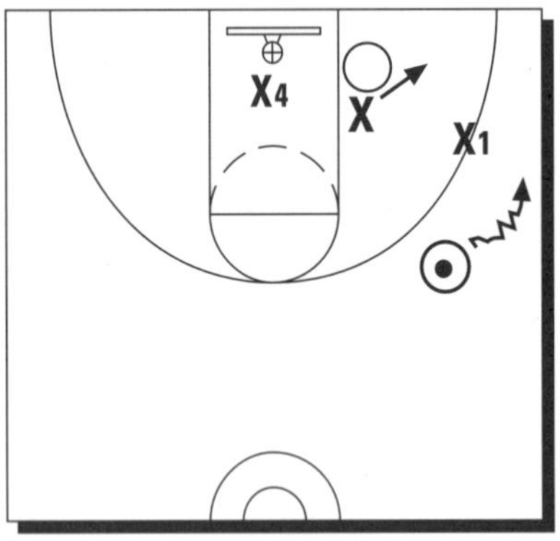

図30

➔図30　もしボールがフリースローラインよりも上であったら、我々はハイサイドから守る。ボールが一度フリースローラインよりも下がったら、ポストの前をステップして通る。ディフェンスの頭を越えてロブパスされたらX1とX4の責任だ。決してポストディフェンスの責任ではない。X1はボールマンにプレッシャーをかけ、X4はロブパスをされないようにカバーしなければならない。ポストディフェンスは、ポスト側の手をポストへつけ、反対の手を前へ伸ばす。センターにはダンク、レイアップではなく、ジャンプシュートをさせること。ハイサイドからローサイドへ回るいくつかの方法をプレーヤーに教え、その中からプレーヤーがしたい方法をさせている。

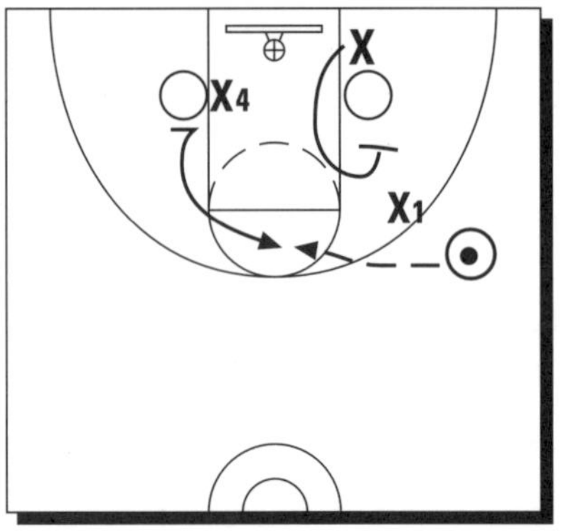

図31

➔図31　相手がボールをフリースローラインよりも下げて、我々をベースラインよりに集め、ハイポストへフラッシュする。これに対して、ローポストではトップにステップする。フラッシュしたポストにパスされたらマークマンから離れ、コンタクトしない。腕の下を通って走って行き、ハイポストにいるマークマンへプレーする。一度あるいは二度パスをそらさせ、パスを止めよう。

6 ゴールに近い方がマークマンかボールかをよく判断してマークする。マークマンとボールの両方を見る。

7 セカンドシュート（リバウンドシュート）をさせない。

8 無駄なファウルはしない。賢くファウルを用いること。確率よいプレーをすること。ゴール周辺では65％、フリースローラインからは48％しか入らないプレーヤーに対してプレーしているとすると、そのプレーヤーがリバウンドをとったらファールしなさい。頭の中に確率を入れておかなければならない。役に立つのならファウルをするべきだ。

9 精神面はディフェンスの一部である。プレーヤーがそうなったら、うまく物事が運んでいくだろう。

あなたがよく知らないことを相手が行ってきた場合、基本的な原則で対処するとよい。たいていのチームは、アウトオブバウンズプレーを多く持っている。このようなプレーでは最初のカットを止められなければならない。プレーヤーがボールに対してカットするなら、タイトにマークしてディナイする。離れていくのなら、ルーズにマークしてヘルプをする。

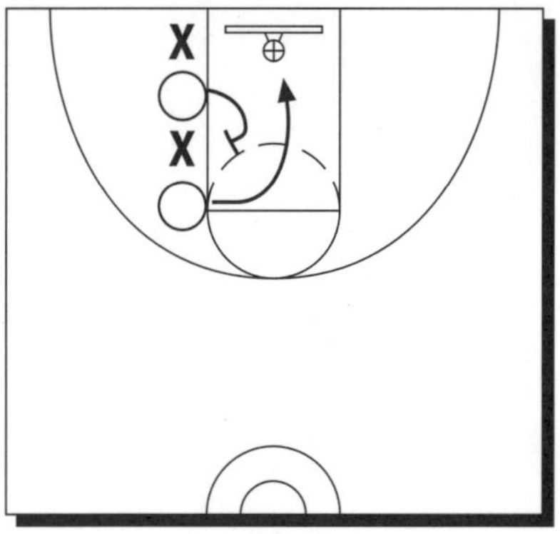

図32

図32　フリースローのスクリーンを理解しよう。チームでは、自分より高い位置にオフェンスの選手がいたら、その選手につくことになっている。

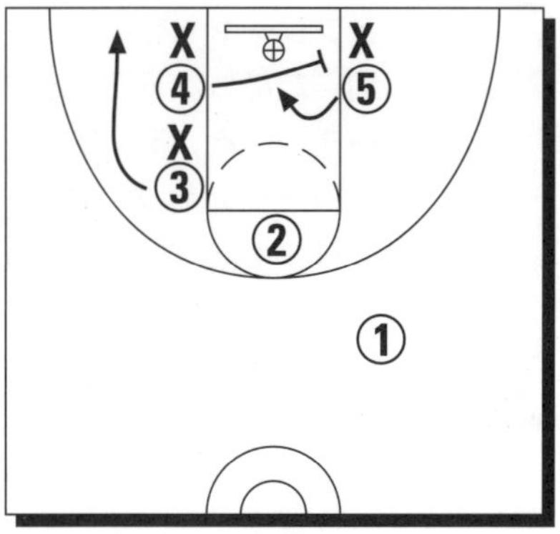

図33

図33　私は、#4と#5には、できるだけベースラインマンから離れるように言っている。チームで最もすばやいプレーヤーの#4が反対側にスクリーンをして、#5がリムのミドルに方向を変える。#3は後方に輪を描く。

ハーフコートディフェンスでマンツーマンとゾーンをプレーできるのなら、ゲームのテンポを変えることができる。ゲームのテンポを変化させる方法を見つける必要がある。

フルコートディフェンスで重要なことは一つでなければならない。簡単にシュートを決めることができるように、フロントコートからプレッシャーをかけること。その準備に練習の多くの時間をかける。

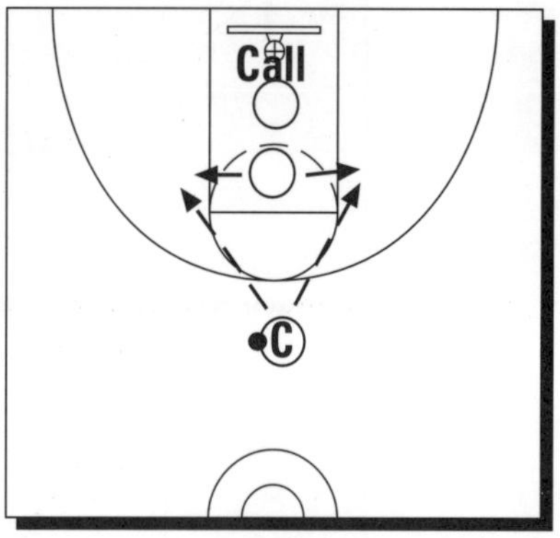

図34

図34　このドリルから練習を始める。アグレッシブに、テンポよく行うこと。ペアを組んで行う。コーチがボールマンになる。後方にいるプレーヤーが「左」とコールしたら、もう1人のプレーヤーは左脚を左に向けてスライドし、コーチからパスを受ける。後方のプレーヤーが「右」とコールしたら、もう1人のプレーヤーは進みたい方向へ脚を向け最初のステップをする。脚を広げて行うこと。これを10回繰り返し、10回目に走ってダイブをし、ボールをつかむ。そしてコートからマネージャーにボールを投げる。

図35　これはリカバリードリル。コーチがサイドラインにボールを弾ませ、それをベースライン際で確保した選手が味方へパス。味方の選手は、その選手の名前をコールしてパスを受ける。そのボールは再び最初の選手にパスし、その選手はバスケットにドライブする。

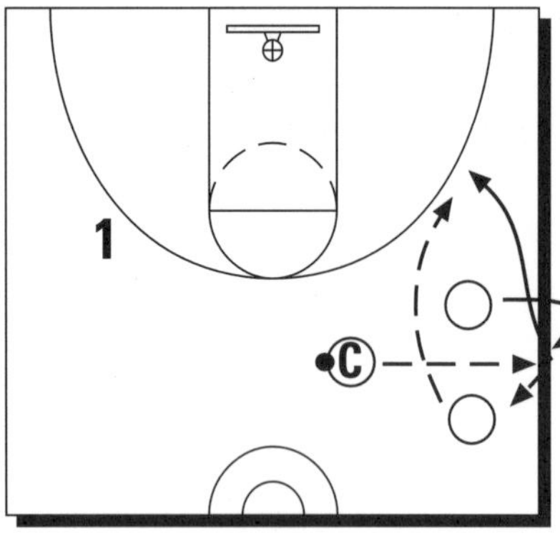

図35

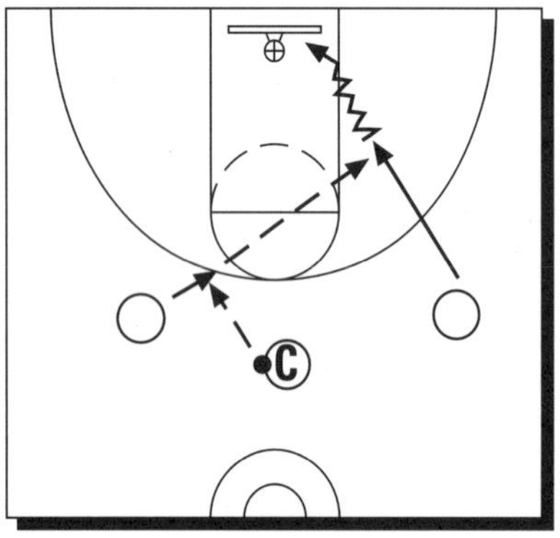

図36

図36　コーチがボールを選手に渡し、その選手からパスを受けた選手はドライブする。

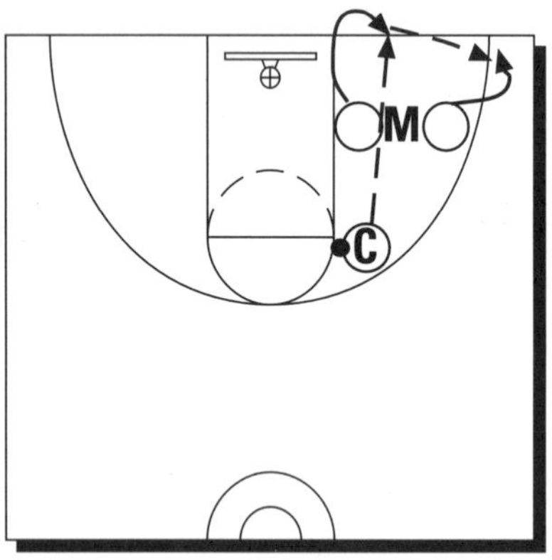

図37

図37　ベースライン際でボールを得るために、アウトオブバウンズへジャンプするプレーヤーは空中でボールを確保し、パスする味方のプレーヤーを見つけなければならない。マネージャーはパスの方法をいろいろと変えてみよう。

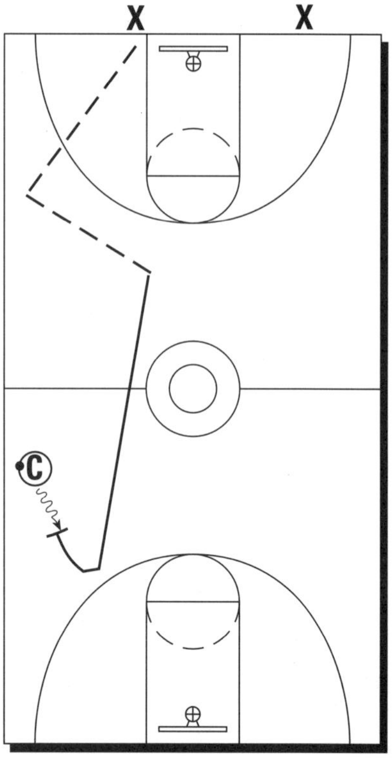

図38

図38　スライド、スライド、ラン。オフェンスプレーヤーをイメージすることが大切。ただし、ドリブルを実際にするコーチがいる。ディフェンスプレーヤーはコーチの前まで走り、前を横切り、ドリブルに対して「クローズ」と叫んでマークしなければならない。

図39　フルコート1対1。コーチングスタッフがプレーヤーへマッチアップする。すべてライブで行う。オフェンスプレーヤーはゴールを狙う。

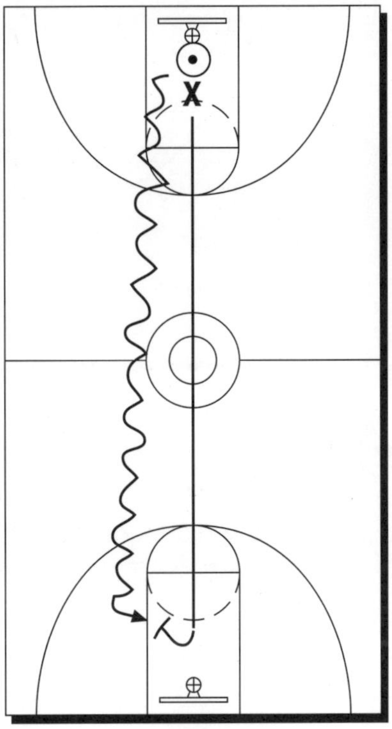

図39

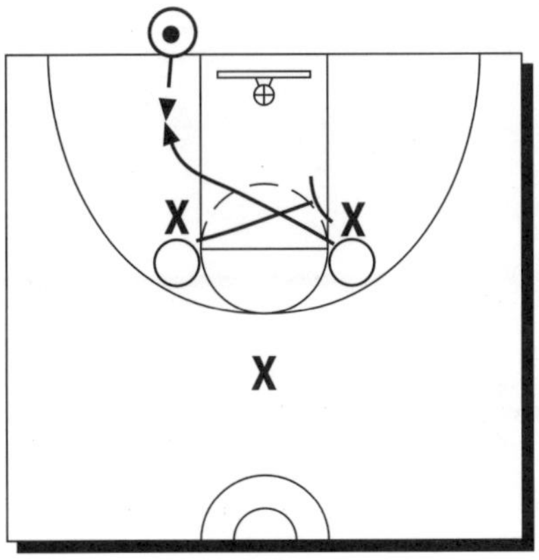

図40

図40　3対3。ディフェンスが上手になったかどうかを知りたいのなら、3対3を行おう。3対3を行うとすべての間違いが分かる。インバウンダーはすべてセンターが行う。他の2人のプレーヤーにはフェイスガードをする。2人のうち1人がゴールへ走っていったら自動的にスイッチし、センターはディープマンになる。

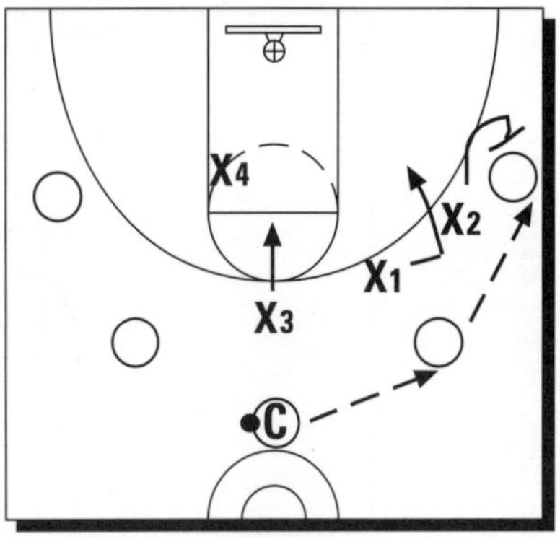

図41

図41　4対4。コーチがプレーヤーにパスする。X1がクローズアウト、X2はオーバープレーする。X3とX4はヘルプポジションをとる。パスがウイングに入ったら、X1はマークマンから離れてボールラインまで下がる。X3はボールラインまで下がり、X4がディーパーとなる。

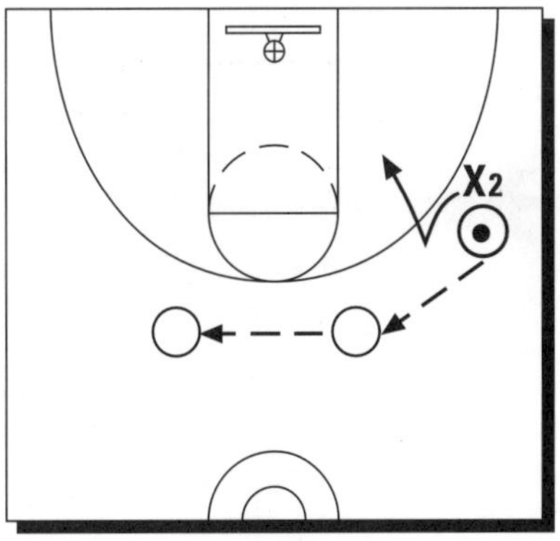

図42

図42　ボールがトップに戻ったらX2はワンパスアウェイの距離となるためオーバープレーする。それからボールがリバースされたらレーンまで下がる。ボールが空中にある間に移動しなければならない。X2はボールが空中にある間にレーンまで走らなければならない。

図43　ボールがウイングにパスされたら、X1はボールに向かってジャンプする。X1はカッターを背後に通らせるようにし、カッターがローポストで止まったら前へ出てプレーする。

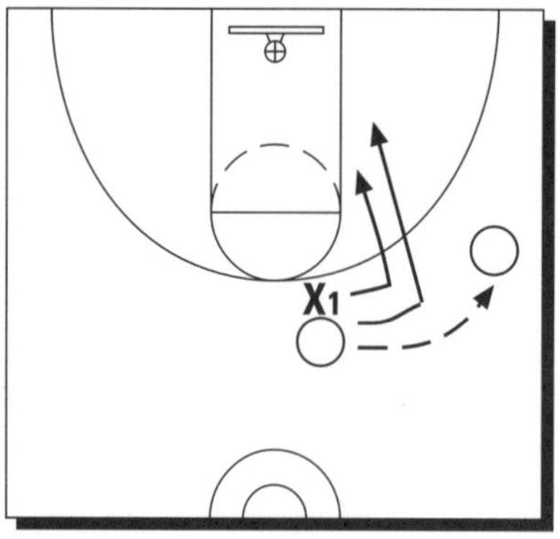

図43

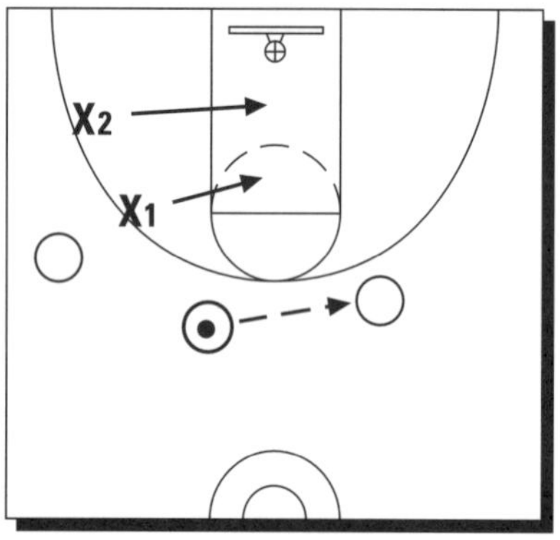

図44

図44　ボールから離れて交替する。X1はボールをガードして、X2はオーバープレー。ボールがパスされたら、X1はボールから離れてX2はレーンに行く。

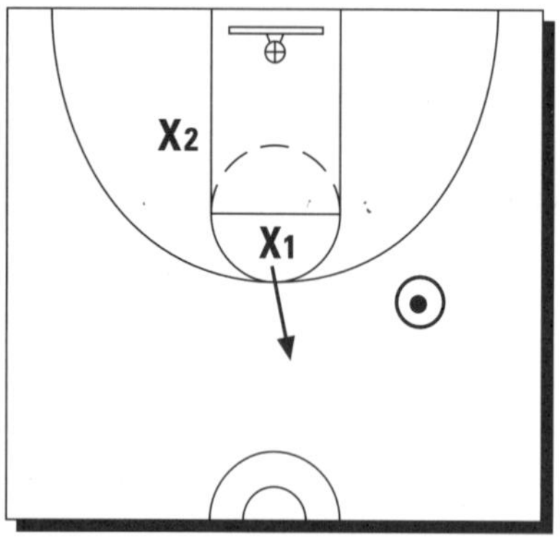

図45

図45　X1がレーンに下がり､X2がヘルプにつく。ボールが戻って来たら、X1はオーバープレーする。

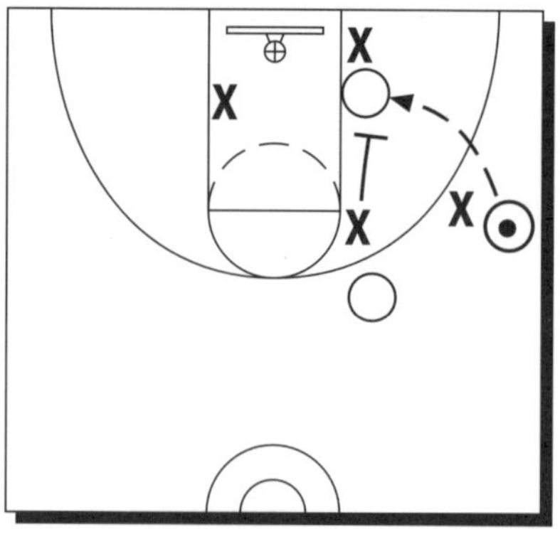

図46

図46　ポストへのダブルチーム。ボールがウイングからポストへ入ったら、ポストのマークマンは背後からプレーする。トップから下がってダブルチームをする。

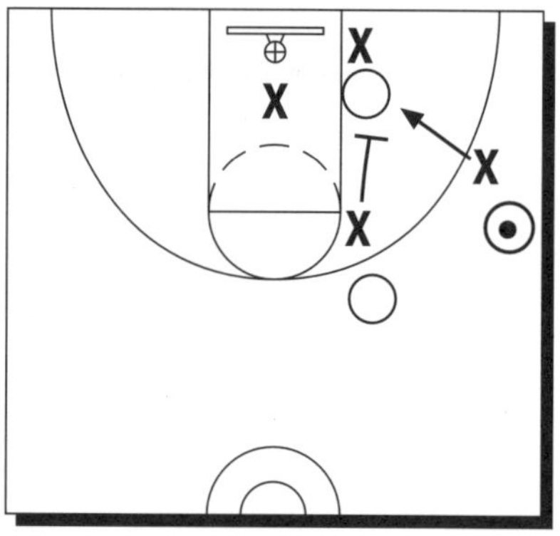

図47

図47　得点力のあるセンターのディフェンスについて。ボールがセンターに入った際は、1人が背後から、もう1人がドリブルできないように、パスをしたボールマンのマークマンが下がる。

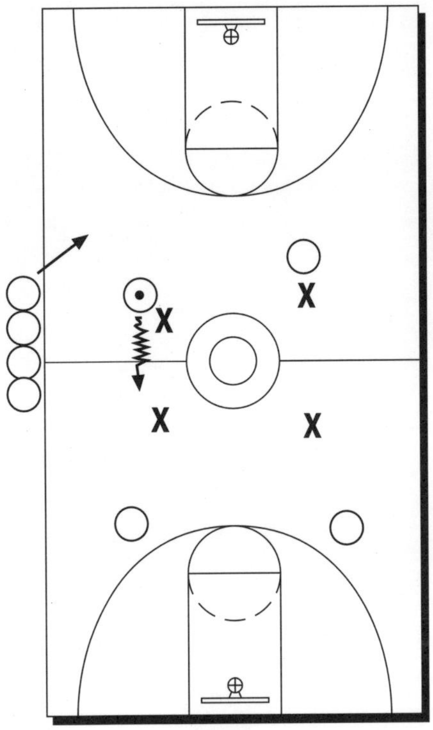

図48

図48　4対4。ディフェンスは連続して多くの“ストップ”をしなければならない。オフェンスにシュートをミスさせるか、ターンオーバーをさせるかで“ストップ”となる。あなたがボールを保持してバックコートに戻ってくるまでは“ストップ”ではない。相手は得点する必要はないが、コートを戻ってこなければならない。別の4人はサイドラインで待つ。次に4人がオフェンスで入り、同じ4人がディフェンスになる。連続して3～4回の“ストップ”を狙う。

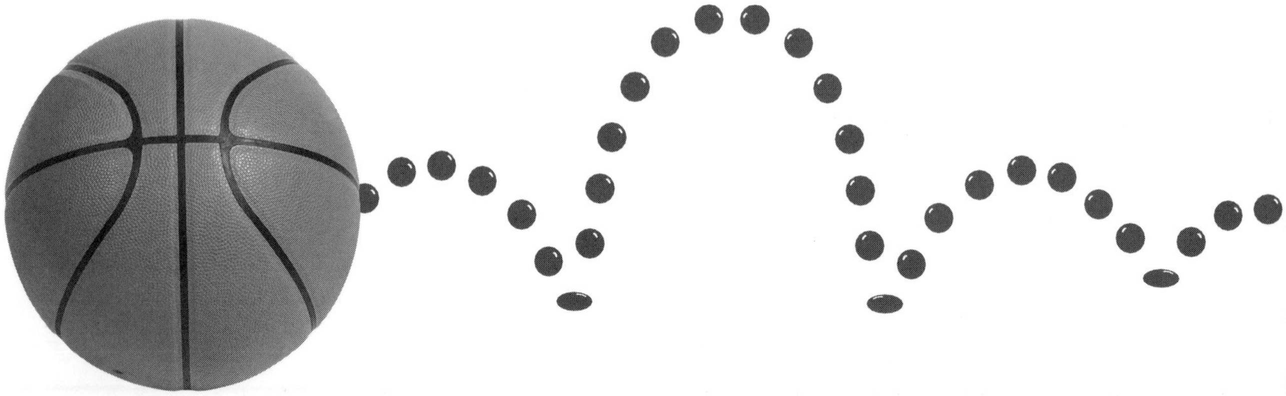

PETE STRICKLAND
ピート・ストリックランド

Changing Defenses
ディフェンスを変える

When Do You Change Defense?
ディフェンスはいつ変えるか？

1 アメーバ形式に変えるか？　例えば、コーナーからパスが出た時にゾーンディフェンスからマンツーマンに変えることができる。ガードからガードへのパスが出て、ボールがコートの反対側に移ったときにディフェンスを変えることもできる。

2 サークル形式で変えるか？　サークルはゾーンオフェンスを指す。サークル3と言えば3本目のパスの時にゾーンディフェンスを開始するということ。選手たちに特定の音を出させて（例えば「ウープ！」など）、ディフェンスが変わったことを示してもいい。

3 最初の切り込みからボールが外へ出たら、ディフェンスを変えるべきだ。

4 各クォーターの最後の10秒はディフェンスを変える（ショットクロックがあるならポゼッションの最後の10秒にディフェンスを変えてもいい）。最後の10秒はすべてを変えるというやり方がいいだろう。

5 フルコートプレッシャーの最後にディフェンスをスイッチする。自分のチームのX3が相手の＃1についてしまうケース。たまたまそうなってしまったとしよう。ゾーンディフェンスに戻りたいが、ゾーンディフェンス時のX3の位置はコートの反対側だ。ディフェンスを変える時、必ず誰かがボールにつかなくてはならない。X3はボールがパスされるまでボールを離れてはならない。ボールがパスされたらゾーンディフェンスの自分の位置に戻ってよい（図1）。

図1

6 ガード2人をフルコートで守らせる。バックラインはややミッドコートに寄る。ガードがプレスをかけながらのマンツーマンディフェンスのような形になる（図2）。

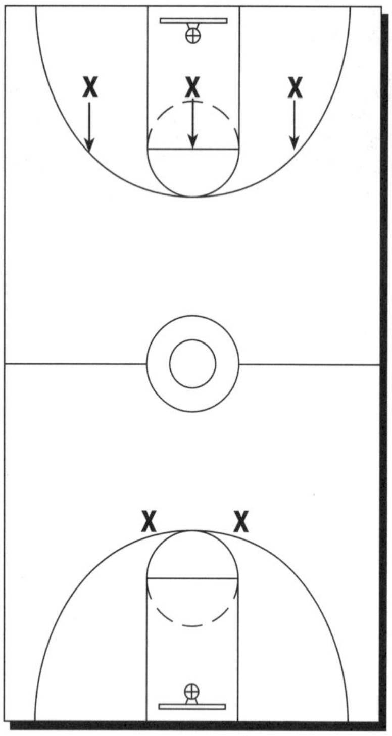

図2

Examples
例

❶アメーバ。クイックネスに優れたチームであれば、アメーバディフェンスが向いている。以下、いくつかの要素を記す。アメーバはいくつかの異なる原則を内包する1-3-1ゾーンディフェンスだ。ガードは2人1組になる。ボールがウイングに出たら、相手バスケット寄りのガードがウイングに動き、ミッドコート寄りのガードが下がる（図3）。

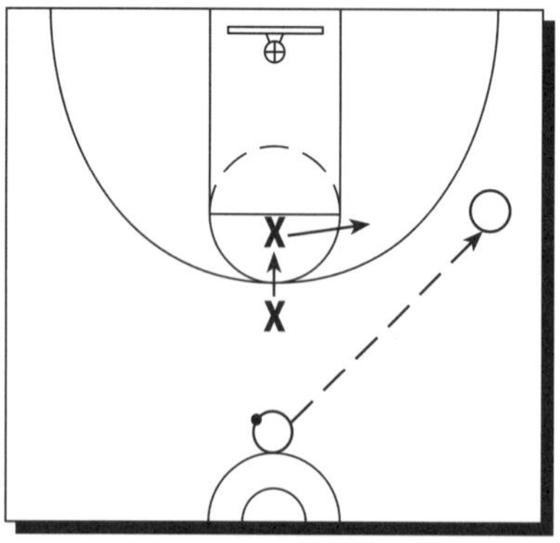

図3

❷もう一つの要素は、ボールがウイングからコーナーへパスされた時、ベースライン寄りのディフェンスがカバーし、ウイングにいるディフェンスが彼のいた位置に入る（図4）。

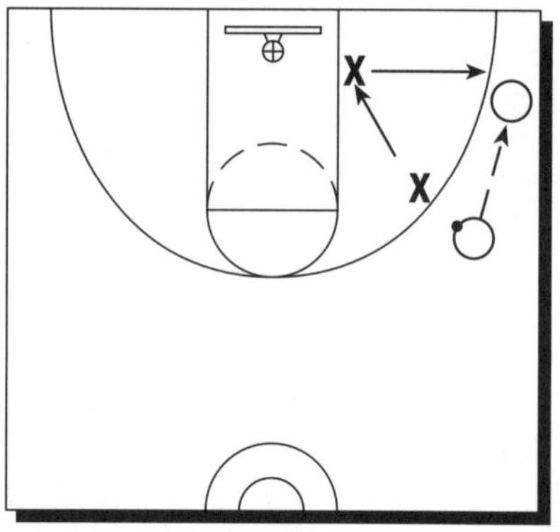

図4

❸フルコートディフェンスの要素もある。コートを縦に3分割する。ボールが右サイドにドリブルされたらトラップ。中央ならジャンプスイッチする（図5）。

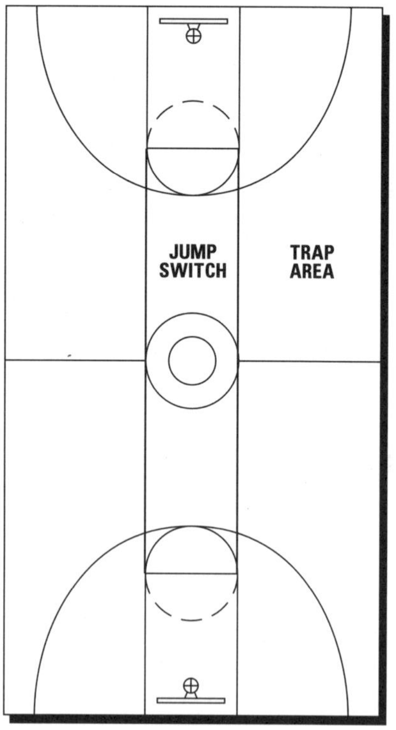

図5

❹すでに話したが、アメーバではコーナーからペネトレートしないパスが出たらゾーンからマンツーマンに変える。

❺ボールがコーナーにあるときは外へのパスを阻止するか、単にポストを阻止すればいい（図6）。

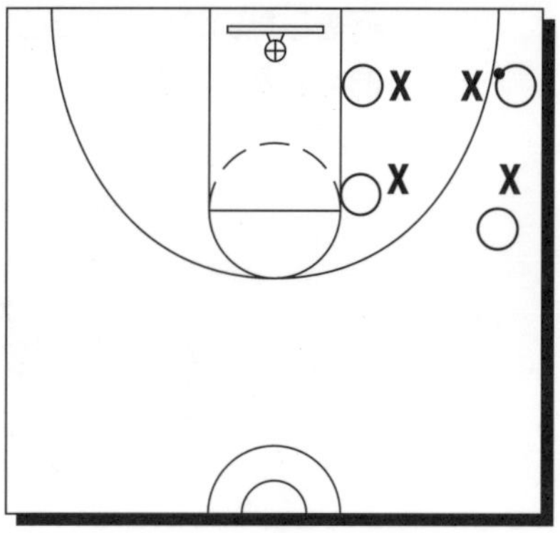

図6

6 マッチアップゾーンも使えるディフェンスの一つだ。

7 トライアングル＆2もコンビネーション・ディフェンスの一つだ。こうしたディフェンスは主要なディフェンスほど教え込まず、やってみてどうなるか試してみるとよい。相手のタイミングを狂わすことができるかもしれないからだ。それができたら得意のディフェンスに戻る。あまり長くやらないことだ。

8 ボックス＆1も効果的だ。

9 カロライナ大のポイントゾーン。仲間2人とエースを従えて、1人がボールをきつくディフェンスする。残り1人は常にボールとバスケットの間に位置を取る。仲間の2人は次のパスをオーバープレーしている。エースはボール保持者と同一線上にいる。スキップパスを奪う用意をしていなければならない。ボール自体はマンツーマンの状態だが、他はゾーンディフェンスだ（図7)。

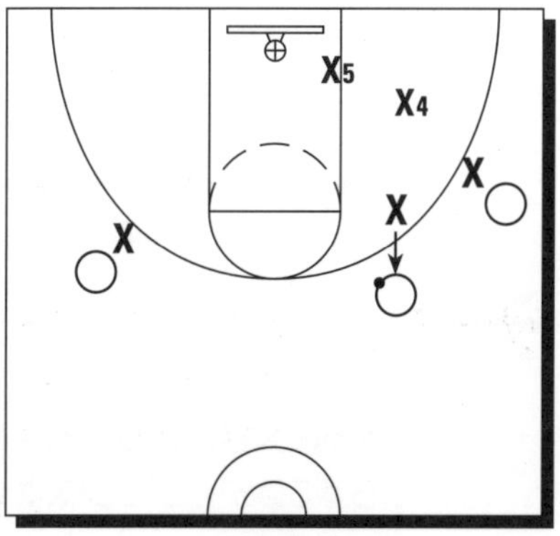

図7

10 優れたショットブロッカーがいるなら、その1人をゾーンにして、残り4人をマンツーマンにしてもよい（図8)。

図8

11 ゾーンをするように見せかけてマンツーマンにする。すべてをスイッチする。

How Do You Call the Defense?
どのようにディフェンスをコールするか？

1 誰がコールするか？　ポイントガードか？

2 どのようにコールするか？　手で合図するのか、フリースロー時、プレーヤーに耳打ちで伝えるか、またはその他の方法か？

3 シュートを決めた位置によってディフェンスを変えてもよい。例えば、フリースローレーン内からスコアしたら、スローイン時のボールに1人だけをつけて、残り4人はフルコートプレスをする。レーン外からのスコア、または3ポイントを決めた場合は別のディフェンスを使う。

4 相手のスローイン時のパスの種類によってディフェンスを変えてもいい。

5 時計によって（残り10秒を切ったら）、ディフェンスを変えることもできる。

The 1-4 Offense
1-4オフェンス

1-4は、全員がボール保持者から1人挟んだ位置にいることになるので、最初のポジショニングとしては良く、有利であると言える。プレッシャーをかけられたら1-4を用いるべきだ。よいプレスオフェンスは、パスを受ける選手がコート上を縦横無尽に走っている状態だ。こうすればディフェンスが何をしようとしているかがすぐ分かる。エリアをレシーバーで埋め尽くす。このオフェンスは大柄なポストプレーヤーがいないチームにお勧めする。相手に大柄なポストプレーヤーがいたとしても、その選手もバスケットを離れてガードしなくてはならなくなる。こうすることで、自分のチームが動き回るスペースができ、クイックネスを使うこともできる。このオフェンスから様々な別のセットにシフトできる。

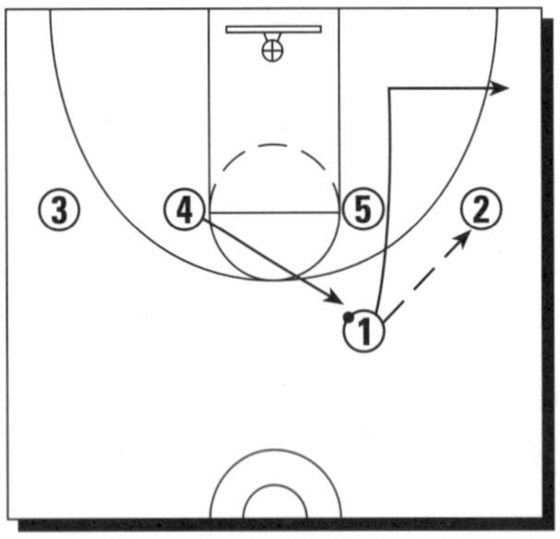

図9

図9　プレッシャーに対する場合。#1が#2にパスし、#2はトラップされている。こうなった場合は1-3-1に切り替える。

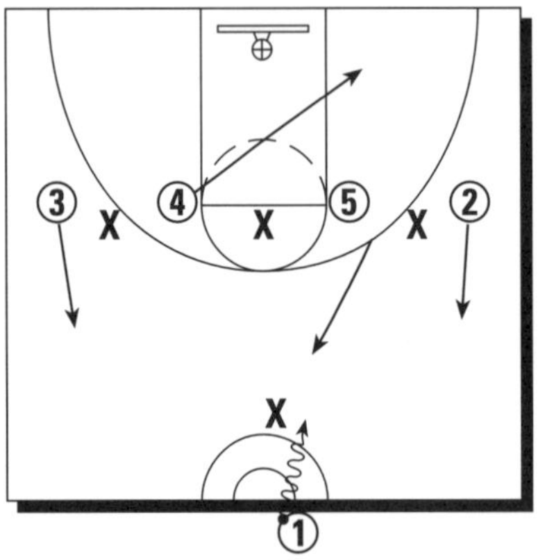

図10

図10　相手が1-3-1で、ハーフコート近くでトラップされそうな場合、#2、#3と#5がハーフコートに寄ってプレッシャーを和らげる。#4はコーナーへ。こうして1-4となったら、スクリーンはミッドコート寄りでかけること。そうすればバスケットへの切り込みが狙える。しかし1-4であまり欲張らないように警告しておきたい。自分たちが何をしたいのかをしっかりと把握しておく必要がある。

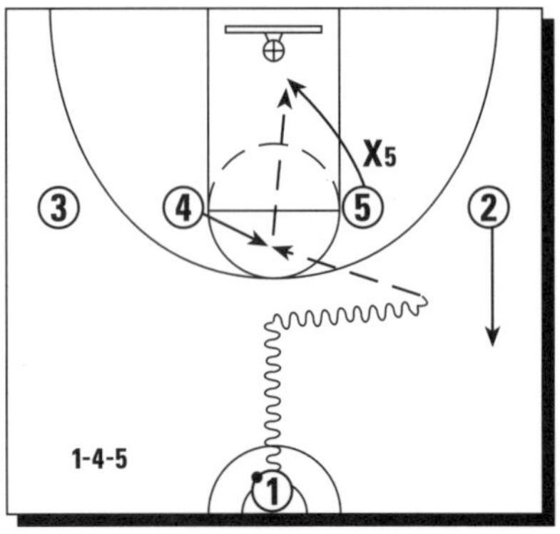

図11

図11　ポストシリーズ「ダイブ」。ダックインするのが好きな大型選手がチームにいたとしよう。#1はドリブルで上がってくる。どちらに寄るかは決めておかなくてよい。ヘルプは遠ざけておく。スペーシングが重要だ。ポイントガードはショートコーナーと同じくらいミドル近くにいること。#1は右へドリブル。#5をガードしている選手はボールサイドをプレーせざるを得ない。#4が#1からのパスを受けるべく動く。#5がレーン内へダイブする。

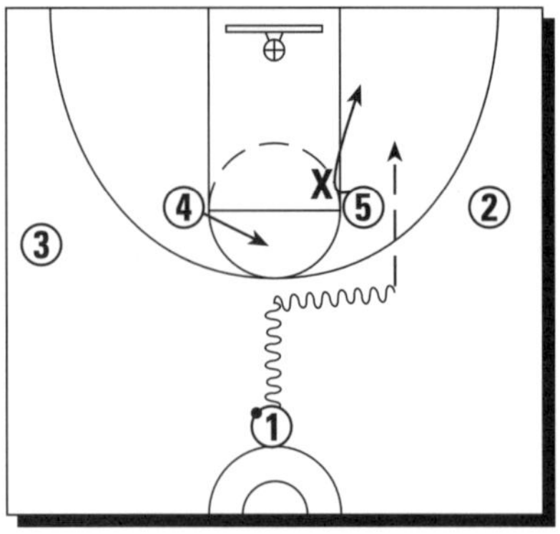

図12

図12　もし#5についているディフェンスがボールサイドに動かなければ、#1は#5に直接パスしてもよい。そうしたら#5はディフェンスを背中側につけながらカニ歩きでレーンに沿ってバスケットに近づくことができる。

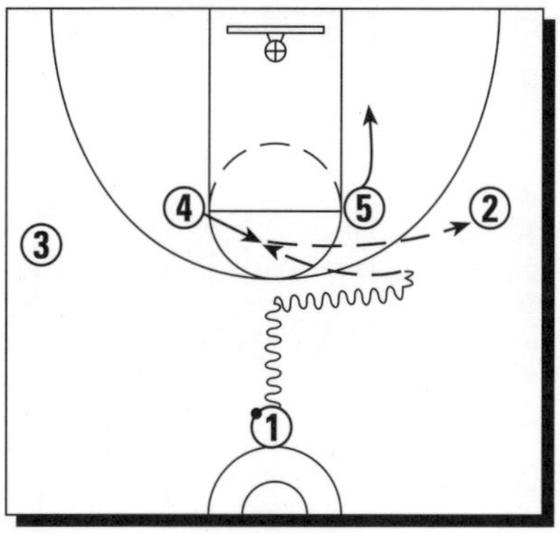

図13

図13　図11同様にスタートし、#1は#4にドリブル。#5がダイブ。#4が#5にパスできなければ#2にパスしてもよい。#2は#5の方向を見る。こうしたプレーを連続的に練習すれば、次々とつながっていく。

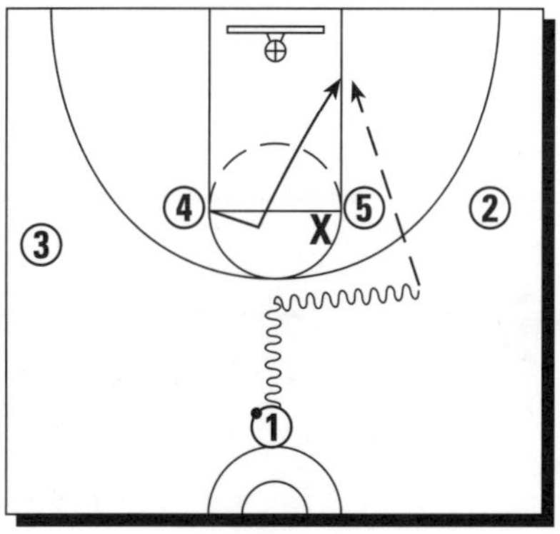

図14

図14　#4がステップアウトしてオーバープレーされたら、#1はレーンを横切るように走ってきた#4にトップからロブする。#4または#5が外に出て#1をスクリーンするというオプションもある。スクリーン&ロールは左右両サイドでやってみるとよい。

図15　私のチームではガードが攻め上がる時、自分の利き手側に十分スペースができるように、インバウンドパスを左サイドで受けさせるようにしている。

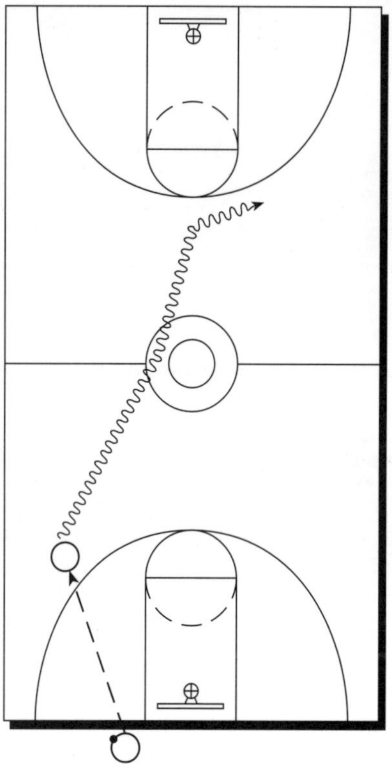

図15

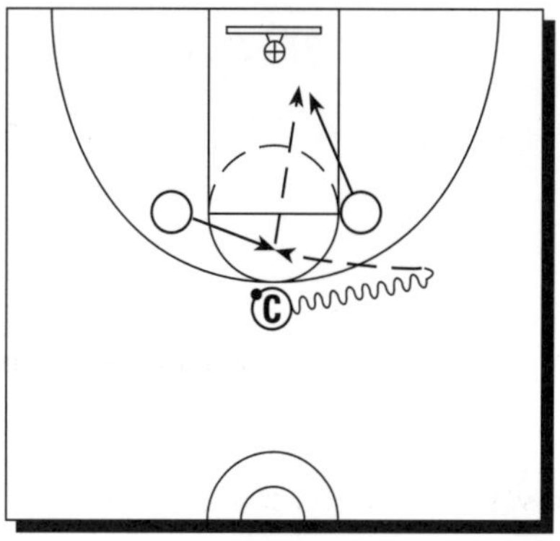

図16

図16　ポストブレークダウン・ドリル。コーチがボールを持ち、左右いずれかにドリブル。ドリブルと反対側のポストがステップアウトする。もう1人のポストはバスケットへダイブ。これを3対0でやって、次に3対2でやる。

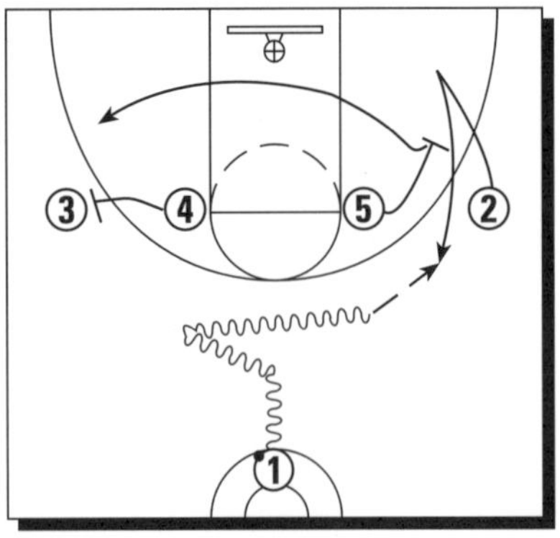

図17

図17　相手ディフェンスがスイッチすることが多ければ、ポイントガードは左へドリブルし、右へリバースする。#2がいったんブロックにいき、#5のスクリーンで再び戻ってくる。#5は#2をスクリーンしたら続いて#3をスクリーンする。#1は#2にパス。

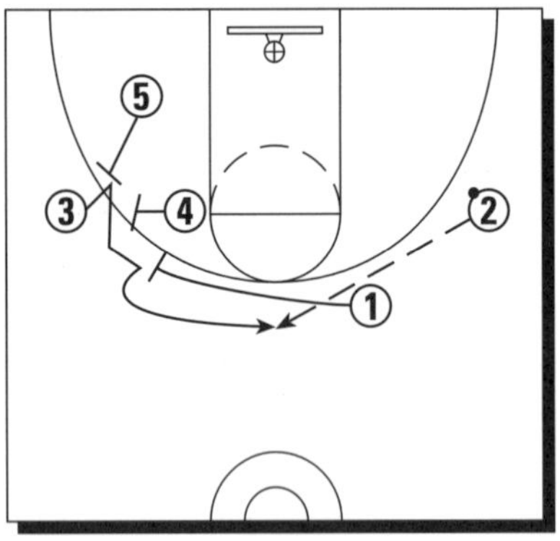

図18

図18　#3は#5のスクリーンを使わない。#3は#4と#1のスタガースクリーンを使ってトップに出て、#2からパスを受ける。

図19　1-4はバックドアに大変適している。#1は#5にも#2にもパスできる。プレッシャーが激しいチームに対してもバックドアを数回行えばいいだけだ。

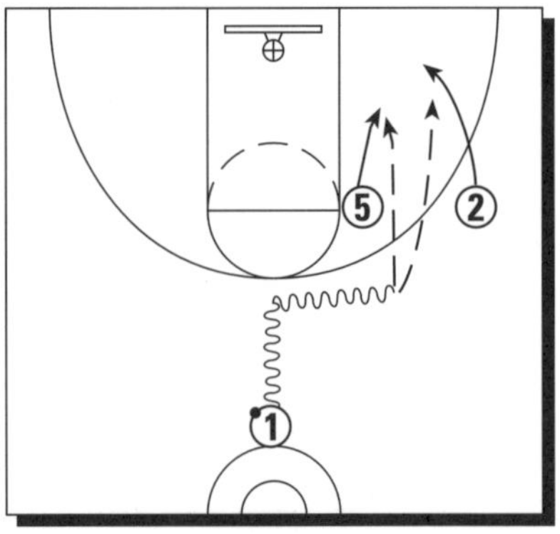

図19

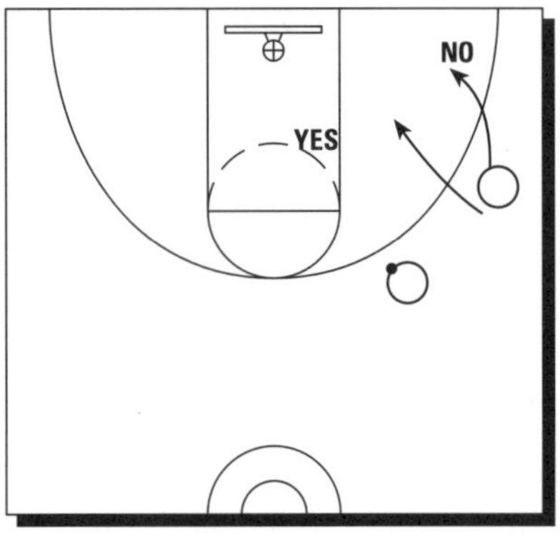

図20

図20　バックドアムーブをする場合、ディフェンスにかなり接近していなければならない。ディフェンスから離れようとしてはいけない。相手にリカバーのチャンスを与えることになるからだ。タイトなバックドアを設定せよ。パスは短く。

図21　ウイングパス。#1は#2にパス。#1がカットする。#1はポストアップするか、反対のサイドに動いてもよい。

図22　#1が反対のサイドにカットして、#3のスクリーンを使う。#5が外へ出て#2にスクリーンをかける。#2はミドルへドリブル。#2と#5は2マンゲームの状態になる。#5はバスケット方向へ回り込む。#4はターンして#1にスクリーンをかける。

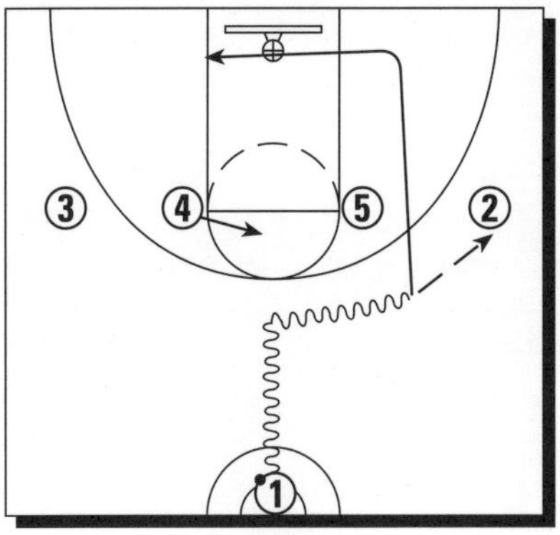

図21

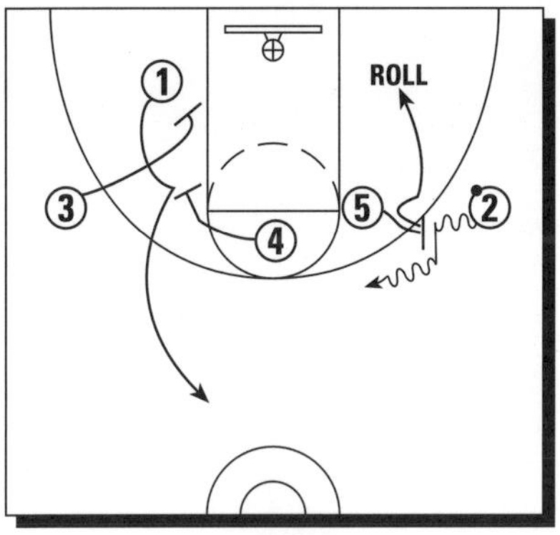

図22

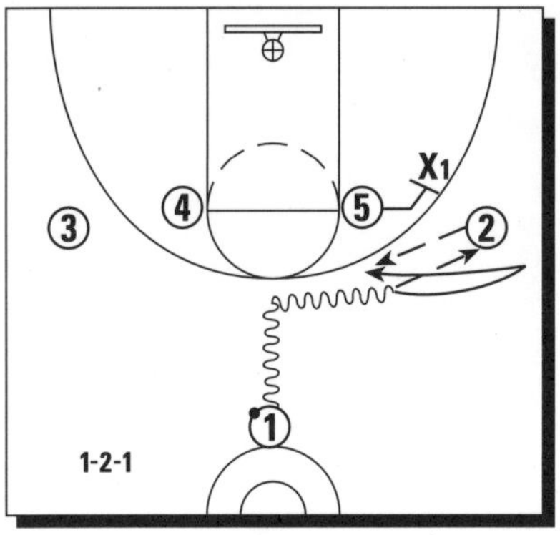

図23

図23　ガードカットでのオプション。＃1は＃2にパスし、ボールについていき、再び＃2からパスを受ける。＃5は外へ出て＃1がミドルに戻ると同時にX1をスクリーンする。

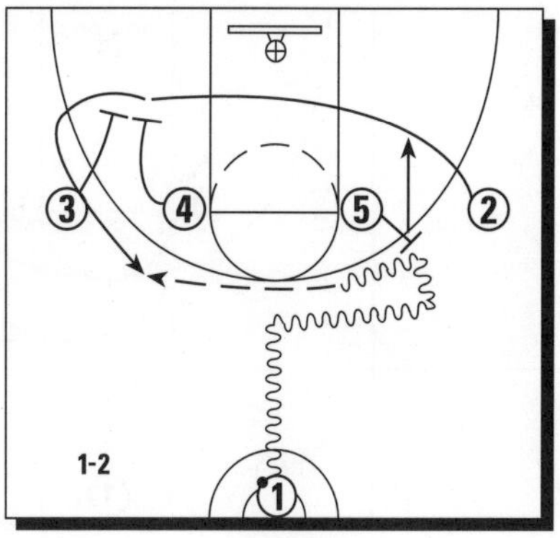

図24

図24　＃2がコートを横切り、＃3と＃4のスタガースクリーンを受ける。＃1からパスを受けた＃2がシュート。

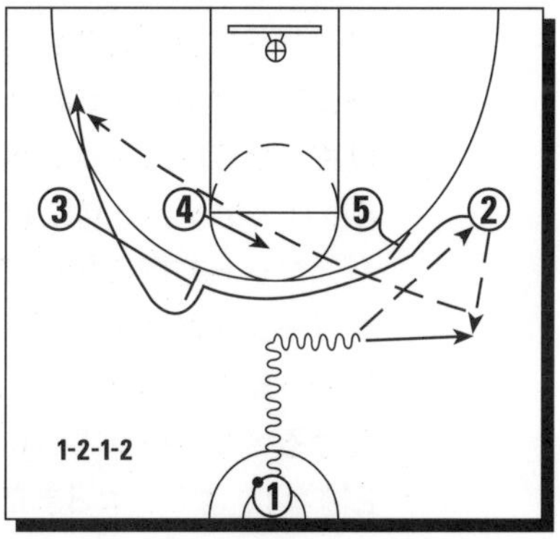

図25

図25　別のオプション。＃1は＃2にパスし、ボールについていく。＃2が＃1にパスを戻し＃5、＃4と＃3のスクリーンを使う。＃1がトップから＃2にパスし、＃2がシュート。＃2はいつでもバスケットへカットしてよい。

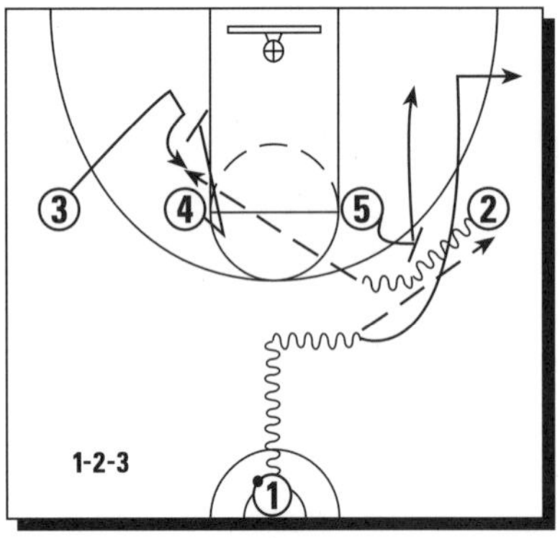

図26

図26　さらに別のオプション。＃1は＃2にパスし、カットスルーしてボールサイドのコーナーへ。＃2が＃1へパスを戻さなければ、＃5は外へ出て、センターへドリブルしている＃2にスクリーンをかける。＃5はスクリーンをかけ終えたらバスケットへ回り込む。＃4はバスケット方向に動いて、同じくバスケット方向に動いてきた＃3にスクリーンをかける。＃3は再びトップ方向へ動き、＃4は＃2からのパスを受けるべくレーン内へもぐり込む。＃2は＃1、＃5、＃3または＃4にパスを出すことができる。

ANDY LANDERS
アンディ・ランダース

Building Full-Court Defense
フルコートディフェンス

1試合で何回プレスを行うか。どの試合でもポストへパスをする。その理由は、そのパスに満足するからだ。それが確率の高い場所だからだ。私のチームでは、どの試合でもプレスをかける。なぜプレスをかけるのか？　ある人はテンポを作り出すために、またある人はテンポをコントロールするために、そしてターンオーバーを誘うために。我々は相手がプレスをかけてこないのでプレスをかけるのだ。

もしゴールから6m以内でプレーをするのなら、ディフェンスにとって最も有効になる。さらに3.5mまで狭くなるのなら、アウトサイドからのシュートはなくなり、もっと有効になる。ディフェンスフィロソフィーが「良いシュートを打たせない」のならそれでよいが、「ターンオーバーを誘い、テンポを作り出す」のなら考え方を変えなくてはならない。

どのコーチもプレスを認めるたった一つの状況がある。それは負けているときの残り時間や得点差によるもの。過去3週間の試合でプレスをしていないのなら、プレーヤーの心をどうやって動かすか？　プレーヤーはプレスについてどのくらい満足しているのか？　我々のチームでは前半にプレスをかける。それはプレスに対して相手が何をしてくるのかを知り、ハーフタイムでそれに対応できるようにするためだ。またプレスをかけない場合、その最大の理由は、プレスが機能しないからである。例えば、ディフェンスする反対のコートにいて、トラップからボールが出て、レイアップを決められてしまうような状況だ。

練習の12分間の中で、これから示すすべてのドリルを行うことができる。

図1

➔図1　フルコート1対1（ボールなし、ドリブルあり）。最初は、ボールなしの1対1のドリルを行う。膝の外側に手を出すことに重点をおく。

このドリルでは、オフェンスにドリブルをしているふりをさせる。ディフェンスプレーヤーにはボールに鼻を近づけてほしい。それが、我々がフルコートディフェンスで教えることの一つであり、ハーフコートディフェンスで教えることではない。オフェンスプレーヤーがサイドラインにドリブルするふりをしている際、ディフェンスプレーヤーは外側に手を出し、イメージしたボールの位置へ鼻を近づけてディフェンスする。

サイドラインへドリブルしていったら、アウトオブバウンズの位置へ脚を1歩踏み出すようにプレーヤーに指導している。サイドラインへドリブルされ、ディフェンスが止まってしまったら、上手なドリブラーはいつも抜いていくであろう。チームではラインを越えてプレーするように指導している。また、ドリブルをターンさせるように指導している。

ドリブラーはターンすると非常に有利なポジションとなる。ディフェンスは良いディフェンスポジションへ戻るために、特にハードにディフェンスをしなければならない。ターンされたら、ターンをして走ること。戻ってボールの下に鼻を近づけること。そして、相手より前に走って、ボールに鼻を近づけよう。

次の日、このドリルを行う際は、ドリブラーに本当にドリブルをさせる。ボールをたたいてはいけない。手を伸ばしてはならない。もしドリブラーがボールを見せたら、ボールを取ること。しかし、手を伸ばして行ってはならない。相手にターンをさせる。

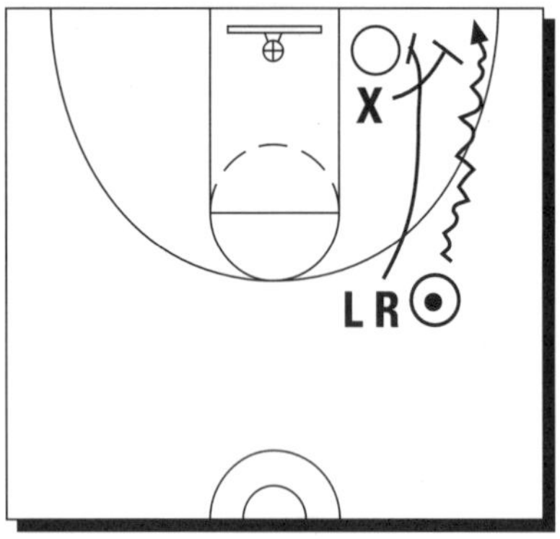

図2

➡図2　ハーフコートに入ったら、コートを縦にドリブルさせよう。ボールがセンターラインを越えたら、サイドラインへつま先を向けてほしい。ボールをミドルラインへ置かないように。ボールがコートのサイドにあるときは、サイドラインに正対してディフェンスする。ポストディフェンスは、マークマンから離れてドライブを止める。ガードのディフェンスは下がって、ポストの前へ出る。抜かれたらヘルプを受けること。

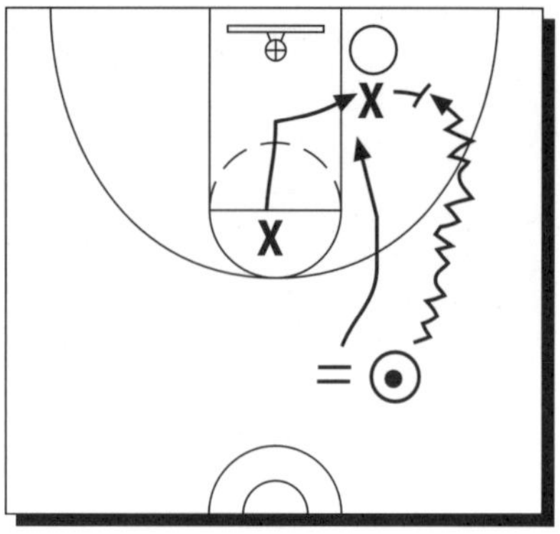

図3

➡図3　抜き去られる前に、コーナーへ出てドリブルを止めるのが理想的だ。そのヘルプをするためにポストから飛び出し、ガードは下がってヘルプする。

図4

➡図4　最初のドリルへ戻ろう。手を外側へ出し、ボールに鼻を近づけ、アウトオブバウンズへ脚を踏み出し、ターンをし、スプリントし、オフェンスに正対し、再びボールに鼻を近づける。ハーフコートでは、縦にドリブルをさせ、サイドへ押し出し、ドリブルをやめさせるか、ポストへ押し出す。このドリルでは、ヘルプをするためのポストがいないため、ガードは1人でディフェンスしなければならない。

オフェンスはゴールに十分に近づいたらシュートをする。ディフェンスはシュートされたボールを取る。オフェンスはベースラインへ出て、ディフェンスからボールを受ける。それから、ディフェンスは外側へ広がりながら、コートを走ってロングパスを受ける。スプリント、リードパス、レイアップ。トランジションゲームを想定しなければならない。

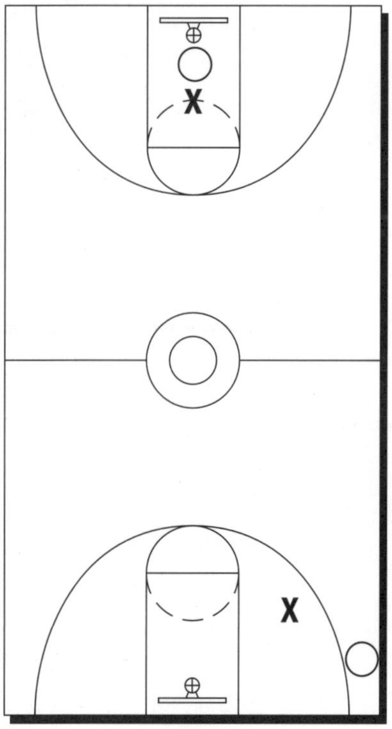

図5

図5　フルコート2対2バックサイドサポート。フルコートで1対1を行うと、何が起こるだろうか？　何回も抜かれてしまうだろう。ドリルを行う前に、「相手に抜かれるよ」とプレーヤーへ教えるか？　もし教えるなら、あなたは賢明である。たとえオフェンスとディフェンスの2人が対等であったとしても、お互いフルコートの1対1でディフェンスできる方法はない。ディフェンスは何回ターンさせたのか？　おそらく1回だろう。もしあなたが非常に素晴らしいディフェンスプレーヤーであり、オフェンスプレーヤーが平均的であれば、2回ターンをさせるかもしれない。プレスをかけるのなら、このことを知っておく必要がある。サポートの重要性を理解するためにも必要なことだ。1対1のドリルを一度か二度行ったら、反対サイドにもう2人のプレーヤーを加えて2対2を行う。

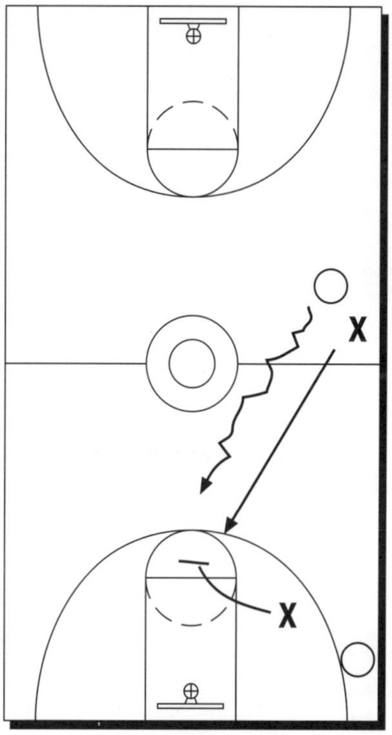

図6

図6　オフェンスに抜かれるが、後方にサポートがいる。必ずボールラインより下がって誰かがいる。オフェンスがスピードを落としたらどうするのか？

図7　オフェンスがそれでも進み続けたらどうするか？　ディフェンスはスイッチする。

図8　2対2のシチュエーションでは何が起こるだろうか？　よりゴールから遠いところでピックアップし、パスをさせる。相手を止めるのだ。相手の思うようにさせず、フェイクして、そうすることによってヘルプをする。シュートの後、オフェンスは反対のサイドへ走って戻る。

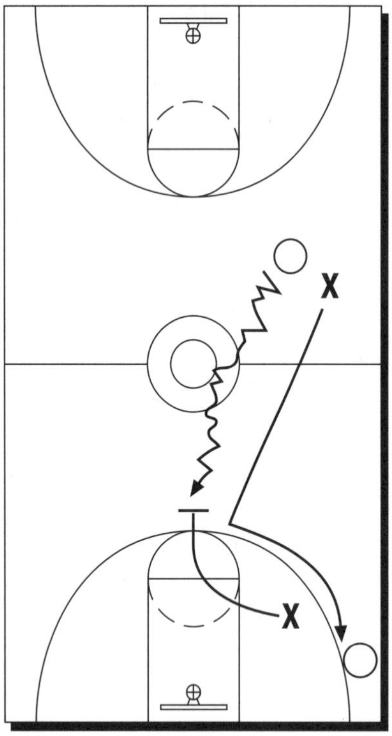

図7

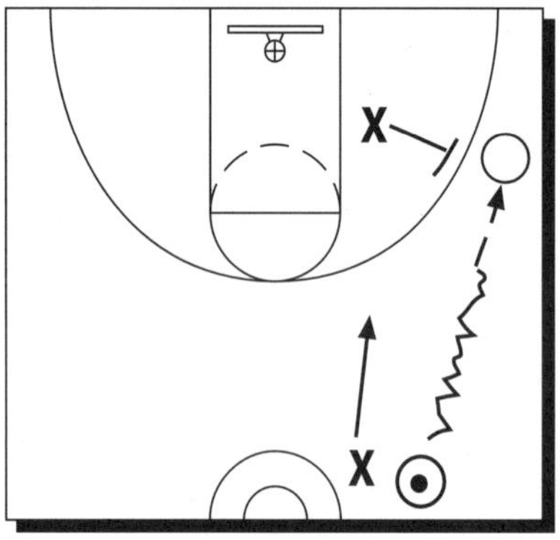

図8

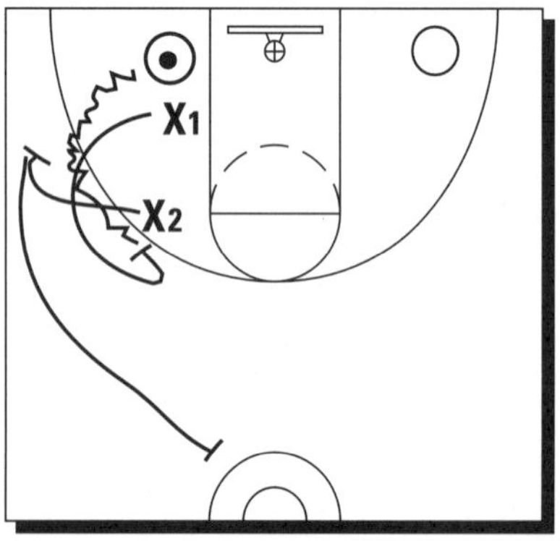

図9

図9　フルコート2対2サポート。ボールマンでないディフェンスをどこにポジションさせるのか？　ボールマンのプレーヤーの右肩に自分の左肩を置くようにする。これがサポートポジション。それを強調して指導する。　X1が抜かれたら、X2がボールにつく。X2が抜かれるかもしれないので、X1はすぐにサポートポジションまでダッシュする。

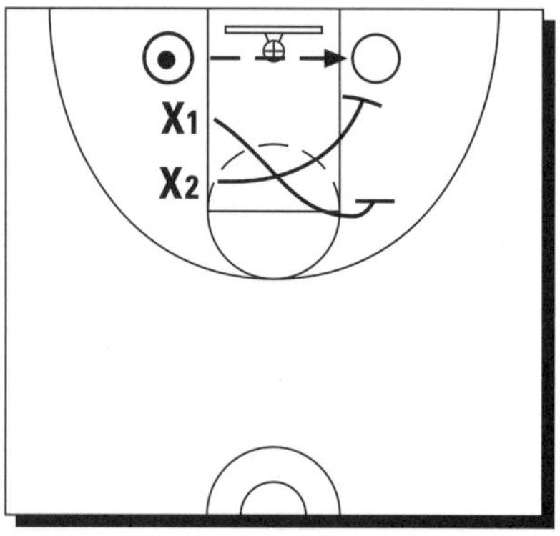

図10

図10　パスされたらどうするのか？　ゴールからはまだ遠い。X2がボールマンにつき、X1がサポートポジションにダッシュする。私のチームでは、どんなプレスでもバックパスに対しては深追いしない。ゴール方向へのパスにはすべて反応する。このドリルを指導する際には、オフェンスプレーヤーをボールラインに留まらせる。

図11　オフェンスプレーヤーはゴール方向へカットしてもよい。図のように、ボールがハーフコートまで来たら、縦にドリブルをさせる。すべてのプレーヤーはボールラインまで下がる。

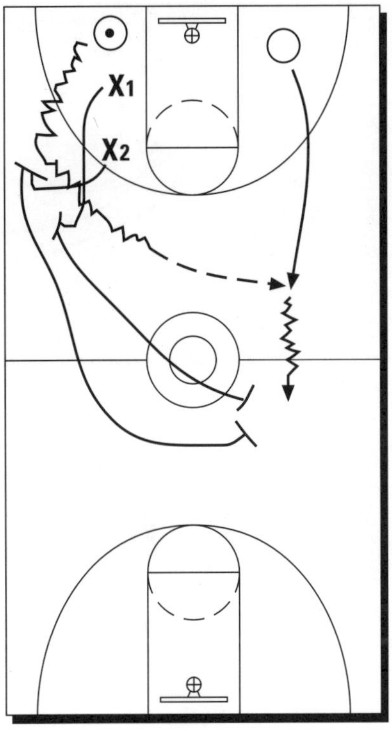

図11

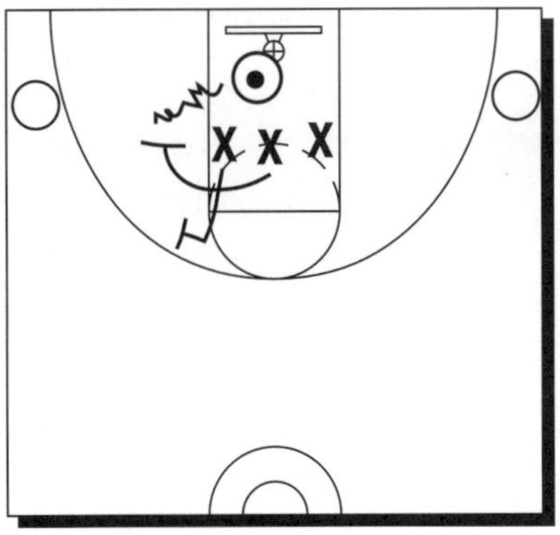

図12

図12　フルコート3対3。X1の肩にX2とX3が並ぶ。オフェンス、ボールラインに留まる。X3は何をするのか？　スペーシングが最も重要であると指導する。ディフェンスは、これがルールである。できる限りマークマンから離れなさい。しかし、マークマンへパスされたら、マークするようにしなさい。理想的には、インターセプトをしてほしい。クイックネスが要求される。

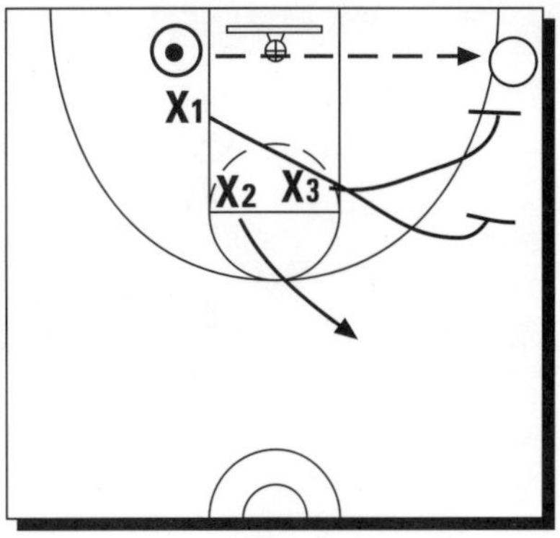

図13

図13　パスをされたら、X2は＃2がボールをキャッチするまでに、移動しなければならない。

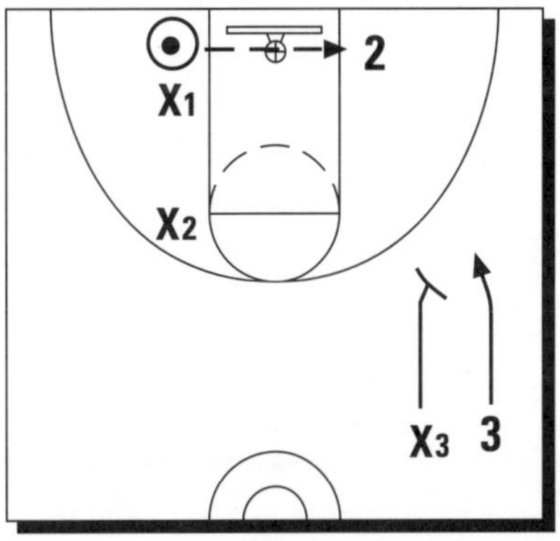

図14

図14　フルコート3対3サイドサドル。再び、バックサイドサポートとスペーシングを指導する。サイドサドルでは、もし＃1から＃2へパスされたら、＃3はフラッシュカットする。図のようなカットはよいが、X3のミドルへのカットは止めるように指導する。ミドルにはボールを置いてほしくない。バックパスはさせてもよい。

図15　＃3がカットする。＃1から＃2へのパスでは、X3がスペーシングを考える。この状況で、＃3のカットをディフェンスすることは非常に難しい。もしディフェンスに前に出られたら、＃3は戻る。ディフェンスがビハインドならば、さらにカットしてボールを受けるようにさせる。カットに対してイーブンになるようにディフェンスに指導す

る。このカットは重要なカットであり、特に強調しよう。

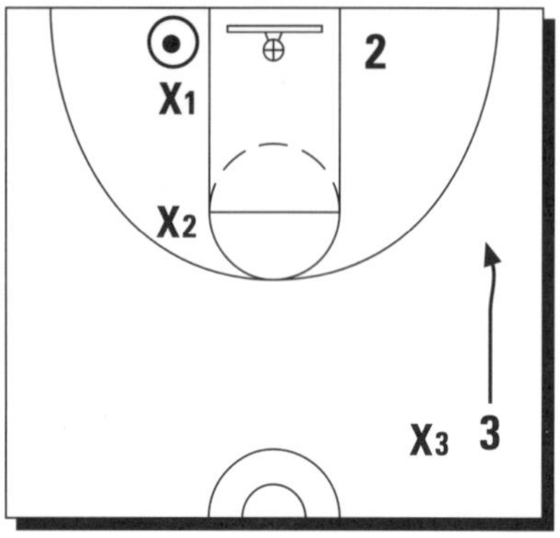

図15

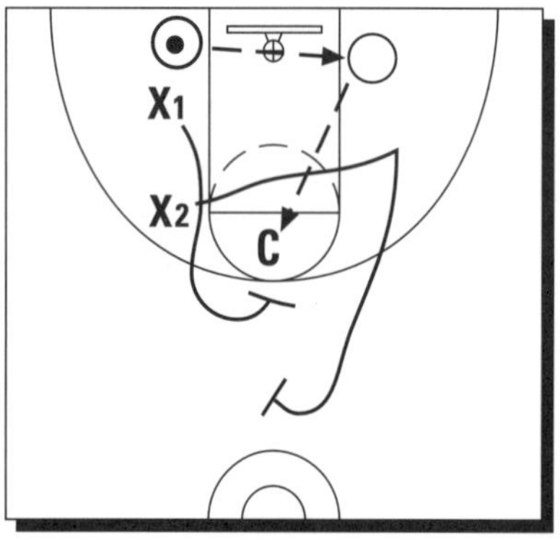

図16

図16　フルコート2対2＋コーチ。よくこのドリルにコーチを加える。ディフェンスプレーヤーの後方にコーチを配置する。コーチはいつでもボールを受けられるように、手を挙げておく。コーチにボールが入ったら、ディフェンスは2人ともターンをして、ボールラインより下がって、サポートポジションを確保しなければならない。

図17　コーチをサイドライン近くに配置させる場合もある。

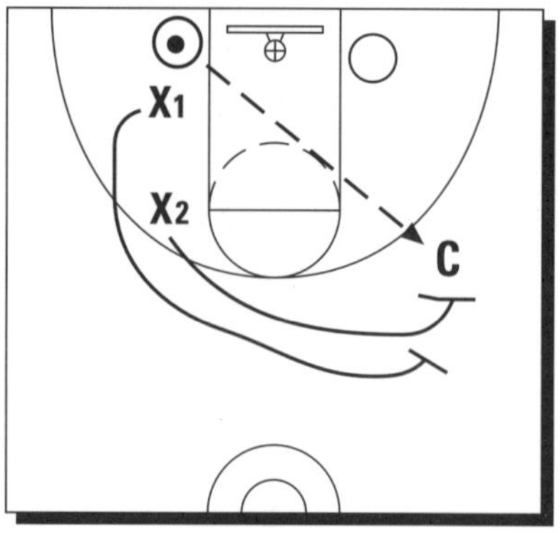

図17

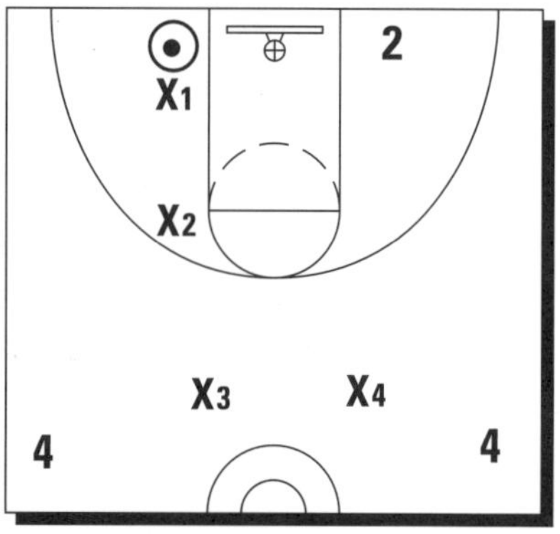

図18

図18　フルコート4対4。図14では、サイドサドルの3対3を行ったが、ここでは4対4を行う。X3とX4は同じ動きをし、できる限り離れること。しかし、マークマンにパスをされたら、マークできるようにする。#2はカットしてもよいが、他のオフェンスプレーヤーがリプレースする。

覚えておいてほしいのは、以上のドリルを12分間で行うということ。ドリルの切り替えも早くしよう。

JIM BOEHEIM

ジム・ボーハイム

Zone Defense
ゾーンディフェンス

ゾーンディフェンスをするには、柔軟性が求められる。一般的に、試合のすべての時間に用いる最も良いディフェンスではない。

ゾーンには以下のような利点がある。コーチやプレーヤーはゾーンディフェンスの方法やその有利性を知っていなければならない。

1. チームのベストプレーヤーをファウルトラブルから守ることができる。
2. ファウルラインに相手を近づけさせないようにできる。
3. ファストブレイクを出しやすい。

試合でゾーンに直面することは、練習でのゾーンオフェンスとは異なり、とても難しい。

実際の試合に近づけるため、練習はたいていフルコートで行う。

どんな練習でもまず個人ワークから始める。我々はこの個人ワークの向上のために20〜30分間を費やす。

Zone Principles
ゾーンディフェンスの原則

1. 必ずローポストのセンターにはフロントポジションをとる。ハイポストよりもローポストに配慮しなければならない。
2. フォワードをミドルラインへ追い込むようにする。ベースライン側へドライブされた場合は、センターがボールを止めなければならない。
3. ボールマンが近くにいる場合は、ボールマンをマークしなければならない。
4. 3ポイントシュートに対してあきらめないでチェックにいく。
5. どんなパスにも反応して5人が動かなければならない。
6. フォワードはファウルラインの延長線上よりもセンターライン側へ出てはならない。
7. ガードはファウルラインの延長線上よりもベースライン側へ出てはならない。
8. どんなディフェンスでも15秒間は簡単にできる。しかし、15秒を越えると難しくなり、機能しなくなってしまう。

Movement of the Zone
ゾーンディフェンスの動き

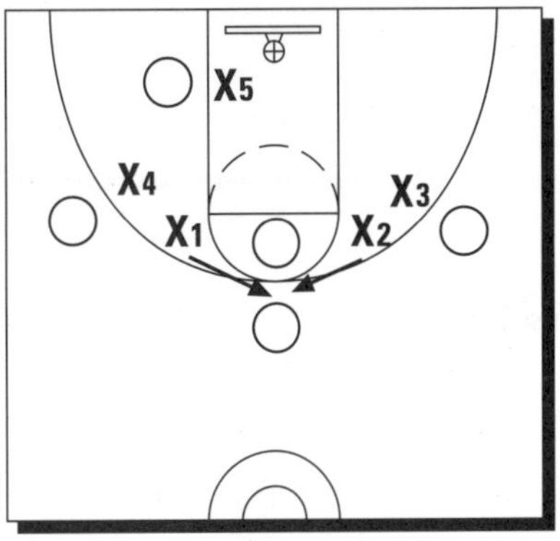

図1

→図1　ポイントガードにはマッチアップしない。ガードはハイポストよりも内側へボールを近づけないようにする。ハイポストへドリブルされた場合は、センターがカバーし、フォワードがウイングを守る。ハイポストにボールがあるときは、フォワードがゴールを守る。

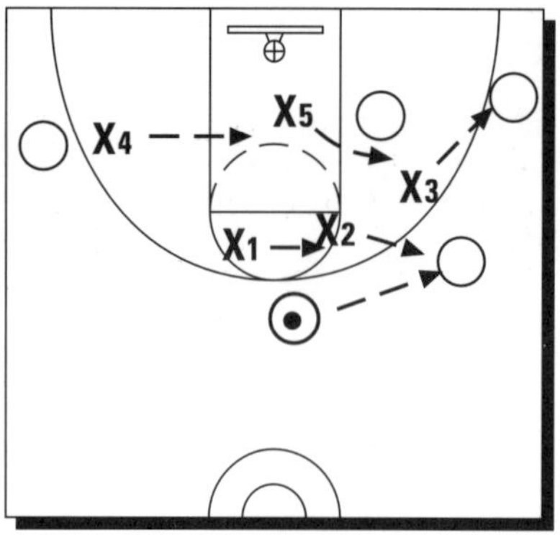

図2

図2　トップからウイングへパスされた場合、X3がコーナー、X2がウイング、X5がローポストの前、X4がミドルラインへ移動する。X1がハイポストをカバーする。

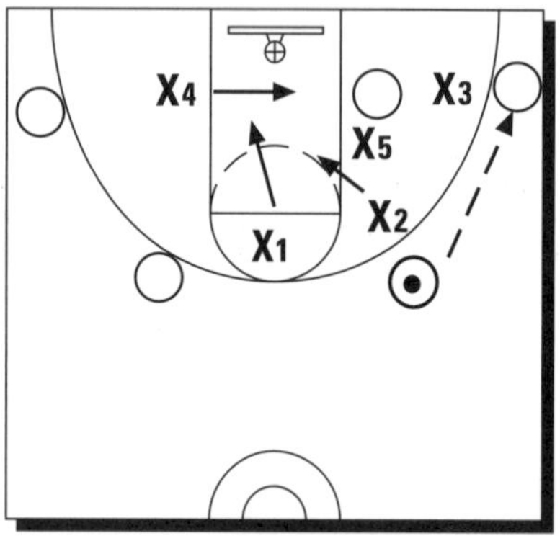

図3

図3　コーナーへパスされた場合、X3がボールにマッチアップし、ミドルラインへ行かせるようにする。X5がローポストの前、X4がミドルラインへ移動する。X2はハイポストをカバーし、X1がヘルプサイドをカバーするために下がる。

図4　ボールがトップへ戻された場合、X1を除いたすべてのプレーヤーは図1のポジションへ戻る。ただし、X1はボールへマッチアップする。

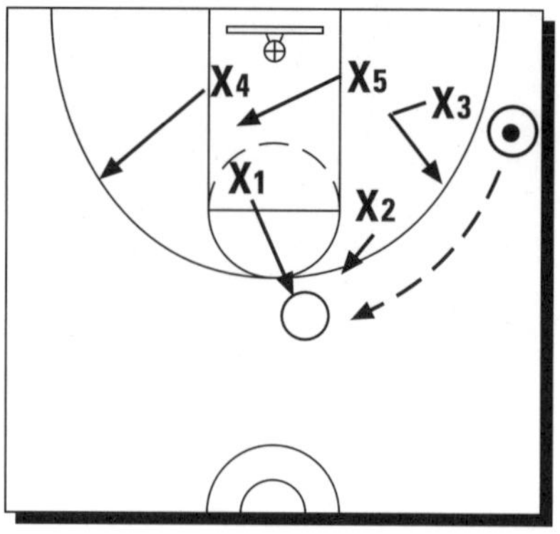

図4

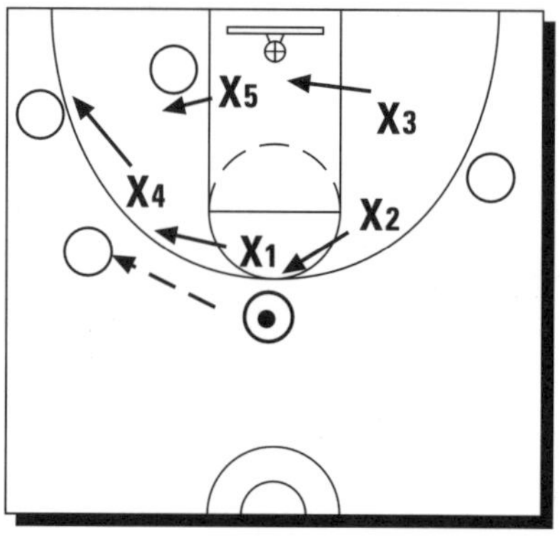

図5

図5　図2と同じサイドのウイングへ再びパスされた場合は、図2と同様にする。反対サイドのウイングへパスされた場合は、X4がコーナー、X1がボール、X5がローポストの前、X3がミドルラインへ移動し、X2がハイポストをカバーする。

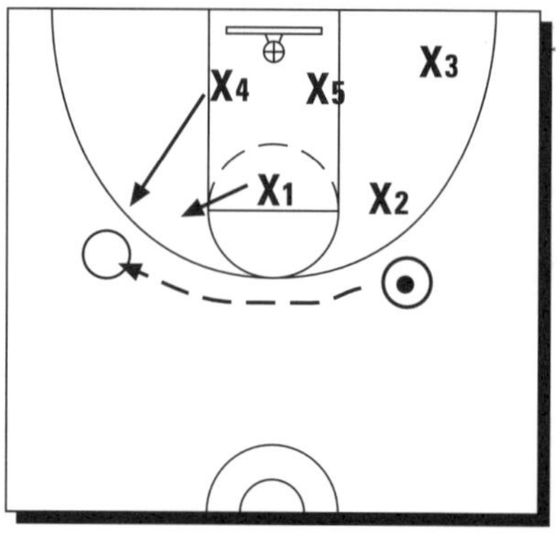

図6

図6　ガードはファウルラインよりもセンターライン側へのスキップパスをカバーしなければならない。X3あるいはX4

のフォワード（図7ではX3）は本来のポジションであるボールマンへマークしなければならず、X1あるいはX2のガード（図7ではX1）はボールマンへのマークを止める。

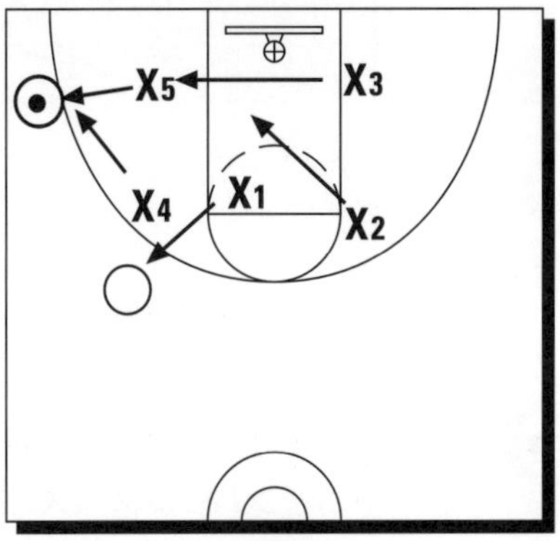

図7

図7　X5がコーナーのボールマンをマークする場合、フォワード（X4）はすぐにトラップする。その際、X3はハイポストへ注意を払いつつローポストへ移動する。X2はローポストのウィークサイド側、X1はウイングをカバーする。

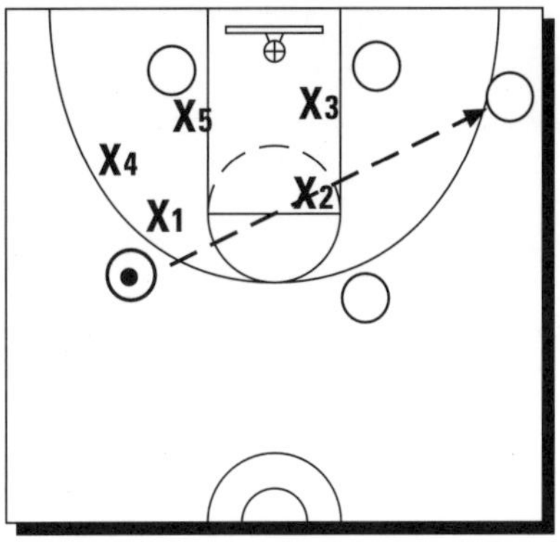

図8

図8　ヘルプサイドのスクリーンに対して。フォワードはスクリーンのトップサイド側からシューターをマークしにいく。スクリーンを用いたロブパスをいつも注意すること。

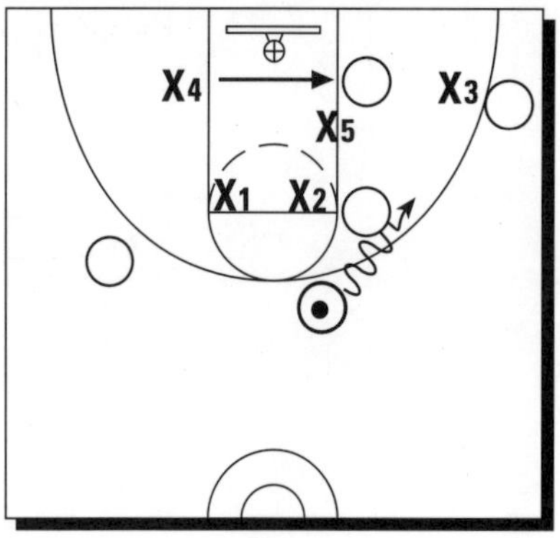

図9

図9　ボールマンへのスクリーンに対して。オフェンスがドライブしてスクリーンから離れた場合、X3はシューターをマークし、X5がボールマンをマークする。X4はボールサイドのポスト、X1はローポストへ移動する。

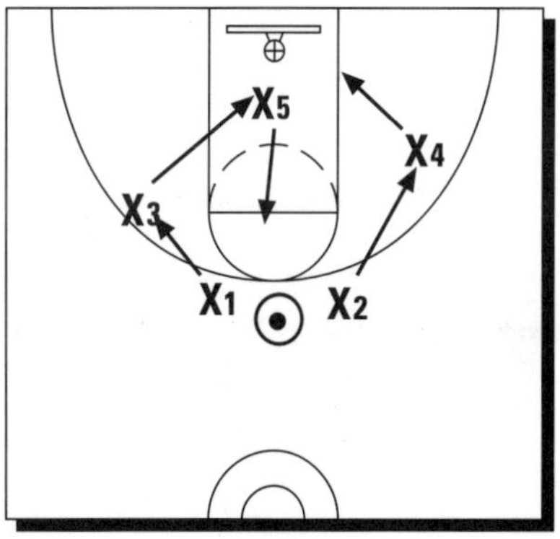

図10

図10　ポイントガードがトップでボールを保持しているときにトラップすることをハイトラッピングと言う。ポイントガードがバンガー（役立たず）であるなら、ハイポストでトラップをしよう。バンガーにプレーさせるようにすること。X3とX4はローポスト、X1とX2はウイングへ移動する。X5は完全ではないがボールマンへプレーする。

図11　ガードとフォワードのトラップ。X2とX3がコーナーでトラップする。X5はローポストにそのままいる。X1はボールサイドへのパスを狙う。X4はギャップを埋めて、ハイポストへのパスを狙う。

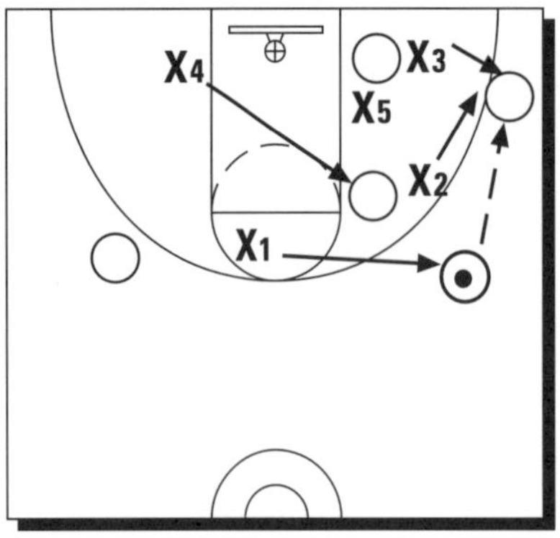

図11

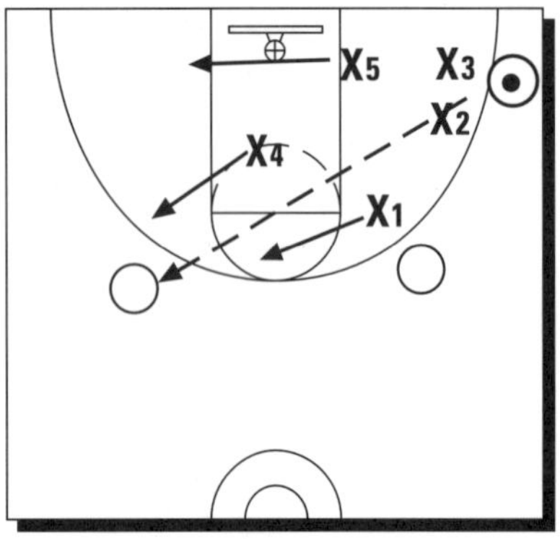

図12

図12　ガードとフォワードのトラップからのボールの展開。X4がヘルプサイドへのボールマンをマークする。X5はボールサイドのポストへ移動する。X1はボールマンへ向かうが、X4より下がる。X2はハイポストエリア、X3はヘルプサイドのローポストへ移動する。

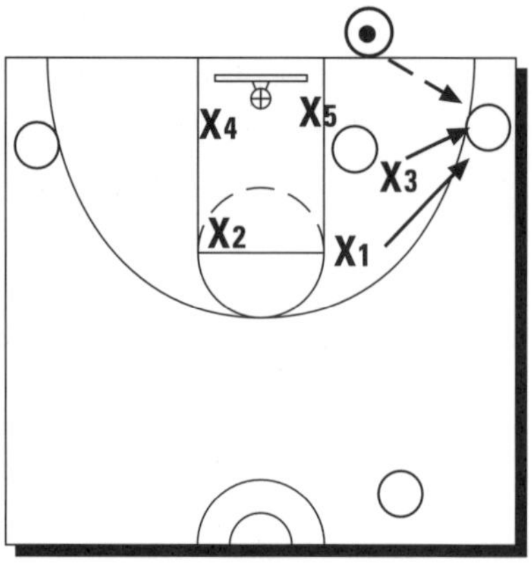

図13

図13　アウトオブバウンズに対して。コーナーへインバウンズパスされた時、トラップが可能である。X4はヘルプサイドへのパスを狙い、X1とX3はボールをトラップする。X2は＃1へのロングパスをスチールする。

LOU CARNESECCA

ルー・カーネサッカ

Attacking Pressure Defenses
プレッシャーディフェンスを攻める

ビッグイーストでは、おそらく他のどのカンファレンスよりもプレスディフェンスをするチームが多い。フルコート、3/4コート、ハーフコートで、ほとんどのチームがプレスをしてくる。忘れてしまいがちだが、私はプレスについてよく理解しているものの、選手たちはそれほど分かっていない。

まず、プレスをしかけてくるチームの考え方について話そう。彼らは何とかしてオフェンスをじゃまし、テンポを狂わせ、相手がプレーしたくない形にもっていこうとする。我々がシュートを急ぎ、悪いパスを出すように仕向けてくるのだ。そうしてリズムを崩して、流れを止めようとする。このことを理解し、さらに選手たちにも理解させなければならない。ディフェンスが何をしようとしているのか、選手たちは分かっていなければならないのだ。

皆さんは、選手たちのことをよく知っているだろう。そしてコーチは、自分の考え方ややり方を整理すべきである。どのチームが、どのタイミングでプレスしてくるかも分かっているはずだ。しかし実際問題として、それに対してどうプレーするのだろうか？　どんなドリルを練習しておけばいいのか？　フォーメーションは？　ボールをインバウンドするのにかける時間はどれくらいか？　プレーをフィニッシュする、スコアするためにはどのくらいの時間を使っているのか？　その練習はしているか？

攻撃について話そう。ファストブレイク、速攻についても同様だが、あなたがしたい攻撃についてもよく考えなければならない。速攻でない時はどう攻めるのか？　相手チームが使ってくる様々なディフェンスを考慮しなければならない。

目的は何だろう？　まずは安全にボールをインバウンドすること。そしてボールをキープしたまま10秒ラインまで運ぶこと。そしてオフェンスのパターンにそってシュートを放ち、オフェンシブリバウンドに入る。そのパターンに入ったら、ディフェンスとのバランスについて忘れてはいけない。ディフェンスは我々を慌てさせようとしているのだ。最も重要なのは、そのプレーの最後にスコアすることだ。時々、10秒ラインまでボールを運んだことで満足してしまい、スコアするのを忘れてしまうようなことも起こる。

基本的な考え方をお話しよう。まずすばやくセットアップすること。選手はできるだけ早くそれぞれのポジションにつく。それぞれが一番力を発揮できるポジションにつかせることが大切だ。選手が焦らずにプレーできるエリアを確立しよう。

ボールを入れるのに５秒、ラインを越えるのに10秒であれば、時間は十分にある。選手が冷静さを保てるようにすること。「3ルック」という言い方がある。ボールをキャッチしたら、ルックアップ、つまり顔を上げて見る。キャッチしてすぐにドリブルを始めない。ドリブルの前にまず見るのだ。パスの前にも見る。そしてどんなディフェンスかを見定める。マンかゾーンか、フルコートか3/4コートか？　いつプレスしてくるか？　フィールドゴールの後か、フリースローの後か、バイオレーションなどでプレーが止まった後なのか？　選手たちは常にこれらのことを意識していなくてはならない。

次は練習について。私がコーチとして駆け出しの頃、次の対戦相手がプレスしてくることが分かっていたら、試合の2、3日前にプレスに対抗するオフェンスの練習をした。今日は、それでは通用しない。オフェンスもディフェンスもとても複雑になっているからだ。練習について私が提案したいのは、練習初日にディフェンスなしで1-4をやることだ。7、8日はディフェンスなしで練習しよう。次に少し進化させて、フリースローの後にプレスをする。3週間目くらいには、フィールドゴールの後にもプレスする。そうしていけば、12月1日までに準備が終わることになる。

しかし、これで勝てると言うわけではない。私はABAで、リック・バリーがいたチームでチャンピオンシップのファイナルまで進んだことがある。しかしその翌年は、リックが抜けただけで、同じプレーを同じ選手たちで行ったにも関わらず、53敗を喫した。1人の選手が大きな違いとなることもあるのだ。

コーチが忘れてはいけないことがある。まずアンダーニースに行かないで、どちらかのサイドにいること。ライン際に行かない。ステップバックしてコートがよく見えるようにする。頭の上にボールを持っていかない。フェイクを使う。なぜなら、プレスディフェンスを教える時は、インバウンダーの目を見るように教えるからだ。どちらのサイドに入れてもいいが、ウィークサイドにボールを持っていく時はコートを横切るパスを出すのではなく、ウィークサイドに走り込むこと。ディフェンスはストロングサイドへのインバウンドを予想しているのだから、ウィークサイドを使うことを考える。

パスを出す時には、3つのことを考えていなければならない。パスのスピード、距離、そして一番大事なのは誰がパスを受け取るかということだ。パスをしたら、レシーバーはどう動くことができるだろう？　単にキャッチをするだけで終わるのであれば、パスしてはならない。また、キャッチについても考えなければならない。もしパスを受けたかったら、なるべくディフェンスマンに近づいておいて、素早く飛び出してボールをもらう。キャッチしたら、ルックアップだ。キャッチする前に、その後どう動くかを考えておこう。次にどこにパスを出すのがいいのか？　ドリブルはどうか？

私のチームでは、ディフェンスから離れるため、ディフェンスをスプリットするため、またトレーラーにパスする時に、ドリブルを使う。トラップから抜け出し、そのエリアに誰かがカールして入ってこられるようにするため、バックペダルを使う。ポストの使い方。パスを受ける時は両手を出し、いいターゲットを作ること。ボールはしっかりプロテクトすること。コーチはこれらすべてのことを選手と一緒に確認していかなくてはならない。

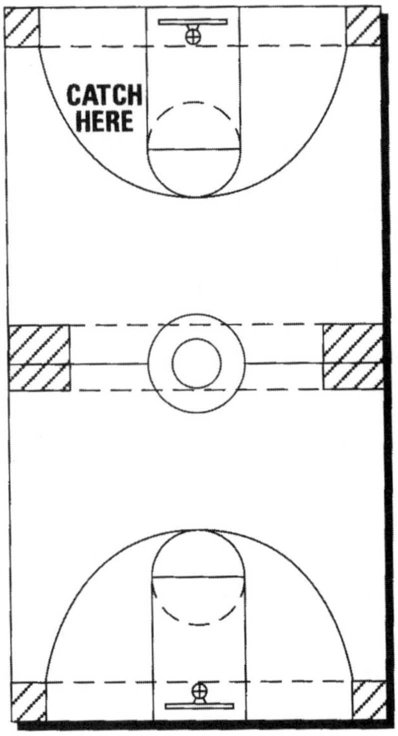

図1

図1　練習初日の前に、マネージャーに頼んでコートにテープを張ってもらう。このエリアに入ってはならない、ということだ。エンドライン近くでボールを受け取ってしまうとディフェンスに有利になる。また、トラップされるのでコーナーでパスを受けるのもだめだ。プレスへの対抗策はとてもシンプル。これらのエリアで相手がトラップをしかけてくるとしたら、そこへ行かないことだ。

図2　ここでキャッチする。ボールをもらいに出て、どちらのサイドに進んでもいい。

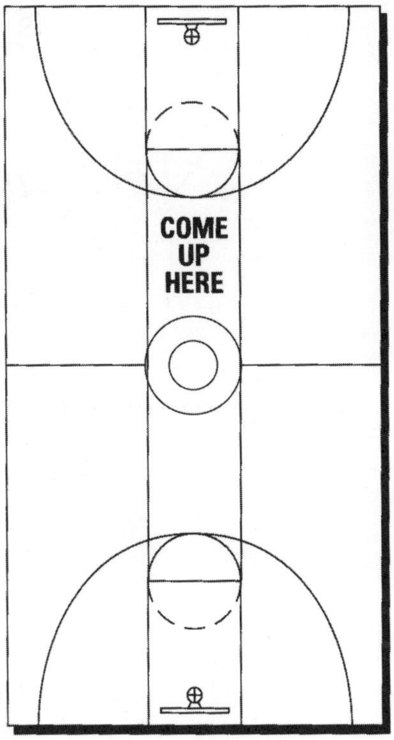

図2

私は何を求めているのだろう？　それはレイアップだ。レイアップができなければ、短いジャンプシュート。それもだめなら、セットオフェンスを展開する。

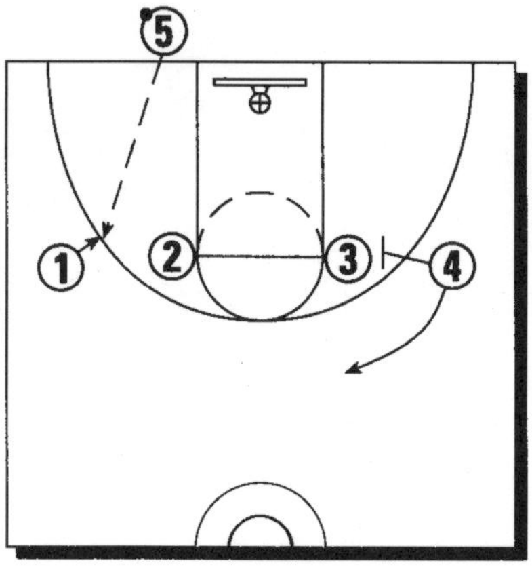

図3

図3　私たちの攻撃はこうだ。インバウンドするのは、パスがうまく、ディフェンスが読めて、ゲームについてよく理解している選手だ。＃1はスモールフォワードで、プレーをフィニッシュする、つまり最後までもっていく力が必要だ。次にどこにパスを出したらいいか分かっていなくてはならない。＃2はセカンドガードで、この選手もフィニッシュできなくてはならない。＃3はポイントガードで、一番ボールハンドリングやドリブルが上手な選手。＃4はビッグポストで、次の3つのことをこなせなくてはならない。パスを受けるために近づく、スクリーンをセットする、いったん下がっていってからコートの真ん中でリバースしてボールを取りにいく。

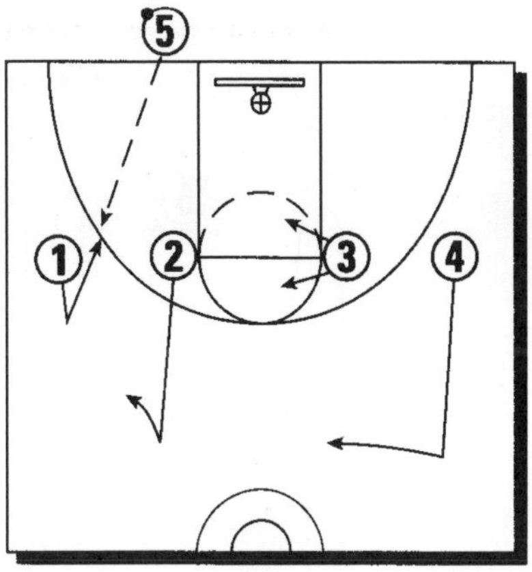

図4

図4　1-2-1-1プレスに対して。＃1は1歩ステップしてから戻って、＃5からパスをもらう。キャッチしたらルックアップ。＃2はミッドコートに下り、最初のオプションだ。＃3はエルボー付近から近づいてきており、次のオプション。オープンになっているエリアに行くこと。＃4は外に出てから斜めに戻る。ロングパスはしない。＃5はバックアップとしてコート内に入る。もしボールをキャッチした時にトラップされ、ボールを頭上に挙げたら、ボールには4本の手が伸びていることになる。しかしピボットできれば、1対1になる。

図5　同じように始めるが、＃1にはボールが回らない。＃1は外に出ていく。＃2が来て、下がる。＃3が横に動き、＃4も斜めの位置へ。＃5はバックアップ。

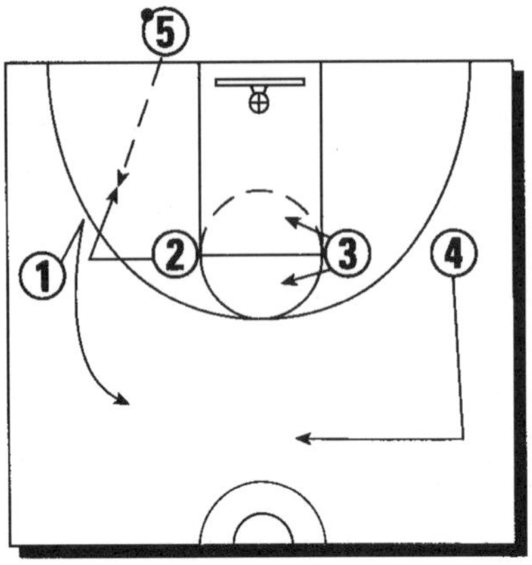

図5

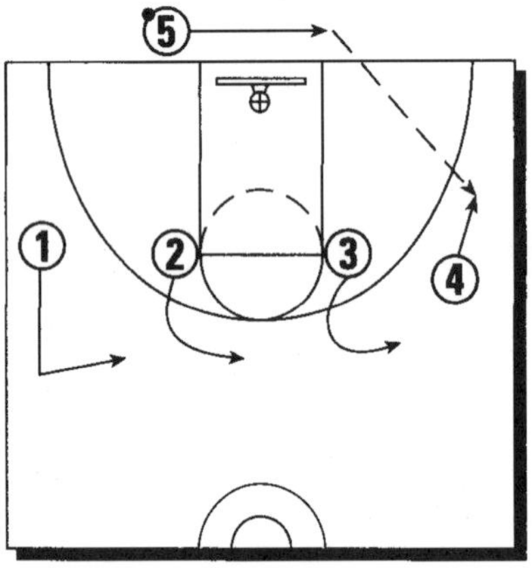

図6

図6　ウィークサイド。#5がベースラインを走る。#4がボールを取りにいく。#3はサイドラインに寄り、#2が斜め横の位置へ。#5はここでもバックアップ。

図7　もし#2がドリブルできなかったら#2はサイドラインに行かせ、#3がカールする。

図8　「ダイアゴナル」。どんな時に使うのか？　それは､#5が#1にパスし、#2がサイドラインに行くが、#2も#3もカバーされている時。#1は#4に斜めにパスを出し、#4は#2にパスする。

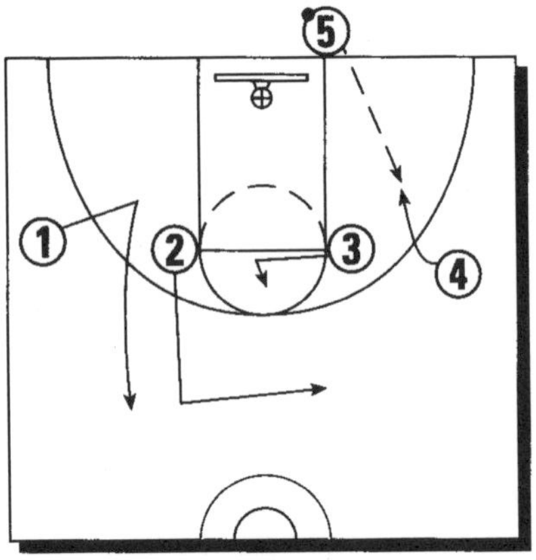

図7

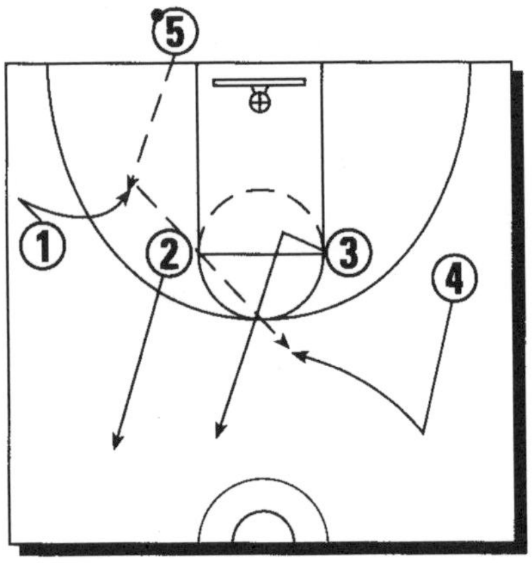

図8

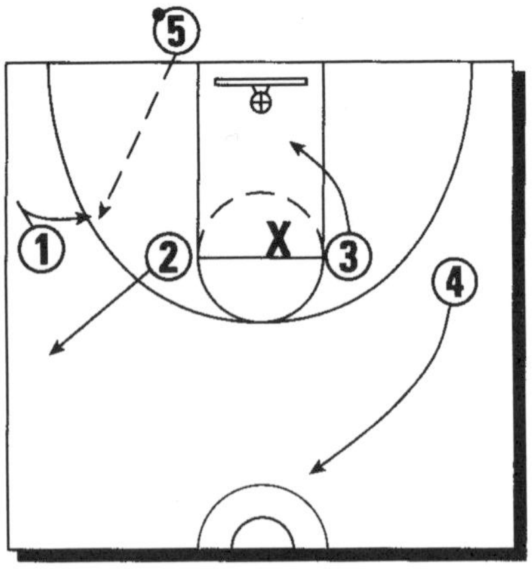

図9

図9　もう一つのオプション「スルー」。#1は#5からボールを受けてサイドラインに行くが、カバーされている。#5はコートに入りカールして#1からボールを戻す。#3はバックアップで、#4は斜めに走る。同じシチュエーションで少し変化を加えただけだ。

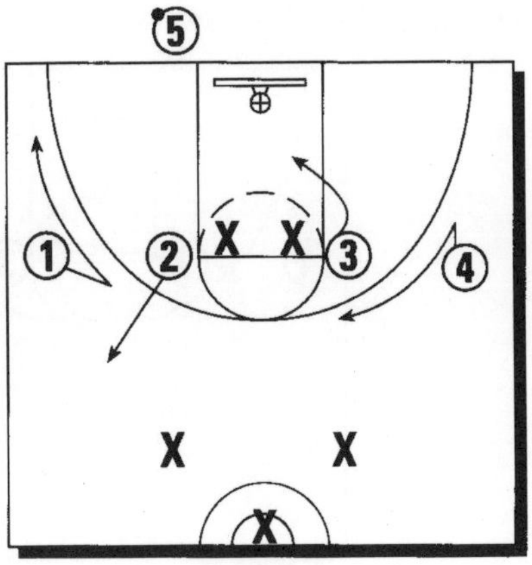

図10

図10　2-2-1。その時にやるべきことが一番上手にできる選手にボールを渡したい。

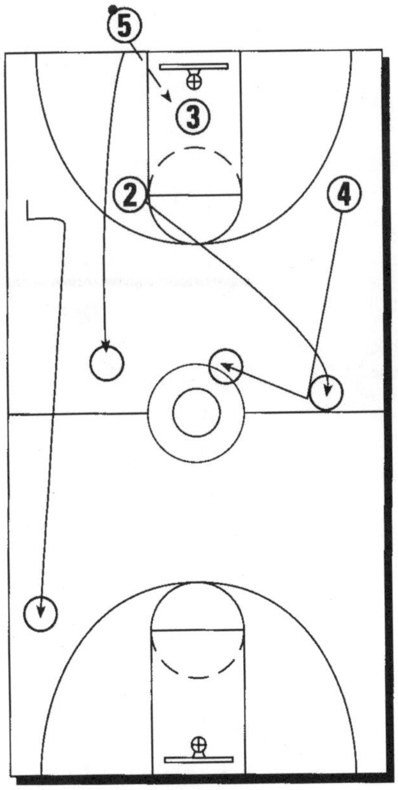

図11

図11　#3がボールを取りにくる。#5は#3にパス。#1はサイドライン際を走っていく。#4がポストとして真ん中にカールしていき、#2は逆のサイドラインへ。#5もサイドラインへ。1本のパスの間になるべく早く1-3-1になる。

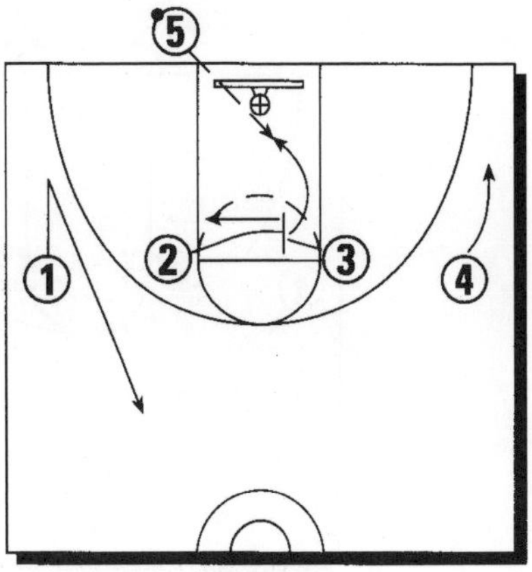

図12

図12　もし#3がオーバープレーされたらどうするか？　#2を#3にスクリーンに行かせ、同じことをしよう。

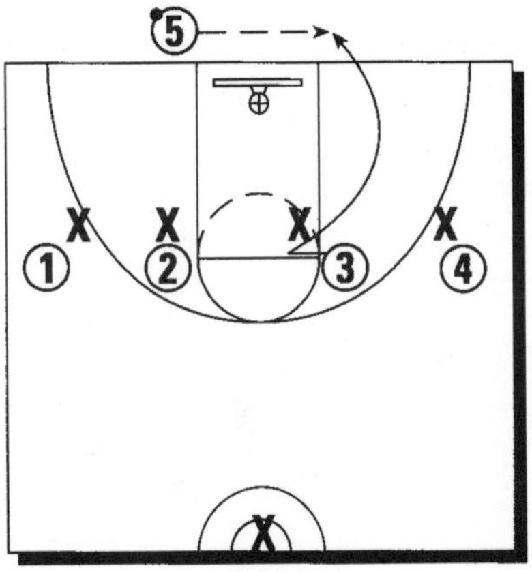

図13

図13　「ステップアウト」。全員の前につかれた時にこれを使う。

図14　#3のマークマンが#5をダブルチームした時にこれを使う。#4は#2にスクリーンをかけ、#2はボールを取りに行く。これで5-3-2となる。

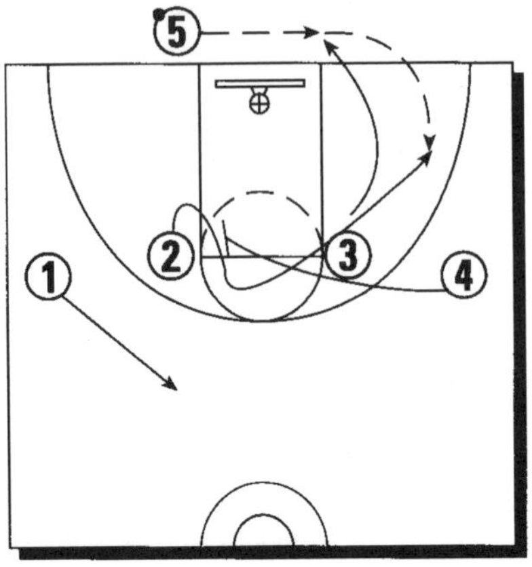

図14

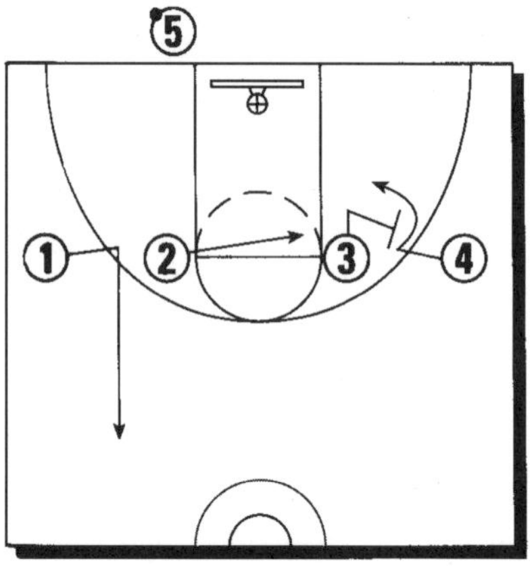

図16

コーチとは一体何だろう？　コーチは薬を調合する薬剤師のようなものだ。どんな動きにも、うまくいかなかった場合の治療薬をもっていなければならない。しかし、これが効くかどうかはチームにいる選手や相手チームにもよるわけで、うまくいかない時に唯一助けとなるのが、選手たちの卒業、ということもあるかもしれない。

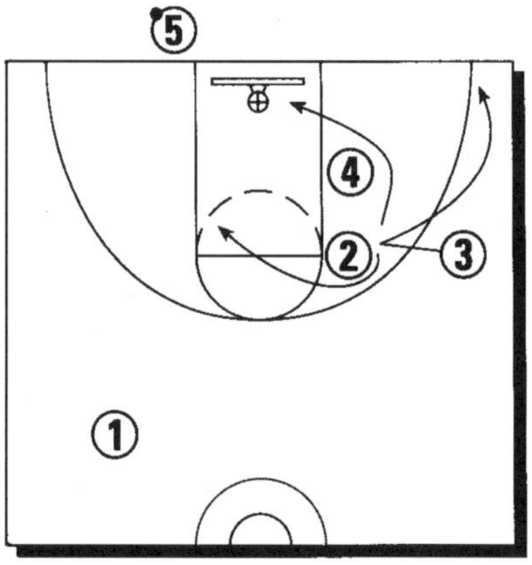

図17

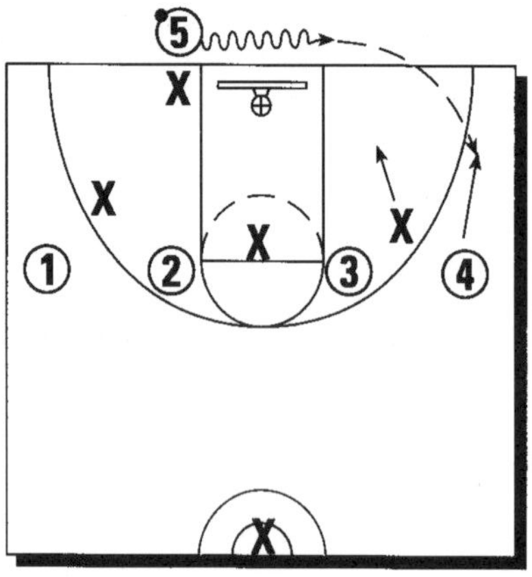

図15

図15　1-3-1に対して。1-3-1では、各選手が2人についている。だからワイドなフォーメーションを保ち、どのディフェンダーが出てくるかによってエントリーパスをする。

図16　マンツーマンに対しての「ダブル」。#3と#4がポジションを交換。#1がクリアし、#2がレーンを横切る。

図17　#2と#4がダブルスクリーンをかける。#4がベースライン寄りで。#3がダブルスクリーンからオープンになり、#1がクリアしているので、コートは広くオープンになっている。#3はトップ側にフェイクを入れてからベースラインへ下りる。#5がボールをパスする前に、#3がスクリーンをクリアしていること。#3はベースライン側へフェイクしてトップへ行ってもいい。またはフェイクしてフェードしてもいい。その場合#5がベースラインを走る。

図18

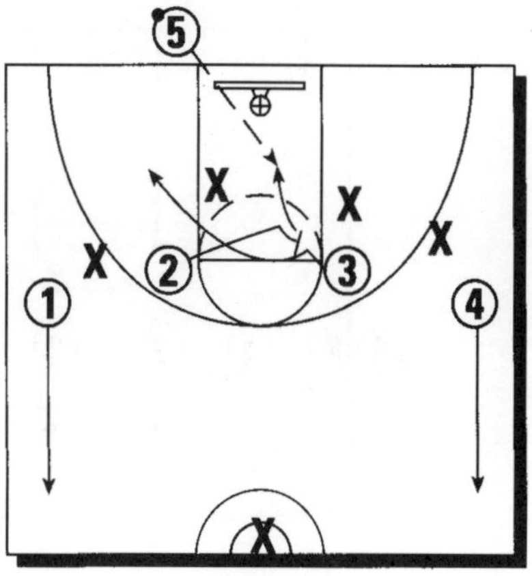

図20

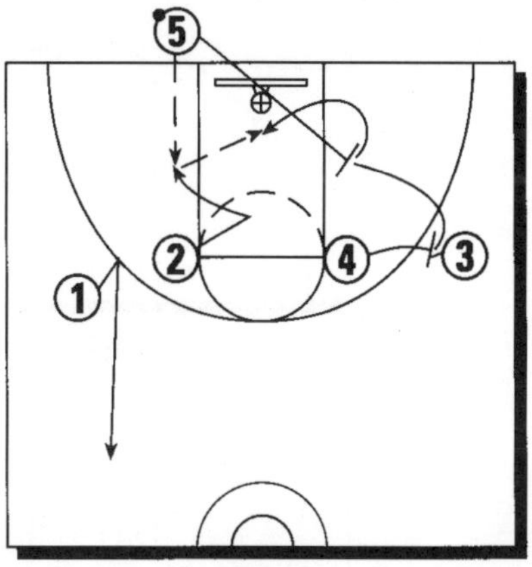

図19

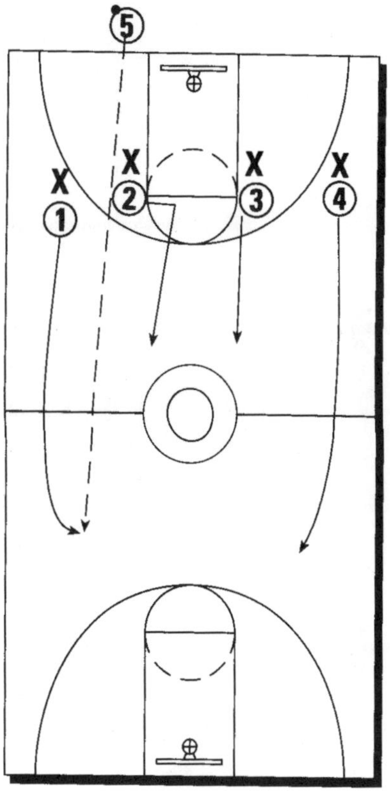

図21

図18　「ヘルプ」。#5がベースラインを走り始めたらディフェンスがスイッチするので、＃3と＃4はダブルスクリーンをかけて#2がボールを取りにいく。

図19　「フラッシュバック」というオプション。＃1がクリアし、＃2がまたレーンを横切るようにしてからリバースしてボールをもらう。＃4は＃3にスクリーンをかけ、ボールは5-2-3と回る。

図20　もう一つのオプション、「インサイド」。＃2が＃3にスクリーンしてからボールのほうへロールする。＃1と＃4は先に走って行く。＃3がスクリーンから出てパスを受ける。

図21　「ホームラン」は、前につかれた時のシンプルな対処法だ。コートの外側にいる選手にボールを渡す。そのほうが簡単だし、外側の選手のほうがコートを見渡すことができるからだ。このパスのアングルがとても重要だ。

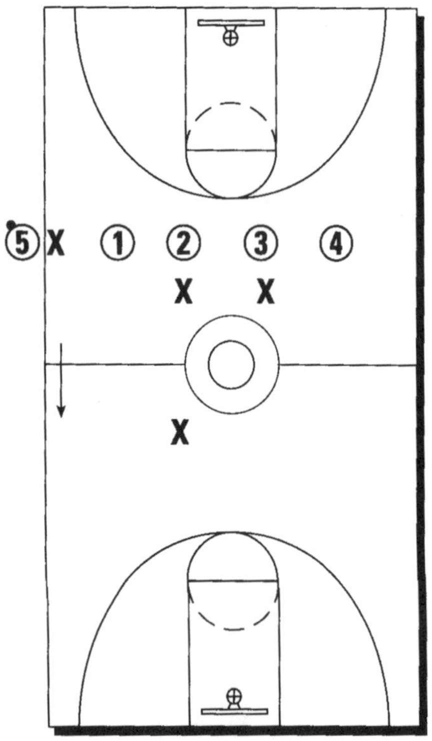

図22

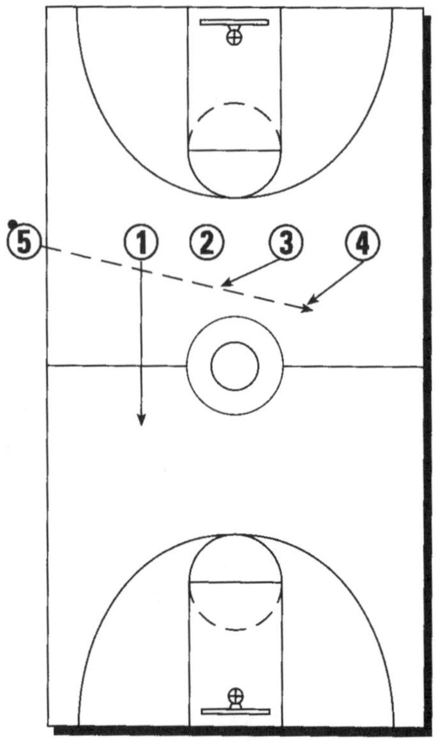

図23

図24

図22　サイドでアウトオブバウンズになった場合。#1はスモールフォワード、#2はポイントガード、#3はパワーフォワード、#4はセンター。ディフェンスはダイヤモンド&1のような形になっていて、最初のパスでトラップしてくる。

図23　#1は走って敵陣へ、#2はバックアップ、#3がボールを取りにいく。#5は普通レシーバーだ。確実にインバウンドする。

図24　マンツーマンに対して。#1は#2にスクリーンをかけてロールする。#5から#2へパス。

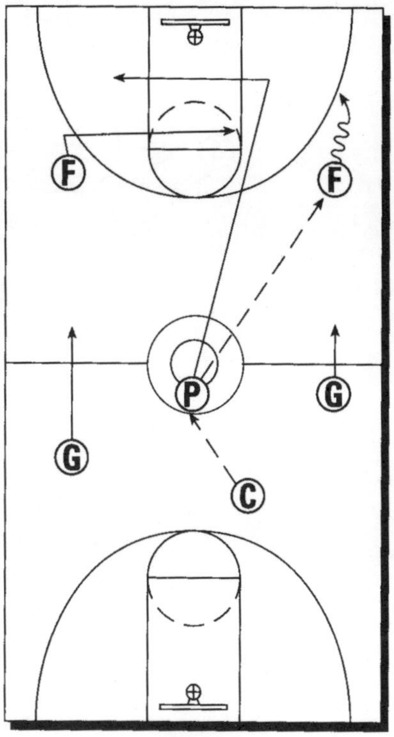

図25

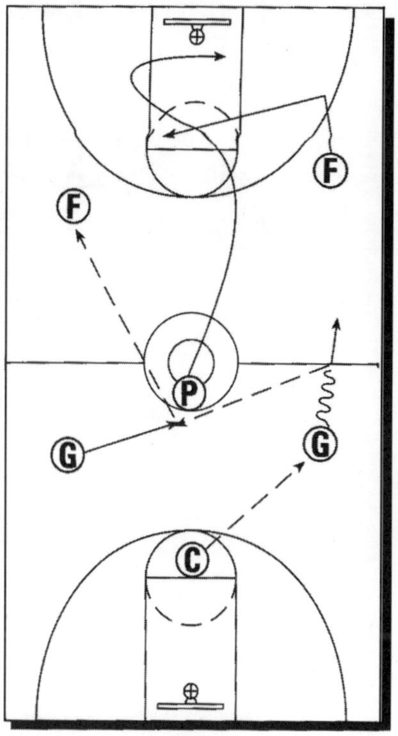

図27

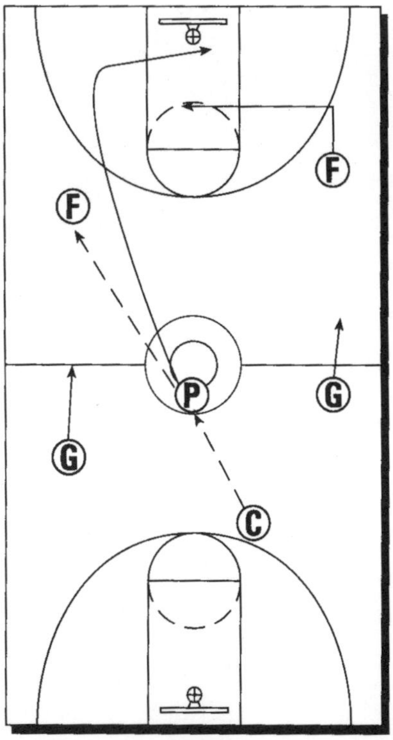

図26

図25　ファストブレイクをフィニッシュするドリル。Cはコーチで、ポストにパスする。ポストはキャッチしたら振り返ってコートを見る。フォワードにパスをして、ボールと反対サイドに下がっていく。もう1人のフォワードはリプレースする。

図26　反対サイドでのプレー。ポストはボールサイドに下がっていく。

図27　もしディフェンスがサイドラインを固めていたら、ガードにパスし、ドリブルしていく。前に進めなければ、もう1人のガードにパス。これで同じフォーメーションに戻る。

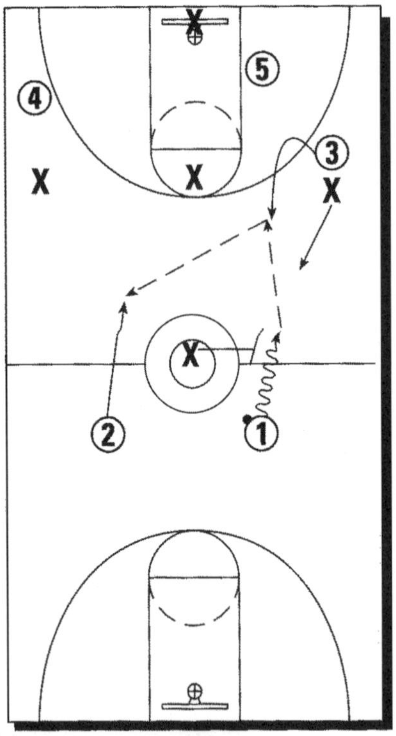

図28

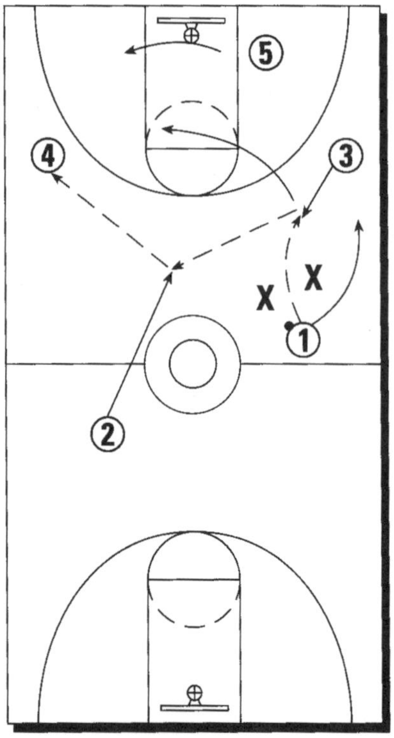

図29

➔図28　ハーフコートトラップに対して。アシスタントコーチの名前をとって「アル」と呼んでいる。ポストはボールサイドに行く。＃1がドリブルでハーフコートを越えるとトラップが来る。ボールサイドのウイングにいる選手は、ディフェンスがトラップのために離れたらすぐに動く。つまり＃3は上にあがってポストアップする。＃3がボールを受け取って振り返った時に、＃4か＃5がオープンでなければ、ボールは＃1、＃3、＃2と回す。

➔図29　＃2が＃4にパスし、インサイドを狙う。＃3はエルボーにフラッシュし、＃5はレーンを横切ってローポストに入る。

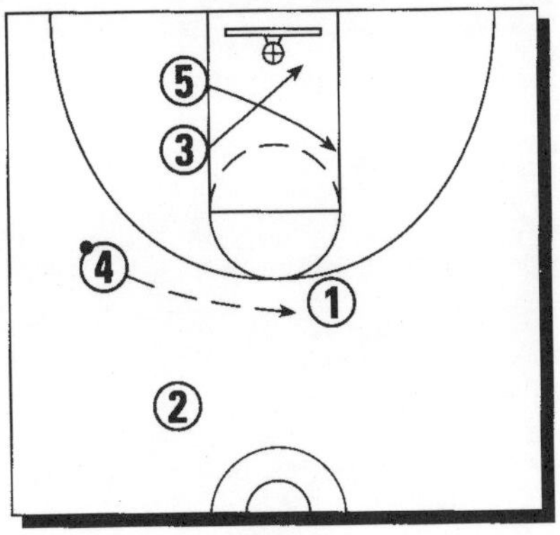

図30

図30　#4は#1にスキップパス。#3と#5はXを描くように動く。

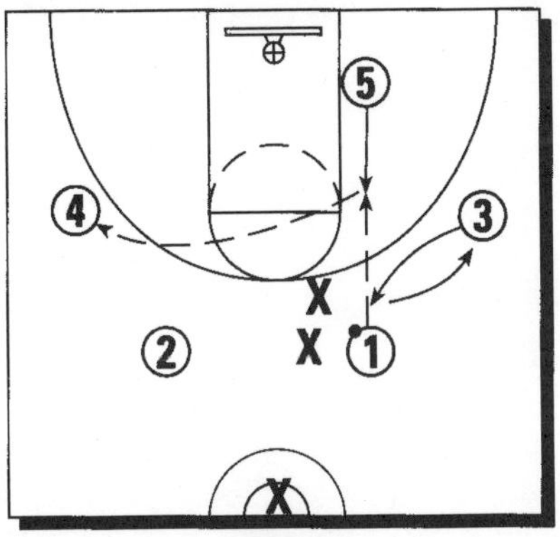

図31

図31　そのうちにディフェンスはウイング（#3）にマンツーマンでついてくる。そうしたら#3は上がり、ボールがもらえなければリバースしてベースラインに下がる。#5がリプレースする。

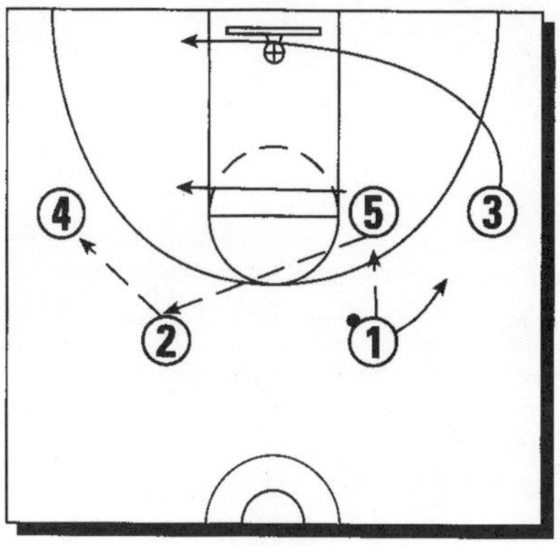

図32

図32　ボールは#1、#5、#2、#4とまわる。#3がローポストへ入り、#5がハイポストへフラッシュする。

小さなことが原因で負けてしまうゲームがどれくらいあるだろうか。その小さなことを大切にしていこう。我々コーチは選手にとって希望である。がっかりさせるわけにはいかない。もし負けてしまったら、その時こそコーチが力を発揮し、立ち直らせてあげること。がんばって、いいシーズンを送ってほしい。

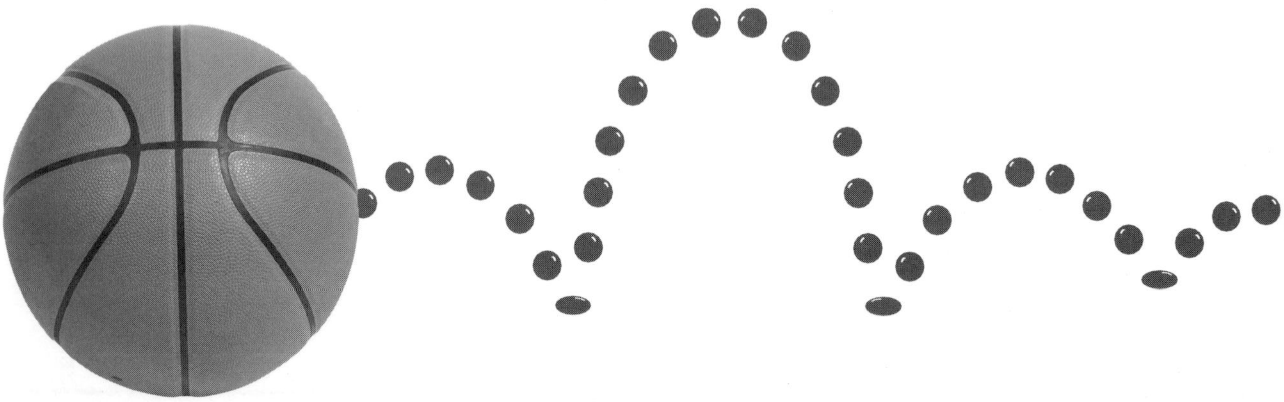

GARY GLASSCOCK

ゲイリー・グラスコック

Pressure Defense
プレッシャーディフェンス

今年、私のチームにはいい中心選手たちが戻ってきたが、それでも平均35失点を少なくしていくのは簡単なことではなかった。だから、ディフェンスに力を入れる必要があったし、今年の我々の成功のカギはディフェンスにあった。チームには、私のチームでもそうだったが、プレッシャーディフェンスをするのに適した選手が必要だ。そのタイプの選手がいなければ、これは成り立たない。

ディフェンスには、絶対に得点させないという姿勢が肝心だ。チームでは、選手たちがオフェンスよりもディフェンスのほうが好きになるように仕向けていく。練習でもディフェンスが中心。ディフェンスをしていれば、オフェンスのチャンスも出てくる。選手たちには、相手の選手をイライラさせて、顔色にそれが表れるくらいにやれ、と言っている。

ディフェンス型の選手に何が必要か？

❶運動神経。すばらしいアスリートであるか、期待以上の成果を出せること。

❷コートセンスがある、またはゲームに関する理解度が高いこと。何をすべきか分かっていなくてはならない。バスケットボールを知り尽くし、多くの経験があること。

❸スピード。これはとても大切。同時にスタミナも必要だ。身体がベストの状態に保たれていること。

❹姿勢。精神的に強く、決してあきらめない姿勢があること。

ほとんどのコーチは、翌年にどの選手がチームに戻ってくるかをだいたいは分かっているだろう。私も、スピードのある選手が数人、平均的な選手が数人戻ってくるのが分かっていた。皆いい選手たちだったが、一つ難点があるとしたら、高さがないことだった。一番背の高い選手でも175cmで、そのため我々はフルコート・プレッシャーディフェンスを展開する必要があった。

まず、第一段階はコンディショニングだ。ボールを使わずにいろいろなことをやった。1マイル（1.6km）走をさせてタイムを計り、シーズン中に各選手ともタイムをかなり縮めていった。時々0.5マイル（800m）、1.5マイル（2.4km）なども走った。シーズン中は、スケジュールに余裕がある時以外はあまりやっていない。

また、エンドラインにタッチして戻ってくるフルコートダッシュを「マウンテン」と呼んで行い、タイムを計った。およそ9秒かかる。マウンテンの次の段階は、行って戻るのを2回、最終段階は行って戻るのを3回行い、これでマウンテン、つまり山の頂上まで行けた、ということになる。タイムを計り、ずっと同じタイムをキープできるかどうかをみた。チームでは、このマウンテンを時々練習の最後にやったりする。また、サイドラインを使ったりもする。

図1　コーナーから始める。このドリルはフルスピードで行う。まずコーナーからエルボーまでダッシュし、エンドラインまでバックペダル、そして反対のコーナーまでスライドする。その選手が終わる前に次の選手が出発する。これらを両サイドで行う。

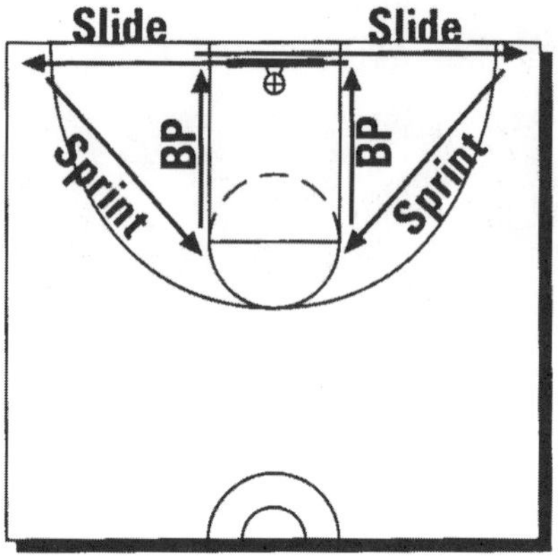

図1

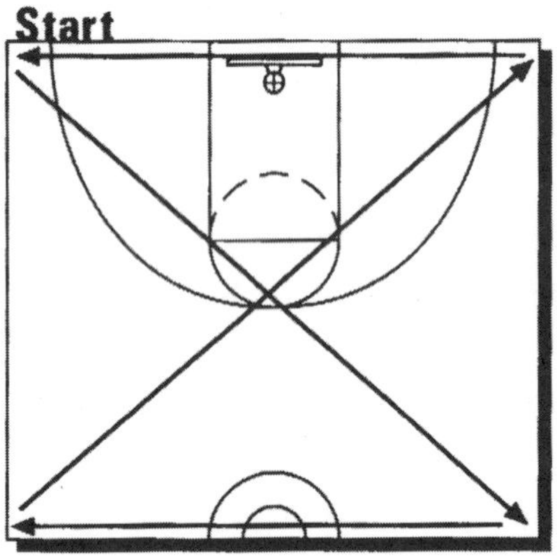

図2

図2　ハーフコートスライド。コーナーから始める。最初のステップは動く方向の足から。足幅は広くとり、ステップは小さく。ミッドコートでドロップステップし、方向を変える。このドリルの間には声を出させよう。

図3　バレーボールコートのラインを使い、選手たちはバレーボールラインとサイドラインの間をディフェンスのスライドで進んでいく。ドロップステップで方向を変える時には、両手をたたくか、床をたたく。常に声を出すこと。これはボールなしで行う。ボールを使う時にも、ディフェンスはスチールしない。練習はいつもストレッチから始めるが、ストレッチ中は声を出さずに静かに行う。

図3

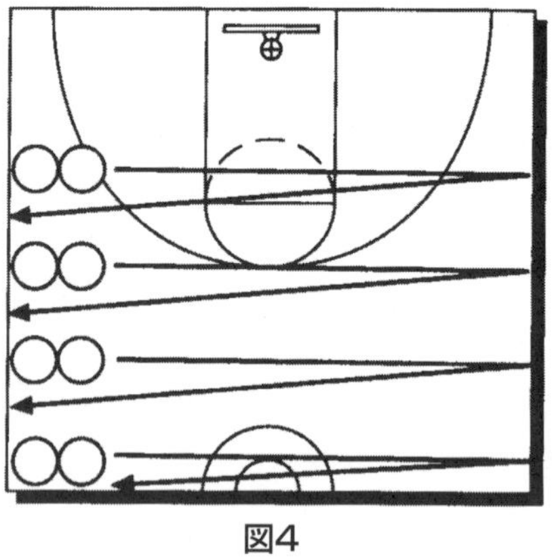

図4

図4　その後、身体を温めるためのジョグを軽く行う。ウォームアップの後にしっかり走る。2人組みで励ましあいながら行い、1人が走り終えたらパートナーと手をたたき合う。サイドラインへのダッシュ、ドロップステップなどのメニューがある。

同じことを練習の最後に行うこともあるが、その時はタイムを計る。また、これをやって疲れている時に、フリースローを練習することもある。

1分間「空気イス」を行う。やりながら声を出す。

コンディショニングの方法としてなわとびもある。これは、コンディショニングの他、アジリティ（敏捷性）を養うのにもいい。片足でのジャンプもする。体育館の中を、ラインを飛び越えながら動きまわらせることもある。

また、「ドゥーム（運命）」と呼んでいるドリルを、何かの罰として行うこともある。サッカーでもこれをやっているそうだ。選手たちはサイドラインに並び、最初は歩き、次にスキップ、ジョグ、そして腕立て伏せ10回、腹筋10回、サイドステップ、ドロップステップ、ウォールジャンプなど、様々な動きをこなしていく。約20分。

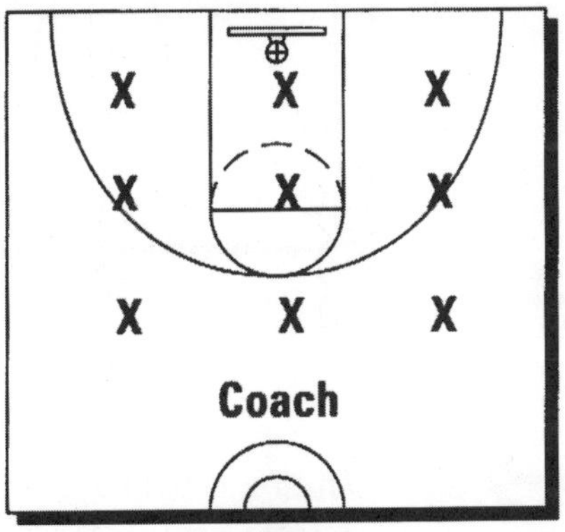

図5

図5　グループディフェンス。コーチが指さした方向に、選手たちが適切なディフェンスのスタンスを保ちながら反応していく。左を指したら、選手は左足を前に出して「左！」と叫ぶ。もし右を指したら、ドロップステップして右足を前にし、「右！」と叫ぶ。コーチがドリブルして後ろに下がったら、選手は注意深くボールに近づいていく。ドリブルを止めたら、選手は両手を挙げて「ディナイ」と叫ぶ。また、チャージしていくように見せたら、そのように反応する。シュートを打つそぶりを見せたら「シュート！」と叫び、「ゴー！」という合図が出たら、反対コートにダッシュして行く。このドリルはフットボールのドリルに似たマシンガンドリルとしても行われ、足を常に動かすスタッターステップを使う。

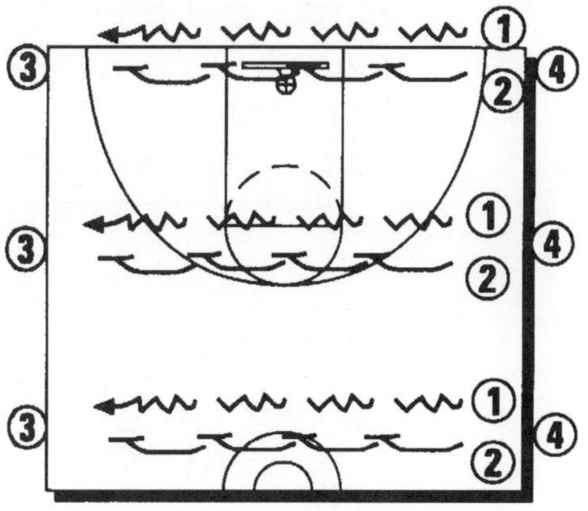

図6

図6　ノーズオンザボール。＃1はオフェンス、＃2はディフェンス、＃3は次のオフェンス、＃4はお休み。＃1がラインに沿って横にドリブルしていく。＃2はディフェンスにつき、＃1を止めたり、後ろへ下がらせたりする。＃2はドリブルを止めるのにダッシュしなくてはならない。30秒ほど続ける。これはボールハンドリング・ドリルにもなる。

クロスオーバードリブルをしてはいけない。スピンしたり、ビハインド・ザ・バックや足の間を通したりするのはOK。ノーズオンザボール、つまりボールに鼻先をつけるようなディフェンスをするということだ。30秒経ったら、ディフェンスはお休み。

図7

図7　フォースワイドドリル。1対1のドリルだ。ディフェンスの選手は、オフェンスをレーンの中に入れないようにする。ドリブラーをワイド、外側に行かせるようにする（フォースワイド）。

ドリブルが止まったら、固定のウイングにパス。そうしたらドリブラーはウイングの選手と交代し、ウイングの選手はドリブラーの列の最後につく。ディフェンスの選手は戻って再びディフェンスをする。これを6回ほど繰り返す。

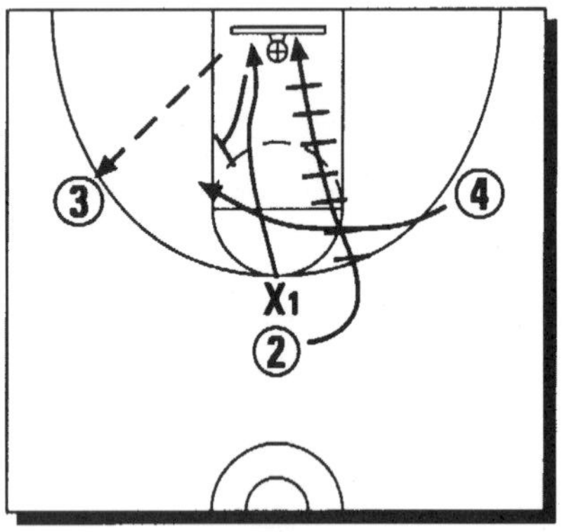

図8

図8　トリオドリル。＃2、＃3、＃4はオフェンス、X1はディフェンス。ドリルは1対1で始まるが、ディフェンダーは1人3役をこなさなくてはならない。＃2がシュートしたら、X1がブロックアウトしてリバウンドする。X1がリバウンドしたらウイングにボールを出す。＃2のシュートが入ったら、X1はボールをアウトオブバウンズからウイングにボールを出す。もう1人のウイングが真ん中にフラッシュし、X1はフラッシュを止めるように動き、2つ目の1対1となる。X1が再びリバウンドし、もう1人のウイングにパスを出す。X1はそのウイングにクローズアウト、近づいていき、そこで1対1をする。次に＃2がディフェンスになる。競技性を出すために、オフェンスを1人止めたら1ポイント、オフェンスでスコアしても1ポイント、というようにするといい。

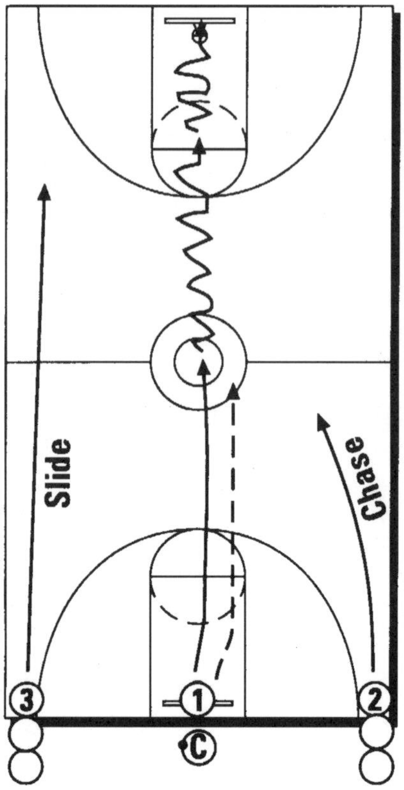

図9

図9　フルコート1対1チェイス。フルスピードで走ってレイアップを決めるのに役立つ。＃1がコートを走り、コーチがパスを出す。＃1はレイアップ。＃2は＃1を追いかける。パスが右側から出されれば、おそらくシューターは左サイドから左手でシュートすることになるだろう。＃3はディフェンスのスライドをしていき、フリースローラインで止まる。この先のやり方は2通りあって、まず＃2がリバウンドし、＃3にパスを出す。＃1は＃3をできるだけ早く見つけて、反対方向へ攻める＃2と＃3に対してディフェンスをする。もう1つのやり方は、＃1と＃3が＃2に対してディフェンスをする。＃2はドリブルで反対コートまで攻めていく。もし2人のディフェンダーがスチールを決めたら、反対コートへ2対1をする。

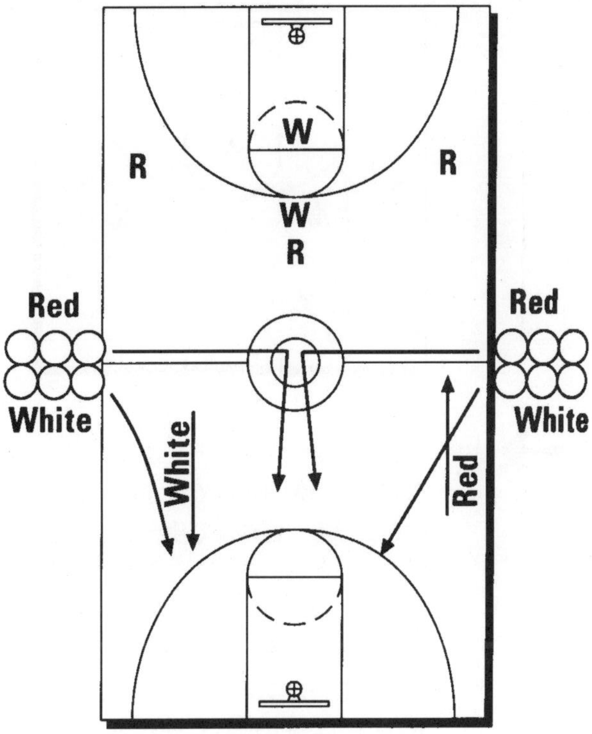

図10

図10　2チームトランジションゲーム。3対2で始める。もし3人の赤チームがスコアしたら、その3人がプレスディフェンスをし、2人の白チームが2対3で攻める。スコアの後は白チームの1人がインバウンドしなければならないので、近くにいる赤チームの1人がインバウンダーをマークし、赤の残りの2人が、もう1人の白チームの選手をダブルチームする。

もう一つルールがある。インバウンドのボールはトップより上に投げることはできず、フリースローラインよりも下に投げなければならない。もし白チームが赤チームを止めたら、ボールはいったん外に出し、白チームでリバウンドした選手がコートを出る。そこで、両サイドから白チームの選手が1人ずつコートに入り、ここから反対コートへ3対2が始まる。赤の選手も両サイドから1人ずつ入るが、ディフェンスに行く前にセンターサークルまで行ってタッチしなければならない。白チームはボールのミスハンドリングがない限り、レイアップができるはず。これを繰り返し行う。

選手は全員、すべてのポジションをプレーし、プレスでのすべてのポジションを知っていなくてはならない。

❶必要なのは、やる気があること。うまくいくと信じていなければうまくいくはずがない。集中し、気持ちがゲームに向いていること。それとコミュニケーション。必要ならプレスのやり方を変えよう。アグレッシブさがとても重要で、オフェンスをコントロールするつもりで。チャンスをつかもう。

❷プレスの成功の要素。ダブルチームは必要だが、我々の場合、ボールへプレッシャーをかけるのがとてもうまい選手がいたので、ダブルチームしなくてもいいことが多々あった。オフェンスによって、いろいろと調整しなければならない。簡単にフォワードパスを出させてはいけないし、フリーでのレイアップも許してはいけない。ファウルもだめ。
チームでは今年プレスをしたが、フリースローの数は相手チームよりも多かった。プレスからハーフコートディフェンスへ変えることも必要だ。ハーフコートでゾーンプレスからマンディフェンスに変えたこともある。

❸プレスディフェンスの利点。まず、相手チームが攻撃する際の距離が、6.7mではなく28.7mになる。プレスを崩すのにエネルギーを消費させれば、あまりコンディショニングができていないチームだと、後半になってターンオーバーが増えてくる。プレスはボールハンドラーの弱点を浮き彫りにし、ゲームのテンポをコントロールして自分たちのやりたいテンポにもっていくことができる。プレスから勝利のチャンスをつかみ、ゲームの流れを変えることもできる。我々は小さいチームだが、高さがないこともカバーできる。また、プレスが上手なチームとして評価が上がれば、相手チームはプレス対策に追われることになる。プレスをすれば、多くの選手を使うことができる。多くのチームでは、7人しか選手を使っていないのだが。

❹プレスの懸念点。プレスをすることによる疲労。しかし、これは見方を変えれば、相手チームも疲労しているのだ。また、ファウルトラブルに陥るかもしれないし、イージースコアを許す可能性も

ある。2、3回イージースコアを許したからといってすぐにプレスをやめるのではなく、いくつか調整をしてみるべきだ。もしディフェンスに弱い選手がいたら、それを隠しておくことはできない。プレスには、それに適した選手起用が必要だ。

Types of Presses
プレスのタイプ

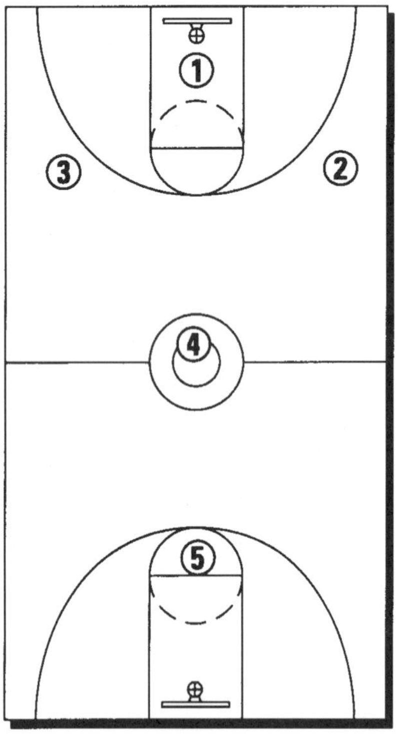

図11

図11　1-2-1-1。＃1はジャンプが得意でがっしりしている。＃2と＃3はクイックで、パスレーンを読むことができる。＃4はボールの動きを読むのが上手で、＃5はセーフティ（バックアップ）だが頭のいい選手。もし小柄な選手がいたら＃2にする。ほとんどのチームは右側に攻めていくので、＃2はトラップしないし、頭上をパスを通されることもない。もしフルコートだったら、すぐにトラップする。もしハーフだったら、フリースローライン延長上でトラップする。最初はボールを外側に出させておいてからトラップする。

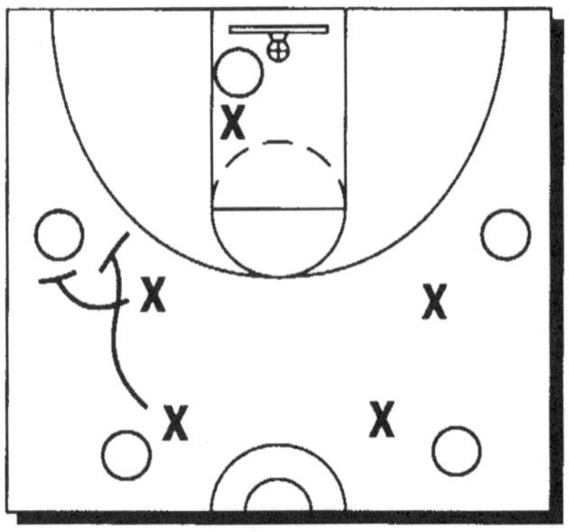

図12

図12　マンプレス。スピードを使う。ウイングで誰かが走り抜けて行かないように気をつける。自陣まで戻っている選手がいることもあるが、その時は最初のボールハンドラーにダブルチームに行かせることが多い。ボールは2ガードか、スモールフォワードに持たせておきたい。走っていってジャンプしてディフェンス、ということはしない。ボールがアウトオブバウンズにある時に一生懸命プレーする。インバウンドされた時、もし近くにいたらダブルチームをしよう。

ハーフコートディフェンス。私の考え方は、常にボールにプレッシャーをかけるということだ。相手に利き手でないほうを使わせるようにし、そのウィークサイドにヘルプにいく。すべてのパスをカットしに行こう。小さくてもポストエリアでアグレッシブにプレーする。相手をローポストから追い出し、ミッドポスト、ハイポストに行かせるようにする。ポストは完全にフロントせず、ハーフフロントでプレーする。ボールにプレッシャーをかけることでロブパスを防ぐ。このように、ボールに常にプレッシャーをかけるのだ。

時々、1ゲームに1回ほど、1-3-1ハーフコートトラップをしかけることもある。これはペースが変わって有効だ。また、相手チームがボールをキープしようとしている時にも使う。トラップするか、相手がシュートするか、どちらかになる。しかし、本来我々はマンツーマンのチームだ。

ディフェンス哲学。我々のディフェンスのセオリーは、オフェンスを乱すこと。常にプレッシャーを与え続ける。イージーシュートは許さないし、チームのディフェンスの目標も定めている。それは、失点40以下で、クォーターごとを1ケタ失点に抑えること。1ゲームで20以上のターンオーバーを強いること。相手のシュートアテンプトは1ゲーム45以下に抑えることだ。チャンピオンシップチームはディフェンスで勝つ。オフェンスの調子が悪くても、ディフェンスが良ければ勝つチャンスはあるのだ。

Teaching a Player to Play All Positions
すべてのポジションをプレーすることを教える

我々はオールラウンドな選手を育てることを考えており、ほとんどの（すべてのではないが）シチュエーションで、選手ができるならば何でもやっていいと思っている。そのためには、選手に対する自信の大きさを見せてやったり、忍耐強くあることも必要だ。一つミスをしたからといって選手をベンチに下げるようなことはしないし、身長や体格で選手の技量を決めつけたりもしない。第一印象で選手を判断するようなこともしない。

小学校の時は一番背が高かったからポストをやっていた選手も、今は小柄な選手の1人かもしれない。早熟なこともあるのだ。お姉さんがガードだったからといって、その選手もガードだとは限らない。練習中には、いろいろな選手にいろいろなポジションをやらせてみると、変化があって面白くなるし、自信をつけさせることにもなる。選手にとっては新しいチャレンジであり、やる気を起こすこともある。これをやっていくと、ゲームでミスマッチになった時にも対応できるし、逆にこちらがミスマッチを誘うこともできる。チームに柔軟性ができ、相手チームにとってはディフェンスしにくくなる。

The Plan
計画

ボールハンドリングの様々なドリルを行う。私のチームでは選手が全員ボールハンドリングをする。ドリブルは5種類練習するが、クロスオーバー、スピン、ビハインド・ザ・バック、足の間、バックペダル、そして方向転換の5つだ。シューティングドリルも様々ある。

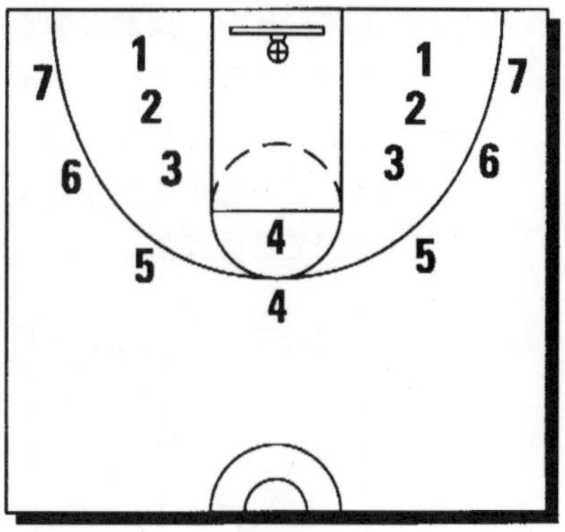

図13

図13　7スポットシューティングドリル。速いペースで、各スポットから2本シュートする。まず2ポイントシュート、そして3ポイント。

「2人組みでの30シュートドリル」。パスからのシュートを10本、1ドリブルからのシュートを10本、2ドリブルからのシュートを10本行う。2人組みになり、1人はシューター、もう1人はリバウンダー兼パッサー。これのバリエーションは「2マンフォロー」。1人がシュート、自らフォローしてリバウンド、パートナーにパスする。

これをやる前に、ウォームアップ・シューティングドリルを行おう。選手たちはボールを持ってゴール下に行き、片手だけでシュートする。フォロースルーをしっかりやることでシュートフォームを正しく保つ。レイアップドリルも様々ある。

図14

図14　「Xアウトドリル」。これもコンディショニングにいいドリル。2つボールを用意し、それぞれブロックのエルボーより下のどこかに置く。まずレイアップをし、振り返ってすぐにもう一つ

のボールを拾う。外側の手でドリブルしてスピン、反対の手でリバースしてレイアップ。チームメイトがリバウンドし、ボールを元の位置に戻してあげる。これを約1分行えば、13から15本打てるはずだ。

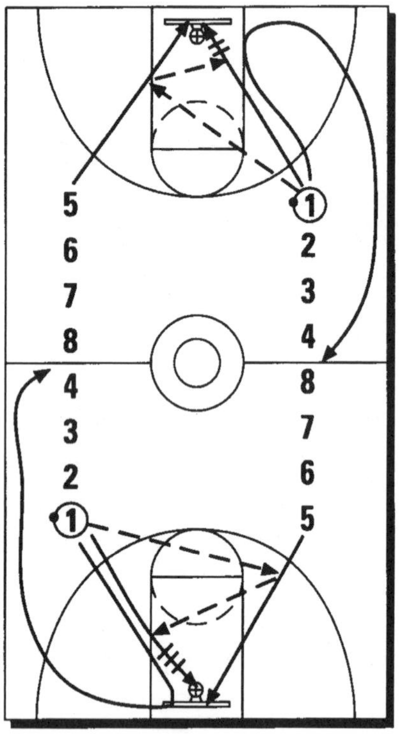

図15

図15　ロシアンレイアップドリル。＃1が＃5にパス、＃5はすぐにリターンパスをして、＃1がシュートする。＃1は列の＃8の後ろに並ぶ。リバウンドした＃5は列の＃4の後ろに並ぶ。ボールはドリブルしない。真ん中から戻ってくるとじゃまになるので外側を通ること。

図16　ケンタッキーボールドリル。フルコートでのスピードドリル。ベースラインから始める。パスを出したらすぐに走り、反対ゴールでレイアップをする。1方向に2分やったら反対方向へ。

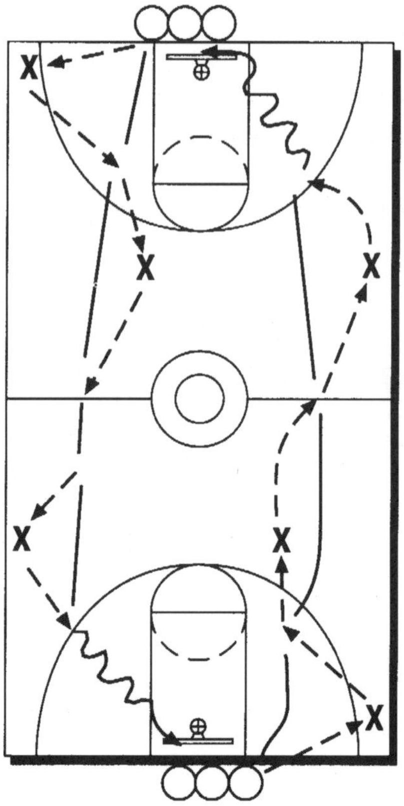

図16

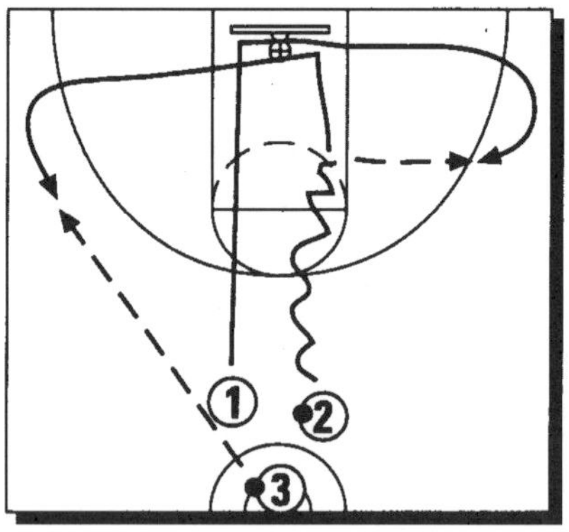

図17

図17　3ポイントシューティングドリル。＃1以外はボールを持つ。＃1はベースラインに走り、フェイクして3ポイントラインへ行く。＃2は真ん中をドリブルしながら、タイミングを見て＃1にパスし、シュートさせる。＃2はそのままベースラインへ降りて行き、反対サイドへ出て行って、＃3からパスをもらう。

Overall Picture
まとめ

❶全員が重要だと理解させよう。全員がスコアラーであり、全員がシュートを打っていく。

❷ディフェンスが判断に迷うように動く。全員が相手にとって脅威である。

❸シュートは誰が、いつ、どこで打っても構わない。私はシュートしたことでベンチには下げないが、シュートしなかったことでベンチに下げることはある。

❹ワンマン、またはツーマンゲームになってしまうのを最小限に食い止める。全員がオフェンスの流れに乗ること。

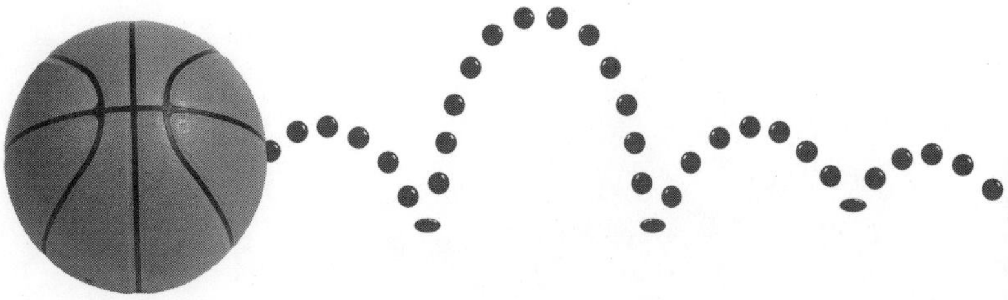

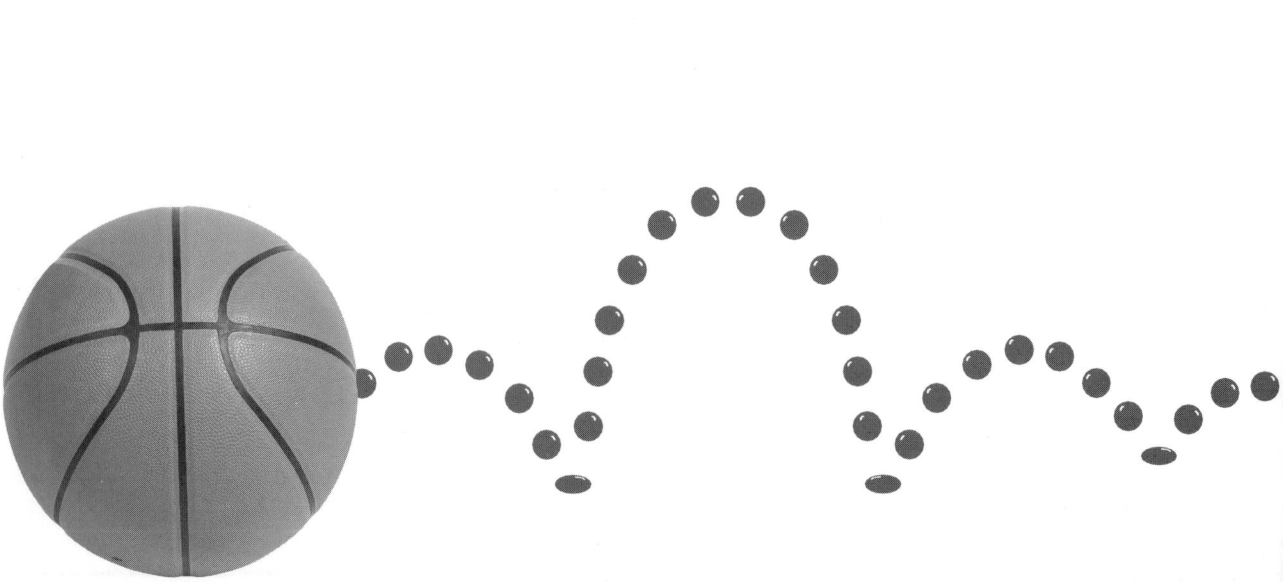

LINDA HILL-MacDONALD

リンダ・ヒル・マクドナルド

Developing the Post Player
ローポストプレーヤーの育成

チームがオフェンスで成功を収めるために、なぜポストプレーが重要かというと、その理由はたくさんある。例えば、ポストプレーヤーはシュート成功率が高く、多くのファウルを誘い、相手チームのポストプレーヤーをファウルトラブルに陥らせることができ、そのため3ポイントプレーのチャンスが多い…など。ポストプレーヤーは、ポストプレーの基礎をしっかり練習する必要がある。ここでは、ポストエリアでのオフェンスの基礎についてお話ししたい。ポストプレーヤーがこれらの基礎を習得するために、毎日の練習で、時間をかけて教えていくことが必要である。

Positioning
ポジショニング

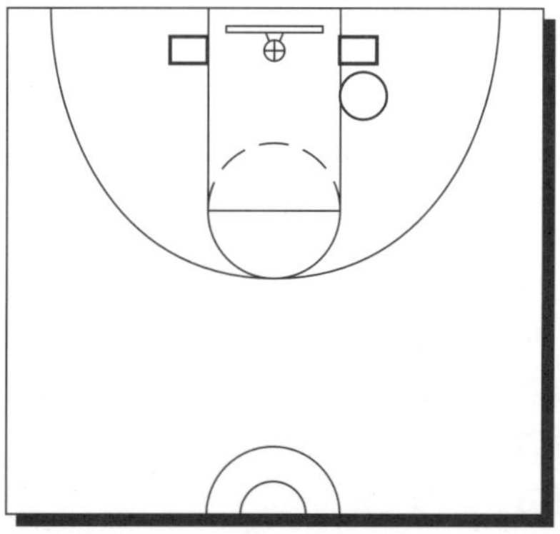

図1

図1　ポストプレーヤーは、レーンラインの外側にあるボックスの上あたりにポストポジションを確保すること。

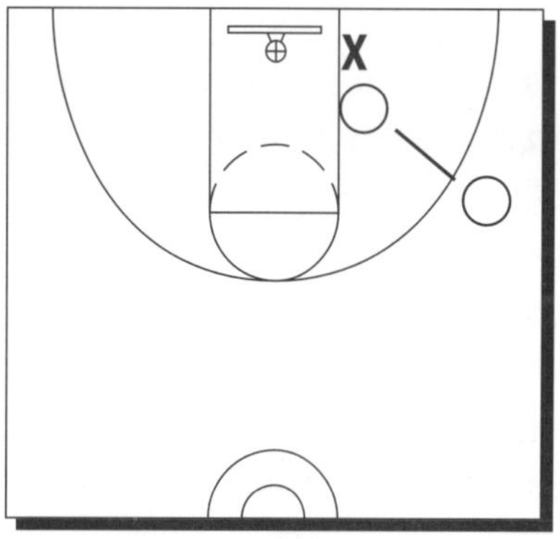

図2

図2　ポストプレーヤーは、ボールに向かって正面を向くようにし、パッサーがそれをターゲットにしてパスを出せるようにする。

図2で示されているように、45度の角度でボールを受けるのが理想的だ。そうすれば2つの基本的な動き、ドロップステップとフロントピボットからいろいろな展開ができる。身体が45度の角度にあるときは、真ん中を振り返ってディフェンスを確認することもできる。

ディフェンダーが真後ろにいる場合は近くにいるのが分かると思うので、そのまま真後ろにいさせるために横方向へ動く。

Receiving the Pass
パスキャッチ

ポストプレーヤーは腕を挙げてパッサーに向かって手を広げ、パスを投げるターゲットを作ること。

コーチによっては、ディフェンダーを動かなくしておくために、片手は挙げて片手は下げておくように指導する人もいるが、それでもよい。

選手に教えるのが最も難しいことの一つが、パスの後ろで動くことだ。ポストプレーヤーが常に身体をボールとディフェンダーの間に置いておくように、教えなければならない。このポジションをキープするには、横方向への動きがとても重要だ。その練習には、ポストプレーヤーの左右にボールをパスして、ポストは横に動いてキャッチできる体勢を常にとっておく、というドリルがいいだろう。前に出てボールをキャッチするような動きはしないようにする。

効果的なポストプレーを展開するために、ジャンプストップでパスキャッチすることが重要だ。これなら、どちらの足でピボットしてもいいことになる。ボールに向かってカットしていく動きの最後に、パスを受け、ジャンプストップする。

その時、両足は肩幅よりも少し広めで膝を曲げ、低い姿勢になる。肘は「ポケット」へ持っていく（ポケットとは、胸とあごの間のこと）。ポストプレーヤーがよく間違えるのが、両足を広げすぎてしまうこと。そうすると、姿勢が低くなりすぎて動きにくくなる。ウイングからパスを受けるためにポストがレーンを横切ってカットする時は45度の角度で。コーチは、ジャンプストップをしているか、身体の位置は正しいか、ボールがポケットの位置にあるかどうかをチェックする。

背中と頭が正しい位置にあることも重要だ。頭は重心の真ん中にあり、背中は真っ直ぐ、上半身はウエストから軽く前に傾ける。よくある間違いは、上半身を前に曲げすぎてしまうか、上半身が伸び切って後ろにそり、ディフェンダーによりかかってしまってバランスを崩すことだ。コーチがポストプレーヤーの背中にブロッキングパッドを当てて、正しい姿勢を保つように指導しよう。

Facing Up to the Basket - The Pivot
ゴールに向かう。ピボット

基本的に、ポストムーブに必要な足の動きは２種類のピボットしかない。先ほども言ったように、選手はジャンプストップを習得し、どちらの足でもピボットできるようにすることで、適切な動きにつなげられるようになる。

ピボットを練習する時、ポストプレーヤーはターン時に姿勢を低く保つことに注意する。低い姿勢が保てれば、すばやくシュートが打てるし、バランスもよく、ドライブステップも素早くできる。選手がバランスを失ってしまうピボットの間違いは3つ。1）ボールを身体から離してしまう。2）歩幅が大きすぎる。3）姿勢を低く保たない。

Drills for the Post Player
ポストプレーヤーのためのドリル

ポストプレーヤーに必要とされるシュートは3つしかない。

❶パワーレイアップ
❷ジャンプシュート
❸ベイビーフック

これらのシュートを習得していくために役立つドリルは以下の通り。

[ドリル1]
—ボディポジション
—低く
—ターゲットとなるように
—バランス
ゴールに背を向ける
ゴールに向かう

[ドリル2]
パッサーに向かって正面を向く
ディフェンダーなしで
ディフェンダーありで

[ドリル3]
ターゲットとなりパスキャッチ
ジャンプストップ
ボールをあごの下まで持ってくる
肘を張る

ディフェンダーの確認のしかたは3通り。
❶ベースラインを見る
❷コンタクトしている感じ
❸コート内を見る

[ドリル4]
ドロップステップ－ゴールへ向かってのパワームーブ

ゴールへ向かってのステップ
ボールフェイクを加える
膝を曲げる
ボールを見せる

［ドリル5］
ピボットージャンプシュート
バックボードに当てたシュート
まずはボールなしで動き始める
ゴールに正面に向かう
フロントピボット
リバースピボット

［ドリル6］
真ん中へドロップステップ―ベイビーフック
ボールは身体の近くにキープ
頭と肩から動く
パワーでジャンプ

Drills for Improving Player/Player Defense Technique
ディフェンスのテクニックを向上させるドリル

以下のブレイクダウンドリルは、毎日の練習に組み入れることができる。これらは、個人とチームのディフェンスのテクニックを向上させるドリルだ。1人1人のディフェンスの向上のために作られたものだが、ゾーンディフェンスにも応用させることができる。

これらのドリルは、選手達がボールあり、そしてボールなしでのディフェンスポジションをしっかり理解するのに役立つ。コーチにとっては、一度に5人の選手のスライドやフットワークを指導するより、1人か2人だけを見たほうが簡単だ。シーズンを通じてこの基本的なブレイクダウンドリルを行っていくと、選手達は簡単に、短い時間で、基礎のディフェンスコンセプトを習得するようになる。

また、様々なディフェンスのシチュエーションにおけるドリルを個別に行っておけば、5対5になった時も正しいスライドで動けるようになる。すると、コート内のボールの位置と、マークすべき選手の位置を頭に入れながら適切に反応して動けるようになる。ドリルは通常、30秒から45秒のインターバルをおいて行われる。

Two vs. One Drills
2対1ドリル

このドリルではオフェンス2人に対して1人でディフェンスする。

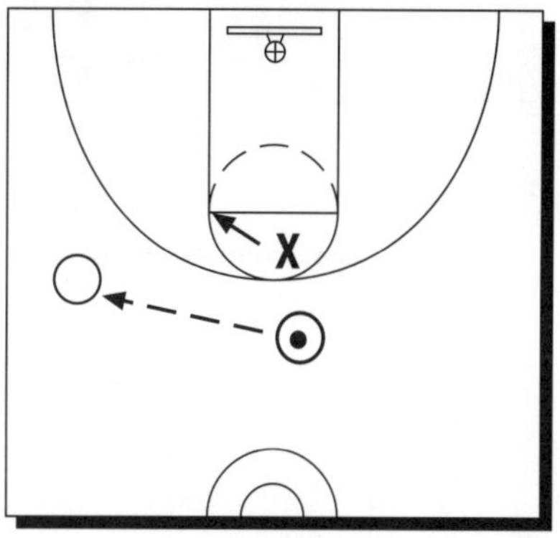

図1

図1　ディフェンダーは、ウイングへのパスに反応して動く。ボールなしでのポジションとなり、ボールと、マークしている選手を同時に見ている。

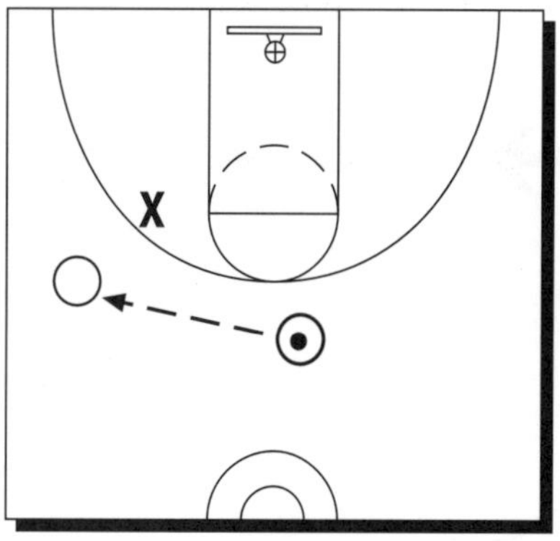

図2

図2　各選手が、そのポジションでのディフェンスをすることができたら、次にウイングをマークしにいく。トップからウイング、ウイングからトップとパスが回るたびに、ディフェンスのポジションを調整する。

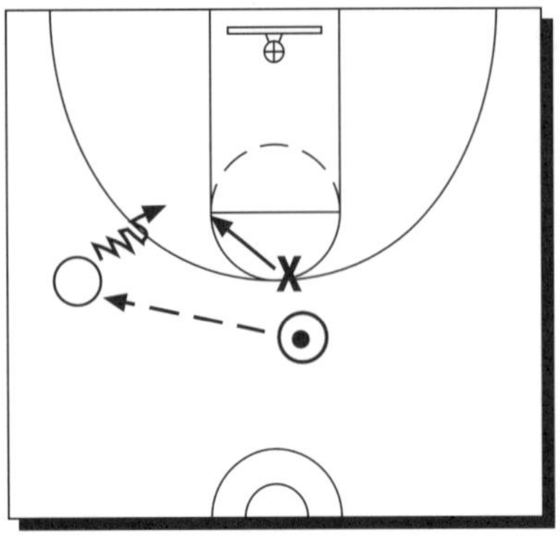

図3a

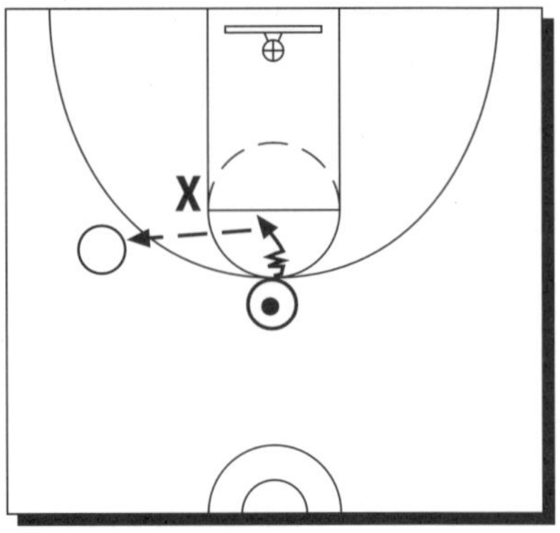

図4

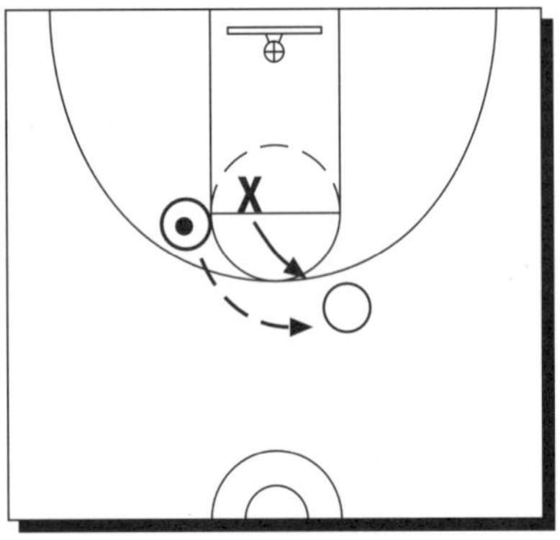

図3b

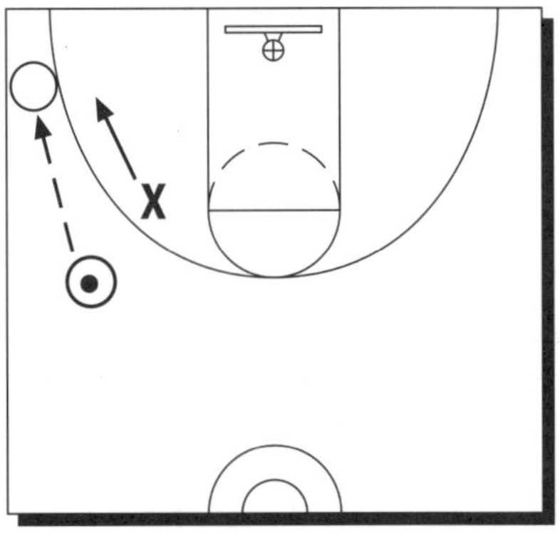

図5

➔図3aと3b　ヘルプとリカバーを加える。ウイングのディフェンダーはトップサイドにドライブし、トップの選手はステップしてシール、さらにトップへのパスでリカバーする。

➔図4　ウイングでのヘルプ&リカバー。トップからドライブしてきたら、ドライブを止めるためにステップし、その後のウイングへのパスに対してリカバーしなければならない。

➔図5　ウイングとベースラインのオフェンスのポジション。上述のドリルのステップを繰り返す。

Defending the Drive
ドライブに対するディフェンス

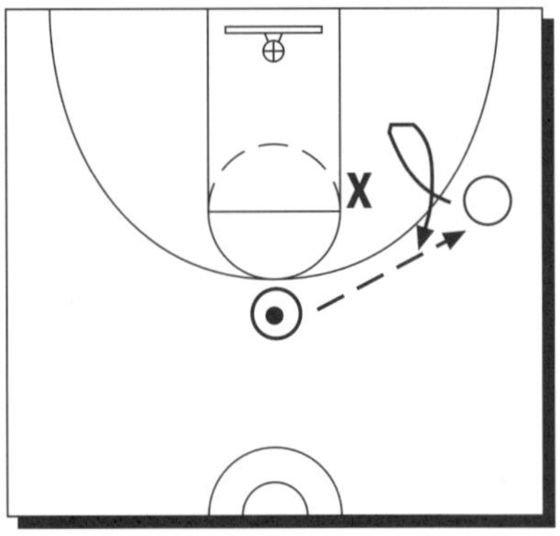

図6

➔図6　ディフェンダーはVカットに対してマークし、ウイングへパスされたらクローズアウトする。ディフェンスプレーヤーは、オフェンスプレーヤーを適切な方向へ追い込むように、ディフェンスポジションを取らなければならない。

図7

図7　ウイングからドライブをしたら、ディフェンスプレーヤーは適切な角度でスライドをして、その後パスがトップへ戻ったら、ボールを保持していないマークマンに対するスタンスを再び取ること。

Three vs. One Drills
3対1ドリル

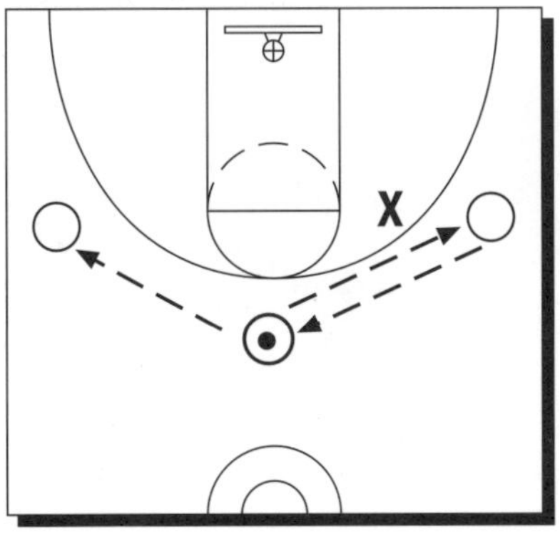

図8

図8　ペリメーターのパスに対して、ディフェンスプレーヤーはそれに応じてディフェンスポジションを変えなければならない。

ディフェンスプレーヤーはそれぞれの地点へローテーションする。

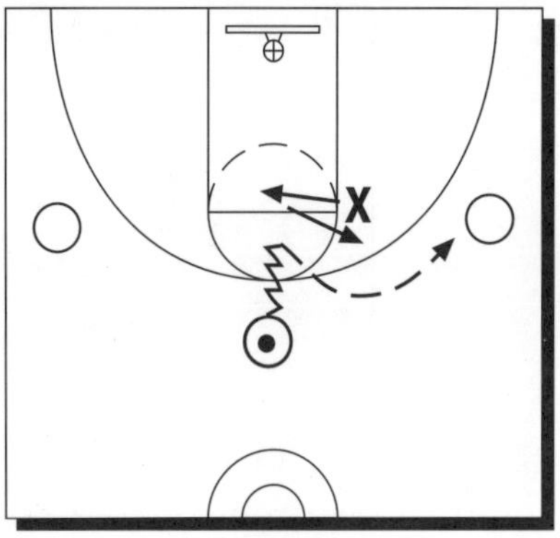

図9

図9　ウイングからのヘルプ＆リカバー。トップからドライブされたら、ドライブを止めるためにスライドする。

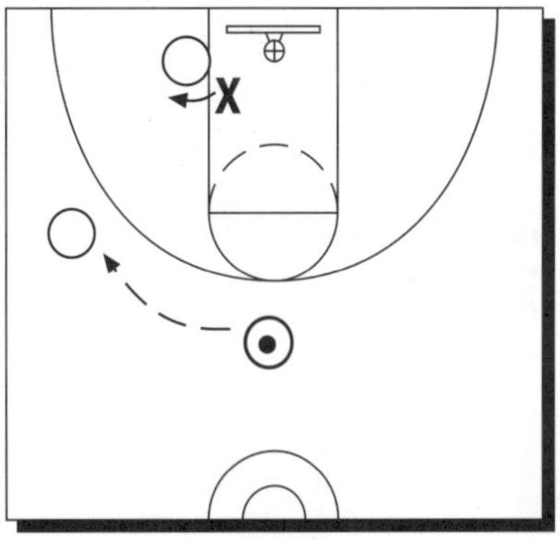

図10

図10　ストロングサイドのポストディフェンス。トップからウイングへパスされたら、ポジションを変える。

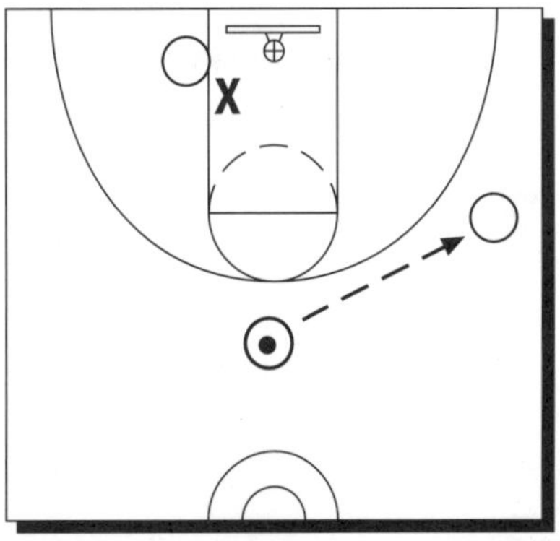

図11

図11　ヘルプサイドのポストディフェンス。トップからヘルプサイドのウイングへパスされたら、ポジションを変える。

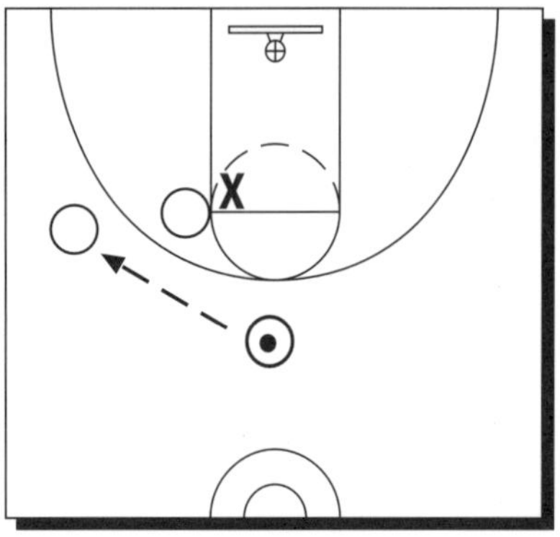

図12

図12　ハイポストディフェンス。トップからウイングへパスされたら、ポジションを変える。

ウイングとベースラインでのペリメータープレーヤーはポジションを変え、ハイポストでプレーヤーはディフェンススライドを行う。

Four vs. One Drills
4対1ドリル

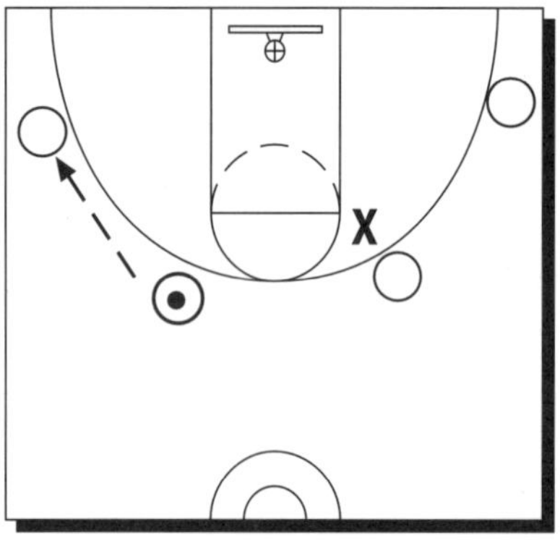

図13

図13　このドリルはたった1人のディフェンスプレーヤーのための基礎的なシェルドリルである。オフェンスプレーヤーの動きに対応してポジションを変える。

図14　1-2-1フォーメーション。ローポストのディフェンスプレーヤーの動き。

図15　ハイポスト。トップからウイングへパスされた時の、ハイポストのディフェンスプレーヤーの動き。

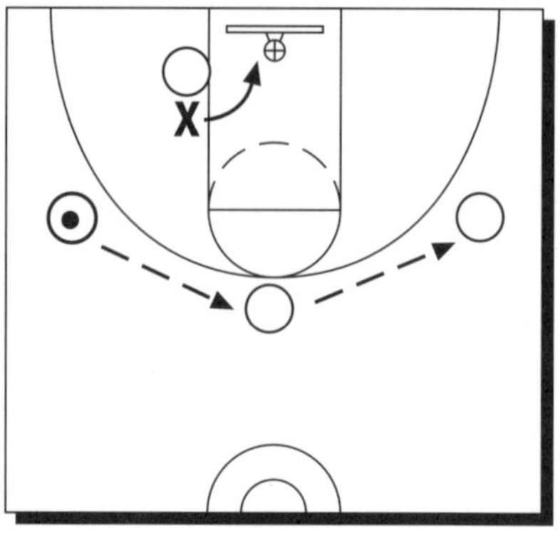

図14

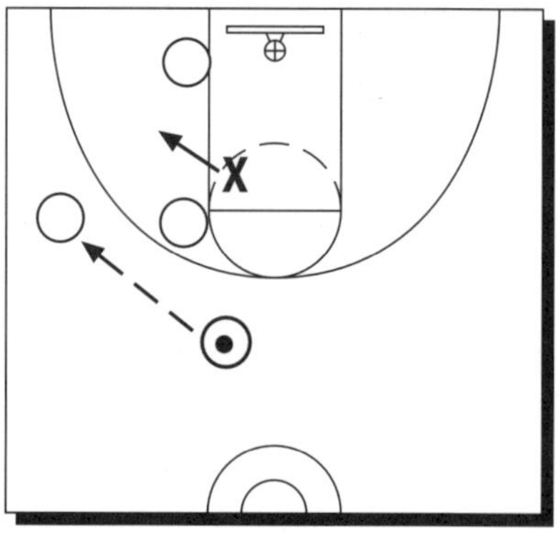

図15

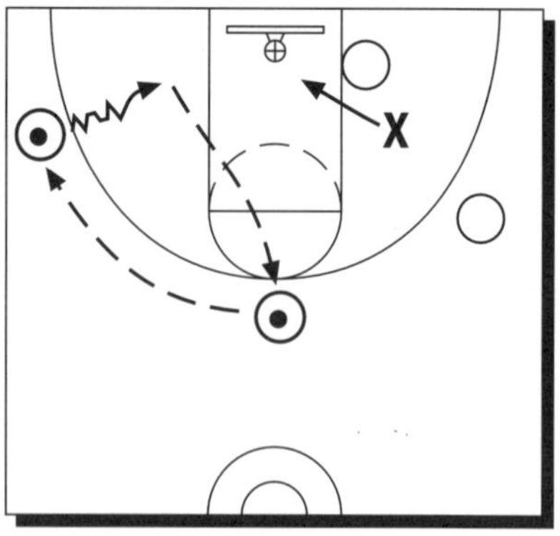

図16

図16　ヘルプサイドのウイングからのカバーダウン。ウイングあるいはベースラインからドライブされ、ヘルプサイドのポストがヘルプへ行った際、ヘルプサイドのウイングはポストへのローテーションを行う。

ボールがトップへ戻ったら、ディフェンスプレーヤーはウイングへリカバーする。

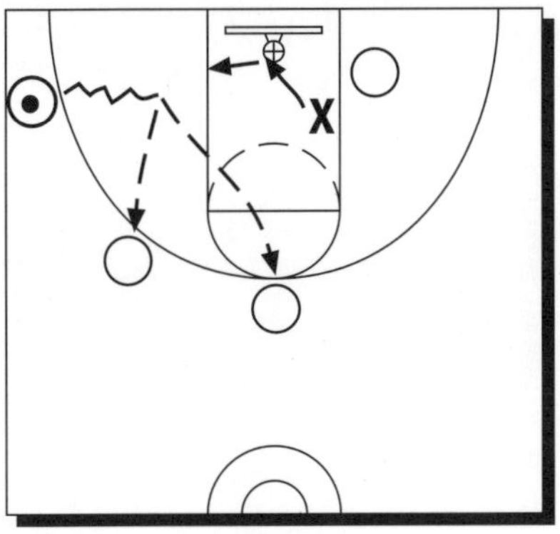

図17

図17　ローポストからのヘルプ＆リカバー。ベースラインドドライブに対して、ローポストのディフェンスプレーヤーはレーンをスライドしてヘルプする。ボールがトップへ戻ったら、リカバーしなければならない。

Three vs. Two Drills
3対2ドリル

図18

図18　トップとウイングのディフェンス。ディフェンスプレーヤーは、トップとウイングのペリメーターのパスに対して、ポジションを変える。トップからのドライブにはヘルプ＆リカバーをする。

図19　トップとベースラインのディフェンス。ベースライン、トップ、ウイングへのパスに対して、ディフェンスプレーヤーはポジションを変える。

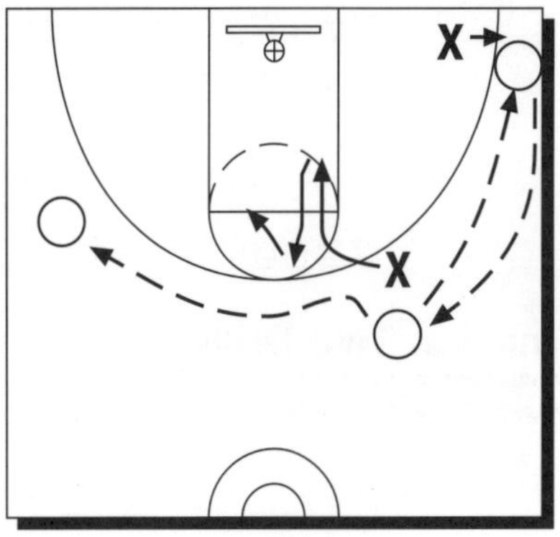

図19

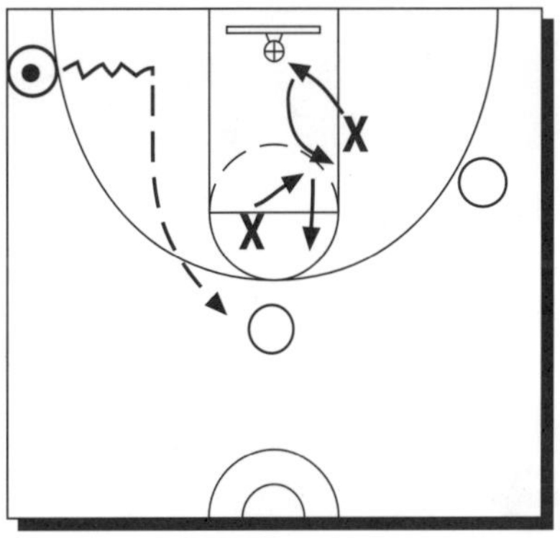

図20

図20　ウイングとトップからのヘルプ＆リカバー。ベースラインからのドライブに対する、ヘルプサイドからの反応をよくするためのドリル。

ボールがトップに戻ったら、ディフェンスプレーヤーはリカバーしなければならない。

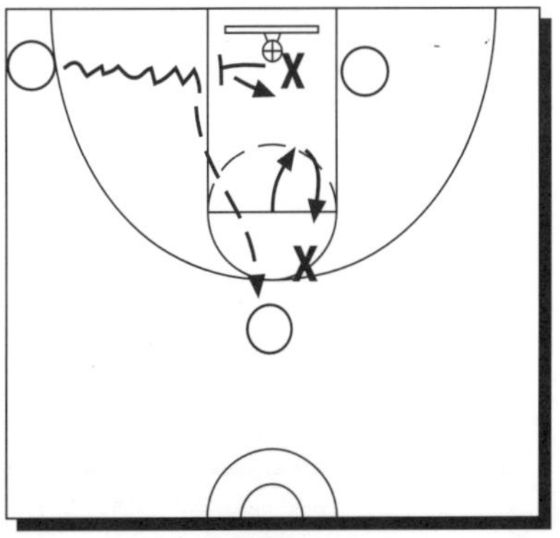

図21

図21　ポストとトップからのヘルプ＆リカバー。ベースラインからのドライブに対して、ヘルプサイドのポストはレーン

をスライドしてヘルプをする。トップのディフェンスプレーヤーは、ヘルプサイドのウイングへ移動してカバーする。トップへパスが戻ったら、ディフェンスプレーヤーはリカバーしなければならない。

Four vs. Two Drills
4対2ドリル

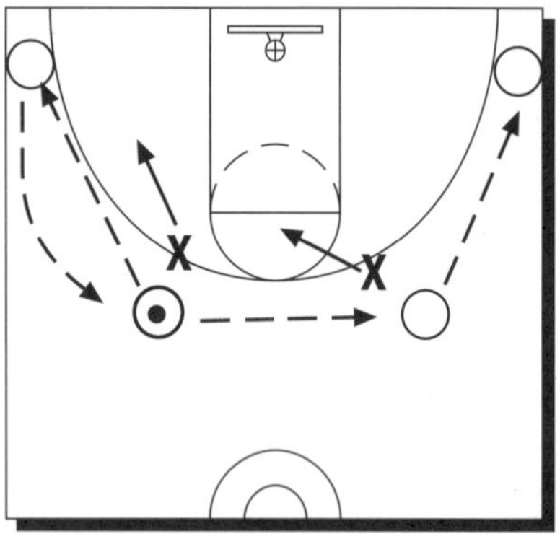

図22

➔ 図22　ディフェンスプレーヤーはペリメーターのパスに対してポジションを変える。

➔ 図23、24、25　これは、4人のオフェンスプレーヤー対2人のディフェンスプレーヤーで行う様々なシチュエーションでのドリルである。

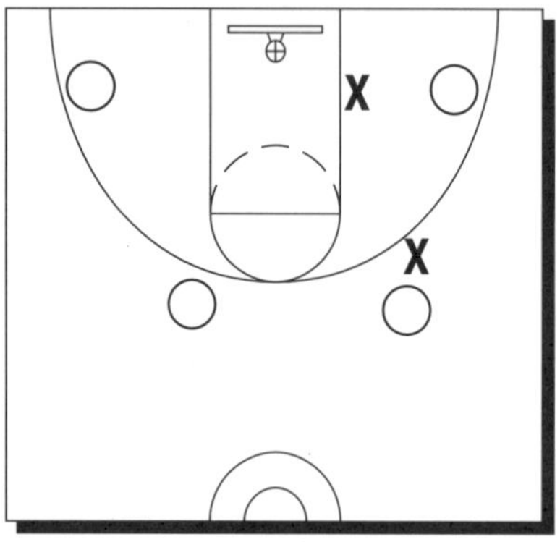

図23

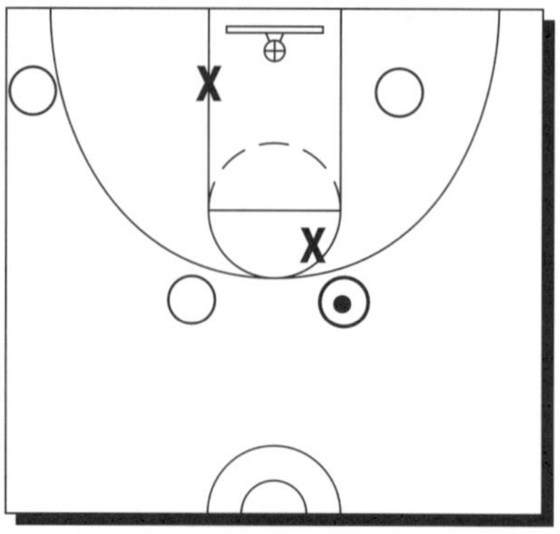

図24

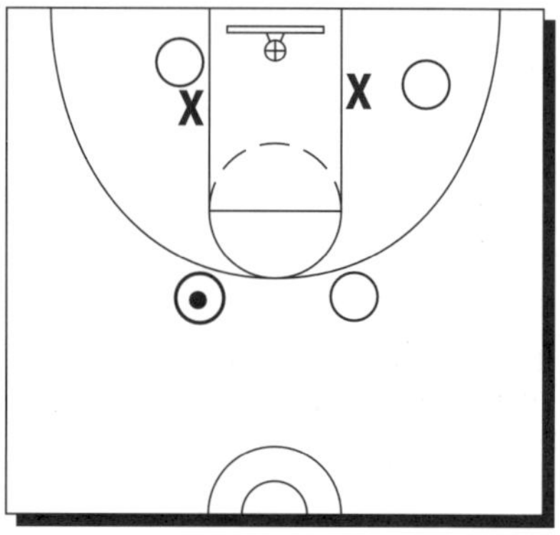

図25

様々なポジションからドライブを行わせ、それに対してヘルプ&リカバーを行う（図25)。

Basketball Coaching Series
USA バスケットボール コーチング クリニック Vol.2
2010年3月10日初版第1刷発行

著　者　Agnus Berenato and many others （アグナス・ベレナトほか）
監　修　倉石《くらいし》　平《おさむ》
翻　訳　加藤《かとう》理奈《りな》　他

企　画　ジャパンライム株式会社
〒141-0022　東京都品川区東五反田1-19-7
TEL.03-5789-2061
FAX.03-5789-2064
http://www.japanlaim.co.jp

発行人　松田健二
発行所　株式会社 社会評論社
〒113-0033　東京都文京区本郷2-3-10　お茶の水ビル
TEL.03-3814-3861
FAX.03-3818-2808